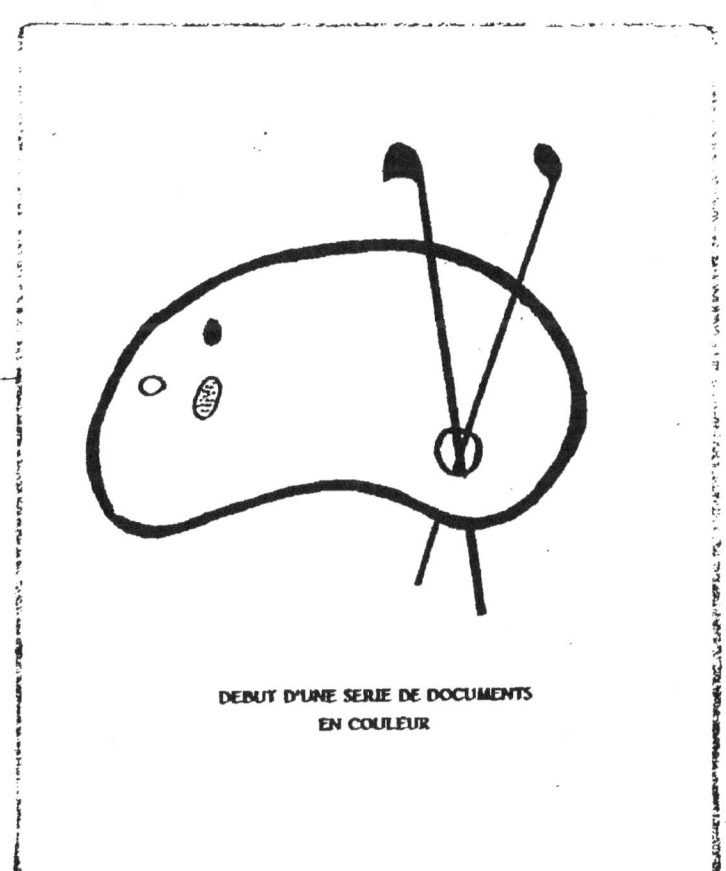

DEBUT D'UNE SERIE DE DOCUMENTS
EN COULEUR

NARCISSE FAUCON

Ancien rédacteur en chef de l'*Écho d'Oran*, de l'*Indépendant de Constantine* etc.

LA TUNISIE

AVANT ET DEPUIS

L'OCCUPATION FRANÇAISE

HISTOIRE ET COLONISATION

LETTRE-PRÉFACE DE M. JULES FERRY

> .... *Et nunc in Africa novus renascitur ordo.*

TOME I

GÉOGRAPHIE. — HISTOIRE

PARIS
AUGUSTIN CHALLAMEL, ÉDITEUR
LIBRAIRIE COLONIALE
5, RUE JACOB, ET RUE FURSTENBERG, 2

1893

TYPOGRAPHIE FIRMIN-DIDOT ET Cie. — MESNIL (EURE)

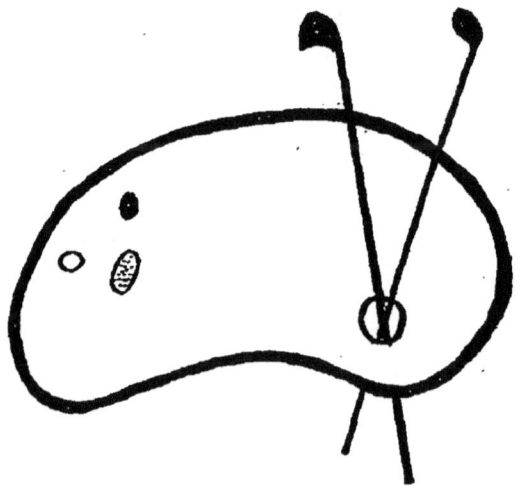

FIN D'UNE SERIE DE DOCUMENTS
EN COULEUR

LA TUNISIE

DEPUIS

L'OCCUPATION FRANÇAISE

DU MÊME AUTEUR :

Le Lieutenant Palat, son exploration et sa mort tragique, brochure publiée à la suite d'un voyage de recherches dans le Sud de l'Algérie, en 1886. Gr. in-8° avec carte. (*Épuisé.*)

Le Livre d'or de l'Algérie. Gr. in-8° raisin de 650 pages, avec préface du colonel Trumelet. Challamel, éditeur, 1889. (*2ᵉ édition*) . . . 7 fr. 50

Alger, brochure in-18 formant les numéros 1 et 2 de l'*Afrique illustrée*, collection publiée par la " Ligue de propagande et de vulgarisation algérienne ". Challamel, éditeur, 1892. . . . . 1 fr.

POUR PARAITRE PROCHAINEMENT :

Histoire de l'Algérie : 1830-1892. — Conquête, Colonisation; Histoire politique, administrative et économique. Un fort volume grand in-8° raisin. — Challamel, éditeur.

TYPOGRAPHIE FIRMIN-DIDOT ET Cⁱᵉ. — MESNIL (EURE).

NARCISSE FAUCON

Ancien rédacteur en chef de l'*Écho d'Oran*, de l'*Indépendant de Constantine*, etc.

LA TUNISIE

AVANT ET DEPUIS

L'OCCUPATION FRANÇAISE

HISTOIRE ET COLONISATION

LETTRE-PRÉFACE DE M. JULES FERRY

.... Et nunc in Africa novus renascitur ordo.

TOME I

GÉOGRAPHIE. — HISTOIRE

PARIS

Augustin CHALLAMEL, Éditeur

LIBRAIRIE COLONIALE

5, RUE JACOB, ET RUE FURSTENBERG, 2

1893

A Monsieur Narcisse Faucon

Je viens de lire, Monsieur, les deux volumes que vous avez consacrés à l'œuvre de la France en Tunisie. Vous désirez les présenter au public en ma compagnie. Je le veux bien. Vous avez fait un livre utile. Quoique la Tunisie soit à cette heure la moins ignorée de nos colonies, il y a grand intérêt à la faire connaître de plus près encore, à fortifier par des notions exactes la bienveillance générale et un peu superficielle qu'on lui accorde. La Tunisie est à la mode : elle fait l'enchantement des touristes, et l'envie de nos voisins. C'est beaucoup assurément. Mais la Tunisie a autre chose à nous apprendre. La France y a accompli, depuis dix ans, une œuvre politique, clairement conçue, patiemment exécutée, et, dans l'histoire coloniale de notre race, absolument originale. Avant vous, un des meilleurs ouvriers de cette noble entreprise, M. d'Estournelles (P. H. X.), dont l'Académie a couronné le livre et dévoilé l'anonyme, avait écrit l'histoire du Protectorat. Vous inspirant de ce guide spirituel et sûr, vous l'avez reprise, et, à l'aide de documents abondants, puisés aux meilleures sources, vous l'avez développée, continuée. On n'en peut plus douter désormais : c'est bien un système nouveau d'administration et de gouvernement qui a été fondé, puisqu'il survit à l'homme si particulièrement doué pour le pouvoir et pour l'action, qui l'avait le premier mis à l'essai, puisque M. Cambon a trouvé un successeur, et que depuis six années le Protectorat, tel qu'il l'avait compris et organisé, poursuit sans bruit, mais avec constance et avec succès sa marche rationnelle et bienfaisante.

L'expérience de ces dernières années est particulièrement décisive; elle tranche définitivement toutes les polémiques. Quand je visitai Tunis, en 1887, le débat était toujours ouvert et vivement mené. Pour les uns le Protectorat n'était qu'un expédient diplomatique; pour les autres un trône élevé à l'esprit de routine, un prétexte à l'ajournement des réformes nécessaires, un aveu humiliant d'impuissance. Dans un discours dont vous avez bien voulu rappeler les conclusions, je préconisai « le Protectorat réformateur »; la formule sembla paradoxale à plusieurs. Elle est devenue la devise de l'habile administration de M. Massicault et c'est au milieu d'épreuves de toute sorte que le Protectorat a donné toute sa mesure.

Il a eu à compter, non seulement avec l'opposition criarde, dont il faut savoir prendre son parti, en tout pays de colonisation française, mais, ce qui est plus grave, avec les mauvaises années, l'inconstance du climat, les récoltes détruites par la sécheresse ou noyées par les pluies tardives, et surtout avec les hésitations, les incertitudes, le mauvais vouloir de la la mère-patrie, qui a mis tant d'années à comprendre que la réforme du régime douanier infligé à la Tunisie était pour la colonie nouvelle une question de vie ou de mort. Cependant, en dépit des obstacles et des temps d'arrêts, le commerce général n'a pas cessé de grandir, le crédit public de s'affermir, le régime des impôts de se perfectionner et de s'assainir, par la suppression des monopoles et des fermages, par l'extinction graduelle des droits d'exportation ; les travaux publics, l'enseignement ont vu leurs dotations incessamment accrues, sans que l'équilibre financier, si soigneusement établi par M. Cambon et ses premiers collaborateurs, ait été un instant menacé ou compromis, et tandis que le fonds de réserve créé par sa haute sagesse continuait de fonctionner et de s'accroître, sous la main vigilante de son successeur. Le système a fait ainsi ses preuves d'élasticité, en même temps qu'il faisait apparaître, dans notre politique coloniale, un esprit de suite, une persévérance, une ténacité qui n'y sont point des vertus communes.

Ces résultats, que personne ne conteste plus, sont dus sans doute à l'habileté des hommes, mais aussi, à mon sens, à la forme même du Protectorat. C'est ce que nos adversaires d'il y a dix ans se refusaient obstinément à comprendre. J'entends encore M. le duc de Broglie répondre à Gambetta « que le protectorat n'échappe à aucune des difficultés de l'annexion », et M. Camille Pelletan, avec cette divination merveilleuse et tranchante qui est un des traits de sa physionomie politique, déclarer le traité du Bardo radicalement inexécutable. Cette cécité, naturelle aux intransigeants de l'extrême gauche, étonne davantage chez un diplomate et un historien. L'histoire des dix dernières années démontre au contraire que le Protectorat échappe, par sa nature même, aux principales difficultés d'une annexion. Quant aux difficultés militaires, la chose est claire, et le cardinal Lavigerie l'a dit, dès l'origine, avec sa vue profonde des choses africaines : « Le Protectorat tunisien nous fait l'économie d'une guerre de religion. » Il nous économise bien autre chose encore. Il y a, dans la fondation des colonies, des difficultés plus redoutables que les difficultés guerrières, un ennemi qui nous fait plus de mal que la haine des races conquises, c'est l'esprit de système chez le conquérant, le goût des réformes hâtives, des solutions improvisées, la manie assimilatrice et révolutionnaire. C'est pour n'avoir su tenir compte ni de la force du passé, ni de la résistance des milieux sociaux, c'est pour avoir cru à la vertu universelle et quasi magique de nos lois, de nos institutions, de nos procédés administratifs que nous avons pris tant de fausses mesures en Algérie et que nous n'y sommes pas encore arrivés, je le crains, au bout de nos déceptions.

Le Protectorat est plus modeste, il n'édifie pas sur une table rase. La métropole déchargée, grâce à lui, des responsabilités du gouvernement direct, le laisse agir, prendre son temps. Comme on ne lui demande pas de révolution, il n'a pas la tentation d'en faire. C'est dans le milieu même, hostile ou réfractaire, dont la tutelle lui est confiée, qu'il est obligé de trouver ses moyens de gouvernement. Les gouvernements orientaux ont de grands vices, mais par leurs ressorts intimes, par leurs racines profondes ils tiennent au tempérament traditionnel, à la constitution sociale, intellectuelle et morale des peuples qui les subissent. Se flatter qu'on les transformera d'un coup de baguette en gouvernements à la mode d'Occident, c'est une folle chimère; y viser même, comme à un but lointain, c'est une conception fausse et dangereuse. Notre devoir est d'introduire dans le monde oriental ce qui manque le plus à la barbarie corrompue, la justice et le contrôle. Mais ce contrôle ne peut procéder de la nation elle-même, organisée, comme en Europe, en assemblées dont la compétence varie, mais qui sont partout un sérieux contrepoids pour le pouvoir. Le régime représentatif, la séparation des pouvoirs, la déclaration des droits de l'homme et les constitutions sont là-bas des formules vides de sens. On y méprise le Maître qui se laisse discuter. Vous n'avez pas oublié ce curieux essai de parlement ottoman, où personne ne voulut s'asseoir sur les bancs du côté gauche, ni donner, même à titre de comparse, la réplique au gouvernement. Même pour les objets placés le plus près d'eux, comme l'assiette et la répartition des impôts, ils sont peu friands de *self-government* : si vous proposez aux Arabes, même aux Kabyles, de procéder eux-mêmes à la répartition, ils y mettront toujours pour condition première que l'administrateur français sera là, présidant et contrôlant tout le monde. S'ils étaient latinistes, ils vous diraient : *Quis custodet custodes ipsos?* Les musulmans n'ont pas la notion du mandat politique, de l'autorité contractuelle, du pouvoir limité, mais ils ont, au plus haut degré, l'instinct, le besoin, l'idéal du pouvoir fort et du pouvoir juste. C'est ici précisément qu'apparaît le trait caractéristique et l'ingéniosité du Protectorat. Les réformes s'y font par en haut, par la grâce du maître obéi, du pouvoir national et traditionnel, et ce qui descend de ces hauteurs ne se discute pas. Il y a là une réalisation pratique et positive de ce rêve du bon despote, qui hante l'esprit aimable de M. Renan.

Il devient possible, sous ce sceau respecté, de toucher aux choses fondamentales, presque sacrées, du monde arabe : à la famille, à la terre, à l'enseignement. Encore y faut-il mettre une prudence infinie, et se garder de compromettre dans d'imprudentes aventures le prestige du Souverain nominal. Le secret, c'est de procéder par étapes, par adaptations successives, d'éviter les à-coups et les coups de théâtre, et de savoir sauver les apparences. C'est ce qu'on a toujours fait, en Tunisie, depuis dix ans, et la civilisation, la renommée de la France, la prospérité de la Régence s'en sont bien trouvées. Votre livre, Monsieur, en donne maint exemple. Vous vantez avec raison la réforme des biens *habbous*. M. Cambon n'a eu garde de confisquer les biens habbous de Tunisie, comme nous l'avons fait il y a quarante-cinq ans en Algérie, au grand dommage de notre autorité morale, et sans profit durable pour qui que ce soit. Il les a conservés, réformés, mis à l'abri des fraudes, dans le double intérêt des services publics et de la colonisation bien entendue. Et dans cette loi de 1885 sur la propriété foncière, qui, bien que faite sans le concours d'aucun parlement, grand ni petit, n'en demeure pas moins un des monuments législatifs les mieux ordonnés de ce temps-ci, à côté de quantité de hardiesses, qui font, à cette heure encore, reculer nos légistes continentaux, que de ménagements habiles pour les traditions souvent capricieuses du droit musulman, quel souci de les régler, de les amender, au lieu de les abolir! En vérité, la méthode est bonne, la voie est bien tracée, et, pour un long temps, nous n'avons rien de mieux à faire que d'y persévérer.

*
* *

Je suis du reste sans inquiétude. Ces idées si nouvelles, si contraires, à ce qu'il semblait, aux habitudes primesautières et impatientes du génie français, ont pris fortement possession de l'esprit public, et l'on ne trouverait pas, à cette heure, dix voix dans les deux chambres pour décréter l'annexion de la Tunisie à l'Algérie. Il est manifeste que nos conceptions et nos méthodes politiques sont en voie de modification sérieuse et profonde. Nous avons mesuré le vide des solutions absolues; nous avons appris à faire de bonne politique avec des constitutions imparfaites, nous savons qu'aucune société, barbare ou civilisée, n'offre aux expériences des hommes d'État une matière indéfiniment compressible. C'est ainsi que le Protectorat est devenu le type préféré de nos acquisitions coloniales. Formule variable, sans doute, qui, elle aussi, a sa part de relativité, et qui implique d'ailleurs un certain nombre de conditions fondamentales, que tous nos protectorats ne réalisent pas. La première, c'est que le protégé accepte la protection : ce qui n'est malheureusement pas le cas à Madagascar... La seconde condition, c'est que le protecteur ait des vues arrêtées et suivies et que le système ne change pas aussi souvent que ceux qui ont charge de l'appliquer, comme il arrive depuis sept ans en Indo-Chine. Précisément le régime appliqué à Tunis réalise ces conditions et d'autres encore. Pourquoi en modifierait-on le caractère ? Quels avantages pourrait-on attendre du gouvernement direct, que le Protectorat ne nous ait pas garantis ? Une plus grande sécurité ? qui oserait le soutenir ? Une réduction des charges de la métropole? Elles sont réduites au minimum, à la garde du territoire et aux frais de la résidence générale; pour tout le reste, la métropole dit au Protectorat : débrouillez-vous!

Le régime économique ? C'était, en effet, avant la loi libératrice du 19 juillet 1890, le côté faible du système. Puisque la métropole persistait à soumettre ses rapports d'échange avec la Régence au principe rigoureux de la réciprocité, il ne restait plus, disait-on, qu'à annexer, pour se rendre les mains libres. La chose eût été peut-être moins simple qu'elle n'en avait l'air. On aurait eu pour soi la bonne doctrine, le droit international, qui considère que la conquête rompt tous les traités. Mais il n'est pas démontré qu'une rupture brutale, après coup, avec des puissances nanties de traités de commerce anciens et réguliers eût été sans susciter les plus graves embarras. Cet article 4 du traité de Kasr-Saïd, qui a rendu la France garante des engagements souscrits par le Bey, nous a été vivement reproché, dans ces derniers temps. Je suis convaincu que cette clause était nécessaire, qu'elle a singulièrement facilité notre tâche, notamment vis-à-vis de l'Angleterre, dont le concours moral, si habilement négocié par M. Waddington, fut le pivot diplomatique de toute cette affaire. Aussi la clause figurait-elle, de tout temps, dans les projets de protectorat qu'on avait ébauchés dans les bureaux des Affaires étrangères, et qui servirent de thème au traité du Bardo. Aucun diplomate, aucun directeur politique, les ministres du Maréchal de Mac-Mahon pas plus que ceux de M. Grévy, M. de Freycinet, pas plus que M. Barthélemy Saint-Hilaire et M. de Courcel, avec qui j'élaborai les instructions du général Bréart, n'admettaient qu'un acte de protectorat pût aller sans cet article 4. Ni sur ce point spécial, ni sur le fond même de l'entreprise nous n'avons été des inventeurs. Nous avons suivi une tradition. Nous reprenions des projets étudiés, approfondis par nos prédécesseurs. Notre seul mérite fut d'oser et d'agir à l'heure opportune.

* * *

Cette heure fut hâtée par les imprudences et les provocations de la politique italienne. Vous en avez donné dans votre livre une abondante et vigoureuse démonstration. Cela vous vaudra, sans aucun doute, de la part des journaux de Naples et autres lieux, qui vivent de gallophobie, des attaques et des injures. On vous outragera, mais l'on ne vous réfutera pas. Il serait puéril d'attendre quelque justice, quelque impartialité du parti qui est présentement, en Italie, le maître au moins apparent de l'opinion. Peut-être s'élabore-t-il, dans la profondeur des masses silencieuses, qui payent et qui peinent, mais ne votent ni ne lisent, une autre politique, d'autres sentiments. Il faut en conserver l'espérance. Mais, à part quelques exceptions généreuses, pour lesquelles nous ne saurions avoir assez de gratitude, la gallophobie domine dans les classes dirigeantes, agissantes et politiquantes. Elle s'y développe en un milieu singulièrement bien préparé, et d'une crédulité prodigieuse. Vous n'ôterez pas de la cervelle de beaucoup d'Italiens, qui ne sont point des sots, qu'à une certaine heure le gouvernement de la République avait tout préparé pour tenter un coup de main sur la Spezzia... ou que la France républicaine et anticléricale, la France des lois scolaires et des Décrets, nourrit le secret dessein de rétablir le pouvoir temporel du Pape! Auprès de pareils tours de force, la construction de la légende tunisienne n'était qu'un jeu d'enfants. On l'a rééditée, depuis un certain temps, amplifiée, grossie et colorée dans la manière noire. La politique française de 1881 n'aurait pas seulement été, comme on le disait jusqu'alors, blessante pour l'Italie, on a découvert qu'elle fut machiavélique, déloyale et frauduleuse. Des promesses directes avaient été faites, des engagements personnels avaient été pris : « Jamais la République française ne s'établirait en Tunisie, M. Ferry en avait donné sa parole d'honneur à M. Cairoli. » Ainsi s'expliquaient, ajoutait-on, par la duperie d'une âme trop chevaleresque, l'inertie du Premier Ministre d'Italie pendant la crise tunisienne, sa démission résignée et silencieuse et cette secrète mélancolie qui le suivit jusqu'à son dernier jour... Si blasé que je sois sur toutes les calomnies, celle-ci, je l'avoue, me fit bondir, je protestai avec énergie. La fable était grossière : on avait eu soin d'attendre, pour la jeter en pâture aux rancunes qui tendaient à s'assoupir, la mort du célèbre patriote. Vivant, il eût certainement trouvé peu de son goût ce rôle de niais et de martyr. Ce n'est pas faire injure à sa mémoire que d'affirmer, pièces en mains d'ailleurs, qu'il était plus Italien que cela. Au mois de mai 1881, M. Cairoli fut déçu, surpris, il ne fut pas trompé. Déçu sans doute dans les espérances qu'il avait pu fonder sur l'habileté de ses agents, sur la vénalité des conseillers du Bey, sur nos hésitations et sur notre faiblesse ; surpris par le réveil subit de notre politique et la rapidité de nos résolutions, mais averti, de longue date, et bien avant notre entrée aux affaires, par le marquis de Noailles, à Rome, et par M. de Freycinet, à Paris, des limites que la République française fixait elle-même à sa patience. De 1878 à 1881 notre diplomatie n'a pas cessé de tenir aux ministres italiens le langage le plus clair : « La France n'entend partager avec qui que ce soit la situation prépondérante que le voisinage de l'Algérie et les concessions antérieures du Bey lui assurent dans la Régence. Dans l'ordre industriel et commercial nous ne réclamons pour nos nationaux ni privilège ni supériorité d'aucun genre. Mais dans la sphère des services publics, nous n'admettrons jamais que les chemins de fer, les télégraphes, les institutions de crédit, tous ces grands monopoles qui sont, en tous pays, traités comme choses d'État, relèvent, en Tunisie, d'un contrôle étranger. » — A ces notifications si précises, et maintes fois répétées, M. Cairoli n'objectait rien, mais M. Maccio agissait toujours. Un jour, par exemple, — vous le rappelez fort à propos — les deux gouvernements étaient convenus de laisser leurs nationaux se disputer librement l'adjudication du chemin de fer de Tunis à la Goulette, sans y intervenir en aucune façon : et, l'adjudication faite, on apprenait que Rubattino n'avait été que le prête-nom du gouvernement italien. Peut-être, dans l'état de l'opinion italienne, Maccio était-il plus fort que Cairoli. Peut-être y avait-il au fond de cette politique, plus compliquée que chevaleresque, plus de faiblesse que de parti pris... Mais on n'est ni un héros ni une victime pour l'avoir pratiquée ou laissé faire.

*
* *

Je ne puis m'empêcher de croire qu'il y a une grande part d'artifice dans cette exhumation périodique d'un vieux procès depuis longtemps vidé, et réglé par les deux parties à la face du monde entier. Mais il faut de temps à autre trouver des prétextes à la politique de convoitise, réchauffer les mauvais sentiments, faire diversion aux misères qui protestent, dans les entrailles du peuple appauvri, contre cette ruineuse et inutile veillée des armes que « la politique de magnificence » a imposée à la jeune Italie. On agite alors l'oripeau de Tunis. Mais les gens sérieux savent à quoi s'en tenir. La théorie des nationalités a été largement mise à profit par l'Italie, mais on frise le ridicule quand on en va rechercher les titres dans les victoires de Scipion l'Africain. En quoi le Protectorat français assis paisiblement sur les ruines de Carthage compromet-il la sécurité de l'Italie, ou ses intérêts dans la Régence?

Les intérêts italiens? mais ils ont tiré le profit le plus direct, le plus certain de tout ce que l'administration française a fait, depuis dix ans, pour la prospérité de la Tunisie. C'est au grand bénéfice de 30,000 Italiens, laborieux émigrés des provinces méridionales, que la France a apporté dans ce beau pays l'ordre matériel et financier, l'honnêteté administrative et judiciaire, tous les bienfaits d'une direction intelligente et progressive; les millions que la colonisation française y accumule d'année en année, c'est en salaires qu'ils se répandent sur les braves gens des Calabres, de la Pouille et de la Sicile, qui viennent chercher, à l'abri de notre drapeau, le travail qui leur manque dans la mère-patrie.

M. Visconti-Venosta, ministre des Affaires étrangères du roi d'Italie, me disait, à Rome, en 1872 : « Il n'y a pas de question africaine entre nous : l'Italie n'est pas assez riche pour se payer le luxe d'une Algérie ». Le mot était d'un sage et d'un clairvoyant.

L'Italie a voulu, depuis lors, se payer le luxe de

beaucoup de choses que sa puissance économique ne comportait pas, — elle a du moins, sans qu'il lui en coûte rien, sur la rive la plus voisine, une colonie faite par la France et par l'argent français, où ses nationaux trouvent, sous un gouvernement bienveillant, le travail, la justice et la liberté. A-t-elle le droit de tant nous maudire ?

*
* *

En lisant votre livre, Monsieur, je repassais de la sorte toutes ces choses, déjà lointaines, et que le temps écoulé permet de juger en toute conscience. Je me plaisais à refaire l'histoire après coup, et je me demandais, à onze ans de distance, ce qu'il serait advenu de nos intérêts africains, si nous ne les avions pas mis, par une résolution énergique, à l'abri des caprices et des coups de main ? Qu'eût fait à notre place un ministère d'extrême gauche ? Il eût laissé carte blanche à l'Italie ? C'était en effet le seul moyen de la satisfaire. Convaincue, si étrange que cela puisse nous paraître, qu'elle a sur la Tunisie des droits historiques, elle y cherchait, rageusement, depuis 1878, sa revanche du Congrès du Berlin ; déjà perçait cet esprit aventureux et remuant, cette fièvre de croissance qui, pour le malheur du jeune Royaume, n'a pas encore, je le crains, épuisé sa dernière chimère. Ce n'était pas un esprit de transaction et d'accommodement qu'on apportait dans cette affaire, mais un esprit de domination, agissant volontiers par des voies tortueuses. Se serait-on prêté à des propositions de partage, à la constitution d'une administration à deux analogue à celle qui associait, en Égypte, la France à l'Angleterre ? Des diplomates, — longtemps après, — me l'ont fait entendre. Mais j'estime qu'eût-elle été voulue, eût-elle été possible, cette solution eût été la plus mauvaise. La protection, pas plus que la souveraineté, ne s'exerce dans l'indivision. L'histoire de ce qu'on a appelé, je ne sais pourquoi, le *condominium* égyptien (car ce n'était pas même un protectorat), — le dénouement, plus édifiant encore, de l'entente austro-prussienne dans les duchés de l'Elbe, à la veille de la guerre de 1866, montrent ce qu'il y a de périls au fond de ces expédients, imaginés pour apaiser les rivalités, mais qui les exaspèrent et qui précipitent les explosions. Je ne vois pas du tout, quant à moi, la France et l'Italie occupant de compte à demi la Régence, liquidant sa dette, l'administrant en nom collectif. Il y a des mariages dont on dit : qu'ils courent au-devant du divorce. Ce ménage franco-italien y eût conduit à la vapeur, et ni la paix de la Régence ni la tranquillité de l'Europe n'y eussent sans doute trouvé leur compte. On supporte moins encore l'idée d'une Italie seule à Tunis, attachée à nos flancs, sur la ligne de retraite de toutes les insurrections algériennes, tenant dans sa main le calme et la tempête... Ces choses-là, je l'espère, ne se discutent pas.

Nous avons appris, depuis onze ans, à bien connaître nos voisins du Sud-Est. Mais ils étaient déjà, il y a onze ans, le peuple jeune, inquiet, pressé de faire grand, qui se montre aujourd'hui. Je ne suis pas un adepte de la politique sentimentale; je n'attends pas, je n'ai jamais attendu que l'Italie subordonnât, dans ses rapports avec la France, ses intérêts à ses sentiments. Le moi est haïssable chez les individus, mais il est chez les grands peuples une force et une vertu. L'accession de l'Italie à l'alliance allemande n'a jamais été, à aucune époque, une question de sentiment. Y voir, comme l'insinuent encore, de temps en temps, les Catons de l'intransigeance, une réplique à l'entrée de la France en Tunisie, c'est travestir l'histoire en la rapetissant. L'entrée de l'Italie dans l'alliance austro-allemande ne fut pas une boutade, un acte de colère, — que faudrait-il penser d'un peuple qui réglerait sa politique par des boutades? — ce fut un calcul politique mûrement réfléchi, fondé sur l'analogie des situations et l'attraction des intérêts. M. Thiers n'avait-il pas, dans un de ses prophétiques discours, bien avant les leçons de 1870, annoncé ce rapprochement inévitable, qui devait rendre à l'Empire germanique, rétabli et rajeuni, son antique prépondérance au delà des Alpes et jusqu'au golfe de Tarente? En France même, dans toute la seconde moitié du dix-huitième siècle, et de 1830 à 1866, l'entente avec la Prusse n'a-t-elle pas passé pour le fin du fin de la politique française, la politique nationale et populaire ? Quoi d'étonnant que le royaume d'Italie affranchi par la France, sans doute, mais achevé, complété par les victoires allemandes, cherchât du côté des victorieux le point d'appui de sa fortune éblouissante ? L'alliance allemande était déjà le vœu des hommes d'État du premier cycle italien, des collaborateurs et des disciples de Cavour, de l'illustre Minghetti, de ceux qu'on appelle en Italie les hommes d'État de la droite piémontaise. C'était surtout l'aspiration profonde, discrète, mais incessamment active de la monarchie de Savoie, naturellement portée vers ce Piémont du Nord, dont les triomphantes destinées avaient tant de ressemblance avec sa propre histoire. En Italie, ne l'oublions pas, ce n'est pas la Nation, c'est la Couronne qui contracte les alliances, et, à l'heure qu'il est, le parlement italien attend encore la communication des traités qui, deux fois déjà renouvelés, lient l'Allemagne à l'Italie. On peut dire que l'alliance était faite, avant d'être écrite, depuis le voyage de Victor-Emmanuel à Vienne et Berlin, en 1873. Dès 1875, l'Empereur allemand célébrait l'accord avec orgueil devant le Parlement, au retour de cette triomphale entrevue de Milan, où la politique italo-prussienne avait reçu le baptême des enthousiasmes populaires. Qui donc retardait l'alliance formelle ? La question française ? pas le moins du monde : la question autrichienne.

L'alliance austro-allemande, signée le 15 octobre 1879, la combinaison favorite du prince de Bismarck, celle qu'il vantait encore ces jours derniers, comme le pivot de sa politique, n'avait pas la portée agressive qu'elle a revêtue plus tard. Inspirée par les mêmes vues que le chancelier avait fait prévaloir au congrès de Berlin, destinée à favoriser l'essor de l'Autriche vers l'Orient européen, l'alliance visait particulièrement la Russie, qu'elle devait tenir en bride, non sans quelque espoir secret de l'y faire entrer un jour. Et de fait, tant que vécut Alexandre II, les entrevues périodiques des trois Empereurs fortifiaient et garantissaient l'union des deux Empires.

Mais ce n'était pas assez de protéger l'Autriche du côté de l'orient, il n'importait pas moins de la mettre à l'abri du côté du sud. L'*Italia irredenta* menaçait ouvertement Trieste, le Tyrol et le Trentin. Ce n'était peut-être pas un péril, mais c'était sûrement un embarras. L'union austro-allemande devait tendre à absorber l'Italie pour l'assagir. Le jeune royaume pouvait-il mettre en balance les utopies de l'irrédentisme et les perspectives d'une grande alliance ? Révolutionnaire converti à la monarchie, mais irrédentiste au fond de l'âme, M. Cairoli hésitait. Mais il était débordé. Ni les Piémontais de la première heure, ni les méridionaux rangés sous le drapeau de M. Crispi et de M. Nicotera, ni la dynastie, surtout, ne se contentaient d'une Italie isolée et sage, observatrice et neutre, au milieu de grandes constellations européennes. Et l'alliance rêvée ne pouvait être que monarchique, puisqu'en Italie l'unité est identique à la monarchie. Les bonnes gens qui se figurent qu'il y avait alors en Italie un parti allemand et un parti français et qui considèrent Cairoli comme le chef du parti français, ne connaissent rien à l'histoire du royaume d'Italie. Il n'y a pas, il n'y a jamais eu de nos jours de parti français au delà des Alpes. Peut-être, si nous lui avions passé la main dans les affaires de Tunisie, Cairoli aurait-il prolongé de quelque temps son existence ministérielle, mais le courant national eût emporté sa politique, et nous aurions eu, un peu plus tôt, un peu plus tard, les flottes de la triple alliance à la Goulette et à Bizerte, au lieu de les avoir seulement à la Spezzia et à la Maddalena...

Il y a souvent, dans les affaires humaines, deux conduites à tenir, entre lesquelles l'homme d'État peut hésiter; une seule, ici, était possible, celle qui fut suivie, la seule politique clairvoyante et prévoyante, la politique nécessaire. Elle n'a rien à redouter des jugements de l'histoire.

Jules FERRY.

Septembre 1892.

AVANT-PROPOS

L'ancien gouverneur général de l'Algérie, M. Tirman, répétait l'année dernière au Sénat, avec non moins d'exactitude, hélas ! que je le disais moi-même, dix ans auparavant, à la Salle des Capucines : « Le grand malheur de l'Algérie, c'est de n'être pas connue ». Or, il en va de même pour la Régence de Tunis. Avant 1881 on en parlait, dans le public, à peu près comme du Kamstchatka ou de la Patagonie. A quelles histoires saugrenues les Kroumir n'ont-ils pas servi de thème ! Avaient-ils seulement jamais existé ? On en doutait fort. Il se rencontrait pourtant des esprits hardis qui déclaraient les avoir vus ; ils en traçaient même le portrait ; mais quel portrait ! A côté de lui, les Apaches et les Sioux devenaient des modèles de douceur et de tendresse. Ce n'étaient rien moins que des *anthropophages* dévorant ceux de nos soldats qui leur tombaient entre les mains. Je ne suis pas d'ailleurs éloigné de croire qu'il existe encore des gens convaincus du cannibalisme de ces vulgaires montagnards. Il a paru récemment une *Histoire des Français en Afrique* dans laquelle on lit :

« Les Kroumirs, *ces cruels et redoutables sauvages* de l'Afrique, ressemblent moins à des hommes qu'à des *bêtes féroces. Les pères épousent leurs filles.* Ils possèdent de *riches trésors* qu'ils ne dépensent jamais. » Le reste est de ce calibre-là.

Cependant la richesse de son sol, le succès de son administration ont attiré tous les regards sur la Tunisie ; les inepties d'antan se font de plus en plus rares, les préventions et les préjugés dont elle a eu à souffrir font place enfin à des idées saines ; mais combien lentement ! Même dans les sphères gouvernementales, la Tunisie demeure imparfaitement connue. Un sénateur, M. Pauliat, le constatait le mois dernier dans un banquet qui lui était offert à Tunis. « Je ne connaissais la Tunisie, disait-il, que par le peu qui en transpire en France, et, malheureusement, vous le savez, elle est loin d'y être connue autant qu'elle le mériterait. Aussi depuis dix jours à peine que j'y ai mis le pied je ne vais que d'étonnements en étonnements. Et cependant je n'y ai vu qu'une faible partie de l'œuvre accomplie ».

D'où vient cette déplorable ignorance de l'Algérie et de la Tunisie, l'une à vingt-quatre heures et l'autre à trente-six heures seulement de la métropole? De ce qu'il nous reste en France toute une éducation coloniale à faire. On ne nous y apprend ni la valeur des colonies, ni leur importance, ni les ressources qu'elles offrent à notre activité...

Entrez dans n'importe quelle école anglaise; interrogez-y le premier bambin venu sur la situation géographique de telle ou telle colonie de la Couronne, et certes elles sont nombreuses! Demandez-lui de vous énumérer les productions agricoles et industrielles, de vous indiquer le mouvement commercial, de vous initier aux mœurs des indigènes, voire à l'organisation administrative, vous serez surpris de la sûreté avec laquelle l'enfant vous répondra, vous serez émerveillé des idées générales qu'il possède déjà sur tous les pays où flotte le drapeau britannique.

Chez nous, jusqu'à ces derniers temps, on se bornait à apprendre aux enfants les noms des colonies et la partie du globe qu'elles occupent : on jugeait cela très suffisant. Dans les collèges et lycées, on y ajoutait les noms des fleuves et des montagnes, parfois ceux des villes principales et jusqu'aux chiffres des populations; mais l'on se donnait de garde d'aller au delà; c'eût été vraisemblablement surcharger la mémoire des élèves de détails inutiles. Aussi bien, leur intelligence s'éveillait-elle aux choses sérieuses, devenaient-ils des hommes? Les journaux se chargeaient de parfaire cette brillante éducation. Ils s'en chargent toujours. Grâce à l'esprit de coterie, les questions coloniales apparaissent à nos jeunes gens sous forme de polémiques passionnées, haineuses, déloyales ; les adversaires de l'expansion française et de la politique de gouvernement, c'est tout un, les habituent à ne voir que des appétits et des intérêts inavouables au lieu et place de l'intérêt supérieur qui est la raison d'être des colonies et devant lequel toutes les misérables rancunes de parti devraient avoir la pudeur de s'évanouir. Joignez à cela notre peu de goût pour les voyages sur mer, conséquemment le petit nombre d'entre nous qui apprécient les choses *de visu*, et vous ne vous étonnerez plus que le public accueille avec une complaisance si débonnaire les canards et les coquecigrues qui prennent chaque jour leurs ébats dans les journaux, les revues et les livres.

Et Dieu sait s'il en éclot ! De tous les ouvrages publiés sur la Tunisie depuis le traité du Bardo, j'en compte tout juste cinq vraiment sérieux : ceux de MM. Leroy-Beaulieu, P. H X., Gabriel Charmes, Servonnet et Laffitte, et de Lanessan, encore ce dernier est-il souvent erroné.

Je regarde donc comme un devoir pour tous ceux qui se sont adonnés à l'étude du Nord de l'Afrique, qui connaissent le pays pour l'avoir parcouru dans tous les sens, la colonisation pour l'avoir suivie pas à pas, les indigènes pour avoir vécu au milieu d'eux, avoir approfondi leur histoire, leurs mœurs, leur religion et leur langue, je regarde comme un devoir pour ceux-là de s'efforcer, par tous les moyens possibles, de vulgariser l'Algérie et la Tunisie. C'est la France d'outre-mer, la France de demain. La faire connaître, c'est la faire aimer. C'est hâter sa virilité en détournant à son profit le courant d'émigration qui continue à se porter follement vers l'Amérique du Sud. C'est faire plus tôt de la Méditerranée un lac national.

Telle est la pensée qui m'a dicté *La Tunisie depuis l'occupation française.*

Douze années de journalisme et de voyages à travers nos deux grandes colonies africaines me permettent d'en parler, sinon avec autorité, à tout le moins avec exactitude. Et à défaut de talent j'ai écrit avec une conviction et une préoccupation de la vérité auxquelles on rendra justice, je n'en doute point. Toutes les statistiques sur lesquelles je me suis appuyé ont été puisées dans les documents officiels, tous les renseignements ont été recueillis aux sources les plus sérieuses. J'ai le droit de dire que l'on ne trouvera dans ces deux volumes aucune des erreurs grossières signalées plus haut. Je leur ai consacré deux années de travail exclusif et j'en affirme la rigoureuse précision.

Je me suis proposé de venir en aide aux futurs colons tunisiens en leur montrant, dans tous ses détails, le riche patrimoine qui leur est dévolu, et j'ai voulu accroître leurs forces en leur épargnant les hésitations, les tâtonnements — et les déboires qui en sont trop souvent la conséquence. Si tant est que j'obtienne ce résultat, comme je m'en flatte, je me croirai largement payé de mes sacrifices et de mes veilles, car j'aurai la joie profonde et inaltérable d'avoir été utile à la Patrie.

Il vient un âge, disait Balzac, où la plus belle maîtresse qu'un homme puisse servir, c'est sa nation. Je partage tout à fait ce sentiment. Retenu loin de la France depuis de longues années par mon état de santé, mon amour pour elle n'en est que plus vif, plus vive mon ambition de la servir, et je la prie de recevoir l'ouvrage que je lui adresse aujourd'hui comme un faible témoignage de cette ardeur filiale.

NARCISSE FAUCON.

Tunis, 31 mai 1892.

LA TUNISIE

DEPUIS L'OCCUPATION FRANÇAISE

LIVRE PREMIER

LE PAYS ET SES HABITANTS

I

UN POINT DE DOCTRINE

Les actions humaines sont gouvernées par des lois intellectuelles et physiques. Les unes et les autres exercent leurs influences sur l'organisation de la société comme sur le caractère des individus, et l'on ne saurait, à mon humble avis, écrire l'histoire d'un peuple, — j'entends le suivre dans sa genèse et en pronostiquer l'avenir, — si l'on néglige l'une ou l'autre de ces deux branches d'investigation.

Cependant, à quelques rares exceptions près, les historiens se bornent à raconter les événements et à les vivifier par des réflexions morales ou politiques que leur suggèrent la religion,

DEBUT DE PAGINATION

le gouvernement ou la littérature du pays dont ils mettent la civilisation en lumière. Suivant eux, toute l'évolution sociale réside dans cette trilogie religieuse, politique et littéraire. La géographie physique est, par suite, reléguée au second plan — quant à ses conséquences seulement bien entendu. Car tous les phénomènes climatériques sont enregistrés, les montagnes mesurées, les rivières inspectées et suivies jusqu'à leur source, les productions naturelles de tout genre étudiées avec soin.

Chaque écrivain recherche non moins méthodiquement la fécondité du sol; mais il la constate ou en déplore l'absence sans lui attribuer les résultats puissants et primordiaux qui en découlent.

La nourriture des habitants, le climat et l'aspect général de la nature, ne lui semblent également mériter qu'une attention superficielle.

Je n'hésite pas à le dire : je vois les choses d'autre façon. Ces agents physiques, tout au moins durant les premiers âges des populations, ont une importance capitale. Telles divergences considérables entre nations, où l'on est tenté de voir des différences fondamentales dans les races, ne sont le plus souvent que l'effet des phénomènes extérieurs sur les individus. L'Anglais et l'Italien si dissemblables, par exemple, doivent-ils être regardés comme d'une autre essence? Ne doit-on pas plutôt demander à leur climat, leur alimentation, leur genre de vie si différents, la raison d'être de leur disparité de mœurs et de caractère?

Qu'on me permette une hypothèse. Chassons un instant les anciens Grecs des collines parfumées de l'Élide et du Taygète, où la lumière du matin s'estompe et fuse avec des tendresses de bleu velouté. Qu'ils oublient leur vie facile et agréable, et ces nuits dont l'air est doux comme le lait et le miel, ces nuits « dont les ombres transparentes semblent craindre de cacher le beau ciel de la Grèce[1] ». Qu'ils abandonnent, en un mot, leur climat enchanteur : la Sibérie sera désormais leur séjour... La Poésie et les Beaux-Arts seront-ils du voyage? Les Muses les suivront-elles sous le ciel bas, blafard et glacial, au milieu de la nature morne et désolée du septentrion? Non. Les bois n'auront plus de napées, les fleuves n'auront plus de sirènes, les Dieux n'auront plus d'autels! C'en sera fait du génie d'Homère, d'Orphée et de Phidias! Pour s'épanouir avec volupté, l'Art comme la fleur demande un ciel serein. Il recherche la lumière, les souffles caressants, les suaves harmonies, les riantes perspectives. « Descendu de l'Olympe, il y remonte par les douces pentes du mont parfumé[2] ». Car là tout est calme, séduisant, l'homme y est sans cesse ramené dans ses conceptions autothétiques à l'amour de l'Harmonie et du Beau; et le génie des Hellènes s'éveilla de bonne heure aimable et gracieux; et vite il déploya ses ailes, transporté d'un céleste amour, il déifia les accidents de la nature, il humanisa les Dieux et, incorporant la grandeur idéale à la beauté physique, avec des blocs de marbre cisela des poèmes épiques!

Que si le milieu eut été tout différent, les Grecs, n'en doutez point, eussent été tout autres. S'ils avaient été sans cesse aux prises avec les difficultés de la vie, les rigueurs d'un climat tropical, les obstacles de la nature comme dans l'Inde, par exemple, où l'énergie de la race humaine était limitée, pour ainsi dire intimidée et découragée par des forêts impénétrables et des déserts sans bornes, par des montagnes qui semblent toucher le ciel, « dont les flancs déversent des fleuves que nul art humain ne peut détourner de leur course et que nul pont n'a jamais pu traverser », au lieu d'un polythéisme délicat et sensuel, la religion des Grecs eût revêtu le caractère

---

1. Châteaubriand, *Les Martyrs*, I, p. 5.
2. Lamennais, *De l'Art et du Beau*, p. 57.

cruel, impitoyable de la mythologie indienne. Le culte de Jupiter, de Minerve et de Vénus se serait évanoui pour faire place à l'adoration de Siva, Brahma et Vishnu, cette triade hideuse, effroyable, symbole des terreurs et des superstitions indiennes [1].

L'histoire même des Arabes, dont nous aurons bientôt à nous occuper, ne nous offre-t-elle pas un argument de plus? Qu'étaient leurs ancêtres, les Madianites, dans les plaines arides de l'Arabie? Un peuple grossier et inculte [2]; car dans leur cas, comme dans les autres, la grande ignorance était le fruit de la grande pauvreté. Mais au septième siècle, les Arabes font la conquête de la Perse; dans le huitième siècle, ils conquièrent la plus grande partie de l'Espagne, dans le neuvième siècle le royaume de Lahore. A peine sont-ils établis dans leurs nouvelles conquêtes que leur caractère semble éprouver un changement remarquable. Ces hommes qui, dans leur pays natal, n'étaient guère que des sauvages errants, sont alors pour la première fois capables d'accumuler des richesses et, par conséquent, pour la première fois, ils font des progrès dans les arts de la civilisation. Dans leur désert sans ombre, et sans eau, et sans murmure, ils n'étaient qu'une misérable race de bergers vagabonds; dans leurs nouvelles contrées, ils devinrent les fondateurs de puissants empires; ils bâtirent des cités, favorisèrent les écoles, établirent des bibliothèques; ils nous donnèrent cette poésie riche en

---

1. Siva est représenté à l'esprit indien sous la forme d'un être épouvantable ceint de serpents, tenant dans sa main une tête de mort, et portant un collier fait d'ossements humains. Il a trois yeux; la férocité de sa nature est désignée par son vêtement fait d'une peau de tigre; on le représente errant comme un insensé, et sur son épaule gauche le cobra di capella au poison mortel relève sa tête horrible. Vishnu n'est pas moins monstrueux avec ses quatre mains et Brahma avec ses cinq têtes.

2. Les anciens écrivains de la Perse les appelaient « une bande d'hommes nus mangeurs de lézards. » Voyez à ce sujet le savant ouvrage de Thomas Buckle, *De la Civilisation en Angleterre*, p. 53 et suiv.

images, pleine de mots sonores, facile et souple, alerte et vive, grave quand il faut, voluptueuse quand il faut; cette poésie qui chante, parle, déclame, se moque, instruit, raconte; en un mot cette poésie arabe à la hauteur, comme l'a constaté Jules Janin[1], de ce grand mot — poésie! Ils nous donnèrent cette architecture arabe qui est encore de la poésie sur pierre. On la prendrait pour de la dentelle et de la gaze. C'est comme un rêve brillant, un caprice de sylphes qui se joue dans ces délicates découpures, ces franges légères, ces entrelacs volages, dans ces lacis où l'œil se perd à la poursuite d'une symétrie qu'à chaque instant il va saisir, et toujours lui échappe par un perpétuel et gracieux mouvement.

Voilà les transformations que les agents physiques opèrent sur l'homme. J'aurais grand plaisir à développer davantage cette thèse; mais la science me ferait trop souvent défaut et ce serait trop m'écarter de mon sujet. Je tenais seulement à poser ces prémisses; car j'aurai plus tard des conclusions à en tirer.

II

SITUATION GÉOGRAPHIQUE. — OROGRAPHIE

Baignée au nord et à l'est par la Méditerranée, limitée à l'ouest par l'Algérie et au sud par la Tripolitanie, l'ancienne Régence de Tunis figure un parallélogramme d'environ soixante lieues de large de l'ouest à l'est sur cent quatre-vingt de long du nord au sud[2]. D'après les récents calculs du service spécial,

---

1. *Histoire de la poésie et de la littérature chez tous les peuples*, I, p. 61.
2. Je reçois au dernier moment une note que veut bien m'adresser M. Piat, ingénieur chef du service topographique de la Tunisie, et de laquelle il résulte qu'en adoptant comme limite sud le parallèle 31° 54' la plus grande longueur N.-S. — du cap Blanc à ce parallèle — serait de 724 kilomètres. Quant à la largeur E.-O

son aire géographique est de 129.318 kilomètres carrés, c'est-à-dire à peu de choses près le quart de la France.

Sa frontière méridionale, ensuite d'une convention passée en 1815 entre le bey de Tunis et le pacha de Tripoli pour mettre fin à des contestations de territoire pendantes depuis plusieurs siècles, est limitée par la Mogta, série de sbakh ou chtout qui s'étend à peu de distance de la côte jusqu'au pied de la chaîne des ksour, et prend successivement les noms de sebkha el-Debba, sebkha Tadder, oued Mogta, Chareb Souaouda, Khaoui Smeida, el-Khaoui Guelb el-Ibel, etc.

La Tunisie occupe donc le centre de l'*Africa propria* qui se composait des provinces maintenant appelées : Régence de Tripoli, Régence de Tunis et province de Constantine (Algérie). Ce territoire, géographiquement situé entre le 31° et le 38° degrés de latitude nord et entre le 5° et le 9° degrés de longitude orientale du méridien de Paris, est la continuation naturelle de l'Algérie et du Maroc.

La Tunisie a, par suite, le même système orographique que l'Algérie ; l'une et l'autre ont pour ossature les deux chaînes de l'Atlas qui les jalonnent en trois zones parallèles à la mer : au nord et sur le littoral le Tell ; derrière, la région des Steppes ou des Hauts-Plateaux qui s'abaisse par gradins et dont les dernières ondulations viennent mourir à la lisière des oasis, ou zone Saharienne.

Dans sa partie occidentale extrême, au Maroc, la grande chaîne atlantique atteint et dépasse 4,000 mètres; en Algérie, les flèches supérieures du Djurdjura mesurent encore 2,308 mètres (pic de Lella-Khredidja) et même dans l'Aurès 2,328 mètres (pic de Kelthoum); mais la dépression s'accuse de plus en plus vers

---

elle a comme minimum 220 kilomètres, entre la Skhirra et Tamerza (vers le parallèle 34° 30') et comme maximum 276 kilomètres, entre le ras Khadidja et le djebel Mouhabad (vers le parallèle 35° 15').

l'orient et les plus hautes cîmes de la Tunisie s'échelonnent entre 1,200 et 1,500 mètres. Un des massifs les plus considérables de la Tunisie, est celui auquel M. É. Reclus[1] donne le nom de « montagne des Kromir », du nom des tribus qui l'habitent et qui ont eu leur heure de célébrité en 1881. Ce massif tourmenté, dont il est difficile au premier abord de reconnaître l'ordonnance, dit l'éminent géographe, aligne son faîte du sud-ouest au nord-est. Au sud-est, ces hauteurs[2] se continuent par les montagnes des Ouchteta, à peine moins élevées, et par celles des Beni-Salah, limitées au sud par les âpres gorges que traverse la haute Medjerda, dans le département de Constantine. Les sommets, désignés par le terme général de *Kef* ou « rocher », sont pour la plupart de longues croupes, mais quelques-uns se terminent par des masses pyramidales ou par des crêtes dentelées, dont les assises de grès noir ou rouge se redressent en formes bizarres. Des forêts de grands arbres feuillus, recouvrent presque toutes les pentes, et, de mainte cîme, on ne voit autour de soi dans le cercle immense de l'horizon que l'océan sans fin de la verdure. De brusques ravins, d'étroites vallées s'ouvrent en labyrinthes dans ces montagnes, parcourues de ruisseaux qui descendent soit au sud vers la Medjerda, soit à l'ouest vers l'oued el-Kébir, soit au nord vers les criques de la Méditerranée. De hauts promontoires s'avancent au loin dans les flots; tel le cap Roux, qui marque la frontière commune de Tunis et d'Alger par ses escarpements et ses fortifications en ruines. Plus loin, vers l'est, le djebel Mermal projette un autre cap, au pied duquel se montre l'îlot de Tabarka, encore hérissé de fortifications génoises, et jadis rattaché à la côte par une digue, que remplace maintenant un isthme de sable à fleur d'eau.

1. *Géographie universelle*, t. XI, p. 147 et suiv.
2. *Le djebel Sma*, le plus élevé de la Kroumirie, a 1,400 mètres.

A l'est des contreforts du massif des Kroumir s'étend la région moins élevée, mais toujours montueuse qu'on appelle Mogod et qui se termine au nord-ouest et au nord de Bizerte par plusieurs caps, le ras Doukkara, le ras el-Keroum, le ras Engela et le ras el-Abiod ou cap Blanc. Ces promontoires, les plus septentrionaux du continent africain, dépassent d'une vingtaine de minutes au nord le 37° degré de latitude : ils sont d'environ 150 kilomètres plus rapprochés du pôle que la pointe de Ceuta, pilier méridional de la pointe d'Hercule.

Prolongement de l'Aurès, la région des steppes tunisiennes est parsemée de hauteurs isolées qui se terminent au sommet par des plateaux en forme de tables, restes d'assises déblayées par les eaux. Plusieurs de ces plates-formes, entourées de falaises abruptes et par conséquent très faciles à défendre, ont fréquemment servi de refuge à des tribus entières et à leurs troupeaux[1] : tel est, au nord-est de Tébessa, le grand rocher appelé *Kalaa es Senam*, « Château des Idoles[2] », probablement à cause de quelques constructions ou de tours naturelles que les conquérants arabes crurent être des lieux d'adoration pour les indigènes. Un sentier périlleux mène au village, où la tribu des Hanencha gardait ses approvisionnements et ses trésors : groupe d'habitations le plus haut de la Tunisie, cette acropole arabe, bâtie sur les restes d'une forteresse, s'élève à 1,452 mètres. Un autre « témoin » des anciens plateaux, se dressant maintenant au-dessus de la plaine abaissée, à l'ouest de l'oued Melleg, est la colline qui porte spécialement le nom de Kef : c'est le « Rocher » par excellence, à cause de la ville qui en occupe le ommet (755 mètres). Plus à l'est, à peu près au centre géographique de la Tunisie, les fragments du plateau sont

---

1. E. Masqueray, *Revue africaine*, 1878.
2. *Kalaa-es-Senân* « Château des Dents, » d'après M. Mac Carthy (*notes manuscrites.*)

assez vastes et d'altitude assez uniforme pour qu'on ait pu leur donner le nom de *hamâda*, comme aux champs pierreux du désert. C'est dans cette région des hamâda tunisiennes, la partie la moins usée du plateau, que se voient les cimes les plus hautes de tout le pays, le djebel Berberou (1,480 mètres), le ras Si Ali bou-Moussin (1,520 mètres), le djebel Halouk (1,445 mètres). La plus régulière des hamâda, celle de Kessera, dont l'assise supérieure est une énorme dalle de 25 kilomètres carrés limitée de tous côtés par une brusque falaise, porte une petite sebkha dans une de ses dépressions; ses talus, qui se prolongent à une grande distance, sont boisés sur presque tout leur penchant. Le village de Kessera, qui a donné son nom au plateau est placé au bord d'un escarpement coupé de ravins où bruissent des torrents lors de la fonte des neiges.

Au nord-est des hamâda de la Tunisie centrale, les massifs de montagnes se succèdent de manière à former une véritable chaîne. Le djebel Djougar, qui verse son eau pure dans l'aqueduc de Tunis, et le superbe Zaghouan qui, à l'époque romaine, donna le nom de Zeugitane à la contrée, appartiennent à cette rangée de monts. De tous les sommets de la Tunisie, nul n'est plus fameux que celui de Zaghouan; non qu'il soit le plus élevé (1,294 mètres), mais, vu de Tunis, il domine l'horizon de sa pyramide bleue, et, comme le Djougar, il alimentait Carthage de ses sources, utilisées de nouveau depuis 1861 pour la capitale nouvelle.

C'est cette montagne de Zaghouan[1] que, trois cents ans avant notre ère, le célèbre aventurier grec Agathocle avait gravie lorsque, d'après Diodore de Sicile, il quitta avec une poignée d'hommes *Hadrumetum* (Sousse) qu'il assiégeait, pour mar-

---

1. M. Charles Tissot voit dans le djebel Zaghouan le *mons Jovis* de Ptolémée. *Géographie comparée de la province romaine d'Afrique*, t. I, p. 29.

cher au secours de Tunis dont les Carthaginois allaient s'emparer.

Du haut du *mons Jovis* il pouvait être aperçu par les habitants d'*Hadrumetum* (à dix-huit lieues de là) et par les Carthaginois qui investissaient Tunis (à douze lieues du côté opposé). Il imagina un stratagème qui répandit à la fois l'incertitude et la crainte chez tous ses ennemis. Par son ordre, ses soldats allumèrent, la nuit, de grands feux au sommet de la montagne : d'un côté les Carthaginois croyant que le général s'avançait à la tête d'une immense armée s'enfuirent dans leurs murs, en abandonnant leurs machines de guerre; de l'autre côté, les habitants d'*Hadrumetum* persuadés qu'un grand renfort arrivait aux assiégeants se rendirent à discrétion.

On contemple du djebel Zaghouan un admirable et gigantesque panorama circulaire de plus de cent kilomètres de rayon.

Au nord : Tunis et son lac, l'emplacement où fut Carthage, le vaste golfe de quatorze lieues d'ouverture que délimitent à droite le ras Haddar ou cap Bon, à gauche le ras Sidi-Ali el-Mekki — le *pulchri promontorium* où Scipion débarqua sa flotte pour marcher à la conquête de Carthage[1].

Au nord-est : toute la presqu'île du cap Bon, la dakhla el-Maouïn, comprenant une étendue de dix-huit lieues sur huit.

Au nord-ouest : le djebel Basila, le djebel Morabba qui dominent la fertile vallée de l'oued Medjerda.

A l'ouest : les montagnes du Kef, à huit lieues de la frontière algérienne.

A l'est : la ville d'Hammamet avec son beau golfe moelleusement courbé, et la grande nappe azurée où la lumière frissonne.

Au sud-est : le magnifique domaine de l'Enfida, les villes

---

1. Voyez à ce sujet, Ch. Tissot, *op. cit.*, t. I, p. 549 et suiv.

d'Hergla et de Sousse, et le Sahel — perle tunisienne — si riche, si vivant, si doux à la vue avec les pâles frondaisons éternelles de ses oliviers séculaires, où le soleil verse sa gaieté, et qui mettent sur la plaine comme une coulée d'argent.

Au sud : le mont Djougar, le massif beaucoup plus méridional des monts Ousselet et la ville sainte de Kairouan.

En un mot la moitié septentrionale de la Tunisie apparaît successivement aux regards à mesure que l'on interroge les divers points de l'horizon.

Au sud des fragments de plateaux démolis qui occupent le centre de la Tunisie, nous dit Élisée Reclus[1], les massifs montagneux sont d'une hauteur moindre, séparés les uns des autres par des vallées plus larges et limités à l'est par de vastes plaines où se sont amassées les eaux saumâtres des sbakh[2]. Mais au-delà de ces dépressions, la région du Sahel ou « Littoral », qui s'avance en demi-cercle dans la mer entre les deux golfes de Hammamet et de Gabès, est terminée par un plateau accidenté, dont les derniers gradins s'achèvent en de vastes plaines et des caps aigus. A l'ouest de la sebkha, la Tunisie méridionale garde son aspect de pays montueux, et djebel y succède à djebel jusqu'à la grande dépression des chotts[3] qui forme la limite naturelle entre l'île mauritanienne et le désert. Presque tous ces chaînons sont disposés régulièrement du sud-ouest ou nord-est, dans le même sens que la partie du rivage de la petite Syrte comprise entre Gabès et Sfax[4]. Un des massifs les plus remarquables de la contrée est le djebel Boû-Hedma, qui domine la

---

1. *Op. cit.*; p. 154.
2. M. Reclus écrit des sebkha, c'est une licence; on doit dire une *sebkha* et au pluriel des *sbakh*.
3. On devrait dire un *chott*, des *chtout*, mais ce mot arabe a été francisé sans que le nombre en modifie l'orthographe; je respecte l'habitude.
4. M. Reclus écrit Sfakès, comme les auteurs du XVIIIe siècle; il me permettra de rectifier cette orthographe, les Arabes écrivant : صبأ فس

nappe saline de la sebkha Manzouna ou sebkha en-Nouaïl, au nord-ouest du golfe de Gabès : ses crêtes, presque aussi hautes que celles des montagnes du centre, atteignent 1,300 mètres d'altitude et présentent un aspect d'autant plus grandiose qu'à la base s'étendent de larges steppes ressemblant au désert; dans les parois des gorges s'ouvrent des galeries de mines romaines où l'ingénieur Fuchs a découvert du minerai d'or. Plus à l'ouest, dans le voisinage de Gafsa, se dresse un massif presque aussi élevé, le djebel Arbet, dont la croupe supérieure, haute de 1,100 mètres, commande l'immense panorama des montagnes, de la mer, des oasis et des sables. Une brèche soudaine, où doit passer un jour le chemin de fer de Constantine à Gabès, limite au sud ce massif de montagnes, mais au-delà le plateau se reforme, offrant une succession de gradins qui s'abaissent vers la sebkha Faraoun. Les assises de morne et de grès multicolores sont coupées de cluses profondes, noires fissures alternant avec les roches éclatantes. Le soir, quand le soleil vient de disparaître sous l'horizon, les hautes falaises semblent encore renvoyer les flammes, tandis que le gris uniforme du crépuscule recouvre déjà la plaine immense [1].

Au sud de la grande dépression des sbakh se montrent quelques collines, premières saillies de la chaîne qui se continue au sud-est par le Metmâta, les montagnes des Ouerghamma, vers le djebel Nefouza et le djebel Yefren, ossature de la Tripolitaine. La crête des Ouerghamma est fort étroite, et du sommet on voit à la fois les deux mers : l'une éternellement agitée et changeante, pleine de voix, comme pleine de fleurs sous la grande lumière du jour, et dont l'haleine chargée d'âcres parfums iodés revivifie; l'autre, faite d'immobilité infinie, abso-

---

1. Ch. Tissot, *op cit.*, p. 36.

lue, jaune et muette, accroupie comme une bête qui nous veut du mal, et dont le souffle ardent, implacable, brûle la gorge et aveulit.

III

LE RÉGIME DES EAUX

La double chaîne qui traverse la Tunisie la divise en trois grands bassins hydrographiques[1] :

1° Le bassin du Sahel, ou bassin méditerranéen, plan d'écoulement des eaux qui descendent de la chaîne méditerranéenne au littoral;

2° Le bassin intérieur qui reçoit les eaux du versant méridional de cette première chaîne et celles du versant nord de la chaîne saharienne;

3° Le bassin Saharien où viennent se perdre les eaux du versant méridional de la seconde chaîne.

Voilà pour les divisions. Quant au régime des eaux proprement dit, il a été, dans l'antiquité, bien différent de ce qu'il est de nos jours. On retrouve encore à chaque pas des traces de canaux et d'aqueducs qui, aux époques phénicienne et romaine, véhiculaient les eaux de collines à présent absolument arides. Tel est l'effet du déboisement; car, quoi qu'en ait dit Salluste, l'Afrique septentrionale a été incomparablement plus boisée qu'elle ne l'est : je me fais fort de le démontrer lorsque nous en serons à la question forestière.

Il est évident qu'à l'époque géologique, relativement récente, d'après Ch. Tissot[2], où la Medjerda, la *Bagrada* des Romains,

1. Voyez pour plus de détails, Ch. Tissot, ouvrage déjà cité, p. 41 et suiv.
2. *Op. cit.*, p. 62.

n'avait pas encore ouvert, dans le massif crétacé qui forme l'extrémité orientale de la Dakhla des Oulad-bou-Salem, les « Grandes Plaines » de Polybe et d'Appien, l'étroite et profonde coupure qu'elle a creusée depuis, ses eaux, retenues par un barrage naturel inondaient tout le bassin qu'elles ne font que traverser aujourd'hui. Tous les tributaires de son cours actuel, l'oued Melleg, l'oued Beldjarin, l'oued bou-Heurtma, l'oued Kessab, l'oued Melah, l'oued Tessâa, se déversaient alors dans ce lac préhistorique. Les dépôts lacustres qu'on retrouve à 22 mètres au-dessus du niveau actuel de la plaine n'indiquent pas d'ailleurs, tant s'en faut, la profondeur totale du bas-fond inondé. Il faut y ajouter toute la hauteur des apports que le fleuve et ses six affluents ont déposés pendant des siècles au fond du réservoir, qu'ils ont fini par combler. L'épaisseur de ces couches est inconnue : la Medjerda y a tracé un sillon de 10 à 12 mètres, et il n'est pas douteux que la masse alluviale ne s'étende au-dessous du lit actuel. On reste donc au-dessous de la vérité en évaluant à 35 mètres la profondeur de la nappe d'eau qui couvrait primitivement la Dakhla.

Les « Grandes plaines » sont l'œuvre collective de la Medjerda et de ses affluents. Cette couche végétale, d'une profondeur inconnue et d'une inépuisable richesse, qui forme aujourd'hui le sol de la Dakhla sur une superficie de plus de 750 kilomètres carrés, c'est un présent du fleuve, comme la terre égyptienne est un présent du Nil, et, comme le Nil, la Medjerda renouvelle parfois ses dons. L'issue qu'elle s'est creusée ne suffit pas toujours à donner passage à l'énorme masse d'eau qu'elle roule dans ses grandes crues : si large et si profond que soit son lit, elle en franchit parfois les berges, se répand sur toute la plaine et, en la transformant en lac, lui rend un instant sa physionomie primitive. L'an dernier (1890), à la suite des grandes pluies qui marquèrent les premiers jours du printemps, elle grossit de onze mètres en 48 heures et déborda en plusieurs endroits. Je l'ai vue, le 27 mars, au plus fort de sa crue : c'était un torrent impétueux, une furie. Elle entraînait tout sur son passage. A Schemtou, elle emporta le pont ; près de son embouchure, elle inonda la plaine de Bizerte sur un parcours de plus de quatre kilomètres.

A l'époque des guerres puniques, cette plaine était toujours en grande partie immergée; elle confinait le golfe d'Utique qui existait encore au quatrième siècle de notre ère. Le fleuve avait un parcours moindre de plus de cinquante kilomètres; son estuaire était à l'endroit où commence maintenant son delta, c'est-à-dire à quelques milles en avant de Tebourba. La distance qui sépare le littoral primitif du rivage moderne est de huit à dix milles à la hauteur de Bou-Chateur (*Utique*), de trois à quatre milles entre Kalaat-el-Oued et la pointe de Kamart. Ch. Tissot [1] estime que la superficie du terrain perdu par la mer, mesurée sur les traces visibles de l'ancien littoral, peut être évaluée à 250 kilomètres carrés, et représente les apports du *Bagrada* pendant vingt et un siècles.

Ce remblai se continue d'ailleurs. Le lac de R'ar-el-Melah où la Medjerda se jette était, nous le verrons en suivant l'histoire, un des ports principaux de la Régence aux dix-septième et dix-huitième siècles. Il offre dans son développement périmétrique, une ellipse dont le grand axe dirigé de l'Ouest à l'Est, peut avoir, d'après Pellissier [2], huit kilomètres, et le petit cinq. Mais les apports successifs du fleuve l'ont amoindri de plus en plus. Au commencement du siècle, une flotte du bey s'y étant réfugiée ne s'en tira qu'à grand'peine : encore y laissa-t-elle une frégate ensablée. Actuellement le port de R'ar-el-Melah (Porto-Farina) n'est plus qu'un souvenir ; les barques de pêcheurs peu-

1. *Loc. cit.* p. 75.
2. Rég. de Tunis, p. 15.

vent seules s'y abriter et l'on estime que dans une trentaine d'années, peut-être moins, ce lac ne sera plus qu'une dépression marécageuse comme la Garâat el-Mabtouha et la sebkha de Soukara qui l'environnent.

La Medjerda prend sa source en Algérie, près de Khemissa (environs de Souk-Ahras), dans le massif montagneux qui donne également naissance à la Seybouse, le principal cours d'eau de la province de Constantine. De même que les autres rivières du nord de l'Afrique elle n'est pas navigable; nous l'avons vue dans ses grandes crues franchir des berges de 12 et 15 mètres; mais, en temps ordinaire, elle ne baigne même pas le fond de son lit. Elle coule lentement, sans bruit, « endormie dans ses innombrables méandres [1] » telle enfin que l'a décrite le poète latin, il y a dix-huit cents ans :

> Turbidus arentes lento pede sulcat arenas
> Bagrada, non ullo libycis in finibus amne
> Victus limosas extendere latius undas
> Et stagnante vado patulos involvere campos [2].

Cependant, il y a lieu d'observer qu'elle n'est jamais entièrement à sec; la Medjerda est une des rares rivières alimentées par l'Atlas qui ait de l'eau en toute saison. Elle le doit aux forêts qui couvrent encore le massif environnant.

Ses affluents de gauche sont très courts et d'un débit insignifiant; ceux de droite sont : l'Oued Melleg, plus long d'une centaine de kilomètres que le fleuve principal; l'Oued Kralled, l'Oued Siliana, l'Oued el-Hamar qui reçoivent également divers cours d'eau et changent par suite plusieurs fois de nom.

Du djebel el-Aliga et djebel Chafna descend l'oued el-Kébir qui prend plus loin le nom d'oued Miliane et va se jeter dans le golfe de Tunis tout près de Rhadès.

---

1. *Loc. cit.*, p. 63.
2. Silius Italicus, *Punica*, VI, v. 140.

Dans cette même région, la Tunisie possède deux grands lacs : celui de Bizerte, en communication avec la mer par un long chenal, celui de Tunis ou el-Bahira sur lequel les flottes romaines et carthaginoises se disputèrent l'empire du monde. Sur la rive orientale, entre Sousse et Kairouan, existe le lac Kelbia que le Dr Rouire [1] identifie avec l'antique et fameuse lagune sacrée du Triton.

Sur cette même rive, de nombreuses dépressions du sol forment des sbakh ou lagunes dont les principales sont, après celle d'el-Sedjoumi, aux portes de Tunis, Sidi-el-Hani au Sud-Est de Kairouan « dont la surface, lors des inondations est d'au moins 500 kilomètres carrés [2]; » à l'Est de cette dernière, M'ta Moknine, puis au Sud Chérita, Mta el-Ghorra, Mecheguiga et bou Djemel; plus bas encore entre Sfax et Gabès la sebkha en Nouail; au-dessous de Djerba et tout au bord de la mer avec laquelle elle communique, la sebkha el-Melah; enfin les grands chtout el-Djerid et el-Fedjedj dont il a été beaucoup parlé en ces dernières années au sujet de la « mer intérieure » préconisée par le commandant Roudaire, et sur laquelle nous reviendrons, sommairement toutefois, ce projet étant du domaine de l'utopie.

L'hydrographie du littoral Saharien se compose comme celle de la région centrale d'oueds qui ne méritent guère d'être cités : ils sont presque toujours sans eau. Il faut excepter l'oued Melah, l'oued Akarik, l'oued Gabès. A marée haute, les caboteurs remontent ce dernier jusqu'à l'oasis qui porte son nom.

---

1. Voyez *Nouvelle Revue*, 15 juillet 1883, *Rev. de Géogr.*, septembre 1884 et le volume du Docteur Rouire : *La découverte du bassin hydrogr. de la Tunis. Centr. et l'emplacement de l'anc. lac Triton* (Paris, Challamel, 1887).
2. E. Reclus, *Geogr. Univ.*, XI, p. 164.

IV

LE CLIMAT

Par sa position cosmographique, la Tunisie appartient à la zône tempérée arctique. Assez semblable, dans le Tell, à celui « des côtes méridionales de l'Europe [1] », son climat varie dans l'intérieur en raison de l'altitude et de sa proximité du Sahara. Le service météorologique dont elle été dotée en 1889 l'a très justement divisée en trois régions climatologiques [2] :

1° La région du Sahel ou littoral depuis Bizerte jusqu'à Sfax.

2° La région montagneuse, qui s'étend du massif de la Kroumirie jusqu'aux djebel qui dominent les plaines de Kairouan et des Fraichich.

3° Enfin la région des oasis ou du Sahara.

Dans le Nord et le Sahel, les saisons suivent un cours normal et régulier. L'automne commence en Octobre avec les pluies auxquelles succèdent en Janvier des vents d'Ouest et du Nord qui abaissent le thermomètre et poudre de neige les hauts sommets. C'est l'hiver. En mars renaît le printemps, *Er-Rbia* « la verdure » qui se prolonge jusqu'à fin Mai et Juin pour faire place à la saison estivale durant laquelle dominent les vents du Nord-Est et d'Est qui tempèrent les ardeurs du soleil et les rendent très supportables. Seules, les journées où souffle le siroco ou vent du Sud sont réellement accablantes pour les Européens.

Voici d'ailleurs le résultat des observations thermométriques faites en 1889, dans les trois régions susdénommées.

Dans les stations de la zône du littoral, la moyenne des maxima s'est élevée :

---

1. Tissot, p. 244.
2. *Notice sur le climat de la Tunisie* rédigée au nom de la Comm. Météor.

à Tunis, à. . . . . 25°2.
à Sfax, à. . . . . 23,5.

Dans les deux autres stations, elle a été de 24°6 et 24°4.
La moyenne des minima a été :

à Sfax, de. . . . . 14°5.
à Sousse, de. . . . . . . 13,8.
à Bizerte, de. . . . . . . 12,9.
à Tunis, de. . . . . . . 12,5.

Pendant les mois les plus chauds, c'est-à-dire ceux de Juillet et d'Août, la moyenne de la température maxima a été :

à Bizerte, de. . . . . . . 33°3 et 32°3.
à Tunis, de. . . . . . . 35,6 et 36,0.
à Sousse, de. . . . . . . 34,3 et 34,1.
à Sfax, de. . . . . 31,5 et 32,3.

Pendant les mois les plus froids (Janvier et Février), la moyenne des minima a été :

à Bizerte, de. . . . . . . 5°9 et 4°1.
à Tunis, de. . . . . . . 4,3 et 5,4.
à Sousse, de. . . . . . . 5,5 et 7,3.
à Sfax, de. . . . . 5,0 et 7,1.

La zone montagneuse comprend les stations d'Aïn-Draham à une altitude de 1,014 mètres, du Kef à 708 mètres et de Souk-El-Djemaa à 1,058 mètres.

La moyenne des maxima s'est élevée :

à Aïn-Draham, à. . . . . 19°0.
au Kef, à. . . . . 22,5.
à Souk-El-Djemaa, à. . . 18,5.

La moyenne des minima a été :

à Aïn-Draham, de. . . . 9°0.
au Kef, de. . . . . 10°5.
Souk-El-Djemaa, de. . . 8°8

Les écarts des moyennes des maxima entre les stations de cette zône et celle du littoral sont considérables, car les différences sont de 3 à 7 degrés; et même de 5 à 9 degrés avec les stations de la zône Saharienne.

Pendant les mois de Juillet et d'Août la moyenne des maxima a été :

    à Aïn-Draham, de. . . . 30°1 et 29°6.
    au Kef, de. . . . . 35,0 et 34,0.
    à Souk-El-Djemaa, de. . . 30,5 et 30,0.

Pendant les mois de Janvier et de Février, la moyenne des minima a été :

    à Aïn-Draham, de. . . . 1°0 et 2°6.
    au Kef, de. . . . . 2,1 et 3,7.
    à Souk-El-Djemaa, de. . . 1,3 à 3,3.

La moyenne des températures mensuelles extrêmes a été :

    à Aïn-Draham, de. . . . 14°4.
    au Kef, de. . . . . 16,6.
    à Souk-El-Djemaa, de. . . 13,2.

La station la plus froide de la Tunisie est donc Souk-El-Djemaa. La différence de température entre ces trois stations et celles des deux autres zônes est due principalement à leur altitude élevée.

Dans la zône des oasis a été placée la station de Kairouan dont le climat tient, en effet, beaucoup plus de celui de la zône saharienne que de celui du littoral.

La moyenne des maxima s'est élevée :

    à Kairouan, à. . . . . . . 27°9.
    à Gabès, à. . . . . 25,7.
    à Gafsa, à. . . . . 26,6.

La moyenne des minima a été :

 à Kairouan, de. . . . . . 11°9.
 à Gabès, de. . . . . . . 13,9.
 à Gafsa, de. . . . . . . 12,2.

Pendant les mois de Juillet et d'Août la moyenne des maxima a été :

 à Kairouan, de . . . . . 40°1 et 39°6.
 à Gabès, de. . . . . . . 33,1 et 34,4.
 à Gafsa, de. . . . . . . 39,1 et 38,5

La moyenne des minima a été, pendant les mois de Janvier et de Février :

 à Kairouan, de. . . . . . 2°4 et 4°5.
 à Gabès, de. . . . . . . 3,7 et 6,3.
 à Gafsa, de. . . . . . . 2,1 et 4,6.

A Gabès, situé au Sud de la Tunisie, sous le 34me degré et appartenant par suite à la zone Saharienne, la moyenne de la température est à peu près semblable à celle des stations de la zone du littoral; au contraire, dans les stations de Kairouan et de Gafsa situées dans l'intérieur, les étés sont beaucoup plus chauds et les hivers bien plus froids.

La moyenne des températures mensuelles a été :

 à Kairouan, de. . . . . . 20°1.
 à Gabès, de. . . . . . . 19,9.
 à Gafsa, de. . . . . . . 19,4.

Le tableau des moyennes mensuelles des températures extrêmes donne les résultats suivants pour la Tunisie :

 En 1885. . . . . 17°3.
 En 1886. . . . . 17,5.
 En 1887. . . . . 17,8.
 En 1888. . . . . 17,9.

Comme on le voit par ces relevés, la région montagneuse et celle du Sahel appartiennent aux climats doux et particulièrement agréables du littoral méditerranéen. On se retrouve là sur les côtes de Provence, d'Italie et de Sicile; à de certains jours, on peut s'y croire sur les collines de la Grèce. Non seulement la température y est douce, mais l'atmosphère y est pure, diaphane, avec cette teinte lumineuse et dorée qu'on ne trouve que dans le Nord de l'Afrique, où le soleil a « des splendeurs sans égales. » Car c'est son empire préféré. Aussi conçoit-on le culte des primitifs habitants de cette contrée, les Lybiens, qui sacrifiaient tous au Soleil et à la Lune et ne sacrifiaient qu'à ces seules divinités, au dire d'Hérodote. Oui, le soleil, c'est le dieu africain; c'est en lui que réside le grand charme de ce pays, en cette lumière éblouissante qui se tamise et se dégrade avec des nuances attendries, des gammes irisées, des fulgurations merveilleuses qui vous arrachent cette exclamation en quelque sorte à votre insu : Dieu que c'est beau!

Ah! que ne puis-je faire passer dans ces lignes les levers et les couchers de soleil, toute cette ivresse des yeux qui m'a mis la joie au cœur depuis dix ans, des plages de la Méditerranée aux confins du Sahara! Mais seuls Fromentin et Guillaumet[1], ces artistes délicats, exquis, maniant la plume non moins bien que le pinceau, peuvent faire revivre cette féerie quotidienne.

Voici l'aurore. Une lueur pâle se lève et blanchit l'horizon. Les étoiles, une à une, se fondent dans le rayonnement qui précède le retour du soleil et prépare sa venue. Les ondulations du jour naissant courent sur le ciel nacré. L'air gris s'agite et remue de légères paillettes d'or, tandis que la terre sommeille encore dans une nuit transparente.

Soudain, resplendissant, le soleil s'échappe des obscurs sommets de l'Atlas; mille flèches ardentes traversent en même

---

1. Voyez *Tableaux Algériens*, de L. Guillaumet, p. 45.

temps les zones de l'éther radieux, et la fête lumineuse commence. Les crêtes donnent le signal et s'illuminent. Le bleu et le rose s'opposent avec d'audacieux contrastes. Les ombres sont larges ; elles s'allongent, veloutées, imprégnées d'azur, indéfiniment.

La lumière fouille les flancs des collines, glisse entre les mamelons. Elle circule, répand la vie sur ce qu'elle embrasse ; puis, avec lenteur, elle descend des crêtes élevées dans la plaine humide, qui frissonne en secouant ses dernières gouttes de rosée.

Le jour est venu. La vie s'exhale sous toutes ses formes, avec tous ses bruits. Le réveil anime les douars. Les chevaux hennissent et frappent du pied, les troupeaux gagnent leurs pâturages. Des hommes se réunissent pour la prière ; d'autres se mettent en marche, poussent leur monture à travers les sentiers. Autour des tentes, les femmes s'agitent comme les abeilles autour des ruches : les unes pour moudre le grain, traire une brebis, dénouer l'entrave d'un cheval prêt à partir ; les autres pour reprendre la quenouille, le tapis interrompu, ou s'en aller emplir les outres à la rivière. Chacune a sa tâche et toutes sont en mouvement pour les besoins de la journée.

Déjà les ombres raccourcissent. Les teintes pourprées deviennent roses ; le rose se dore ; l'or pâlit ; le jour, un jour intense, éclate et se répand sur toute la plaine qu'il inonde de ses chatoiements argentins. Chaque brin d'herbe, chaque pierre en accroche une parcelle, allonge sur le sol sa traînée d'ombre bleuâtre qui diminue à mesure que le soleil monte. L'astre touche au zénith, et cette lumière placide, qui partout s'est étendue, confond la terre et le ciel dans un même éblouissement.

Plus d'ombre. Tout ce qui vit se cache, fuit l'implacable clarté, cherche un peu de fraîcheur dans les anfractuosités des roches, dans les moindres replis du terrain. Le bétail, cessant de brouter l'herbe chaude, se réfugie sous les rares thuyas, au pied des oliviers poudreux. On dirait que notre globe, épanoui dans sa béatitude, enivré de tant de lumière, excédé par tant de chaleur, s'est immobilisé dans l'espace comme par un calme plat, sur la mer immense, un vaisseau s'arrête, voiles tombantes. L'œil interroge : rien ne bouge. L'oreille écoute : aucun bruit, pas un souffle, si ce n'est la romance des cigales et le frémissement presque imperceptible de l'air au-dessus du sol embrasé. La vie semble avoir disparu, absorbée par la lumière. C'est le milieu du jour...

Mais le soir approche. Alors le soleil franchit la seconde moitié de sa course. L'ombre a fait volte-face. L'air s'agite et reprend ses vibrations. Un vent frais soulève des poussières, secoue les grands chardons secs, moire les étangs endormis dans leur berceau de saule et le scintillement des ailes de gaze. Sous des rayons plus obliques, ce qu'il y avait de trop vif ou de trop clair s'atténue, s'apaise, la vue est calmée ; de légers reliefs ressortent sur la teinte uniforme des fonds ; des détails d'une délicatesse infinie reparaissent, et les ravins, les gorges, les forêts, les masses rocheuses s'animent graduellement : chaque minute accentue des effets nouveaux et variés.

Dans l'atmosphère limpide et sans brume, on voit luire un disque de flamme qui s'abaisse lentement vers l'horizon. Le soleil, au terme de sa course lance à la terre un adieu suprême, et les montagnes, à demi baignées d'ombre, s'embrasent et rougissent leurs sommets. Une dernière fois, tout enflammé, il terrasse le regard ; puis, hardiment, plonge dans l'immensité, laissant après lui cette magnifique auréole, dont la décroissance rend son départ si mélancolique et que la plaine reflète un moment encore.

Je me trouvais dernièrement près de Sousse à cette heure du

moghreb[1] : le couchant était strié de longues gerbes cramoisies et argentées entre lesquelles s'estompaient tous les ors de la palette. Réunies en un double faisceau, ces gerbes se détachaient sur la nue comme les ailes de flamme d'un oiseau fabuleux et gigantesque. Et ces ailes s'agitaient. Du moins l'incessante transformation des rayons qui devenaient orangés, puis violets, puis roses, puis opales pouvait le faire croire. Derrière, la voûte céleste était plongée dans une profonde obscurité. Çà et là, quelque petits points lumineux faisaient trou et mettaient comme autant de clous d'or sur l'immense draperie servant de toile de fond à cette illumination magique.

J'étais en compagnie d'un fonctionnaire de Sousse, M. B***, qui a longtemps habité Athènes : il me déclarait n'avoir jamais rien vu d'aussi beau sous le ciel de la Grèce. En Afrique, ces effets de lumière sont le spectacle de tous les jours, de tous les instants.

Eh bien! quand par le monde vous rencontrerez un pays ainsi privilégié par le climat, par la pureté de l'air, par la beauté du ciel, par la variété des paysages, par l'excellence des productions et un relief orographique peu accentué, croyez-m'en, faites-moi l'honneur de vous souvenir des prémisses que j'ai posées dans mon premier chapitre et prophétisez sans hésitation la richesse et la grandeur de ce pays, le jour où il sera doté d'un gouvernement sage et éclairé, avec la liberté pour promotrice. Car il a l'attrait, la séduction, et l'humanité s'y précipitera toujours : les arts, l'industrie, le commerce y prospèreront forcément ; et, avec eux, la fortune publique, source de tous les progrès et de tous les triomphes.

N'est-ce pas la recherche du bien-être et la certitude qu'elles avaient de le trouver là, qui, du fond de l'Asie, bien avant même

---

1. En arabe, « coucher du soleil ».

l'époque de l'histoire écrite, emportait déjà dans un exode superbe toutes les races conquérantes vers cette terre tunisienne? N'est-ce pas sa possession précieuse qui en a fait le champ de bataille de l'humanité, et durant tant de siècles l'a couverte de sang? Rome qu'elle effrayait — *Africa portentosa* disait-elle — voulut la supprimer : elle ne fit qu'accroître sa puissance, car sa sève est intarissable comme son attirance est irrésistible.

Écoutez le divin rhapsode :

« ... Ces hommes ne méditent point la mort de nos envoyés, mais ils leur présentent le lotos; et à peine nos compagnons ont-ils goûté le doux fruit, qu'ils ne songent plus à revoir les champs paternels : leur seul désir est de rester en cette contrée avec les Lotophages et d'oublier l'heure du retour [1]... »

Tous les botanistes se sont évertués à rechercher le lotos. Pline a voulu le voir dans une espèce de micocoulier, Clusius et Shaw dans une espèce de jujubier, Linné dans un *rhamnus* quelconque, le Dr Guyon dans le *damouch :* nul ne l'a retrouvé, et pour cause. Le vrai nom du lotos : c'est le charme! Voilà le doux fruit qu'avaient goûté les compagnons d'Ulysse dans *l'île des Lotophages*[2] et qui leur fit oublier la patrie.

Est-il capable de nous faire oublier la nôtre? Non, sans doute. Un Français ne connaît pas de fruits assez doux pour oublier notre France; mais le lotos africain le retient, le subjugue comme les autres : nous devons en profiter pour diriger l'expansion de notre race, pour lui préparer un avenir grandiose sur cette terre privilégiée.

1. Homère, *Odyssée*, ch. IX, V. 94.
2. Aujourd'hui île de Djerba.

V

LE TELL

Le Tell est la région du Nord et du littoral, le pays des laboureurs et des habitants sédentaires [1], c'était pour les anciens déjà la terre par excellence, *tellus;* car le mot arabe semble bien n'être qu'un héritage latin : c'est, encore aujourd'hui, la terre des grands labours, la terre de production. « Exposé aux vents du manoir liquide, il en reçoit les pluies... c'est le grenier et le cellier de l'Algérie (et de la Tunisie), sa terre à blé, à lin, à vigne, à olivier, à tabac, à coton [2]. » Cette terre trois fois féconde, *omniparens*, Corippus la chantait autrefois, non sans quelque aimable élégance :

> Gaudebat miseranda novis ornata coronis
> Africa : nectebant flavis gestamen aristis
> Agricolæ, solitoque rubens in palmite Bacchus
> Paxque sua lætam fulgens ornabat oliva [3].

Le Tell, c'est, au pied de l'Atlas, ou dans les larges intermonts et dans les vallées qui s'étalent, car cette première zône même est déjà tourmentée de montagnes, le pays de ces vastes plaines nourricières que fécondait pour l'annone de la plèbe romaine la Medjerda punique, le pays de cette grande ville maritime et commerçante qui s'appelait Carthage dans l'antiquité, et demain s'appellera Tunis.

Là, s'étagent et se développent chaque jour (pour ne citer que les principales localités) : tout à fait au Nord, la ville de Bizerte (*Hippo-Zaryte*) à laquelle sa situation exceptionnelle réserve

1. *L'Algérie Romaine*, par G. Boissière, I, p. 23.
2. Onésime Reclus, *La terre à vol d'oiseau.*
3. 1, 69 sq.

le plus brillant avenir. Elle est le chef-lieu d'un contrôle civil qui comprend le village de Porto-Farina, à l'embouchure de la Medjerda, les caidats de Mateur, des Béjaoua et des Mogod.

Dans la banlieue de Tunis : l'Ariana, le Bardo, Hammam el-Enf [1], La Goulette, la Marsa, la Manouba, la Mohammédia, la riche plaine du Mornak, Ras Tabia, Rhadès, Sebbala, Sidi bou Saïd, Sidi-Thabet, la Sokra.

Sur la rive gauche de la Medjerda et à 25 kilomètres de Tunis, Djédéida formé de terres d'alluvion bien exploitées. A neuf kilomètres au dessus, le gros village de Tebourba (2,000 hab.) près duquel les Romains avaient construit un barrage dont les ruines se voient encore. Puis Bordj-Toum et Medjez-el-Bab [2] qui fut le siège d'un évêché et sous les murs duquel Bélisaire défit le rebelle Stozas.

Toujours en amont, se trouve ensuite, sur la rive droite, Sloughia qui a été une ville romaine (*Municipium chidibbeleusium*) et à neuf kilomètres au delà, au pied d'une colline couverte d'oliviers, la petite ville de Testour qui fut, sous la période romaine, *Colonia Bisica-Lucana*.

Au Nord de Testour, l'oued Zergua (86 kil. de Tunis), où M. Géry, ancien préfet d'Alger et ancien conseiller d'État, a constitué une des plus importantes et des plus belles propriétés de la Tunisie. Au Nord-Ouest, la ville de Béjà (la *Vacca* des Romains), dont la population agricole est d'environ 4,000 âmes. Chef-lieu d'un contrôle civil qui comprend avec les villages déjà nommés de Medjez el-Bab, Sloughia et Testour, les tribus des Amdoun, des Nefza, une fraction ou *berada* des Ouchteta, et le puissant caïdat des Drid.

---

1. Par corruption on prononce et on écrit Hammam el-Lif.
2. Medjez el-Bab signifie en arabe « le passage de la porte ». Ce nom lui vient d'un petit arc de triomphe romain qui était encore assez bien conservé, il y a quelques années.

A 36 kilomètres au Nord-Ouest de Béjà, le poste militaire de Tabarka qui a joué un certain rôle dans notre occupation de la Tunisie et qui deviendra un centre commercial important lorsque les richesses forestières et métallifères qui l'environnent seront en pleine exploitation.

C'est le commencement de la Kroumirie dont la confédération se divise en quatre tribus distinctes : — la première, la moins guerrière parce qu'elle est la plus riche, est celle des Seloul ; — la seconde, qu'on appelle Beni-Mazen est la plus nombreuse et la plus remuante (du moins elle l'était jadis car elle n'a pas bougé depuis 1881), elle habite des montagnes peu fertiles ; — les deux autres sont les Mekna et les Chiahia, qui peuvent armer 5,000 hommes. Le vaste plateau qu'occupe les Kroumir, peuplé de grands bois qui peuvent être comparés aux plus belles forêts d'Europe, affecte la figure d'un trapèze dont la petite base serait formée par la côte, du cap Roux au cap Nègre, l'un des côtés par les crêtes qui dominent notre frontière, la grande base par la vallée tout entière de l'oued Grezla et une partie du bassin de la Medjerda. Quant au quatrième côté, il fait face à l'intérieur de la Tunisie [1].

Toute la Kroumirie est sous la surveillance et le contrôle de l'administration militaire et en raison de sa position stratégique, nous avons fait d'Aïn Draham sa capitale.

Revenons en arrière pour remonter la vallée de la Medjerda que nous avons quittée à l'oued Zergua. Au delà la plaine se forme une espèce de golfe qui s'avance entre les montagnes de Béjà, disposition topographique que les indigènes ont parfaitement caractérisée, en appelant ce territoire *Dakhla* (entrée,

---

1. Voyez *Revue de Géogr.*, t. IX, p. 59, Limites réelles de l'Algérie, par Aug. Cherbonneau. — *Revue polit et litt.*, t. XXVII, Les Kroumir, par M. Edmond Desfossés. — *Revue Africaine*, t. XXV, p. 48, Visite au pays de Khomaïr, par M. Playfair.

chose qui entre, coin [1]). C'est là que commencent les riches dépôts lacustres dont nous avons parlé et qui sont exploités (mal exploités naturellement) par les Oulad bou Salem.

Au dessus des Oulad bou Salem et toujours dans la vallée de la Medjerda, on trouve la tribu de Djendouba sur le territoire de laquelle est situé Zouam que Pellissier[2] croit fermement avoir été la Zama où Scipion vainquit Annibal.

A 155 kilomètres de Tunis, au croisement des routes de Béjà, d'Aïn Draham et du Kef, est le centre de Souk-el-Arba (marché du mercredi) chef-lieu d'un contrôle civil qui administre Bulla Regia, Schemtou (l'ancienne *Simittu*), Souk-el-Khémis, les territoires des Chiahia, des Oulad bou-Salem, des Djendouba, des Rekba, des Oulad Sidi-Abid, la seconde fraction des Ouchteta et le village de Ghardimaou, sur la frontière algérienne.

Au Sud de Tunis, Zaghouan avec le territoire du Fahs et une partie de celui des Riah et Belidat.

A l'Est, sur le littoral, la presqu'île du Cap Bon ou Dakhla-el Mouïn qui forme une circonscription administrative dont la gracieuse Nébeul (l'antique *Neapolis*), bâtie à peu de distance de la mer, au milieu d'une oasis odorante de verdure et de jardins où abondent les orangers, les roses et le jasmin, est le chef-lieu. Autour d'elle la petite ville d'Hammamet, et les villages de Chaban (3,400 hab.) Beni Kriar (2,250 hab.) et Mamoura. En continuant sur le littoral, on rencontre Tazerka, puis le bourg de Kourba (3,500 hab.); Menzel-Temin (2,500 hab.) est à 24 kilomètres de Kourba, toujours près du rivage, au milieu de vergers et d'une campagne admirablement fertile. A 13 kilomètres plus loin et deux du rivage s'élève la petite ville de Gallipia (6,400 hab.) qui a remplacé *Clypea*, la première ville dont Régulus s'empara à son débarquement en Afrique (256 av. J.-C.)

---

1. Pellissier, p. 27.
2. *Loc. cit.*, p. 28.

A la pointe de la presqu'île, entre Ras-el-Amar et Ras Haddar ou Cap Bon, on trouve le village d'El-Haouria (3,000 hab.) Au Sud-Ouest d'El-Haouria existe une crique à laquelle fait suite le village de Sidi Daoud, l'ancienne *Missua*, puis beaucoup plus bas, le village de Kourba — *Ad Calidas Aquas* d'après Tite Live — (3,500 hab.), au bord de la mer, dans une gorge fort resserrée.

Au fond du golfe de Tunis, la plaine et le village de Soliman (la *Megalopolis* romaine), et entre Soliman et Nebeul, points extrèmes de la Dakhla du Nord au Sud, sont situés les villages de Menzel-bou-Khalfa, Beni-Krallad, Nianou, Belli, Turki et Grombalia.

Plus au sud de Tunis, toujours sur le littoral, est l'immense domaine de l'Enfida sur les confins duquel commence la région proprement dite du Sahel, toute complantée d'oliviers, très riche et, par suite, très peuplée. Sousse en est la cité principale, la capitale, comme elle était déjà à l'époque romaine, sous le nom d'*Hadrumetum*, la capitale de la Byzacène. Elle est le siège d'une subdivision militaire, d'un contrôle civil et d'un tribunal de première instance. On y compte 12,300 habitants. Dans ses environs existent plusieurs villages et trois bourgs qui, par l'importance de leur population, mériteraient le nom de ville, que l'on n'est pas dans l'habitude de leur donner. Ces bourgs sont Msaken, à 11 kilomètres de Sousse, avec 9,500 habitants; Kalaa-Kebira, à 13 kilomètres: 6,300 habitants; Djemmal, à 26 kilomètres: 4,500 habitants.

Voici maintenant les noms et la population des principaux villages du caïdat de Sousse.

Au Nord du parallèle du chef-lieu sont: Hergla (l'*Horrea Cœlia* d'Antonin), à 23 kilomètres de Sousse, sur le golfe d'Hammamet: (3,800 habitants).

Sidi-bou Ali, à 10 kilomètres au Sud-Ouest d'Hergla (900 hab.).

Akouda, 3,000 habitants ; Kalaa-S'rira, 3,150 habitants, Hammam-Sousse, 3,400 habitants.

Entre le parallèle de Sousse et la route de Djemmal, dans le canton dont Msaken occupe le centre, on trouve :

Zaouï el-Sousse, 1,000 habitants ; Ksiba, 750 habitants ; Friat, 250 habitants ; Msadine, 800 habitants. Entre la route de Djemmal et le district de Monastir, on trouve : Sakeline, sur la route de Monastir, à 11 kilomètres au Sud de Sousse : 1,450 habitants ; Sidi Amer, à deux kilomètres de ce dernier, 650 habitants.

Monastir (l'ancienne *Mistir* des Carthaginois et *Ruspina* des Romains) est une ville maritime et fortifiée comme Sousse, dont elle est éloignée de 22 kilomètres. Population, 7,800 habitants. Son caïdat s'étend à l'Est et au Sud de celui de Sousse.

Entre Monastir et Mehdia, distantes de 34 kilomètres, on rencontre sur le littoral : Kenaïsse (800 hab.) ; Ksibet-el-Mediouni (1, 650 hab.) ; à 5 kilomètres de Ksibet, Lemta (la *Leptis minor* des anciens), 600 habitants. Tout à côté, Saïda, 1,300 habitants, Teboulba 3,000 et Begalta 3,300.

A 6 kilomètres au Sud de Saïda, le bourg ou plutôt la petite ville de Mokenine, avec 8,000 habitants ; au Nord-Ouest de cette dernière Ksar Helal (3,650 hab.) et Bennane (1,400 hab.)

Mehdia qui fut aussi un emporium phénicien, puis une ville romaine compte aujourd'hui 6,500 habitants. Chef-lieu de caïdat.

A 11 kilomètres au Sud-Ouest de Mehdia, on trouve le bourg de Ksour-Sef (4,400 hab.), et Sau ud-Ouest également, à 33 kilomètres, le village d'el-Djem (2,450 hab.), construit sur l'emplacement de *Thysdrus*, qui était, sous les Romains, une des trente villes libres d'Afrique, et dans laquelle les deux Gordien furent proclamés empereurs. En reconnaissance, l'aîné fit édifier en cet endroit un colisée dont les dimensions ne le cèdent guère à celui de Rome qui, d'ailleurs, servit très probablement de modèle[1]. On peut encore admirer ses restes imposants, malgré les dégâts que lui ont fait subir les Arabes, ces vandales modernes.

C'est dans cet amphithéâtre que les chefs et les délégués des tribus méridionales de la Tunisie décidèrent en 1881 un soulèvement général contre l'occupation française.

A l'Est et à hauteur d'el Djem est situé le village de Scheba, à 3 kilomètres du cap que les Arabes appellent ras Khadidjà et aussi ras Capoudiah, corruption de *Caput-Vada,* lieu de débarquement de Bélisaire en Afrique et, plus tard, emplacement de la ville de *Justianopolis* construite à l'endroit où l'illustre général avait établi son camp, et en mémoire de ses exploits.

Entre Scheba et Sfax, qui en est éloigné de 61 kilomètres, on trouve le village de Melloulèche, et près du rivage celui de Louza.

Sfax, située au bord de la mer, à 302 kilomètres de la capitale, est la deuxième ville de la Tunisie par l'importance de sa population qui s'élève à 33,500 âmes. Elle est le chef-lieu d'un contrôle civil dont le ressort comprend les îles Kerkennah, les villages de Scheba, Melloulèche, Louza, El Hazek, Kheriba, Djebeniana, Mahrès et Negta, ainsi qu'une partie du territoire des Metellit.

A l'outhan ou district de Sfax s'arrête la culture des oliviers et là, pour longtemps encore, paraît devoir se limiter l'agriculture tellienne. Ce n'est pas que les terres plus au midi soient impropres à toute exploitation, bien au contraire. Viennent les pluies, les moissons seront luxuriantes. La vigne y pousse admirablement; les Romains l'y cultivaient avec un plein succès. Mais les

---

1. Le Colisée de Rome mesure à son grand axe extérieur 187^{m}77, celui d'El Djem 148^m,50 et celui de Nîmes 132^m,18. — Voyez *Rev. de Géogr.* Dr Rouire, mai (1882. p. 350, les Ruines de Thysdrus et le village d'el-Jém.

conditions climatériques se sont fâcheusement modifiées depuis quinze siècles par le déboisement progressif et, présentement, le manque de rivières et la rareté des pluies sont un obstacle permanent à une culture régulière.

VI

LES HAUTS PLATEAUX

Au Sud et à l'Est de cette première zône, « comme par transition entre les richesses de la nature et ses pauvretés », s'étend une région d'environ 200 kilomètres de long sur 150 de large, celle des Hauts-Plateaux ou des steppes. On dirait d'une immense terrasse[1] où l'on arrive depuis la mer, en gravissant les croupes étagées et comme les gradins du versant méridional, et d'où l'on redescend vers les oasis. Ce ne sont plus ici les riches terres du Tell, sans être encore toutefois ces terres plus dures et plus sèches, arides, inarrosées, incultes, que les Arabes désignent par le mot de Sahara. Ce sont des terres de pâture, qui subissent encore l'influence des températures plus fraîches de la zône maritime et se couvrent d'un tapis continu de plantes vigoureuses qui en font d'immenses landes, de véritables steppes : « C'est le royaume de la vie pastorale, » a dit M. Onésime Reclus. *Bonus pecori*, disait Salluste. C'est, en effet, le pays de l'élevage par excellence, et quand on y aura multiplié les points d'eau, qu'on l'aura outillé comme il convient, il deviendra sûrement, infailliblement « le grand marché à viande[2] » de la France; car il lui fournira des bestiaux de première qualité; et, en raison de sa proximité, à des prix qui lui per-

1. G. Boissière. *Idem*, p. 26.
2. M. Wahl. L'*Algérie*, p. 38.

mettront de lutter victorieusement avec les producteurs de l'Europe et du Sud-Amérique.

Cette région est aussi couverte, sur plus d'un tiers de sa superficie, de ce précieux textile, l'alfa (*Stipa tenacissima*) dont l'exploitation est une autre source de très beaux bénéfices.

Nous reviendrons sur l'un et l'autre de ces sujets dans des chapitres spéciaux. Bornons-nous à dire ici que les Hauts-Plateaux pour être d'un autre caractère que le Tell, plutôt industriels qu'agricoles, n'en offrent pas moins un champ très vaste à l'activité européenne avec l'assurance de fortunes à réaliser.

Les oscillations thermiques sont beaucoup plus accusées que dans la première zone, non seulement entre les saisons, mais dans les vingt-quatre heures. Il n'est pas rare à certains endroits de relever dans la même journée, des écarts de température de 20 et 30°. Néanmoins, les colons s'y portent bien, car les vents circulent librement sur ces plateaux découverts, « le moindre courant s'y développe et s'y propage sans rencontrer d'obstacles; là, il n'y a point de stagnation dans l'atmosphère, l'air qu'on respire est vivant[1]. » Les indigènes y sont également plus robustes, plus vigoureux que ceux des plaines.

Au Nord de la Tunisie, les Hauts-Plateaux s'ouvrent au djebel Gorrah et djebel Riban entre lesquels est situé Teboursouk, l'ancienne *Respublica Thibursicum Bure*, chef-lieu d'un caïdat dans lequel sont compris les villages de Degga, Ez Zouai, Feid el Besbas, Aracra, Karamat et diverses tribus.

Au Sud-Est de Teboursouk, on trouve le territoire des Riah et Belidat où s'échelonnent les villages des Ouceltia, Gueriche el Ouedi, Ouled Si Nasser, Heydous, Toukader, Chouache, Chatlou Kenana et Seloukia. Au Sud-Ouest el Kef et sa circonscription administrative.

---

1. *Loc. cit.*, p. 36.

La ville du Kef (4,340 hab.) est bâtie sur le penchant d'une montagne volcanique, des éruptions de laquelle la tradition du pays a conservé le souvenir; car, outre son nom d'el Kef qui signifie « le rocher, » on l'appelle encore quelquefois Chekeb-en-Nahr, c'est-à-dire « la crevasse de feu [1]. » C'est la *Sicca Veneria* des anciens, fondée, d'après Solin [2] par les Siciliens qui y apportèrent le culte de Vénus Erycine, d'où lui vient l'épithète de Veneria. Cette fondation, si le fait est exact, dut avoir lieu du temps d'Agathocle. Ce qu'il y a de certain, c'est que Vénus était fort honorée à Sicca et que son culte, ainsi qu'on peut le voir dans Valère Maxime, y donnait lieu à toutes sortes de déportements.

Le contrôle civil du Kef administre les territoires des Arabes Majour, des Beni Rezg, des Charen, des Drid, des Khemensa et Doufan, des Ouertan, des Ouled bou Ganem, une fraction des Ouled-Sidi-Abid, le caïdat de Teboursouk et la tribu des Zeghalma.

En ligne droite, au Sud de Teboursouk et au milieu de vastes et belles ruines qu'on rencontre d'ailleurs à chaque pas dans cette contrée, se trouve l'ancienne ville de Maktar, aujourd'hui chef-lieu d'un contrôle civil qui comprend les tribus des Ouled Aoun, des Ouled Ayar, et des Kessera et Ouled Yahia.

Les Ouled Aoun forment un caïdat qui occupe presque toute la fertile vallée de la Siliana. On y remarque les villages de Ez Zeriba, Ouled Sidi Hamada et Bou Sabioun.

Les Ouled Ayar occupent la vallée de l'oued Rouhia et les montagnes environnantes. Ils se divisent en deux fractions ou *berada* qui forment chacune un caïdat : les Ouled Ayar Dahara et les Ouled Ayar Guebala. Sur le territoire des premiers est établi le poste militaire de Souk-El-Djemaa.

---

1. Pellissier, p. 180.
2. *Idem*, p. 255.

La Kessera se compose d'un groupe de villages : El Garb, Beni Sayour, Ouled Zitoun, El Karia, El Héchaïma, Ez Zaouïa, Beni-Abdallah, Zaouïa Sidi el Amiria, El Mansoura, ainsi que le territoire du Bargou qui est formé des villages suivants : el Ghar, el Behirine, Ballouta, Zaouïa Sidi-Mettir, Ech-Chorfa et Mediouna.

Toute cette région de la Tunisie centrale est faite de plateaux dont nous avons parlé précédemment et qui portent le nom de *hamada* (v. p. 9.) Entourées des cîmes les plus élevées de tout le pays, le soleil surchauffe ces grands plaines unies et là, surtout, le thermomètre a des soubresauts inopinés. Pellissier[1] écrivait en 1852 : « Dans les grands froids, Kissera n'est plus qu'un glacier incliné où l'on court risque à chaque pas de se casser le cou; mais en été, c'est un séjour frais, agréable, pittoresque et très ombreux. Dans les saisons intermédiaires, les changements de température que l'on éprouve en allant de Kissera à Makter sont brusques et saisissants. Ainsi, étant parti le 31 mars de Kissera avec un froid fort piquant, je trouvai une chaleur considérable dans la vallée qui est au bas et j'y fus même atteint d'une insolation, ce que je n'avais jamais éprouvé, même dans le Djérid. Arrivé deux heures après à Makter, j'y trouvai de la neige. »

A une soixantaine de kilomètres à l'Est de la Kessera est la ville sainte de Kairouan (15,000 hab.), la capitale religieuse de la Tunisie. Chef-lieu d'un contrôle civil dont le périmètre administratif comprend les territoires des Arouch es Sandjack, celui des Madjer et celui des Zlass qui se divise en quatre caïdats : les Kaoub et Gouazine, les Ouled Iddir, les Ouled Khalifa et les Ouled Sendassen.

Le sol de toute cette contrée est généralement pauvre et c'est vraisemblablement à cela qu'il faut attribuer le caractère tur-

1. *Idem*, p. 199.

bulent, pillard de ces quatre grandes tribus qui, avant l'occupation française, étaient presque continuellement en guerre entre elles, et même de douar à douar. Elles n'ont pas de centres fixes de population; elles campent sous la tente.

Au Sud de ceux-ci, les tribus des Ouled Aroua, des Ouled Messaoud et des El Horchan relèvent de l'administration militaire.

A l'Ouest, coule l'oued Djilma et dans le même bassin l'oued Menasser près duquel est Sbeitla, sur les ruines encore très remarquables de l'ancienne *Suffetula*. On y voit deux arcs de triomphe, trois temples juxtaposés, deux églises, un amphithéâtre, etc. Toujours à l'Ouest s'étendent les Fraichich qui forment trois caïdats, ceux des Ouled-Ali, des Ouled-Négi et des Ouled-Ouzzez. Sur le territoire de ces derniers se trouve Kasserin où s'élevait l'ancienne *Colonia Scillitana*. Le poste militaire de Feriana est au Sud-Ouest, à 8 kilomètres des ruines considérables de *Médinet-el-Kédima*.

VII

LE SUD

A la région des Hauts-Plateaux font suite les plaines immenses, aux teintes jaunâtres, du Djerid ou Sud tunisien dont la ligne d'horizon se confond dans un lointain indéfini avec l'azur du ciel. Pour y être rare la végétation est loin d'en être absente; et ce n'est pas ainsi que l'imagination se figure la région saharienne : c'est la solitude toute nue, l'absence de vie animale et végétale, un océan de sables, une contrée maudite. Or, pendant la saison des pluies, ses gazons et ses touffes de plantes[1] aromatiques lui font un manteau verdoyant, qui

---

1. M. E. Cosson, dans son *Itinéraire d'un voyage botanique en Algérie*, attribue à la flore saharienne 560 espèces végétales.

ne se dessèche qu'aux ardeurs du soleil d'été : ces vastes steppes sont alors des terres de parcours pour les chameaux des tribus voisines, tribus nomades dont l'incessante migration promène les tentes du Nord au Sud, suivant une allure réglée sur la marche des saisons. Sur ce fond se détachent çà et là, comme des taches sombres, des massifs de palmiers-dattiers qui rompent la monotonie du tableau : ce sont les oasis, fraîches comme des corbeilles de fleurs et de fruits, qui consolent des tristesses du désert. Dans ces îles de verdure, fertiles et verdoyantes, des populations sédentaires habitent des villages, se donnant pour principale mission sur la terre de planter, d'arroser, de recueillir et de faire sécher les fruits du dattier, ce roi des oasis, comme l'appellent les Arabes, qui demande, disent-ils, « à plonger son pied dans l'eau et sa tête dans le feu du ciel. » C'est à peine s'ils entremêlent à ces soins, qui sont la condition essentielle de leur existence, la culture de quelques arbres secondaires et de quelques légumes qui croissent sous la haute voûte, impénétrable aux rayons du soleil, que forment les ondoyants panaches des palmiers.

Gafsa, bâtie au pied du djebel Beni-Younès, est l'oasis la plus septentrionale de la Tunisie. Elle en est aussi la plus peuplée et l'une des plus belles. Son origine est des plus anciennes ; elle aurait été fondée par Melqarth, l'Hercule phénicien qui, d'après la légende, partit à la tête des marins de Tyr à la conquête de l'Ibérie et, à son retour, soumit et civilisa l'Afrique. Elle portait alors le nom de Kafaz « la Murée » ; les Romains en firent la *Capsa,* prise par Marius dans la guerre de Jugurtha, et les Arabes, on le voit, en ont à peine altéré l'antique dénomination. Gafsa est une ville de 4,000 habitants, y compris le village d'el Ksar, qui en est une annexe. Son territoire se compose d'une dizaine de kilomètres carrés de fort bonne terre végétale, arrosée par deux grandes sources dont des centaines de canaux dirigent les eaux fécondantes selon les besoins de l'agriculture. La plus grande partie de cette superficie est couverte d'admirables jardins où les dattiers dominent (on en compte plus de 100,000), mais où croissent aussi d'autres arbres fruitiers de toute espèce, depuis l'oranger, le grenadier jusqu'au poirier, et d'où ne sont pas exclus les arbustes de pur agrément. Le reste est cultivé en céréales et en oliviers. L'ensemble de cette riche végétation forme l'oasis, qui s'élève, gracieuse et parfumée, comme une île édénique, au milieu du pays brûlé qui l'entoure.

Nous en avons fait le chef-lieu d'une subdivision militaire qui administre les caïdats des Fraichich, des Ouled Negi, des Ouled Ouzzez, des Ouled Aziz, d'El-Aïacha et de Bou Saad, des Ouled-Mamar, des Hamama, des Ouled Mobarek, des Ouled Radouan des Hamama, des Ouled-Sidi Abd-el-Melek, des Ouled-Sidi-Abid-el-Hamadi et des Ouled Slama des Hamama.

A 20 kilomètres au Sud-Ouest de Gafsa se trouve l'oasis d'el Guettar et, à 35 kilomètres plus loin, à la même latitude, le village d'el Aïacha, dont la population (1,800 hab.) est originaire de la tribu berbère des Ouerghamma, campée sur la frontière tripolitaine. C'était, il y a environ cinq cents ans, une tribu puissante comme aujourd'hui, et sa situation frontière en faisait une tribu guerrière, commandée par un chef influent. Il entretenait auprès de lui une quantité de cavaliers (*makhzen*), qui, selon la tradition de tout makhzen, étaient fort exigeants et fort durs au pauvre monde... et tiraient de lui, en sus des impôts, toutes sortes de rétributions.

Un jour, raconte la *Revue de l'Afrique Française*[1], que les gens d'el Aïacha célébraient un mariage, ils virent arriver un goum de quarante cavaliers du makhzen qui s'annoncèrent comme chargés par leur chef de recouvrer des impôts ou des

---

1. N° du 15 mai 1888, p. 191.

amendes... Ils ordonnèrent, comme cela a lieu dans toutes ces occasions, qu'on leur préparât la *diffa* (repas d'hospitalité), pour eux et leurs chevaux, et leur chef, afin d'accentuer son autorité et le peu de valeur des gens qu'il honorait de sa présence, prescrivit que la jeune mariée aurait à conduire elle-même les chevaux des cavaliers à l'abreuvoir, et servirait le repas des hommes...

Malgré le ressentiment provoqué par une exigence si contraire à tous les usages musulmans, les gens d'El Aïacha ne se sentant pas en état de résister et sachant bien, du reste, que tout acte de rébellion amènerait de la part de leur chef une exécution par les armes, ils se soumirent à l'ordre des cavaliers. La mariée fit boire elle-même les chevaux, et des plats de *couscous*, renfermant autant de poules qu'il y avait de cavaliers, furent servis, car l'usage exigeait qu'une poule entière fût servie à chaque cavalier.

Sur quarante poules ainsi offertes, il s'en trouvait une dont une aile avait été coupée. Le cavalier auquel elle était échue en partage s'en plaignit, et sa plainte, provoquant l'orgueil et la vanité de toute la bande, — on fit comparaître l'indigène qui avait fourni cette poule incomplète.

Le malheureux répondit que son jeune fils, dont la gourmandise avait été excitée par la vue de cette belle poule préparée pour le repas, avait supplié sa mère de lui en faire goûter. La mère n'avait pas su résister à ses pleurs et à ses gémissements, et avait eu la faiblesse de lui donner la petit morceau qui manquait. Il demandait, en s'excusant de son mieux, qu'on ne prît pas la chose comme une insulte, mais comme une maladresse qu'il offrait de racheter suivant ses moyens.

Les cavaliers ordonnèrent que l'enfant fût amené, et en compensation de l'aile de poule qui avait été enlevée, ils coupèrent un bras à l'enfant.

Le père ne fit aucune protestation, il eut la force de conserver son calme et d'emmener son pauvre enfant sans dire un seul mot. Mais, pendant la nuit, les quarante cavaliers furent égorgés. — Puis toute la fraction décampa et s'enfuit, abandonnant son pays et sa tribu, et ne se crut en sûreté que lorsqu'elle eut pénétré dans l'intérieur des montagnes qu'elle habite aujourd'hui et à laquelle elle donna le nom de *el Aïacha* (le salut, autrement dit la vie sauve), en témoignage de l'abri qu'elle y trouvait et de l'espoir d'échapper aux conséquences de leur acte et à la vengeance du chef des Ouerghamma.

Malheureusement, le pays environnant la montagne n'était point absolument vide d'habitants comme ils l'avaient cru d'abord. Une fraction de la grande tribu des Mrazigues y campait et y faisait paître ses troupeaux.

Les nouveaux venus leur demandèrent l'autorisation de faire paître leurs troupeaux et furent mal reçus. Après de longues discussions, ils finirent cependant par s'entendre, et, pour sanctionner l'arrangement, une fille des Mrazigues fut donnée en mariage à un el Aïacha et une fille d'un el Aïacha fut donnée aussi à un des Mrazigues. — L'alliance dura quelque temps entre les groupes, ils allaient en caravane de concert soit dans le Nord chercher des grains, soit au Nefzaoua pour chercher des dattes. — Dans ces voyages souvent dangereux, surtout aux abords des chotts toujours infestés de brigands, ils se prêtaient un mutuel appui. Les Aïacha y acquirent une réputation de fantassins solides et braves. — Peut-être trouvèrent-ils que les Mrazigues n'étaient pas pour eux des compagnons bien sûrs et bien dévoués, peut-être le manque de bravoure des Mrazigues, gens religieux qui ne passent point en effet pour des guerriers, leur fit-il trouver que leur alliance, loin d'être pour eux un avantage, était une charge, toujours est-il qu'un jour, les Mrazigues les invitèrent à se joindre à eux pour aller se ravitailler au Nefzaoua et qu'ils refusèrent. De plus, aussitôt que les Mrazigues furent partis, ils engagèrent des négociations avec la fille qu'ils avaient consenti à marier à un homme de cette tribu, et la décidèrent à trahir sa nouvelle famille. Ils convinrent ensemble qu'elle les préviendrait du moment du retour des Mrazigues, en faisant flotter sur la montagne une couverture, s'ils devaient rentrer le jour et en allumant un feu, s'ils devaient rentrer la nuit. Ce fut le feu qui servit de signal, et ce souvenir est conservé par la Mosquée qui, suivant la tradition, a été bâtie sur l'emplacement du feu allumé par cette femme.

Les Mrazigues, fatigués par la marche, avaient couché à Bou Foumés, à quelques kilomètres d'el Aïacha, devant de très bonne heure arriver au campement. Les el Aïacha se postèrent dans le ravin et assaillirent les Mrazigues au moment où ils y passaient sans précaution et ne croyant avoir rien à craindre. Ils les massacrèrent tous et leur coupèrent la tête, à l'exception d'un seul, nommé Mansour, qu'ils épargnèrent probablement à la sollicitation de la femme qui les avait trahis.

Il revint au campement avec les el Aïacha.

Le territoire fut alors divisé en autant de parts qu'il y avait d'hommes, et Mansour dont les descendants existent encore (Ouled Bou Akermi, de la fraction des Ouarifen), eut sa part comme les autres.

C'est ce que dans le pays on appelle le massacre de Seguiet el Dem (arrosage du sang).

Les el Aïacha se divisent en six fractions.

L'oasis de Gabès est à 80 kilomètres Sud-Ouest d'el Aïacha, sur le littoral, presque à l'extrémité méridionale du golfe qui porte son nom et auquel tous les historiens de l'antiquité avaient fait une réputation d'inhospitalité dont nous aurons occasion de reparler. Il s'appelait alors *Syrtis minor* et Gabès,

Ta-Capœ. Celle-ci était, suivant l'expression même de Strabon, le *grand emporium* carthaginois; c'était là qu'affluaient tous les produits du Soudan apportés à travers le Sahara par des caravanes[1]. De la ville florissante antique, il ne reste plus aujourd'hui que deux villages, *Djara et Menzel* qui ont l'un et l'autre une population d'environ 3,500 habitants. Le centre européen — Gabès-port — est établi dans le voisinage de la mer, à l'endroit où se fixèrent les débitants, les « mercanti », au lendemain de l'occupation française et que nos soldats avaient baptisé du nom « caractéristique » de *Coquinville*.

L'oasis de Gabès est très belle[2]; la végétation y a une puissance extraordinaire qui prouve une fois de plus que la stérilité du Sahara ne tient pas à la composition de sa terre; mais exclusivement à la sécheresse de son climat. « Le désert arrosé ne serait plus le désert », a dit M. M. Wahl[3]; rien n'est plus vrai. L'eau métamorphose le Sahara; partout où le peu de profondeur de la couche aquifère et surtout la perméabilité des couches géologiques lui permet de sourdre à la surface du sol, celui-ci devient d'une fertilité merveilleuse; là où n'existait qu'une plaine d'une aridité sans nom, un bocage est né.

Gabès est le chef-lieu de l'outhan de l'Arad, qui comprend : Aïn Zerigue, Metreche, Menara et Tebelbou, centres d'oasis très voisins du groupe de Gabès; au Nord, el Mattouïa et Oudref; à l'Ouest, El Hamma; à 11 kilomètres au Sud l'oasis et le village de Zerik-el Berania, voisin de celui de Ketena. A 25 kilomètres plus

---

1. Voyez *De Syrticis emporiis*, par M. Perroud.
2. On trouvera dans le *Golfe de Gabès en 1888*, de MM. Jean Servonnet et Docteur Lafitte une description imagée, enthousiaste et juste de l'oasis de Gabès, p. 260 et suiv. C'est là d'ailleurs un volume très intéressant que je me fais un plaisir de recommander quoique je n'aie pas celui de connaître ses auteurs. Tous deux habitent l'Afrique depuis de longues années et leurs opinions sont marquées au coin d'une judicieuse observation.
3. *Idem*, p. 42.

loin celui de Zarat; à 35 kilomètres, le village de Mareth et au Sud de celui-ci, la tribu de Hamerna.

Au Sud-Ouest de cette contrée et jusqu'à la frontière tripolitaine s'étendent les Ouerghamma qui dépendent également du gouvernement militaire de Gabès et se divisent en Accara, Tiaches des Accara, djebel Ouerghamma et Ouderna. Ils ont un grand nombre de *Ksour* ou villages fortifiés entourés de jardins qu'ils habitent dans la saison des fruits. Le reste du temps, ils paissent leurs troupeaux dans les plaines et vivent sous la tente, ou le plus souvent sous des huttes agrestes et primitives que Salluste [1] reconnaîtrait encore aujourd'hui.

Le ksar [2] Moudenine et le ksar Metameur sont les villages principaux de cette tribu. La construction en est fort singulière et a une grande analogie avec les demeures des Troglodytes de Zeuthan dont il est question dans la *Mission de Ghadamès* [3]. « Dans ces villes s'observe la transition de l'architecture des cavernes à celle des maisons proprement dites [4]. » Les maisons, très élevées, se composent de plusieurs rangées de voûtes superposées, formant autant d'étages, de *perchoirs,* disent MM. Servonnet et Lafitte [5]. « Qu'on se figure autour d'une place ronde, qui est le centre du ksar, un entassement de chambres voûtées à portes uniques, véritables alvéoles de cette ruche colossale élevée par on ne sait quels diptères géants, et irrégulièrement empilées sur quatre, cinq et quelquefois six étages. On accède à chaque chambre par des échelons non équarris, de pierre ou de bois, encastrés normalement dans le mur, et

---

1. « Ceterum adhuc ædificia Numidarum agrestium, quæ mapalia illi vocant, oblonga, incurvis lateribus tecta quasi navium carinæ sunt. » *Jug.* XVIII.
2. *Ksar* au singulier, *Ksour* au pluriel.
3. Voyez à ce sujet les Kroumir de Fath-Allah et les Troglodytes de Zeuthan, par Aug. Cherbonneau, *Rev. de Géogr.*, juillet-décembre 1881.
4. Reclus, t. XI, p. 202. Voyez à la page suivante un dessin de ces curieuses constructions.
5. Ouvrage cité, p.255.

ayant entre eux un tel écartement, qu'il faut une réelle habitude pour se hasarder sans danger, sur ces véritables perchoirs. La fermeture des portes consiste en une serrure en bois dur, d'un fort ingénieux système, qu'on ne peut ouvrir qu'au moyen de clefs spéciales : ce sont d'assez longues lattes en bois, dont une face, à l'un des bouts, est hérissée de chevilles qui doivent s'encastrer dans autant de trous pratiqués dans le corps de la serrure. Chacun des indigènes se promène gravement dans le ksar, tenant à la main sa clef qu'il lui serait difficile de porter sur soi, vu sa dimension [1] ».

Dans cette région *Foum-Tatahouin* est notre poste militaire le plus avancé.

A l'extrémité méridionale du golfe de Gabès et à 60 kilomètres de cette ville, en face d'elle, est située l'île de Djerba, — la *Lotophagitis* immortalisée par Homère. Elle n'est séparée de la terre ferme que par un étroit bras de mer, et dans l'antiquité son ancienne capitale, *Meninx*, était reliée au continent par une chaussée, que les indigènes franchissent encore à marée basse, quoiqu'elle soit aujourd'hui aux trois quarts ruinée.

Cette île a un périmètre d'environ 150 kilomètres carrés et une superficie de 64,000 hectares. Elle est très fertile et entièrement cultivée. Ses oliviers sont très productifs et les huiles qu'on en retire très estimées. Sa population, d'origine berbère pure, est d'une soixantaine de mille habitants ; très douce, gaie et polie, elle est administrée par un contrôleur civil.

Les villages principaux sont Houmt-Souk, Harat-Kebira, Harat-S'rira, Houmt-Adjem, Houmt-Klaba, Houmt-Sadouikèche, et Houmt-Midoun.

A une vingtaine de kilomètres au delà de Djerba, se trouve

---

1. *Loc. cit.*, p. 255.

le village maritime de Zarzis. Les oliviers y sont très beaux et l'huile qui en provient est regardée comme la meilleure de toute la Tunisie.

Quittons le littoral pour revenir au Sud de Gafsa dans le *Blad-ed-Djerid* (pays des dattes proprement dit) dont le caïdat nominal comprend les oasis de Tozeur, Nefta, el-Hamma, Oudiane et celles du Nefzaoua. C'est la région drupifère par excellence.

De Gafsa à l'oasis d'el-Hamma, qui en est à près de soixante-dix kilomètres, on ne rencontre pas de lieu habité. Les caravanes campent à peu près à moitié chemin, à Bordj Gourbata où l'on trouve un peu d'eau dans l'oued Baïch; mais elles n'y séjournent guère à cause du grand nombre de scorpions et de vipères qu'on y rencontre [1].

El Hamma est une petite oasis qui compte 950 habitants. Ses palmiers sont d'un excellent rendement. A 9 kilomètres au Sud est l'oasis de Tozeur, la plus grande et la plus belle du Djerid. Elle contient une ville et six villages, qui sont el Cheurfa, Belad-Kadera, Zaouiet-es-Seraoui, Abbas, Djem et Sidi-bou-Lifa. Tozeur a presque l'étendue de Kairouan. Elle a deux faubourgs, Gnetna et Sidi-Ahmed-el-Rout. La population de toute l'oasis est d'une dizaine de mille âmes; elle relève du contrôle civil du Djerid dont Tozeur est la capitale administrative.

A 21 kilomètres à l'Ouest-Sud-Ouest de Tozeur est l'oasis de Nefta, et à 9 au Nord est celle d'Oudiane. Nefta est le centre le plus important du Djerid. On y compte 8,900 habitants.

Oudiane est une oasis assez étendue, mais moins belle que les précédentes. Il y a beaucoup d'oliviers dont l'huile est supérieure. Elle contient quatre villages qui sont : Deggache, Zaouiet el-Arab, Kriz et Sedada.

Toutes ces oasis sont arrosées de la même manière que celles

---

1. Pellissier, p. 143.

de Gafsa. Toutes les sources en sont chaudes; leur température est de 22° Réaumur. A Gafsa elle est de 31° 1/2.

Au Sud de Tozeur, d'Oudiane et de Nefta s'étend une vaste et profonde dépression que l'on appelle le chott el-Djerid. Dans la saison chaude, ce lac salé est presque partout à sec; mais le parcours en est très dangereux pour ceux qui ne connaissent point les passes. Le sable y est, en certains lieux, si fin, si porphyrisé et si dépourvu de molécules intégrantes que des cavaliers y ont disparu avec leurs chevaux [1].

Les chemins qui le traversent y sont indiqués par des pierres, des troncs de palmiers et autres signes. Dès qu'on s'écarte de ces passages, la croûte cède et l'abîme engloutit sa proie.

« Plus d'une fois, raconte Abou-Obeïd-el-Bekri, des caravanes et des armées s'étant imprudemment engagées sur ce sol trompeur, y ont péri sans laisser aucune trace ».

Le cheikh Abou Mohammed el Tidjani écrivait au quatorzième siècle, après avoir traversé le chott :

« Le chef de notre expédition me raconta le fait suivant, qu'il tenait d'un certain Mohamed ben Ibrahim ben Djamé el Merdàci :

« Une de nos caravanes dut traverser un jour le lac : elle se composait de mille bêtes de charge. Par malheur, un des chameaux s'écarta du bon chemin : tous les autres le suivirent, et rien au monde ne fut plus prompt que la rapidité avec laquelle la terre s'amollit et engloutit les mille chameaux; puis le terrain redevint ce qu'il était auparavant, comme si les mille bêtes de charge qui y avaient disparu n'eussent jamais existé ».

Ch. Tissot [2] dit également : « C'est près de cet endroit que lors de mon premier séjour au Blad-el-Djerid, un cavalier du

---

1. Un de mes excellents amis et confrères de Cuba, M. Ezéquiel Garcia, m'apprend que des terrains de cette nature existent dans la grande île de l'Amérique centrale. On les appelle là-bas des « trembladores ».

2. *Géographie comparée*, p. 118 et suiv.; et *Bulletin de la Société de Géogr.*, de juillet 1879.

goum de Tôzer fut englouti avec sa monture. Ses compagnons essayèrent de sonder l'abîme où il avait disparu, au moyen de vingt baguettes de fusil attachées bout à bout : cette sonde improvisée n'atteignit point le fond ».

Au delà du chott el-Djerid, qui a près de 120 kilomètres de longueur sur 20 de largeur moyenne[1], on trouve, en face et à l'Est d'Oudiane, les palmeraies du Nefzaoua. C'est un archipel d'oasis qui s'élevait autrefois à plus de cent. Mais les guerres acharnées que se livraient de village à village les deux *cofs* qui se partagent le pays en ont réduit le nombre de plus de moitié. Celles qui existent encore sont : Bergouthia, Tembib, Tonbar, Gersine, Er Rabta, el-Mansoura, Kebili, el-Djezira, Er Rahmat, Bazma, el-Menchia, el-Ksar, Ali-Abdallah, Bécheri, Zaouïet el-Anès, el-Belidat, el-Touibiah, Abnos, Kolaïa, Estaftimsg, Telmine, Kelmaouin, Debabeha, Om Soma, Zaouïet, el-Harth, Negga, Fatnassa, Zaouïet-Chorfa, Bled Beni-Mohammed, Bécheli, Messaïd, Noaïlli, el-Kalaa, Azar et Gallicia, el-Kabi, Djemna, el-Gataya, Addaret es Sanem.

La population totale de ces oasis ne dépasse pas douze mille âmes ; ce sont les dernières stations habitables qu'offre la rive saharienne du chott.

VIII

LES BERBÈRES ET LES ARABES [2]

Jusqu'à ces dernières années, deux races se partageaient exclusivement la Tunisie, comme elles s'étaient partagé tout le

---

1. Pellissier, p. 145.
2. Voyez Maspero, *Hist. anc. des peuples de l'Orient.* — E. Renan, *Hist., génér. et systèm. comparés des lang. sémitiq.;* du même, *La Société Berbère,* Rev.

nord de l'Afrique avant qu'Alger ne tombât en notre pouvoir. Ces deux races sont celle du Kabyle ou Berbère et celle de l'Arabe : la première autochthone, la seconde adventice.

L'Arabe a envahi l'Afrique aux septième et onzième siècles de notre ère, on est parfaitement fixé à cet égard; mais le Berbère, le Berbère aux cheveux blonds d'où vient-il? Il y a là une question d'origine des plus controversées.

Le général Faidherbe [1] explique la présence des nombreux types blonds que l'on trouve dans l'Afrique du Nord par une invasion de Kymris. Ces mêmes guerriers à la longue chevelure, aux yeux bleus, au teint blanc qui firent la conquête de la Gaule, auraient couru par l'Espagne et Gibraltar jusque dans le pays berbère. Ils auraient élevé tous ces monuments mégalithiques, aussi fréquents sur le sol africain que sur celui de la France. Mais Ch. Tissot [2] observe que les monuments mégalithiques n'ont une valeur absolue, ni comme documents ethnographiques, puisqu'on les retrouve à peu près partout, dans le nouveau monde et la Polynésie comme dans l'ancien continent, ni comme documents chronographiques, puisqu'ils sont de toutes les époques. Si séduisante que soit en général la théorie qui lie l'existence des dolmens [3] à celle de la race qui les a élevés sur le sol européen, si vraisemblable même qu'elle soit dans l'espèce, il ne croit pas que le moment soit encore venu d'exprimer une opinion bien arrêtée à cet égard. Certains s'appuyant sur un passage de Procope [4] ont regardé ces populations blondes de l'Atlas comme les derniers fils des Van-

---

des D. M. 1ᵉʳ sept. 73; — Vivien de saint Martin, *Le Nord de l'Afriq. dans l'antiq. grecq. et rom.;* — Tissot, *Géogr. compar. de la prov. Rom. d'Afrique*, p. 386 et suiv.; — Hartmann, *Les peuples de l'Afrique;* — Faidherbe, *Coll. compl. des Inscript. numidiques*, etc.

1. Wahl, p. 48.
2. *Géogr. comparée*, p. 409.
3. En arabe *Kbour-le-Djouhala*, les tombeaux des païens.
4. *De bello Vand.* II, c. XIII.

dales. D'autres assignent aux Berbères une origine orientale ; ils seraient des Kouschites venus de l'extrême Asie. Il y a dans l'Inde dravidienne une population de Warvara ; une province de l'ancienne Perse s'appelait le Barbaristan ; sur les bords de la mer Rouge, on trouve des Barbara ; sur le cours moyen du Nil, des Barabra. Tous ces noms marquent les étapes de la longue migration qui aurait amené du fond de l'Inde des habitants à l'Afrique du Nord [1].

Le savant professeur Robert Hartmann préconise un système tout différent ; il est d'avis qu'il faut mettre un terme aux théories d'immigrations sémitiques, limiter l'élément caucasique à l'Europe et aux Européens, et confiner les Aryens en partie aux inscriptions cunéiformes et aux Indiens. Il faut voir les Berbères chez eux. Selon moi, dit-il, les Africains forment ethnologiquement parlant, un tout dont les membres s'enchaînent par des transitions infiniment nombreuses. Notre connaissance même incomplète des peuples africains justifie ma conviction. Les caractères physiques, les mœurs et les coutumes, la langue, etc., me prouvent suffisamment que la population n'est pas formée d'éléments hétérogènes juxtaposés par le hasard, mais que le continent africain, avec son monde végétal et animal symétriquement réparti sur d'immenses étendues, avec d'infinies variétés, il est vrai, renferme une seule grande souche de la famille humaine diversement démembrée, soit par les modifications naturelles, soit par des fusions, des guerres, des migrations [2]. Il distingue conséquemment dans la partie de l'Afrique au Nord de l'Équateur trois grands groupes de peuples différenciés par certains caractères typiques, liés pourtant les uns aux autres d'une manière étroite par un grand nombre de caractères intermédiaires qui ménagent entre eux une transition.

1. *Loc. cit.*
2. *Les peuples de l'Afrique*, p. 256.

Le premier de ces groupes occupe le Nord de l'Afrique, de la mer Rouge au Wadi Nun, des bords de la mer Méditerranée à la lisière méridionale du Sahara; ce sont les *Berbères*, ou *Mazigh*, ou *Imosagh*; ils forment une fraction à couleur claire. M. Hartmann enferme dans ce groupe les *Retu*, ou anciens Égyptiens, les *Néo-Égyptiens* (Fellahs et Koptes), les *Imosagh* proprement dits, les *Maures* et les *Kabyles*, les Berabra ou Nubiens.

La théorie n'est pas absolument neuve. Avant M. Hartmann, Karl Ritter en avait jeté les bases. Et déjà, en 1858, M. Vivien de Saint-Martin constatait en partie cette unité ethnique, au moins dans le Nord de l'Afrique où il déclarait que tout ce qui n'est pas nègre est berbère. « Les Tibou, que l'on a quelquefois rangés parmi les nègres, sont un des anneaux d'une chaîne immense, qui commence aux rivages de la mer Erythrée, enveloppe tout le bassin moyen du Nil, se déploie à travers les solitudes du Sahara, couvre la haute région de l'Atlas, et se termine à la mer Occidentale. Dans cette vaste zone de populations congénères, qui s'étend d'un bord à l'autre du continent africain, l'identité originaire se révèle encore soit par la communauté de l'appellation primordiale de *Berber*, qui se retrouve chez les branches les plus distinctes de la famille, soit par l'analogie de conformation physique, soit par les rapports que présentent encore les nombreux dialectes entre lesquels la langue mère s'est morcellée. Là même où une séparation plus ancienne, un isolement plus complet, et aussi le mélange d'éléments étrangers, ont altéré le type ou dénaturé la langue, il en reste, en général, assez de vestiges pour laisser au moins entrevoir la parenté orginaire [1]. »

Il y a donc là une grande famille aborigène. Son unité, d'après

---

1. *Le Nord de l'Afr. dans l'antiq.*, p. 80.

Renan[1] et Tissot[2], est attestée par celle de la langue qu'elle parle. Son ancienneté résulte de ce double fait, aujourd'hui bien constaté, que cette même langue explique le sens ou reproduit la physionomie des quelques débris de l'idiome libyen que nous a légués l'antiquité, et que les caractères qui le peignent encore aujourd'hui[3] se retrouvent sur les monuments libyens de l'époque punique.

Ainsi le Berbère n'est ni un Sémite venu de la Phénicie, ni un Grec venu de l'Europe méridionale; ce n'est ni un Vandale, ni un Romain : le Berbère est l'arrière petit-fils des sujets de Masinissa, de Syphax et de Jugurtha, le descendant des Gétules et des Libyens, peuples autochthones farouches et grossiers, qui se nourrissaient de la chair des animaux sauvages et broutaient l'herbe comme des troupeaux[4].

Les invasions successives les ont chassés des plaines et refoulés dans les hautes vallées des monts où ils sont devenus sédentaires; mais primitivement ils étaient des pasteurs par excellence, des nomades, νομάδες, dont la transcription latine a fait *Numides*. Dans le Djerid, qui fit partie de la Gétulie, où les Berbères sont, de tout temps, restés maîtres du terrain, les Ouerghamma et les Ouderna de nos jours ont conservé les mœurs pastorales de leurs ancêtres, les Gétules d'il y a quatre mille ans.

---

1. *La Société Berbère*, Rev. des Deux-Mondes, 1ᵉʳ septembre 1873, p, 139 et suiv.
2. *Géogr. comp.*, p. 386.
3. Il a été constaté que le Touareg, ou Targui, témâhaq, comme dit M. Duveyrier, est à peu près identique à l'antique langue berbère. Les indigènes de Djerba l'écrivent ou plutôt reconnaissent encore les caractères de cette langue. — Consultez Hanoteau, *Essai de gramm. tamachek;* — Hanoteau et Letourneux, *La Kabylie et les coutumes kabyles*; — Docteur Reboud, *Rec. d'Inscrip. libyco-berb.*; — Duveyrier, *Les Touareg.*; — Halèvy, *Etudes berb.*; — Letourneux, *Du déchiffr. des inscrip. libyco-berb.*
4. *Africam initio habuere Gætuli et Libyes, asperi, inculti; quis cibus erat caro ferina, atque humi, pabulum uti pecoribus.* Sall., *Jug.*, XVIII.

Aussi bien si le manque de nationalité, conséquence de son sentiment excessif de liberté individuelle, en a fait la proie de tous les conquérants; s'il a été sans cesse dominé, le Berbère n'a jamais été asservi. Après douze siècles de possession du pays, l'Arabe ne l'a pas entamé. Pour pouvoir sortir de ses montagnes, trafiquer, voyager, le Kabyle dut, il est vrai, embrasser l'islam. Il ne le fit point sans restrictions. Pour un vrai fidèle, le Koran n'est pas seulement la loi religieuse, mais la loi juridique. Or, en matière civile, le Kabyle ne reconnaît d'autre autorité que celle de ses *Kanoun*. Comme l'a judicieusement remarqué le docteur Topinard « il est musulman par accident [1]. » Il aurait pu dire par calcul. Son ignorance le conduit forcément à la superstition; mais sa foi est assez tiède pour le mettre à l'abri du fanatisme. J'en ai même rencontré de très sceptiques. Presque tous ceux qui ont servi dans nos régiments de tirailleurs boivent des liqueurs fortes, en dépit du Prophète. Pour manger de la chair de porc que le Koran défend comme impure, voici d'après M. Wahl [2] le subterfuge qu'ils ont imaginé : « L'interdiction, disent-ils, ne s'applique pas à l'animal entier, mais seulement à une partie. Laquelle? C'est ce que le législateur n'a pas précisé. » Quand ils dépouillent un porc, ils coupent un morceau de viande et le jettent au loin, en priant Dieu de leur pardonner s'ils n'ont pas mis la main sur la partie défendue. Cela fait, ils mangent le reste en toute tranquillité.

L'intérêt les a également contraints d'apprendre l'arabe et certaines tribus du littoral ne parlent plus que cette langue; mais dans l'intérieur, plus l'on va vers le Sud, plus la langue originelle se retrouve intacte. « Le touareg, langue autochtone de toute l'Afrique du Nord, est sans mélange d'arabe [3]. »

1. *L'Anthropologie*, p. 477.
2. P. 186.
3. *La Société berbère*, p. 141.

En dépit de ces deux puissances assimilatrices par excellence, la religion et la langue, les deux races demeurent juxtaposées mais non confondues. Un observateur quelque peu attentif ne tarde pas à démêler leurs dissemblances physiologiques, leur disparité au point de vue des aptitudes, des instincts et des institutions sociales.

Au physique, le Kabyle se distingue, à première vue, de l'Arabe. Sa tête est moins fine, mais plus intelligente : sa physionomie franche et ouverte, son œil vif, contrastent avec l'immobilité habituelle du masque sémitique. Il est moins sec que l'Arabe; ses muscles sont plus volumineux et moins détachés. L'ovale du visage est plus large et plus court ; les pommettes sont plus fortes; la mâchoire inférieure est plus lourde et plus carrée [1].

Les différences sont plus tranchées encore au moral. Le Kabyle est aussi actif et entreprenant que l'Arabe est indolent et paresseux. Il est vif et emporté; l'Arabe a le calme du fataliste. Essentiellement sédentaire, le Berbère habite une maison de pierre ou de chaume et vit en communautés fixes, villages ou hameaux. Individuellement propriétaire, il s'attache à sa maison, à son jardin, à ses vergers, engraisse ses terres, et s'efforce de leur faire rapporter le plus possible. Il tire parti des moindres fentes de rochers, plante des arbres fruitiers, les greffe, cultive des légumes, du tabac; l'Arabe campe sous la tente, change de place aussi souvent que l'exigent les besoins de ses troupeaux et ne cultive qu'accessoirement.

Le Kabyle est prévoyant, il abrite ses bestiaux et leur emmagasine des provisions pour l'hiver. L'Arabe vit au jour le jour

---

[1]. Docteur Topinard, *Bull. de la Soc. d'Anthropol.* 1873, p. 619; — Ch. Tissot, p. 414. Voy. en outre : *Mœurs et coutumes de l'Algérie*, par le général Daumas; — *Les Kabyles* par le prince Bibesco, *Rev. des Deux-Mondes*, 1865; — *Etude sociologique sur les Kabyles*, par M. Camille Sabatier; — Prolégomènes d'Ibn-Khaldoun, traduction de Slane.

et se laisse surprendre par la famine, lui et ses bêtes. C'est lui qui incendie et ruine les forêts pour en renouveler les pacages et amender les terres sans fatigue; en pays berbère, au contraire, l'incendie des forêts est réprouvé comme méthode d'amendement.

Le Kabyle est industrieux, il se livre à la maçonnerie, à la menuiserie, il fabrique de la chaux, des tuiles, du savon, de l'huile, de la poudre, des armes, des instruments d'agriculture; il exploite les mines. Tout cela d'une façon rudimentaire, mais qui dénote des goûts et des aptitudes qu'on perfectionne assez aisément. L'Arabe, à proprement parler, n'a pas d'industrie; il ne confectionne guère que des selles, des mors et autres articles de harnachement.

Le Kabyle fait du commerce; il prend du service dans nos troupes, descend dans la plaine, où il cultive les terres des Arabes, et va chercher fortune dans les villes; mais il revient toujours au village, où il achète un lot de terre et se marie. Le nom de *Berrani* dans les villes s'applique collectivement à tous les Berbères qui émigrent ainsi passagèrement.

L'Arabe, au contraire, ne se déplace que dans un certain cercle.

Le Kabyle a toujours une attitude fière et digne; il ne s'abaisse au mensonge que si ses intérêts sont vraiment en jeu. L'Arabe ment sans vergogne et sera humble et arrogant tour à tour. L'une des plus belles qualités du Berbère est le respect de la parole donnée : ni lui ni les siens ne manquent jamais aux obligations qu'elle impose. Celui qui a engagé un *anaya* [1]

---

1. *L'anaya* est le symbole matériel de la parole donnée, et par extension, cette parole même. Cette coutume, regardée comme sacrée, consiste en ceci : deux Kabyles forment entre eux une alliance fraternelle contractée par un échange mutuel de deux objets, alliance qui rend ces deux hommes solidaires l'un pour l'autre, de sorte que si l'un est offensé, le second doit embrasser sa cause, le défendre ou le venger. Voyez mon ouvrage *Le Livre d'or de l'Algérie*, t. I, p. 407.

est obligé sous peine d'infamie d'y faire honneur. S'il est dans l'impuissance d'y donner suite, l'*anaya* passe à sa famille, à sa tribu, à son village, aux diverses confédérations dont il est membre [1]. La violation de leur *anaya* est la plus grave injure qu'on puisse infliger à des Kabyles. Un homme qui, selon l'expression consacrée, brise l'*anaya* de son village ou de sa tribu, est puni de mort et de la confiscation de tous ses biens; sa maison est démolie. « On ne peut refuser à l'institution de l'*anaya*, disent MM. Hanoteau et Letourneux [2], un caractère de véritable grandeur. C'est une forme originale de l'assistance mutuelle poussée jusqu'à l'abnégation de soi-même, et les actes héroïques qu'elle inspire font le plus grand honneur du peuple Kabyle. Malheureusement la nécessité même de ces dévouements est l'indice d'un état social peu avancé, où l'individu est obligé de se substituer à la loi pour protéger les personnes ».

L'Arabe procède par surprise et par trahison. La razzia arabe n'a pour motif que le pillage. Pour le Kabyle, la bastonnade est un châtiment infamant; pour l'Arabe, ce n'est qu'une douleur. La charité envers les pauvres et l'hospitalité à l'égard des étrangers ne font jamais défaut dans la tribu berbère [3]. L'hospitalité arabe est toute d'ostentation et de calcul.

La constitution de la famille est faite différente dans les deux races. L'Arabe est polygame, et ne voit dans la femme qu'un instrument de plaisir ou une bête de somme. Le Berbère est en général monogame : protégée non seulement par les mœurs,

---

1. *La société berb.*, p. 150.
2. *La Kabylie et les cout. Kabyl.*
3. « Pendant l'hiver de 1867-1868, lorsque la famine décimait les populations indigènes de l'Algérie, les Kabyles de la subdivision de Dellys eurent à nourrir des mendiants étrangers accourus de tous les points de l'Algérie et même du Maroc. Les villages venaient au secours des réfugiés sans s'inquiéter de leur origine, avec une charité pleine de délicatesse. Pas un de ces malheureux n'est mort de faim sur le sol kabyle; ces actes de charité étaient accomplis simplement, sans bruit, sans ostentation et comme un devoir tout naturel. » *La Soc. berb.*, p. 148.

mais par certains *Kanoun*, la condition de la femme est celle d'une mère de famille; elle règne dans la maison, et son influence s'exerce parfois jusque dans les affaires du village et de la tribu.

Mêmes contrastes dans l'état social. Chez le Berbère, toute l'organisation est démocratique, l'individu persiste avec tous ses droits, ajoutons et ses devoirs. Chez l'Arabe, l'organisation est aristocratique, théocratique et patriarcale; l'individu s'efface toujours devant un supérieur. De là toutes les différences qui, chez l'un, élèvent l'individu, et chez l'autre, le rabaissent.

Chez le Berbère, il n'y a pas de grands, pas de noblesse, mais de simples délégués chargés d'administrer, ou mieux, d'appliquer les lois et coutumes consacrées par le temps et réunies en un faisceau appelé *Kanoun*, et d'exécuter les décisions votées dans l'assemblée générale de la commune ou *Djemaa*. Tout membre de la tribu arrivé à l'âge de puberté, fait partie de cette assemblée et y a droit de parler et de voter. Toutes les affaires générales et particulières s'y discutent, et chacun en respecte les décrets. Le délégué ou *amin* est toujours révocable à la majorité des suffrages. Plusieurs communes assemblées nomment parfois un *amin des amins* qui s'occupe des affaires pour lesquelles il a été désigné, sans jamais s'immiscer dans les questions intérieures de chaque commune. L'association de plusieurs *Arch* (tribu) en une confédération est rare ou passagère. Toute idée de nationalité en est exclue, le patriotisme du Berbère ne dépasse guère la *ferka* (fraction de tribu). De là une absence d'unité et une difficulté de s'entendre pour une action commune qui font précisément notre sécurité [1].

1. Cependant il est des institutions qui remplacent dans une certaine mesure cette absence de lien politique et donnent naissance à une sorte d'aristocratie relative : ce sont les *çofs* et les *marabouts*. Les *çofs* sont des alliances contractées, en dehors de toute action administrative, entre individus ou familles isolées d'une même tribu ou de tribus différentes; ils s'étendent d'un village à un village, d'une

Chez l'Arabe, au contraire, l'autorité absolue est concentrée entre les mains de l'aîné, appelé *cheikh*, qui est le chef de son *douar*. Et au dessus de lui, il y a toute une noblesse héréditaire, c'est-à-dire les *cherifs*, les *djouad* et les *marabouts*, qui descendent : les premiers, de la famille du Prophète ; les seconds, des anciens conquérants d'une manière générale ; et les troisièmes des saints personnages voués à l'observance du Koran. C'est dans les deux premiers groupes que se prennent les *caïds* ou chefs politiques et administratifs des tribus.

Il me resterait à parler de la population cantonnée dans les villes sous le nom de *Maures* et celui de *Juifs*. Mais ces deux groupes n'ont qu'une importance purement économique, et je craindrais de fatiguer le lecteur en prolongeant des définitions qui ont déjà pu paraître un peu longues, mais qui étaient indispensables. On confond généralement les Berbères et les Arabes sous le nom générique d'indigènes ou de Tunisiens ; c'est une erreur. Et, ce qui plus est, c'est une faute. Il importe de distinguer ces deux races dans l'intérêt de notre domination et de l'avenir de la colonie ; car, s'il faut se garder d'illusions dangereuses avec l'une, il est permis de fonder de sérieuses espérances sur l'autre qui est, heureusement, de beaucoup la fraction la plus importante de la population tunisienne. Ses intérêts, la similitude des sentiments, des aptitudes et même des caractères la rapprocheront forcément de nous, si nous savons l'administrer. Dans cent ans, écrivait Aucapitaine, les Berbères

tribu à une tribu, d'une confédération à une confédération. Cependant ces associations n'ont pas lieu indistinctement entre toutes les tribus ; il y a des groupes en dehors desquels le lien en question ne s'établit pas. Un chef de *çof* est un personnage. Les marabouts sont les gardiens de la lettre du Koran ; ils sont respectés et ont une grande autorité morale ; ce sont eux qui ont réussi à liguer contre nous plusieurs confédérations en 1881 et à généraliser un soulèvement. Logés à la *zaouïa*, ils reçoivent le *zekkat* et *l'achour* prescrits par le Koran, c'est-à-dire le centième sur les troupeaux et le dixième sur les grains avec lesquels ils pourvoient aux frais du culte, secourent les pauvres, nourrissent les voyageurs et donnent les trois degrés d'instruction : primaire, secondaire et transcendante.

seront Français! En pareille matière, il est bien difficile, sans doute, de fixer un délai, même de cette nature; au lieu d'un siècle, il se peut qu'il en faille deux, peut-être trois, qu'importe vraiment si le succès est au bout. L'ère des destinées de la France en Afrique ne fait que s'ouvrir, et la colonisation n'est pas l'œuvre d'un jour...

Mais avant d'aborder ces considérations ultimes, il faut demander à l'Histoire les précieux enseignements qu'elle seule peut nous donner.

LIVRE II

LA TUNISIE DANS LE PASSÉ

I

ÉPOQUE PHÉNICIENNE OU CARTHAGINOISE

Carthage!... Que de souvenirs splendides, grandioses, héroïques, ce seul nom éveille à tout esprit cultivé! Mais c'est surtout là-bas, au milieu des ruines de la grande cité punique, qu'une émotion indicible vous empoigne et que de grandes pensées vous occupent. On se rappelle les belles pages des poètes latins et, comme à travers un immense et incomparable stéréoscope, l'imagination, remontant le cours des siècles, déroule à nos yeux éblouis le passé, — ce grand passé toujours plein d'ombres et de mystères!

Charles Blanc[1] voyait en l'histoire de l'Égypte quelque similitude avec ses temples, dans lesquels on entre par une porte haute, flanquée de deux vastes pylones que décorent brillamment des figures énigmatiques; mais qui d'ordinaire n'ont point d'ouverture sur le dehors et ne prennent le jour que de l'intérieur. Le seuil franchi, on se trouve d'abord dans une cour

---

1. *Voyage de la Haute Égypte.*

environnée de portiques, à ciel ouvert, et toute remplie de soleil, ensuite dans des propylées couverts qui sont assombris par l'étroitesse des entre-colonnements et l'épaisseur des colonnes. Puis on passe dans le temple proprement dit, dont la principale enceinte est entourée de chambres noires où étaient jadis renfermés les objets du culte, les habits des dieux, les offrandes, les sistres d'or; enfin par des couloirs secrets on est conduit dans un de ces sanctuaires qui furent si longtemps impénétrables et où étaient cachées des choses inconnues comme les sources du Nil.

Mais de même que le temple fermé à la foule n'était accessible qu'aux Pharaons et aux prêtres, de même les manuscrits qui étaient sculptés sur les parois, les plafonds et les colonnes, ne devaient être intelligibles que pour un très petit nombre d'initiés. Or, ce mélange d'obscurité et de lumière ne figure pas seulement l'histoire d'une portion de l'Afrique, mais celle de l'Afrique tout entière. On en est réduit aux conjectures sur ses origines ethnographiques. Au delà du sixième siècle avant Jésus-Christ les événements dont elle a été le théâtre sont ensevelis sous un voile impénétrable comme celui qui recouvre encore aujourd'hui le visage d'une partie de ses farouches habitants. La légende se confond avec l'histoire, la fiction le dispute à chaque instant à la vérité.

Toutefois, en ce qui concerne Carthage, si l'on excepte la date exacte de sa fondation qui nous manque (on croit devoir la placer en 913 ou 914 av. J.-C.); si l'on oublie le poétique anachronisme de l'*Énéide* pour ne voir qu'une migration phénicienne poussée vers l'Ouest et prenant possession sur la côte d'Afrique d'une position superbe, nous reconstituerons assez aisément l'histoire de l'antique ennemie de Rome.

Au reste, à défaut des historiens anciens, les pans de murailles gigantesques encore debout, les immenses citernes, les moles « surprenants de hardiesse », tous ces restes de constructions cyclopéennes ne disent-ils pas la puissance et la splendeur de la civilisation carthaginoise? Ne sont-ce pas de véritables poèmes épiques écrits sur le sol? N'en ont-ils pas toute l'éloquence?

Appuyé contre le dernier vestige du palais du proconsul, au sommet de l'acropole, le front dans la main et les paupières baissées, j'ai vu passer devant moi Hamilcar, Annibal, Régulus, Scipion, Sophonisbe, Marius, Caton d'Utique, et Masinissa, et Jugurtha : toutes les grandeurs et tous les revers, toutes les gloires et toutes les chutes!

Je voyais les longues files de caravanes apportant les produits de l'intérieur de l'Afrique, plumes d'autruche, poudre d'or, ivoire, gomme, etc., et la mer sillonnée des vaisseaux de toutes les nations venant opérer les échanges sur ce marché, unique au monde, où s'entassaient l'huile et le vin de Sicile, le fer de l'île d'Elbe, les blés de la Sardaigne, la pourpre de Tyr, l'or, l'argent et le plomb de l'Espagne, les peaux de la Maurétanie, l'étain des îles Cassitérides.

J'ai vu aussi, hélas! les lentes agonies de la décadence, j'ai vu les cités tomber une à une, les civilisations s'anéantir; au tumulte, à la vie, au mouvement, j'ai vu succéder peu à peu le silence, les ruines et la mort.

> Devictæ Carthaginis arces
> Procubuere; jacent infausto in littore turres
> Eversæ....
> Nunc passim, vix reliquias, vix nomina servans,
> Obruitur, propriis non agnoscenda ruinis.

Pour le Français que tourmente l'avenir, qui rêve de nouvelles destinées glorieuses pour la vieille Patrie, il puise là, dans la muette contemplation des restes d'un grand peuple, un élan sans pareil, une noble ambition, et la plus heureuse confiance dans la tâche résurrectionnelle et civilisatrice que la France a si hardiment entreprise en Afrique.

Carthage fut, à l'origine, ce qu'étaient également ses sœurs phéniciennes égrenées autour d'elle : *Utique*, *Tunes* (Tunis), *Hadrumète* (Sousse), *Leptis* (Lebida), *Hippo-Zaryte* (Byzerte), *Igilgilis* (Djidjelli), *Saldæ* (Bougie), *Yol* (Cherchell), *Kartenna* (Tenès), *Tingis* (Tanger), etc, — des *emporia*, sorte de comptoirs ou escales qui, en se développant, devinrent des ports, puis des villes de commerce [1].

Non loin de l'embouchure du *Bagrada* — l'oued Medjerda moderne — qui arrose les régions de l'Afrique septentrionale les plus riches en céréales, placée à cette pointe de l'Afrique qui semble aller à la rencontre de la Sicile pour fermer le canal de Malte, et qui commande le passage entre les deux bassins de la Méditerranée [2], assise sur un côteau riant et fertile, ombragé de massifs d'oliviers et d'orangers, et, de nos jours encore, tout paré de maisons de campagne, Carthage « galère ancrée sur le sable libyque [3] » devint bientôt la capitale des colonies puniques sur la côte africaine. Puis, afin de monopoliser le négoce, visant à approvisionner l'univers, elle appuya par la force, soutint et propagea par les armes, sa domination commerciale. Elle asservit les îles de la Méditerranée; elle donna des chaînes à ces peuples de la Bétique, dont le courage ne sauva

---

1. Comme Rome, Carthage avait eu les plus obscurs commencements; elle mit quatre siècles à fonder son empire. Tous les Numides n'étaient pas, ainsi que leur nom grec l'indiquait, des nomades; beaucoup de Lybiens se livraient à l'agriculture; beaucoup aussi erraient comme nos Algériens avec leurs troupeaux. Elle soumit les uns, et gagna ou contint les autres par les alliances qu'elle fit contracter à leurs chefs avec les filles de ses plus riches citoyens. Elle encouragea la culture du sol, et ses colons, se mêlant aux indigènes, formèrent à la longue un même peuple avec eux : les Liby-Phéniciens. (Polyb., I, 78 sq.; T. L., xxix, 29; Arist. *Pol.* VI. 3.)

2. Mommsen, *Histoire romaine*.

3. Gustave Flaubert, *Salammbô*.

pas la vertu[1]; en vain s'allièrent-ils avec Xerxès, ils perdirent une bataille contre Gélon le même jour que les Lacédémoniens succombèrent aux Thermopyles. Les hommes, malgré leurs préjugés, font un tel cas des sentiments nobles que personne ne songe aux quatre-vingt mille Carthaginois égorgés dans les champs de la Sicile, tandis que le monde entier s'entretient des trois cents Spartiates morts pour obéir aux saintes lois de leur pays. C'est la grandeur de la cause, et non pas celle des moyens qui conduit à la véritable renommée, et l'honneur a fait dans tous les temps la partie la plus solide de la gloire.

Après avoir combattu tour à tour Agathocle en Afrique et Pyrrhus en Sicile, les Carthaginois en vinrent aux mains avec la République romaine, qui ne pouvait consentir à s'effacer dans la mer sarde, la mer africaine, la petite et la grande Syrte, ni se résoudre à laisser de si puissants voisins s'installer en Sicile. Telle fut la cause de la première guerre punique (264 av. J.-C.).

Les Romains sont bientôt en possession de l'intérieur de la Sicile; mais avec ses flottes Carthage ravage les côtes d'Italie, elle ferme le détroit et rend toute conquête précaire. Le Sénat comprit qu'il fallait aller chercher l'ennemi sur son propre élément. Il ordonna (261) la construction d'une flotte de ligne, c'est-à-dire de vaisseaux à cinq bancs de rameurs[2]. Une quinquérème carthaginoise, échouée sur les côtes d'Italie, servit de modèle. Telle était l'imperfection de cet art, devenu si difficile, que deux mois suffirent pour abattre le bois, construire et lancer 120 navires, former et exercer les équipages. Le consul Cornélius Scipion fut pris, il est vrai, avec 17 vaisseaux, dans une tentative mal conduite contre les îles Éoliennes; mais son collègue Duillius battit près de Myles (Melazzo) la flotte carthaginoise (260). Il avait adapté à l'avant des navires un pont

1. Chateaubriand, *Itinéraire de Paris à Jérusalem.*
2. V. Duruy, *Histoire romaine.*

qui, s'abattant sur la galère ennemie, la saisissait avec des crampons de fer, la tenait immobile et livrait passage aux soldats. Ce n'avait plus été, en quelque sorte, qu'un combat de terre ferme où le légionnaire avait retrouvé tous ses avantages. Des honneurs inusités récompensèrent Duillius. Outre le triomphe, il eut une colonne au forum et le droit de se faire reconduire le soir, chez lui, à la lueur des flambeaux et au son des flûtes.

Après la victoire de Myles, les Romains commencèrent la conquête de la Corse et de la Sardaigne. Vainqueurs cette fois près des îles Éoliennes, ils triomphèrent encore sur mer à Ecnome (256) dans un combat gigantesque où 300,000 hommes s'entrechoquèrent. La Méditerranée n'avait encore rien vu de pareil.

La route d'Afrique était ouverte. Le consul M. Atilius Régulus débarqua au promontoire *Hermœum* (cap Bon) et prit *Clypea* (Kélibia), qui lui servit de base d'opération. Ici se place un trait de mœurs antiques et un exemple d'abnégation sublime qu'on ne saurait trop rappeler à nos jeunes Français. Mais il faut le style étincelant de Châteaubriand pour le conter.

Les Romains ne voulant point interrompre le cours des victoires de Régulus ni envoyer les consuls Fulvius et M. Emilius prendre sa place, lui ordonnèrent de rester en Afrique, en qualité de proconsul. Il se plaignit de ces honneurs; il écrivit au Sénat, et le pria instamment de lui ôter le commandement de l'armée : une affaire importante aux yeux de ce grand homme demandait sa présence en Italie. Il avait un champ de sept arpents à Pupinium : le fermier de ce champ étant mort, le valet du fermier s'était enfui avec les bœufs et les instruments du labourage. Régulus représentait aux sénateurs que si sa ferme demeurait en friche, il lui serait impossible de faire vivre sa femme et ses enfants. Le Sénat ordonna que le champ de

Régulus serait cultivé aux frais de la République; qu'on tirerait du trésor l'argent nécessaire pour racheter les objets volés, et que les enfants et la femme du proconsul seraient, pendant son absence, nourris aux dépens du peuple romain. Dans une juste admiration de cette simplicité, Tite-Live s'écrie : « Oh! combien la vertu est préférable aux richesses! Celles-ci passent avec ceux qui les possèdent; la pauvreté de Régulus est encore en vénération! »

Régulus, marchant de victoire en victoire, s'empara bientôt de Tunis; la prise de cette ville jeta la consternation parmi les Carthaginois; ils demandèrent la paix au proconsul. Ce laboureur romain prouva qu'il est plus facile de conduire la charrue après avoir remporté des victoires, que de diriger d'une main ferme une prospérité éclatante : le véritable grand homme est surtout fait pour briller dans le malheur; il semble égaré dans le succès, et paraît comme étranger à la fortune. Régulus proposa aux ennemis des conditions si dures, qu'ils se virent forcés de continuer la guerre.

Pendant ces négociations, la destinée amenait au travers des mers un homme qui devait changer le cours des événements : un Lacédémonien, nommé Xantippe, vient retarder la chute de Carthage. Il réorganise et instruit si bien l'armée qu'il défait complètement Régulus sous les murs de Tunis et le fait prisonnier à Aouïna. Après quoi Xantippe se rembarque pour regagner sa patrie et disparaît dans les flots.

Régulus, conduit à Carthage, éprouva les traitements les plus inhumains; on lui fit expier les durs triomphes de sa patrie. Ceux qui traînaient à leurs chars avec tant d'orgueil des rois tombés du trône, des femmes, des enfants en pleurs, pouvaient-ils espérer qu'on respectât dans les fers un citoyen de Rome?

La fortune redevint favorable aux Romains. Carthage demanda une seconde fois la paix; elle envoya des ambassadeurs en Italie : Régulus les accompagnait. Ses maîtres lui firent donner sa parole qu'il reviendrait prendre ses chaînes si les négociations n'avaient pas une heureuse issue : on espérait qu'il plaiderait fortement en faveur d'une paix qui devait lui rendre sa patrie.

Régulus, arrivé aux portes de Rome, refusa d'entrer dans la ville. Il y avait une ancienne loi qui défendait à tout étranger d'introduire dans le Sénat les ambassadeurs d'un peuple ennemi : Régulus, se regardant comme un envoyé des Carthaginois, fit revivre en cette occasion l'antique usage. Les sénateurs furent donc obligés de s'assembler hors des murs de la cité. Régulus leur déclara qu'il venait, par l'ordre de ses maîtres, demander au peuple romain la paix ou l'échange des prisonniers.

Les ambassadeurs de Carthage, après avoir exposé l'objet de leur mission, se retirèrent : Régulus les voulut suivre; mais les sénateurs le prièrent de rester à la délibération.

Pressé de donner son avis, il représenta fortement toutes les raisons que Rome avait de continuer la guerre contre Carthage. Les sénateurs, admirant sa fermeté, désiraient sauver un tel citoyen : le grand pontife soutenait qu'on pouvait le dégager des serments qu'il avait faits.

« Suivez les conseils que je vous ai donnés, dit l'illustre captif d'une voix qui étonna l'assemblée, et oubliez Régulus : je ne demeurerai point dans Rome après avoir été l'esclave de Carthage. Je n'attirerai point sur vous la colère des dieux. J'ai promis aux ennemis de me remettre entre leurs mains si vous rejetiez la paix; je tiendrai mon serment. On ne trompe point Jupiter par de vaines expiations; le sang des taureaux et des brebis ne peut effacer un mensonge, et le sacrilège est puni tôt ou tard.

« Je n'ignore point le sort qui m'attend; mais un crime flétrirait mon âme : la douleur ne brisera que mon corps. D'ailleurs il n'est point de maux pour celui qui sait les souffrir : s'ils passent les forces de la nature, la mort nous en délivre. Pères conscrits, cessez de me plaindre : j'ai disposé de moi, et rien ne pourra me faire changer de sentiments. Je retourne à Carthage; je fais mon devoir, et je laisse faire aux dieux. »

Régulus mit le comble à sa magnanimité : afin de diminuer l'intérêt qu'on prenait à sa vie, et pour se débarrasser d'une compassion inutile, il dit aux sénateurs que les Carthaginois lui avaient fait boire un poison lent avant de sortir de prison : « Ainsi, ajouta-t-il, vous ne perdrez rien de moi que quelques instants qui ne valent pas la peine d'être achetés par un parjure. » Il se leva, s'éloigna de Rome sans proférer une parole de plus, tenant les yeux attachés à la terre, et repoussant sa femme et ses enfants, soit qu'il craignit d'être attendri par leurs adieux, soit que, comme esclave carthaginois, il se trouvât indigne des embrassements d'une matrone romaine. Il finit ses jours dans d'affreux supplices. Régulus fut un exemple mémorable de ce que peuvent, sur une âme courageuse, la religion du serment et l'amour de la patrie. Que si l'orgueil eût peut-être un peu de part à la résolution de ce mâle génie, se punir ainsi d'avoir été vaincu, c'était être digne de la victoire.

Après vingt-quatre années de combats sanglants, la bataille des îles Ægates (241) décida de la guerre en faveur des Romains. La paix fut signée. Carthage abandonnait la Sicile et les îles voisines qu'elle occupait depuis quatre cents ans. Elle s'engageait, en outre, à payer en dix ans une contribution de guerre de 3,200 talents euboïques.

« Les Romains — a dit avec raison Châteaubriand dont je goûte tout particulièrement le récit de ces événements — n'étaient déjà plus ce peuple de laboureurs conduit par un sénat de rois, élevant des autels à la Modération et à la Petite Fortune : c'étaient des hommes qui se sentaient faits pour commander, et que l'ambition poussait incessamment à l'injustice. » Quelque chers qu'ils les eussent payés, leurs premiers succès en Afrique leur avaient ouvert de nouveaux horizons. Leur haine pour Carthage les incitait à de nouveaux combats. La vieille ennemie, d'ailleurs, était aux prises avec de graves embarras intérieurs : le moment était propice pour l'attaquer. Les mercenaires, dont elle n'avait pu payer la solde sitôt la guerre finie, s'étaient révoltés sous la conduite du Campanien Spendius et du Numide Mathos! Cette guerre civile, que les Grecs ont appelée la *Guerre inexpiable*, en souvenir des atrocités dont se souillèrent les deux partis, dura près de trois ans (241-238) et les Romains en profitèrent pour s'emparer des deux îles de Corse et de Sardaigne. Cette conquête était entachée d'une odieuse trahison : ils ne s'en soucièrent point.

La seconde guerre punique était déclarée. La paix n'avait été qu'une trêve.

Annibal me paraît avoir été le plus grand capitaine de l'antiquité : si ce n'est pas celui que l'on aime le mieux, c'est celui qui étonne davantage. Il n'eut ni l'héroïsme d'Alexandre, ni les talents universels de César; mais il les surpassa l'un et l'autre comme homme de guerre[1]. Ordinairement l'amour de la patrie ou de la gloire conduit les héros aux prodiges : Annibal seul est guidé par la haine, l'esprit de vengeance. Livré à ce génie d'une nouvelle espèce, il part (218) des extrémités de l'Espagne[2] avec une armée de 94,000 hommes, assemblage de vingt peuples divers. Il franchit les Pyrénées et les Gaules, dompte les nations ennemies sur son passage, traverse les fleu-

---

1. Châteaubriand, *passim*.
2. Carthagène.

ves, arrive au pied des Alpes. Ces montagnes sans chemins, défendues par des barbares, opposent en vain leur barrière à Annibal. Après neuf jours de marche, de périls et de combats, il atteint le sommet de la montagne. La descente est très difficile, il faut creuser le roc pour permettre aux éléphants de passer la gorge; la moitié des soldats et des chevaux périssent dans les neiges; mais les Alpes sont passées. Il tombe de leurs sommets glacés sur l'Italie, écrase la première armée consulaire sur les bords du Tessin (218), frappe un second coup à la Trébie (218), un troisième à Trasimène (217), et du quatrième coup de son épée il semble immoler Rome dans la plaine de Cannes (216), en Apulie. Pendant seize années, il fait la guerre sans secours au sein de l'Italie.

Infatigable dans les périls, inépuisable dans les ressources, fin, ingénieux, éloquent, savant même et auteur de plusieurs ouvrages, Annibal eut toutes les distinctions qui appartiennent à la supériorité de l'esprit et à la force du caractère; mais il manqua des hautes qualités du cœur : froid, cruel, sans entrailles, né pour renverser et non pour fonder des empires, il fut en magnanimité fort inférieur à son rival.

Le nom de Scipion l'Africain est un des beaux noms de l'histoire. L'ami des dieux, le généreux protecteur de l'infortune et de la beauté, Scipion a quelques traits de ressemblance avec nos anciens chevaliers. En lui commence cette urbanité romaine, ornement du génie de Cicéron, de Pompée, de César, et qui remplaça chez ces citoyens illustres la rusticité de Caton et de Fabricius.

Annibal et Scipion se rencontrèrent aux champs de Zama; l'un célèbre par ses victoires, l'autre fameux par ses vertus : dignes tous deux de représenter leurs grandes patries, et de se disputer l'empire du monde.

Au départ de la flotte de Scipion pour l'Afrique (204), le rivage de la Sicile était bordé d'un peuple immense[1] et d'une foule de soldats, quatre cents vaisseaux de charge et cinquante trirèmes couvraient la rade de Lilybée. On distinguait à ses trois fanaux la galère de Lélius, amiral de la flotte. Les autres vaisseaux, selon leur grandeur, portaient une ou deux lumières. Les yeux du monde étaient attachés sur cette expédition qui devait arracher Annibal de l'Italie et décider enfin du sort de Rome et de Carthage. La cinquième et sixième légion, qui s'étaient trouvées à la bataille de Cannes, brûlaient du désir de ravager les foyers du vainqueur. Le général surtout attirait les regards : sa piété envers les dieux, ses exploits en Espagne, où il avait vengé la mort de son oncle et de son père en prenant Carthagène, Castulon, Illiturgi, Astapa et Gadès, le projet de rejeter la guerre en Afrique, projet que lui seul avait conçu contre l'opinion du grand Fabius; enfin cette faveur que les hommes accordent aux entreprises hardies, à la gloire, à la beauté, à la jeunesse faisaient de Scipion l'objet de tous les vœux comme de toutes les espérances.

Le jour du départ ne tarda pas à arriver. Au lever de l'aurore, Scipion parut sur la poupe de la galère de Lélius, à la vue de la flotte et de la multitude qui couvrait les hauteurs du rivage. Un héraut leva son sceptre, et fit faire silence :

« Dieux et déesses de la terre, s'écria Scipion, et vous, divinités de la mer, accordez une heureuse issue à mon entreprise! que mes desseins tournent à ma gloire et à celle du peuple romain! Que pleins de joie, nous retournions un jour dans nos foyers, chargés des dépouilles de l'ennemi, et que Carthage éprouve les malheurs dont elle avait menacé ma patrie! »

Ceci dit, on égorge une victime; Scipion en jette les entrailles

---

1. « La Sicile entière accourut à Libybée le jour du départ ». V. Duruy.
Concurrerat ad spectaculum in fortum omnis turba, non habitantium modo Lilibyæi, sed legationum omnium ex Sicilia, quæ et ad prosequendum Scipionem

fumantes dans la mer : les voiles se déploient au son de la trompette; un vent favorable emporte la flotte entière loin des rivages de la Sicile.

Le lendemain du départ, on découvrit la terre d'Afrique et le promontoire de Mercure : la nuit survint, et la flotte fut obligée de jeter l'ancre. Au retour du soleil, Scipion apercevant la côte, demanda le nom du promontoire le plus voisin des vaisseaux. « C'est le cap Beau, » répondit le pilote. A ce nom d'heureux augure, le général, saluant la fortune de Rome, ordonna de tourner la proue de sa galère vers l'endroit désigné par les dieux.

Le débarquement s'accomplit sans obstacle; la consternation se répandit dans les villes et dans les campagnes; les chemins étaient couverts d'hommes, de femmes et d'enfants qui fuyaient avec leurs troupeaux. L'épouvante saisit Carthage : on crie aux armes, on ferme les portes; on place des soldats sur les murs, comme si les Romains étaient déjà prêts à donner l'assaut.

Cependant Scipion avait envoyé sa flotte vers Utique; il marchait lui-même par terre à cette ville dans le dessein de l'assiéger. Il était assisté d'un nouvel allié, Masinissa, sorte de roi[1] des Massyliens, ou Numidie orientale dont la capitale était Cirta (Constantine), comme Syphax l'était des Masæsyliens ou Numidie occidentale.

Masinissa, d'abord allié des Carthaginois, avait fait la guerre aux Romains en Espagne; par une suite d'aventures

officii causa convenerant. . . . . nec classis modo prospectantibus e terra, sed terra etiam omnis circa referta turbo spectaculo navigantibus erat. (T. L. XXIX, 26.)

1. « Ce sont des chefs de clans et de tribus, des façons de seigneurs féodaux, des daïmios comme au Japon, des aghas et des bach aghas, dirions-nous!... Ce ne sont là que des à peu près contemporains : agha et bach-agha sont des termes *arabes;* mais ils font partie de ce qu'on peut appeler le dictionnaire algérien; ils font image, et l'on voit bien ici ce qu'ils représentent. (E. Boissière, *Algérie romaine.*)

extraordinaires, ayant perdu et recouvré plusieurs fois son royaume, il se trouvait dépossédé et fugitif quand Scipion débarqua en Afrique. Syphax, venait de le chasser de ses États. Il alla donc se jeter dans les bras de Scipion dont la bravoure, l'âme chevaleresque l'avaient séduit en Espagne. Il n'amenait avec lui que quelques cavaliers fidèles, mais doué d'un courage et d'une intrépidité sans pareils, qui lui donnaient un prestige considérable aux yeux des Numides, il valait à lui seul une armée[1] sur cette terre inconnue des Romains. Ils lui durent, en effet, une bonne partie de leurs succès.

Syphax avait été longtemps l'allié des Romains et Scipion croyait encore pouvoir compter sur lui pour donner l'assaut à Carthage. Mais Asdrubal avait une fille d'une beauté et d'une intelligence remarquables. En présence du grave et irrémédiable danger que courait sa patrie, il négocia avec beaucoup d'habileté l'alliance des Masæsyliens en unissant Sophonisbe à Syphax. « Lorsqu'il vit le Numide bien épris, il fit venir sa fille de Carthage, brusqua l'hyménée et profita de ces réjouissances pour cimenter l'union privée des deux familles par l'alliance publique des deux peuples ». Et Syphax, éperdûment amoureux, ensorcelé par cette femme qu'il maudira plus tard, qu'il appellera sa perte, sa folie, sa furie, mais qui, à cette heure, le possède tout entier, le fascine et, par je ne sais quels charmes, lui a pris toute son âme[2], Syphax rompt ouvertement avec Scipion, qui perd du coup un puissant appui et une grande chance de vaincre.

Le général romain fit tous ses efforts pour ramener Syphax à ses côtés, ce fut peine perdue.

1. Citerum quum longe maximus omnium ætatis suæ regum hic fuerit, plurimumque rem romanam juverit. (T. L. XXIX, 29.)
2. Illam furiam pestemque omnibus delinimentis animum suum avertisse atque alienasse. (T. L. XXX, 13.)

Néanmoins, après quelques combats heureux, Scipion mit le siège devant Utique. Les Carthaginois, commandés par Asdrubal et par Syphax, formaient deux camps séparés à la vue du camp romain. Scipion parvint à mettre le feu à ces deux camps dont les tentes étaient faites de nattes et de roseaux à la manière des Numides. Quarante mille hommes périrent ainsi dans une seule nuit. Le vainqueur, qui prit dans cette circonstance une quantité prodigieuse d'armes, les fit brûler en l'honneur de Vulcain.

Les Carthaginois ne se découragèrent point : ils ordonnèrent de grandes levées. Syphax, touché des larmes de Sophonisbe, demeura fidèle aux vaincus, et s'exposa de nouveau pour la patrie d'une femme qu'il aimait avec passion. Toujours heureux, Scipion battit les armées ennemies, prit les villes de leur dépendance, s'empara de Tunis, et menaça Carthage d'une entière destruction. Entraîné par son fatal amour, Syphax osa reparaître devant les vainqueurs, avec un courage digne d'un meilleur sort. Abandonné des siens sur le champ de bataille, il se précipita seul dans les escadrons romains : il espérait que les soldats, honteux d'abandonner leur roi, tourneraient la tête et viendraient mourir avec lui : mais ces lâches continuèrent à fuir; et Syphax, dont le cheval fut tué d'un coup de pique, tomba vivant entre les mains de Masinissa.

C'était un grand sujet de joie pour ce dernier de tenir prisonnier celui qui lui avait ravi la couronne. Quelque temps après, le sort des armes mit aussi au pouvoir de Masinissa, Sophonisbe, femme de Syphax. Elle se jeta aux pieds du vainqueur.

« Je suis ta prisonnière : ainsi le veulent les dieux, ton courage et la fortune; mais par tes genoux que j'embrasse, par cette main triomphante que tu me permets de toucher, je t'en supplie, ô Masinissa, garde-moi pour ton esclave, sauve-moi de l'horreur de devenir la proie d'un Barbare. Hélas! il n'y a qu'un moment que j'étais, ainsi que toi-même, environnée de la majesté des rois! Songe que tu ne peux renier ton sang; que tu partages avec Syphax le nom de Numide. Mon époux sortit de ce palais par la colère des dieux : puisses-tu y être entré sous de plus heureux auspices! Citoyenne de Carthage, fille d'Asdrubal, juge de ce que je dois attendre d'un Romain. Si je ne puis rester dans les fers d'un prince né sur le sol de ma patrie, si la mort peut seule me soustraire au joug de l'étranger, donne-moi cette mort : je la compterai au nombre de tes bienfaits [1]. »

Masinissa fut touché des pleurs et du sort de Sophonisbe; elle était dans tout l'éclat de la jeunesse et d'une incomparable beauté [2]. Ses supplications, dit Tite-Live, étaient moins des prières que des caresses. Masinissa vaincu, épris de sa captive [3], promit tout, et, non moins passionné que Syphax, il fit son épouse de sa prisonnière.

Syphax chargé de fers fut présenté à Scipion. Ce grand homme qui naguère avait vu sur un trône celui qu'il contemplait à ses pieds, se sentit touché de compassion. Syphax avait été autrefois l'allié des Romains; il rejeta la faute de sa défection sur Sophonisbe : « Les flambeaux de mon fatal hyménée, dit-

---

1. Tite-Live, xxx, 11. — Omnia quidem ut pones in nobis, dii dederunt; virtusque et felicitas tua. Sed si captivæ apud dominum vitæ necisque suæ vocem supplicem mittere licet, si genua, si victricem attingere dextram, precor quæsoque per majestatem regiam, in qua paulo ante nos quoque fuimus, per gentis Numidarum nomen, quod tibi cum Syphace commune fuit, per hujusce regiæ deos, qui te melioribus omnibus accipant quam Syphacem hinc miserunt, hanc veniam supplici des, ut ipse quodcumque fert animus de captiva statuas, neque me in cujusquam Romani superbum ac crudele arbitrium venire sinas. Si nihil aliud quam Syphacis uxor fuissem, tamen Numidæ atque in eadem mecum Africa geniti quam alienigenere et externi fidem experiri mallem. Quid Carthaginiensi ab Romano, quid filiæ Asdrubalis timendum sit vides. Si nulla alia re potes, morte me ut vindices ab Romanorum arbitrio, oro, obstestorque.

2. Forma erat insignis et florentissima ætas.

3. (ut est genus Numidarum in Venerem præceps) amore captive victor captus. (T. L. xxx, 12.)

il, ont réduit mon palais en cendres; mais une chose me console : la furie qui a détruit ma maison est passée dans la couche de mon ennemi; elle réserve à Masinissa un sort pareil au mien ».

Syphax cachait ainsi, sous l'apparence de la haine, la jalousie qui lui arrachait ces paroles, car ce prince aimait encore Sophonisbe. Scipion n'était pas sans inquiétude; il craignait que la fille d'Asdrubal ne prit sur Masinissa l'empire qu'elle avait eu sur Syphax, et le détachât pareillement des Romains. La passion de Masinissa paraissait déjà d'une violence extrême : il s'était hâté de célébrer ses noces avant d'avoir quitté les armes; impatient de s'unir à Sophonisbe, il avait allumé les torches nuptiales devant les dieux domestiques de Syphax, devant ces dieux accoutumés à exaucer les vœux formés contre les Romains. Masinissa était revenu auprès de Scipion; celui-ci, en donnant des louanges au roi des Numides, lui fit quelques légers reproches de sa conduite envers Sophonisbe. Alors Masinissa rentra en lui-même, et, craignant de s'attirer la disgrâce des Romains, sacrifia son amour à son ambition. On l'entendit gémir au fond de sa tente, et se débattre contre ces sentiments généreux que l'homme n'arrache point de son cœur sans violence. Il fit appeler l'officier chargé de garder le poison du roi : ce poison servait aux princes africains à se délivrer de la vie quand ils étaient tombés dans un malheur sans remède : ainsi la couronne, qui n'était point chez eux à l'abri des révolutions de la fortune, était du moins à l'abri du mépris. Masinissa mêla le poison dans une coupe pour l'envoyer à Sophonisbe. Puis, s'adressant à l'officier chargé du triste message : « Dis à la reine que si j'avais été le maître, jamais Masinissa n'eût été séparé de Sophonisbe. Les dieux des Romains en ordonnent autrement. Je lui tiens du moins une de mes promesses; elle ne tombera point vivante entre les mains de ses ennemis, si elle se soumet à sa fortune en citoyenne de Carthage, en fille d'Asdrubal et en femme de Syphax et de Masinissa. »

L'officier entra chez Sophonisbe, et lui transmit l'ordre du roi. « Je reçois ce don nuptial avec joie, répondit-elle, puisqu'il est vrai qu'un mari n'a pu faire à sa femme d'autre présent. Dis à ton maître qu'en perdant la vie, j'aurais du moins conservé l'honneur, si je n'eusse point épousé Masinissa la veille de ma mort. » Elle avala le poison.

Ce fut dans ces conjonctures que les Carthaginois rappelèrent Annibal de l'Italie : il versa des larmes de rage, il accusa ses concitoyens, il s'en prit aux dieux, il se reprocha de n'avoir pas marché sur Rome après la bataille de Cannes. Jamais homme en quittant son pays pour aller en exil n'éprouva plus de douleur qu'Annibal s'arrachant d'une terre étrangère pour rentrer dans sa patrie.

Il débarqua sur la côte d'Afrique avec les vieux soldats qui avaient traversé, comme lui, les Espagnes, les Gaules, l'Italie; qui montraient plus de faisceaux ravis à des préteurs, à des généraux, à des consuls, que tous les magistrats de Rome n'en faisaient porter devant eux. Annibal avait été trente-six ans absent de sa patrie : il en était sorti enfant; il y revenait dans un âge avancé, ainsi qu'il le dit lui-même à Scipion. Quelles durent être les pensées de ce grand citoyen quand il revit Carthage, dont les murs et les habitants lui étaient presque étrangers! Deux de ses frères étaient morts; les compagnons de son enfance avaient disparu; les générations s'étaient succédé : les temples chargés de la dépouille des Romains furent sans doute les seuls lieux qu'Annibal put reconnaître dans cette Carthage nouvelle. Si ses concitoyens n'avaient pas été aveuglés par l'envie, avec quelle admiration ils auraient contemplé ce héros qui, depuis trente ans, versait son sang pour eux dans une région lointaine, et les couvrait d'une gloire ineffaçable! Mais, quand les services sont si éminents, qu'ils excèdent les bornes de la reconnaissance, ils ne sont payés que par l'ingratitude. Annibal eut le malheur d'être plus grand que le peuple chez lequel il était né ; et son destin fut de vivre et de mourir en terre étrangère.

Il conduisit son armée à Zama. Scipion rapprocha son camp de celui d'Annibal. Le général carthaginois eut un pressentiment de l'infidélité de la fortune ; car il demanda une entrevue au général romain, afin de lui proposer la paix. On fixa le lieu du rendez-vous. Quand les deux capitaines furent en présence, ils demeurèrent muets et saisis d'admiration l'un pour l'autre. Annibal prit enfin la parole.

« Scipion, les dieux ont voulu que votre père ait été le premier des généraux ennemis à qui je me sois montré en Italie, les armes à la main ; ces mêmes dieux m'ordonnent de venir aujourd'hui, désarmé, demander la paix à son fils. Vous avez vu les Carthaginois campés aux portes de Rome : le bruit d'un camp romain se fait entendre à présent jusque dans les murs de Carthage. Sorti enfant de ma patrie, j'y rentre plein de jours ; une longue expérience de la bonne et de la mauvaise fortune m'a appris à juger des choses par la raison et non par l'événement. Votre jeunesse, et le bonheur qui ne vous a point encore abandonné, vous rendront peut-être ennemi du repos ; dans la prospérité on ne songe point aux revers. Vous avez l'âge que j'avais à Cannes et à Trasimène. Voyez ce que j'ai été, et connaissez, par mon exemple, l'inconstance du sort. Celui qui vous parle en suppliant est ce même Annibal qui, campé entre le Tibre et le Téveron, prêt à donner l'assaut à Rome, délibérait sur ce qu'il ferait de votre patrie. J'ai porté l'épouvante dans les champs de vos pères, et je suis réduit à vous prier d'épargner de tels malheurs à mon pays. Rien n'est plus incertain que le succès des armes : un moment peut vous ravir votre gloire et vos espérances. Consentir à la paix, c'est rester vous-même l'arbitre de vos destinées ; combattre, c'est remettre votre sort entre les mains des dieux. »

A ce discours étudié, Scipion répondit avec plus de franchise, mais moins d'éloquence : il rejeta comme insuffisantes les propositions de paix que lui faisait Annibal, et l'on ne songea plus qu'à combattre. Il est probable que l'intérêt de la patrie ne fut pas le seul motif qui porta le général romain à rompre avec le général carthaginois; et que Scipion ne put se défendre du désir de se mesurer avec Annibal.

Le lendemain de cette entrevue, deux armées, composées de vétérans, conduites par les deux plus grands capitaines des deux plus grands peuples de la terre, s'avancèrent pour se disputer, non les murs de Rome et de Carthage, mais l'empire du monde, prix de ce dernier combat.

Scipion plaça les piquiers au premier rang, les princes au second, et les triaires au troisième. Il rompit ces lignes par des intervalles égaux, afin d'ouvrir un passage aux éléphants des Carthaginois. Des vélites répandus dans ces intervalles devaient, selon l'occasion, se replier derrière les soldats pesamment armés, ou lancer sur les éléphants une grêle de flèches et de javelots. Lélius couvrait l'aile gauche de l'armée avec la cavalerie latine, et Masinissa commandait à l'aile droite les chevaux numides.

Annibal rangea quatre-vingts éléphants sur le front de son armée, dont la première ligne était composée de Liguriens, de Gaulois, de Baléares et de Maures; les Carthaginois venaient au second rang; des Bruttiens formaient derrière eux une espèce de réserve, sur laquelle le général comptait peu. Annibal opposa sa cavalerie à la cavalerie des Romains, les Carthaginois à Lélius, et les Numides à Masinissa.

Les Romains sonnent les premiers la charge. Ils poussent en même temps de si grands cris, qu'une partie des éléphants effrayés se replie sur l'aile gauche de l'armée d'Annibal, et jette la confusion parmi les cavaliers numides. Masinissa aperçoit leur désordre, fond sur eux, et achève de les mettre en fuite. L'autre partie des éléphants qui s'étaient précipités sur les Romains est repoussée par les vélites, et cause, à l'aile droite des Carthaginois, le même accident qu'à l'aile gauche. Ainsi, dès le premier choc, Annibal demeura sans cavalerie et découvert sur ses deux flancs : des raisons puissantes, que l'histoire n'a pas connues, l'empêchèrent sans douter de penser à la retraite.

L'infanterie en étant venue aux mains, les soldats de Scipion enfoncèrent facilement la première ligne de l'ennemi, qui n'était composée que de mercenaires. Les Romains et les Carthaginois se trouvèrent alors face à face. Les premiers, pour arriver aux seconds, étant obligés de passer sur des monceaux de cadavres, rompirent leur ligne, et furent au moment de perdre la victoire. Scipion voit le danger, et change son ordre de bataille. Il fait passer les princes et les triaires au premier rang, et les place à la droite et à la gauche des piquiers; il déborde par ce moyen le front de l'armée d'Annibal, qui avait déjà perdu sa cavalerie et la première ligne de ses fantassins. Les vétérans carthaginois soutinrent la gloire qu'ils s'étaient acquise dans tant de batailles. On reconnaissait parmi eux, à leurs couronnes, de simples soldats qui avaient tué, de leurs propres mains, des généraux et des consuls. Mais la cavalerie romaine, revenant de la poursuite des ennemis, charge par derrière les vieux compagnons d'Annibal. Entourés de toutes parts, ils combattent jusqu'au dernier soupir, et n'abandonnent leurs drapeaux qu'avec la vie. Annibal lui-même, après avoir fait tout ce qu'on peut attendre d'un grand général et d'un soldat intrépide, se sauve avec quelques cavaliers.

Resté maître du champ de bataille, Scipion donna de grands éloges à l'habileté que son rival avait déployée dans les événements du combat. Était-ce générosité ou orgueil ? Peut-être l'une et l'autre ; car le vainqueur était Scipion, et le vaincu Annibal.

La bataille de Zama (19 octobre 202) mit fin à la seconde guerre punique.

Le sénat romain laissa à Scipion le soin de dicter le traité de paix.

Carthage conservait ses lois et ce qu'elle possédait en Afrique ; mais ne gardait rien en Espagne ; elle livrait les prisonniers, les transfuges, tous ses navires à l'exception de dix, tous ses éléphants, sans avoir le droit d'en dompter à l'avenir ; elle s'interdisait de faire la guerre, même en Afrique, sans la permission de Rome, et elle ne pouvait plus lever de mercenaires étrangers. Elle reconnaissait Masinissa pour allié et devait payer 10,000 talents en cinquante ans.

De ce jour, Carthage est virtuellement morte. Elle est désarmée, démantelée et, par une lugubre ironie, sous le nom d'allié sa rivale a attaché à son flanc un implacable ennemi qui envenimera avec un art terrible les irrémédiables blessures dont elle agonise.

Aussi bien, le vieux Caton, dans une haine aveugle et féroce, ne cesse de répéter à la fin de chaque discours au Sénat : « Et, de plus, je pense qu'il faut détruire Carthage » (*delenda est Carthago*).

Cependant Rome hésitait toujours, non par scrupule, mais par peur d'une résistance désespérée et de l'invincible concorde de tous ses citoyens. Elle prolongea cruellement l'horrible agonie jusqu'au jour où, le moment psychologique lui paraissant venu, « elle fit, comme feront plus tard ses empereurs dans les jeux de l'amphithéâtre, et, d'un signe de son doigt, elle prononça l'arrêt de mort ! [1] »

---

1. G. Boissière, *idem*.

Encore employa-t-elle la plus insigne perfidie pour dépouiller les ennemis de leurs armes, après quoi, elle dit : « Maintenant vous abandonnerez votre ville et vous irez vous établir à dix milles dans les terres. » L'indignation et le patriotisme réveillèrent les Carthaginois qui résolurent de s'ensevelir sous les ruines de leur cité. Nuit et jour on fabriqua des armes, les femmes coupèrent leurs cheveux, elles en firent des cordes pour les arcs et pour les machines de guerre ; on enrôla les esclaves et Asdrubal, l'un des chefs du parti populaire, réunit dans son camp de Néphéris jusqu'à 70,000 hommes. La position n'était pas sans danger pour les Romains, et plus d'une fois, sans la valeur de Scipion Émilien[1], alors tribun, plusieurs corps auraient été vaincus par les insurgés. La discipline aussi s'altérait. Mais Scipion obtint, sans l'avoir demandé, le consulat et la direction de cette guerre. Il rendit aux soldats l'habitude de l'obéissance, du courage et des travaux pénibles. Carthage était située sur un isthme : il le coupa d'un fossé et d'un mur. Pour affamer ses 70,000 habitants, il ferma le port avec une digue immense. Les Carthaginois ouvrirent une autre entrée à ce port, et parurent en mer au grand étonnement des Romains. Ils auraient pu brûler les flottes de Scipion ; mais l'heure de Carthage était venue, et le trouble s'était emparé des conseils de cette ville infortunée.

Au printemps, Scipion attaqua le port intérieur appelé le *Cothon*.

Bientôt maître des murailles de ce port, il s'avança jusque dans la grande place de la ville. Trois rues s'ouvraient sur cette place et montaient en pente jusqu'à la citadelle connue sous le nom de *Byrsa*. Les habitants se défendirent dans les maisons de ces rues : Scipion fut obligé de les assiéger et de prendre chaque

---

1. Petit-fils de Publius Scipion, l'*Africain*.

maison tour à tour. Ce combat dura six jours et six nuits. Une partie des soldats romains forçaient les retraites des Carthaginois, tandis qu'une autre partie était occupée à tirer avec des crocs les corps entassés dans les maisons ou précipités dans les rues. Beaucoup de vivants furent jetés pêle-mêle dans les fossés avec les morts.

Le septième jour, des députés parurent en habits de suppliants; ils se bornaient à demander la vie des citoyens réfugiés dans la citadelle. Scipion acquiesca à leur demande, exceptant toutefois de cette grâce les déserteurs romains qui avaient passé du côté des Carthaginois. Cinquante mille personnes, hommes, femmes, enfants et vieillards, sortirent ainsi de Byrsa.

Au sommet de la citadelle s'élevait un temple consacré à Esculape. Les transfuges, au nombre de neuf cents, se retranchèrent dans ce temple. Asdrubal les commandait; il avait avec lui sa femme et ses deux enfants. Cette troupe désespérée soutint quelque temps les efforts des Romains; mais chassée peu à peu du parvis du temple, elle se renferma dans le temple même. Alors Asdrubal entraîné par l'amour de la vie, abandonnant secrètement ses compagnons d'infortune, sa femme et ses enfants, vint, un rameau d'olivier à la main, embrasser les genoux de Scipion. Scipion le fit aussitôt montrer aux transfuges. Ceux-ci, pleins de rage, mirent le feu au temple en vociférant contre Asdrubal d'horribles imprécations.

Comme les flammes commençaient à sortir de l'édifice, on vit paraître une femme couverte de ses plus beaux habits, et tenant par la main deux enfants : c'était la femme d'Asdrubal. Elle promène ses regards sur les ennemis qui entouraient la citadelle, et reconnaissant Scipion : « Romain, s'écrie-t-elle, je ne demande point au ciel qu'il exerce sur toi sa vengeance : tu ne fais que suivre les lois de la guerre; mais puisses-tu, avec les divinités de mon pays, punir le perfide qui trahit sa femme, ses enfants, sa patrie et ses dieux! Et toi, Asdrubal, Rome déjà prépare le châtiment de tes forfaits! Indigne chef de Carthage, cours te faire traîner au char de ton vainqueur, tandis que ce feu va nous dérober, moi et mes enfants, à l'esclavage! »

En achevant ces mots, elle égorge ses enfants, les jette dans les flammes et s'y précipite après eux. Tous les transfuges imitent son exemple.

Ainsi périt la patrie de Didon, de Sophonisbe et d'Annibal (146 av. J.-C.). Florus veut que l'on juge de la grandeur du désastre par la déflagration, qui dura dix-sept jours entiers[1]. Scipion versa des pleurs sur le sort de Carthage. A l'aspect de l'incendie qui consumait cette ville naguère si florissante, il songea aux révolutions des empires, et prononça ces vers d'Homère en les appliquant aux destinées futures de Rome : « Un temps viendra où l'on verra périr et les murs sacrés d'Ilion, et le belliqueux Priam, et tout son peuple. »

Scipion abandonna au pillage ces ruines fumantes, et des commissaires envoyés par le Sénat firent du territoire carthaginois une province romaine, l'*Africa*.

II

PÉRIODE ROMAINE. (146 AV. J.-C. 428 DE NOTRE ÈRE

J'analyserai plus loin, en établissant la situation de la Tunisie actuelle, et la politique des Romains et leur œuvre en Afrique. J'en montrerai le véritable caractère que ne soupçonnent géné-

---

1. *Quanta urbs deleta sit, ut de cæteris taceam, vel ignium mora probari potest. Quippe per continuos XVII dies vix potuit incendium extingui, quod domibus ac templis sui sponte hostes immiserant; ut quatenus urbs eripi Romanis non poterat, triumphus arderet.*

ralement pas ceux qui jugent avec passion, critiquent avec une amertume si déplacée la colonisation algérienne et tunisienne.

Ceux-là ne prennent pas la peine d'aller au fond des choses. Ils ne voient que la majesté des ruines, ces débris de temples, de palais, de thermes, de ponts, de grandes routes, d'aqueducs qui frappent le regard à chaque pas et témoignent d'une indéniable prospérité. Ils oublient la sage prudence et toute la lenteur avec laquelle Rome a procédé à sa conquête africaine. Ils oublient qu'elle n'a été que l'héritière de Carthage et que « c'est la civilisation punique qui a dominé dans le Nord de l'Afrique pendant toute la durée de l'occupation romaine [1]. » Ils oublient avec quelle habileté, on peut dire avec quel art, elle a employé les rois numides, ces *reges inservienties* à façonner les populations indigènes au joug romain, à préparer leur asservissement, à les faire entrer enfin dans *l'orbis romanus*.

Deux cents ans se sont écoulés depuis la prise de Carthage quand Auguste, après avoir employé tous les expédients de sa politique adroite et rusée pour triompher des dernières résistances de l'indépendance berbère, décrète la réunion des deux Mauritanies à l'empire. Et deux siècles s'écouleront encore avant que saint Augustin puisse dire : *Quando ommes romani facti sunt et ommes romani dicuntur* [2]!

Ces critiques oublient tous les troubles, toutes les tempêtes qui ont assailli la domination romaine et l'ont si gravement menacée; ils oublient enfin que les vestiges que nous découvrons en remuant le sol, — les seules traces existantes, car rien d'elle ne subsiste ni dans les mœurs, ni dans la langue berbères — sont le produit de trente générations; alors qu'il n'y a que soixante ans que nous sommes en Algérie — qu'il n'y a que dix ans que nous administrons l'ancienne Régence de Tunis!

1. De Ceuleneer.
2. (*Ad. psalm.* 58, 1).

Non, certes, nous n'avons pas à redouter le parallèle; mais ce n'est pas le moment de l'entamer; je veux me borner ici à rappeler très brièvement les grandes pages de l'histoire auxquelles le lecteur aura souvent à se référer pour suivre l'examen politique et économique que nous entreprendrons plus tard.

Carthage est détruite. Le Sénat a ordonné de raser la ville, de faire passer la charrue sur la place où naguère était debout la grande rivale de Rome. Elle va donc s'emparer de tout son territoire, se répandre à travers toute la Numidie, la Mauritanie et la Cyrénaïque? Non. Elle n'ose point. Elle redoute les populations berbères et leur pays mystérieux, l'*Africa portentosa* qui s'ouvre devant elle. Elle se gardera bien de risquer ses garnisons et ses colonies dans les profondeurs de ces contrées inconnues. Elle n'y avancera qu'à pas lents; elle s'en remet à l'œuvre des années. Pour l'instant, elle se borne à déclarer province romaine « le seul territoire carthaginois proprement dit. » Puis elle tend une main amicale aux peuples qui étaient les voisins ou les sujets de Carthage. Elle se constitue leur protecteur. Elle les protégea tant et si bien qu'elle finit par les conquérir tout à fait. Partout où on la laissait prendre un pied, elle en mettait quatre[1]! C'est ainsi qu'aux alliances des premiers temps succédèrent bientôt les liens d'une étroite dépendance, d'abord sous l'apparence de royautés indigènes simplement protégées par Rome, puis enfin sous une annexion intime des contrées conquises, à titre de provinces romaines.

Le temps des alliances fut signalé par le long règne de Masinissa dont les États furent agrandis par la donation que lui firent les Romains de ceux de Syphax.

Les peuples gouvernés par le roi numide jouirent d'une grande prospérité, grâce à ses efforts pour tourner vers l'agri-

---

1. Alphonse Dilhan, *Histoire abrégée*.

culture et les arts de la paix, ses nomades et barbares sujets. Il prépara ainsi l'œuvre d'unité et de civilisation que les Romains devaient plus tard accomplir.

Pendant soixante ans d'une administration aussi énergique qu'éclairée, les campagnes s'étaient couvertes de cultures florissantes, les villes s'étaient enrichies de constructions nouvelles et importantes; leur population s'était accrue par le fait même de leur agrandissement. Partout surgissaient des villages et bientôt les villages devenaient des cités.

Cirta (Constantine) qui était la capitale de Masinissa, s'embellit encore sous Micipsa, son successeur, qui favorisa dans tout son royaume l'établissement des colons grecs.

Pendant cette période de paix, Rome substitua peu à peu son commerce et sa marine au commerce et à la marine de Carthage. Quelques colonies italiennes, peu importantes d'abord, mais qui devaient se développer et grandir vite, implantaient sur le sol africain l'usage de la langue latine, et ouvraient avec les peuplades indigènes des relations indispensables au futur développement de la domination romaine [1].

L'influence de l'Italie en Afrique s'étendait et se consolidait lorsque Jugurtha voulut relever l'indépendance numide et se débarrasser du joug romain qui commençait à s'imposer trop ouvertement. Rome, aussitôt, de saisir cette occasion d'intervenir et de faire un pas de plus dans la domination de l'Afrique septentrionale.

Jugurtha fut défait. (104 ans avant notre ère.)

Alors commencèrent les annexions territoriales. A la province proconsulaire qu'elle administrait déjà directement, c'est-à-dire au territoire de Carthage, la République adjoignit plusieurs cantons limitrophes qui appartenaient à la Numidie. Puis des

---

1. Voyez Pline (*Hist. nat.*, V, 1, 2)

États de Jugurtha, elle fit deux parts : donna l'une, celle de l'Ouest (Mauritanie occidentale), à Bocchus, beau-père de Jugurtha, *pour le récompenser d'avoir trahi et livré son gendre;* et attribua l'autre, celle de l'Est (la partie Est de la Tunisie actuelle) aux petits-fils de Masinissa.

Dans les temps qui suivirent, l'Afrique continua de s'organiser, en recevant de l'activité romaine une heureuse impulsion. Les colonies se multiplièrent; les municipes s'étendirent jusqu'au milieu des sables du Sahara et montrèrent aux indigènes tout ce que possèdent de puissance le travail et l'intelligence.

La guerre civile qui éclata en Italie après l'usurpation de César, prit l'Afrique pour un de ses champs de bataille.

En vain, Métellus Scipion, en vain Juba Ier, roi de Mauritanie, se levèrent pour défendre les anciennes institutions de la Rome républicaine, César triompha partout et finit par épuiser et annihiler les forces de ses adversaires (46 ans avant notre ère).

La Numidie tout entière fut annexée à la province de l'Est (Carthage), et l'administration en fut confiée au célèbre historien Salluste.

Treize ans plus tard, les royaumes de l'Ouest furent légués à l'empire par Bocchus (33 ans avant notre ère.)

Quelques années après, ses États réunis constituèrent de nouveau un royaume qui fut donné par Auguste à Juba II, dont l'éducation toute romaine devait être une garantie de fidélité. Juba accomplit dans la Mauritanie la révolution pacifique et progressiste dont Masinissa avait donné l'exemple dans la Numidie. Pendant un demi-siècle, il accumula dans sa capitale *Julia Cæsarea* (Cherchell) tous les monuments de l'art et toutes les richesses du luxe. Carthage lui éleva un monument, Cadix l'élut décemvir, Athènes lui érigea une statue. Familier avec toutes les sciences de son temps, il composa un grand nombre d'ouvrages dont il ne reste plus que quelques fragments.

Il mourut l'an 23. Ptolémée, son fils et son successeur, périt en l'an 40 sous le règne de Caligula.

A partir de cette époque, la Mauritanie fut complètement annexée à l'empire et releva directement des gouverneurs romains.

Dès lors, la population italienne [1] s'accrut, en Afrique, dans de vastes proportions; de la Gaule et de l'Espagne les colons affluèrent aussi.

Cependant les tribus indigènes, vaincues plutôt que soumises, fomentèrent plus d'une fois de sérieuses insurrections.

La région de l'intérieur que nous avons appelée les Hauts Plateaux, était envahie par les tribus gétules (Γαιτούλοι, *Gætuli*). Leur siège primitif et leur demeure propre était au Sud de la Mauritanie, dans la partie méridionale du Maroc [2]; mais les anciennes populations, affaiblies par les guerres ou absorbées par les vainqueurs, ne leur offraient plus de résistance, et les Romains avaient continuellement à repousser les incursions de ce peuple farouche qui se nourrissait de la chair des bêtes sauvages, ou, comme les troupeaux, de l'herbe des champs [3].

Dans l'Est, la situation était à peu près la même; les Nasamons (Νασαμῶνες) écumaient le littoral des Syrtes pour piller les navires : *Vastæ Nasamon populator Syrtis*, rapporte Silius Italicus. Le Sud était aux mains des Garamantes (Γαράμαντες),

---

1. « Soit le dictateur, soit le premier empereur créèrent toute une série de colonies, dans de petites villes de la côte d'Afrique la plus rapprochée de la Sicile; Hippo Diarrhytus, Clypea, Curubi, Neapolis, Carpi, Maxula, Uthina, Thuburbo majus, Assuras; elles furent établies non seulement en faveur des vétérans, mais aussi pour hâter la colonisation du pays. Si l'on constitua à cette époque dans l'ancien royaume de Numidie les deux colonies de Cirta avec ses dépendances, et de Cirta la Neuve ou Sicca, c'est parce que César avait fait des promesses spéciales au chef de bandes Publius Sittius de Nuceria et à ses troupes italo-africaines. » Mommsen.

2. Voyez *Le Nord de l'Afrique dans l'antiquité grecque et romaine*, page 128, par Vivien de Saint-Martin.

3. Voyez une citation de Salluste, page 55.

tribus pillardes[1] dont, les Touaregs d'aujourd'hui peuvent assez bien donner l'idée.

Sous Tibère, le berbère Tacfarinas, qui avait déserté l'armée romaine où il servait, entraîna les populations du centre dans une révolte générale. Pendant huit années, il tint en échec les légions romaines; mais, l'an 25, surpris dans son camp, il fut tué et ses troupes furent presque entièrement anéanties.

Sous Claude, Œdemon soulève la Mauritanie occidentale.

L'Afrique s'agite pendant tout le siècle des Antonins. De 138 à 161, tout le pays est en feu.

En 222, nouvelle révolte de la Césarienne.

De 270 à 287, Maximien-Hercule, ex-empereur avec Dioclétien combat les Quinquégentiens. (*Quinque gentes*, ligue de cinq nations.)

En 276, révolte de la Numidie sous le berbère Aradion, réduite par Probus.

Sous Maxence, Alexandre, soldat pannonien, se fait proclamer dans Carthage et ruine Cirta.

Constantin releva Cirta, à laquelle il donna son nom. Dans ce temps, les Donatistes ensanglantent l'Église. Chez ces hommes incultes pour la plupart, et qui ne parlent que la langue punique, la haine de la domination romaine s'allie à l'ardeur du fanatisme[2]. La religion sert de prétexte; l'affranchissement est le but[3].

Une révolte générale éclate sous Valentinien (372). Le fils

---

[1]. Ils sont les plus légers et les plus vifs de tous les peuples dont on ait jamais ouï parler. Ils vivent de serpents, de lézards et autres reptiles. Ils parlent une langue qui n'a rien de commun avec celle des autres hommes; on croit entendre le cri strident des chauve-souris. HÉRODOTE.

[2]. P. Mauroy. *Précis de la domination romaine dans le Nord de l'Afrique.*

[3]. On ne peut expliquer autrement les progrès rapides et la longue durée du Donatisme. La question controversée (celle de savoir si l'on pouvait admettre à la communion *les traditeurs*, c'est à dire ceux qui avaient livré les livres saints, par la crainte de la persécution) ne pouvait agiter pendant plus de deux siècles des pay-

d'un gétule, Firmus, s'empare de la Mauritanie césarienne. Avec lui combattent les Donatistes qu'il protège et les indigènes qu'il appelle à l'indépendance. Firmus périt, mais au bout de trois ans, et vaincu seulement par Théodose.

Nouvelles révoltes, nouvelles défaites au temps d'Honorius.

Tacite, comme on voit, tombe dans une singulière erreur lorsqu'il écrit que les populations indigènes se soumettaient de bon cœur au nouvel ordre de choses[1]! Elles ne se soumettaient qu'à la force brutale, et toujours battues, décimées, recommençaient toujours la lutte.

Pour résumer la période romaine, indiquons le système d'organisation administrative de cette occupation de près de cinq siècles :

Grande préfecture d'Italie, diocèse d'Afrique, capitale Carthage.

Afrique Tripolitaine, — métropole : *Leptis Magna*, — aujourd'hui détruite : une des trois villes qui formèrent Tripoli.

Afrique Byzacène, — métropole : *Byzacium*, — aujourd'hui détruite : était située près d'Hammamet moderne.

Afrique proconsulaire, — métropole : Carthage.

Numidie, — métropole : *Cirta*, — aujourd'hui Constantine.

---

sans et des esclaves. Il y avait donc autre chose dans cette question que le sentiment religieux : il y avait la haine du maître et de l'étranger. « C'étaient des troupes de furieux, qui couraient par les bourgades et les marchés avec des armes, se disant les défenseurs de la justice, *mettant en liberté les esclaves*, déchargeant de leurs dettes les gens obérés, et menaçant de mort les créanciers s'ils ne les déchargeaient pas. » Fleury, *Hist. ecclésiast.* vol. III, liv. VI.

On remarquera aussi que les Donatistes parlaient presque tous la langue punique ; c'est une preuve nouvelle que les populations des campagnes, c'est-à-dire le fond du pays était resté africain, et qu'il opposait encore, après cinq siècles, une énergique résistance à l'invasion romaine. Même dans les villes, il fallait connaître la langue punique. Ainsi Apulée, dans le deuxième siècle, nous apprend qu'à Carthage, on entendait et l'on parlait la langue punique. Septime Sévère, simple avocat d'abord à Leptis, puis empereur, avait longtemps plaidé en cette langue, et nous voyons encore dans le cinquième siècle, saint Augustin obligé de prêcher en punique et en numide.

1. *Neque provinciæ illum rerum statum obnuebant.* Ann. I, 2.

Mauritanie Sitifienne, métropole : *Sitifis,* aujourd'hui Sétif.

Mauritanie Césarienne, — métropole : *Cæsarea,* — aujourd'hui Cherchell.

Mauritanie Tingitane, — métropole : *Tingis,* — aujourd'hui Tanger.

Cette dernière province dépendait du diocèse d'Espagne, lequel se rattachait à la préfecture des Gaules.

En 426, au moment où la domination proconsulaire allait expirer sous le comte Boniface, qui fut le dernier gouverneur de l'Afrique romaine, les Berbères recommencèrent à s'agiter.

Deux ans plus tard (428), les hordes vandales traversaient le *Fretum Herculeum* (aujourd'hui détroit de Gibraltar) et venaient débarquer à *Tingis*.

III

PÉRIODE VANDALE (429-534)

Depuis une vingtaine d'années, après avoir ravagé les Gaules, les Vandales avaient ravagé l'Espagne.

A ce moment, le comte Boniface, calomnié par ses ennemis à la cour impériale d'Orient, et sur le point malgré ses nombreux états de loyaux services, de se voir attaqué comme rebelle, par une armée envoyée pour le combattre, le comte Boniface fit appel aux barbares.

Genséric, qui était alors à la tête des Vandales, et qui ne voyait plus rien à piller en Espagne, accueillit avec empressement la fortune qui venait s'offrir à lui. Il réunit ses hordes éparses, franchit le détroit à la tête de 80,000 hommes et de leurs nombreuses familles, et prit tout d'abord, en 427, possession des trois Mauritanies : tingitane, césarienne et sitifienne.

Le comte Boniface se vit débordé; mais il était trop tard : quand il voulut refouler les barbares en Espagne, il fut vaincu, repoussé et refoulé dans *Hippone* (Bône) où, après un siège de quatorze mois, il fut contraint à signer (435) une paix qui assura à Genséric tout le pays, depuis l'Océan jusqu'aux murs d'*Hippone* et de *Cirta* (Constantine), presque jusqu'aux limites actuelles de la Tunisie.

Quelques années plus tard, Genséric s'empara de toute l'Afrique proconsulaire (Tunisie) et Tripolitaine (Régence de Tripoli), et son pouvoir succéda à celui de Rome.

Une fois bien installé dans son vaste empire, il songea à compléter la domination dans ses conquêtes par une organisation administrative régulière, dans laquelle il conserva en grande partie les rouages du mécanisme romain.

Il s'occupa ensuite de créer une marine et d'étendre son pouvoir sur la Méditerranée.

De Carthage, il s'élança sur la Sicile, sur la Sardaigne et sur les Baléares; il dévasta les côtes de l'Italie et de la Grèce, il força les deux empires à s'avouer ses tributaires et prit le titre de roi de la terre et de la mer.

En 455, ses bandes saccagèrent Rome pendant quatorze jours.

A son tour, Constantinople se vit réduite à s'humilier.

En 476, un traité sanctionne toutes les conquêtes de Genséric, le reconnaissant maître de tout le pays depuis les frontières de la Cyrénaïque jusqu'à l'Océan, avec les annexes de la Sicile, de la Sardaigne, de la Corse et des Baléares. Il mourut l'année suivante.

Sous les quatre successeurs de Genséric : Hunerik, Gunthamond, Thrasamond et Hilderik, la force de l'empire vandale tomba en décadence.

Hilderik, élevé à la cour de Constantinople, l'ami de l'empereur Justinien, était chrétien, tandis que ses prédécesseurs ainsi que le peuple vandale, à l'exemple des Berbères, s'étaient jetés dans l'hérésie ancienne et le schisme donatiste, causes incessantes de troubles et de divisions.

C'est alors que le Vandale Gélimer, mettant à profit la répulsion qu'inspiraient au peuple les croyances d'Hilderik, résolut de le supplanter sur le trône.

L'empereur Justinien saisit aussitôt cette occasion de faire la conquête de l'Afrique, et il envoya Bélisaire combattre l'usurpateur.

Ici s'ouvre une nouvelle période dans l'histoire de cette contrée dont plusieurs puissances avaient tour à tour ambitionné la possession. Après les Lybiens, les Carthaginois; après les Carthaginois, les Romains; après les Romains, les Vandales; après les Vandales, les Grecs. Puis viendront successivement les Arabes, puis les Turcs, puis encore les Arabes, — et enfin les Français.

Revenons à Bélisaire.

IV

PÉRIODE BYZANTINE OU GRÉCO-LATINE
(534-642)

Les succès du général grec furent rapides. Carthage ouvrit ses portes, et trois mois après la ruine de Gélimer et de son peuple, — le peuple qui avait fait trembler toutes les puissances riveraines de la Méditerranée, — était consommée.

Tandis que le prince vandale s'enfuyait dans les monts *Pappua* (aujourd'hui l'Edough, près de Bône), Bélisaire soumettait à l'empire grec de Byzance les îles de la Méditerranée que Genséric avait conquises. L'occupation et la soumission du territoire africain se fit presque sans obstacle.

Alors Bélisaire fit reconstruire les fortifications de Carthage, rendit à l'Église catholique les privilèges et les richesses dont l'Arianisme l'avait dépouillée, reconstitua l'administration sur ses anciennes bases; et, emportant d'immenses trésors, emmenant Gélimer prisonnier, il rentra à Constantinople l'an 534.

Les Vandales avaient dominé sur toute l'Afrique du Nord pendant un siècle.

La domination byzantine ou Gréco-latine ne devait pas se prolonger au delà d'un pareil laps de temps.

Quoi qu'elle fît pour rétablir l'état politique et social tel qu'il était avant l'invasion vandale, elle échoua partout, ou à peu près. La soumission des indigènes était de jour en jour remise davantage en question. La faute en était aux administrateurs que Constantinople avait envoyés pour succéder à ceux qui étaient en place. Ces derniers arrivés firent preuve à la fois de trop d'habileté et de trop peu de sens moral. Ils prétendirent que les anciens, registres étaient perdus et ils s'empressèrent d'en fabriquer de nouveaux beaucoup plus onéreux. D'un autre côté, les officiers de l'armée qui avaient épousé des filles de chefs vandales réclamèrent de grandes étendues de terres domaniales; ils menaçaient de se révolter et de dépouiller l'empire de ses conquêtes.

Le successeur de Bélisaire dans le commandement de l'Afrique, Salomon, frappa un grand coup : il exila toutes les femmes vandales; mais en compensation, et pour empêcher la dépopulation causée par cette mesure, il appela en Afrique une immigration de jeunes filles des territoires italien et sicilien.

Grâce à cette combinaison et en même temps à une grande énergie, Salomon parvint à maintenir dans l'obéissance ses tribus en continuelle agitation, et toujours impatientes de la domination étrangère.

Somme toute, la puissance grecque n'eut jamais de profondes racines; elle ne s'étendait guère au delà des montagnes de l'Atlas et se réduisait presque aux seules villes du littoral.

La période greco-latine dura de 534 à 642.

V

Ire PÉRIODE ARABE OU BERBÈRE-ARABE
(642-1055)

Nous voici arrivés à la période arabe, qui dura jusqu'en 1535, se vit un instant débordée par la domination espagnole et la domination turque, puis se substitua peu à peu à ces dernières et dure encore aujourd'hui dans quelques provinces.

En ce siècle-ci, l'élément turc a presque entièrement disparu de la Régence de Tripoli et de Tunis, totalement de l'Algérie et du Maroc, comme l'élément vandale, l'élément romain et grec se sont tour à tour effacés devant l'élément indigène et autochtone dans lequel ils se sont fusionnés par des alliances successives.

Dans un temps plus ou moins éloigné, l'élément arabe subira le même sort et laissera reparaître la race primitive de ces contrées.

C'est une loi naturelle à laquelle ne peuvent se soustraire des colonisations, même de plusieurs siècles.

N'avons-nous pas vu des colonies normandes devenir anglo-saxonnes en Angleterre; les colonies espagnoles devenir flamandes dans les Pays-Bas; les colonies romaines et grecques devenir gauloises en France ?

Dès qu'il se transporte, l'homme subit à la longue l'influence du sol, du climat, même lorsqu'il n'y a pas mélange de sang par les mariages.

Cette loi immuable des agents physiques, s'étend aussi sur les animaux et sur les plantes. Elle est d'ailleurs d'une étude si facile sur le règne végétal, qu'il serait surabondant d'en citer les exemples.

Donc, nous sommes convaincu que, malgré tous les efforts tentés par les Arabes pour substituer leur race à la race berbère par les massacres successifs qu'ils en firent pendant leurs cinq invasions principales, l'élément primitif recommence à dominer très sérieusement dans toute l'Afrique. Nous n'en voulons pour preuve que l'aptitude relative des populations contemporaines à accueillir les progrès des arts, des sciences, de l'industrie, en un mot, la civilisation à laquelle l'Arabe pur sang s'est de tout temps montré rebelle.

Analysons rapidement l'invasion arabe dans son ensemble; nous aurons plus d'une fois l'occasion d'y revenir. Nous n'appuierons d'ailleurs que sur les faits qui se sont passés dans l'Ifrikia proprement dite, qui comprenait les territoires désignés actuellement sous les noms de Régence de Tunis au Centre, Régence de Tripoli à l'Est, et Algérie (province de Constantine) à l'Ouest.

Dès le septième siècle, à la voix des successeurs de Mahomet, les Arabes s'étaient élancés à la conquête religieuse et politique du monde.

Tandis qu'à l'Orient, ils soumettaient à leurs lois la Syrie, la Perse et une partie de l'Inde, à l'Occident ils envahissaient l'Égypte sous le commandement d'un de leurs plus habiles capitaines, Amrou-el-Assi, en 641 (21 de l'hégire). Puis, bientôt, et sans presque s'arrêter, ils s'élançaient vers les pays du couchant, qu'ils appelaient le *Moghreb*.

Tout les invitait à tenter cette expédition : l'énivrement de leurs premiers triomphes, si rapides, la tyrannie des gouverneurs grecs, l'indiscipline et le mécontentement des troupes, les révoltes mal étouffées et sans cesse renaissantes des Berbères, les dissensions religieuses, la décadence générale de l'empire ; puis la volonté de ne se point laisser devancer dans une si belle conquête par les Goths, qui menaçaient d'une invasion ; et enfin la perspective d'immenses richesses à piller, de magnifiques esclaves à s'approprier : tout les poussait vers l'Ifrikia.

Commencée en 642, la conquête de l'Afrique jusqu'à l'Océan était totalement accomplie en 680, en cinq invasions successives.

Ce fut Okba-ben-Nafich, lieutenant du troisième khalife Osmey, qui commanda les deux dernières expéditions.

De victoire en victoire, étant arrivé jusqu'aux bords de l'Océan Atlantique, cet orgueilleux guerrier poussa son cheval jusqu'au poitrail dans les flots et prit Dieu à témoin que la terre seule faisait défaut à son ardeur de conquérant et d'apôtre.

Blessé à mort dans un combat contre les Berbères insoumis, il périt après vingt-quatre ans de campagnes en Afrique, laissant aux khalifes un empire d'Occident.

Son tombeau, que renferme la mosquée d'un petit village qui porte son nom, Sidi Okba, se trouve non loin de Biskra, dans une oasis.

Avant l'invasion arabe, et malgré les guerres continuelles dont l'immense territoire de l'Ifrikia et du Moghreb était le théâtre, par suite du caractère remuant de ces peuplades berbères, toujours vaincues, jamais soumises ; avant l'invasion arabe, disons-nous, le pays était couvert de nombreuses populations, de villes et de villages florissants.

Ibn-Scheboath, historien arabe, rapporte avoir entendu dire que le nombre des places fortes qui étaient au pouvoir des chrétiens en Ifrikia (Tripoli, — Tunis, — Constantine) — s'élevait à 100,000, et que, lorsque le chef grec était dans la nécessité de faire la guerre à un ennemi commun, il lui suffisait de prélever sur chacune de ces villes un droit d'un dinar d'or (10 fr.) et le contingent d'un seul cavalier pour avoir aussitôt à sa disposition une puissante armée et de considérables ressources financières.

Tout le sol de la région de Tunis, alors province de Carthage, ainsi que tout le Nord de l'Afrique avaient beaucoup plus d'habitants qu'aucun autre lieu du monde, même le plus peuplé. Des canaux d'irrigation, de gigantesques aqueducs suppléaient en maint endroit au manque d'eau de rivière ou de pluie. Il n'était pas une ville qui n'eût au moins un théâtre en pierre ou en marbre, et toujours un cirque aux vastes proportions. Partout d'ingénieux sytèmes de citernes étanches et voûtées; des palais, des temples, des églises construits avec un luxe d'architecture inouï.

D'immenses et magnifiques forêts séculaires s'étendaient depuis la Cyrénaïque jusqu'à l'Océan, sans interruption, à ce point, dit Abderrhaman-ben-Zaïd, que l'on pouvait traverser toute l'Afrique, de l'Orient à l'Occident, sous un dôme de verdure et sans apercevoir les rayons du soleil.

Mais, à cette époque, déjà, les guerres politiques, et surtout les guerres religieuses, avaient profondément démoralisé les populations et leur avait enlevé la sécurité, la stabilité, la garantie de l'ordre et la confiance dans l'avenir. Il n'y avait plus d'esprit national. Le terrain se trouvait donc préparé pour l'invasion.

L'heure fatale avait sonné pour ce malheureux pays. Quarante années suffirent (642-680) pour le couvrir de ruines sur une étendue de près de huit cents lieues du levant au couchant; quarante années suffirent pour que les Sarrasins, — Mahomet leur avait donné ce nom pour que lui et les siens se pussent dire descendants de Sarah, femme d'Abraham, ne voulant pas qu'ils s'appelassent Agariens, du nom de la servante Agar, — par la violence de leurs armes, secondées du libertinage et de toutes sortes de vices, pussent convertir les populations à leur croyance.

Ils incendièrent les forêts, détruisirent les plantations, ravagèrent les jardins, saccagèrent villages et villes, démantelèrent les places fortes.

Tel fut le résultat de la conquête arabe.

Cependant elle fut bientôt suivie de violentes réactions au sein du peuple indigène.

La première révolte victorieuse eut pour chef un Berbère du nom de K'osseïla ben Behram, qui lutta avec une infatigable énergie et un acharnement digne de la cause qu'il défendait; il fut sur le point de ruiner les idées de conquêtes et d'établissement en Afrique des Arabes et de leur général Okba ben Nafich.

Quelques années après, Hassen-ben-Noman-el-Rassani fut envoyé d'Egypte, où il exerçait un commandement important, par le khalife Abd-el-Malek-ben-Merouân pour succéder, dans le gouvernement de l'Afrique, à Zoh'eïr-ben-K'aïs, en l'an 75 de l'hégire (694 de notre ère).

Hacen réduisit et ruina de fond en comble, d'abord la superbe Carthage, qu'Okba avait déjà abattue, mais qui s'était relevée; puis il soumit à l'empire du khalife toutes les autres villes de la province, à l'exception toutefois d'*Hippône* (Bône), dernier rempart de la chrétienté en Afrique.

Une révolte plus formidable que celle de K'osseïla éclata bientôt. Elle avait pour chef une jeune guerrière, Doumiah bent Nifak, issue des plus nobles familles berbères qui avaient commandé en Afrique. Les indigènes la désignaient sous le nom de *kahina* ou *kahena* (devineresse, prêtresse). Elle appela aux armes les débris des Grecs et des Romains, et les tribus berbères. Cette Jeanne d'Arc des anciens temps battit en maintes rencontres les troupes musulmanes.

Hassen accourut au devant d'elle avec une armée importante et plus forte qu'aucune de celle que les Arabes lui avaient opposées jusqu'alors.

La Kahina, dont toute l'histoire pourrait faire le texte d'un merveilleux roman, la Kahina le mit en fuite, fit prisonnier un grand nombre de ses cavaliers et le poursuivit jusqu'à ce qu'elle l'eût chassé de Gabès vers les confins Est de la Tunisie actuelle. La dernière bataille avait été livrée sur les bords de la rivière de Nini (province actuelle de Constantine) et la retraite de Hassen s'était opérée à marches forcées à travers tout le territoire de la province de Carthage jusqu'à la frontière du pachalik de Tripoli (*Tacapa*).

Après avoir informé le khalife Abd-el-Malek de cette grande défaite de ses troupes, Hassen continua sa marche pour rentrer à Damas, ralentissant sa fuite dans l'espoir que quelques fuyards musulmans pourraient encore le rejoindre.

En route, il reçut l'ordre du khalife de s'arrêter au lieu où lui parviendrait sa missive, et de n'en point bouger. Il se trouvait en ce moment là à Bark'a. Il s'y établit jusqu'à ce qu'il eût reçu d'Égyte un renfort de troupes avec lesquelles il put rentrer en Ifrikia.

Bark'a, l'ancienne Barcé, était l'une des villes de l'ancienne Pentapole, la Cyrénaïque. Son nom lui vient de la quantité de pierres de différentes couleurs, ou galets, qui se trouvent mêlées au sable de son sol.

Bark'a était au pouvoir des Arabes d'Égypte dès l'an 21 (641 de notre ère), un an avant la première invasion en Ifrikia. Amr-ben-El'assi, émir d'Égypte, avait accordé la paix aux habitants de Bark'a, moyennant un tribut de 3,000 dinars annuels (13,000 francs), et pour qu'ils pussent s'acquitter de la capitation qu'il leur imposait, il leur permit de vendre leurs enfants.

En apprenant la rentrée en campagne de Hassen, la Kahina fit abattre tous les arbres et détourner toutes les sources du pays que l'armée arabe allait avoir à traverser, afin de la décourager et l'exténuer de privations.

Cependant les deux armées se rencontrèrent. Le premier choc fut si terrible que de part et d'autre on crut à une complète destruction. Mais la Kahina fut mise en fuite. Alors eut lieu la contre-partie de la poursuite dont elle avait quelques années auparavant harcelé le vaincu Hassen, maintenant vainqueur.

Elle fut tuée près d'un puits qui a conservé son nom : Bir-Kahina (le puits de Kahina), après cinq années de commandement toujours victorieux.

A la suite de son triomphe, Hassen, en bon politique, confia le commandement des Berbères aux fils de la Kahina, qui firent leur soumission et entraînèrent celle de tout le pays.

Hassen, devenu émir d'Ifrikia, sans conteste, écrivit au khalife Abd-el-Malek pour l'informer des dangers que courraient les Musulmans tant que Rhadès ne serait pas fortifié et que sa population ne serait pas en partie renouvelée! Il fit porter sa missive par quarante cavaliers choisis parmi les plus nobles des Arabes.

Abd-el-Malek écrivit à son frère Abd-el-Aziz, émir d'Égypte, qui envoya à Hacen mille hommes Coptes et autant de Coptes femmes.

Hassen en établit la plus grande partie dans Rhadès et distribua le reste dans les autres ports de l'Ifrikia.

Tous les Africains qui ne voulurent pas se convertir à l'Islamisme ou qui, conservant leur religion, refusèrent de s'obliger à payer la capitation durent se cacher et prendre la fuite. Les gens du Djerid, immense contrée toute semée d'oasis au milieu des sables brûlants du Sahara, partie Berbères, partie Romains, partie Grecs, furent les seuls qui ne se déplacèrent pas. Leur pays, Belad-el-Djerid, ou pays des dattes, est à la limite Sud de l'Algérie et de la Tunisie actuelles. (V. p. 49.)

Dès lors, la domination arabe put se consolider. Tunis fut dotée d'un port et d'un arsenal. Les Romains et les Berbères furent soumis au kharadj[1]; non pas cependant sans de continuelles, mais inutiles protestations armées de la part des Berbères qui, toujours repoussés par des forces supérieures, revenaient néanmoins toujours à la charge. Comme les armes ne les favorisaient pas, ils eurent recours à un moyen perpétuellement immanquable pour opérer une division parmi les vainqueurs : les schismes politiques et les hérésies religieuses. Tous les dissidents, tous les protestants de l'Islam étaient accueillis par les Berbères, qui les poussaient à l'indépendance et à l'affranchissement de l'autorité des khalifes d'Égypte.

Ce fut ainsi que la terre d'Afrique, vers 765, vit naître une certaine quantité de khalifes indépendants qui formèrent chacun une dynastie.

Un demi-siècle ne s'était pas écoulé que l'anarchie débordait entre tous ces princes, anarchie que les Berbères attisaient parmi

---

1. C'est-à-dire l'impôt foncier sur les terres des peuples vaincus à qui on laisse cependant la propriété de leurs biens ; il était ordinairement du cinquième du revenu. « Il résulte de ce passage, conforme en tout à ce que dit Ibn-Khaldoun, qu'une grande quantité de terres ont été et ont dû être terres de kharadj en Afrique; car le kharadj suit la terre et non l'individu; de sorte qu'une fois établi, il reste sur la terre dans quelques mains qu'elle passe, et quand même le propriétaire primitif se serait fait musulman. C'est ce qu'explique fort clairement El K'addouri, si savamment analysé par M. de Sacy dans ses excellents Mémoires sur la propriété foncière en Égypte. Mais il ne faudrait pas conclure de ce qui précède, que le kharadj fut en Afrique le régime commun. On voit, dans l'histoire de la conquête de cette contrée par les Arabes, que bon nombre d'indigènes et de colons romains embrassèrent l'islamisme dès le principe et avant l'établissement du kharadj. Or, les terres de ceux-ci devinrent tout naturellement terres d'*achour* (dîme), impôt religieux imposé par la loi à tous les fidèles. Enfin les terres abandonnées par les colons romains qui quittèrent le pays, et celles qui durent être confisquées à divers titres, durent être partagées entre les conquérants, et elles furent ainsi terres d'achour. » *Histoire de l'Afrique* d'El Kairouani, traduite par E. Pellissier et Rémusat.

les Arabes dans l'espoir de les chasser ou de les faire s'anéantir. Les Khouaredj[1] excitèrent de grands désordres.

Mais ces dissensions, ne profitèrent à ce moment qu'à une seule famille, les *Obeïdites* ou *Fatimites* (descendants de Fatima, fille du Prophète) qui étendit son pouvoir sur tout le Nord de l'Afrique; unité violente qui ne dura pas longtemps. Ses successeurs, les émirs de Senhadja les *Zérites*, durent se renfermer dans la Tunisie (*Ifrikia*).

Une autre dynastie remplaça bientôt les Zérites.

El Mo'ez, de la famille de Beni Obéïd, souverain d'Ifrikia, conçut le projet d'envahir l'Égypte et d'y fixer le siège de son empire. Ce projet reçut, en effet, plus qu'un commencement d'exécution.

En 978, les troupes d'El-Mo'ez, sous le commandement du caïd Djahar, se mirent en marche pour l'Égypte.

L'entrée de Djahar dans la capitale se fit la même année.

En 982, El-Mo'ez se rendit personnellement dans la portion de la Basse Égypte qu'il avait conquise. A sa mort, il laissa l'émirat à ses enfants, et l'autorité se transmit successivement entr'eux jusqu'à El-Mo'ez-Badis, qui fut le dernier prince remarquable de cette dynastie. Le premier acte par lequel El-Mo'ez-Badis inaugura son règne fut un ordre d'extermination de la *Rafeda* (on désignait sous ce nom tous les hérétiques).

C'était vers le milieu du onzième siècle.

A cette époque, un nommé Ahmed-Ben-Ali, qui avait pris le nom de El-Djerjerani et qui, plus tard, fut surnommé Aboulk'assem, dirigeait l'administration du gouvernement des Obéïdites. Informé des ordres inhumains, donnés par El-Mo'ez-Badis contre la *Rafeda* et de la révolte de ce prince contre la

---

1. On désigne ainsi tous les dissidents, soit en matière de religion, soit en matière de politique. Ce mot vient du verbe arabe qui signifie sortir. C'est comme si on disait « gens qui sont sortis, qui se sont mis en dehors des opinions reçues ».

suzeraineté des khalifes d'Égypte, car El-Mo'ez-Badis avait fait en même temps sa soumission au Commandeur des croyants de Bagdad, El-Djerjerani s'en affligea profondément et dès lors conçut contre lui une haine implacable.

Jusque vers cette époque, toute émigration ou déplacement vers l'Ifrikia avait été interdit aux tribus arabes établies dans le Saïd, entre la Basse et la Haute Égypte, ou mieux, entre l'Égypte proprement dite et la Nubie, sur la rive droite du Nil, qu'il leur était défendu de traverser.

Cédant à ses propres sentiments de haine contre El Mo'ez, El-Djerjerani leva l'interdiction, et comme, malgré leur désir d'envahissement longtemps contenu, ces tribus de barbares hésitaient à effectuer leur passage, El-Djerjerani fit don à chaque guerrier d'une pelisse et d'un dinar. Aussitôt, comme un torrent impétueux, ils se précipitèrent vers l'Ifrikia, ce qui jeta El-Mo'ez dans une position très difficile, quoique les envahisseurs ne fussent que 3,000 guerriers.

Déjà ils avaient traversé tout le territoire de la Tripolitanie actuelle, dépassé Bark'a et continuaient leur course vers le centre de l'Ifrikia lorsqu'ils rencontrèrent près du mont Djougar, non loin de Zaghouan, une barrière humaine. C'était l'armée d'El-Mo'ez, composée de 30,000 hommes. Malgré son importante supériorité numérique, l'armée d'El-Mo'ez fut complètement défaite, et ceux d'entre les soldats qui échappèrent au fer de l'ennemi furent entièrement dépouillés de leurs armes et de leurs vêtements.

Ali-ben-Rask'-er-Riaki, un poète qui accompagnait la tribu envahissante, et qui maniait la plume aussi bien que le yatagan, composa sur le champ de bataille un poème, versifiant la victoire de Djougar, qui eut pendant plus d'un siècle un grand succès de vogue.

El-Bekri, un célèbre polygraphe espagnol, qui écrivait

en 1068, et qui a été beaucoup cité par tous les historiens arabes postérieurs, rapporte une partie de ce poème. Nous n'en reproduirons que quelques vers :

> « El-Badis est certes un puissant souverain ;
> « Mais j'en jure par mes jours !
> « Il n'a pas d'hommes courageux autour de lui :
> « Trois mille des nôtres ont vaincu trente mille des siens.
> « Ah ! malheur ! malheur sur lui ! »

Les vainqueurs, en pénétrant plus avant dans l'Ifrikia, reconnurent à ce pays une fertilité prodigieuse dont ils ne soupçonnaient seulement pas la possibilité et ils s'empressèrent d'écrire à leurs frères du Saïd Égyptien de venir les rejoindre.

Mais El-Djerjerani, qui était un profond politique plein de perspicacité et d'astuce, n'accorda l'autorisation de départ qu'à la condition que chacun des émigrants lui donnerait une pelisse neuve ou sa valeur en argent, et de plus lui paierait un dinar. Les trois mille pelisses et les 30,000 francs, qu'il avait sacrifiés pour satisfaire sa haine contre El-Mo'ez, lui revinrent avec une augmentation effrayante : un million d'émigrants se présenta, El-Djerjerani encaissa un million de dinars (10 millions de francs) et emmagasina autant de pelisses.

Est-ce pour ce fait que Ed-Daher, l'émir obéïdite en Égypte, dont El-Djerjerani était alors vizir, lui fit couper les deux mains ? supplice qui lui valut le surnom de Aboul K'assem, le mutilé. Les historiens ne s'expliquent point là-dessus ; mais ce qu'ils rapportent et qui peut suffire à dépeindre le caractère de cet homme, c'est ce trait :

El-Djerjerani subit l'amputation sans qu'un muscle de son visage trahit le moindre sentiment de colère, la moindre sensation de douleur.

L'opération terminée, il se rendit à ses bureaux et reprit sa place accoutumée en disant : « Le Khalife a pu me faire couper les mains comme châtiment, mais il ne m'a pas destitué de mes fonctions. »

El-Djerjerani, le mutilé, le maudit de Dieu, comme l'appelle El-Bekri, mourut en 1056.

A cette époque, où El-Mo'ez-Badis, par d'inconséquentes ou plutôt d'intolérables calamités plus terribles que toutes celles que ses prédécesseurs avaient déchaînées sur la malheureuse Ifrikia, menait le pays à sa ruine, toute l'Afrique septentrionale, du levant au couchant, était tiraillée par une multitude d'ambitions et de sectes différentes. C'est alors que le million d'Arabes dont nous avons parlé plus haut, inonda la terre d'Ifrikia, en un exode continu qui suivit le désert de Bark'a, route de tous les envahisseurs. Le mouvement s'étendit de proche en proche et en tous sens : chaque flot d'émigrants poussant en avant celui qui l'avait précédé.

De ce moment date la véritable implantation de la race arabe en Afrique.

Ces barbares détruisirent les villes qui s'étaient réédifiées, ravagèrent les campagnes qui avaient repris un air de prospérité, incendièrent les plantations qui s'étaient peu à peu relevées, et plongèrent dans une misère plus profonde que jamais cette vaste contrée qui portait encore de nombreux témoignages des grandes civilisations antérieures.

Mais les violences des nouveaux venus devaient forcément provoquer une réaction de la part des Berbères.

Ceux-ci appelèrent à l'aide contre cet ennemi commun. Leur appel fut entendu. A plus de quatre cents lieues de là, des rives lointaines du Sénégal, une immense armée se mit en marche côtoyant l'Océan; elle accourut au secours de ses frères du Nord. Elle entra dans le Moghreb, refoulant et exterminant les Arabes depuis l'Océan et la Méditerranée jusqu'aux frontières de l'antique Numidie, c'est-à-dire jusqu'au milieu de l'Ifrikia (1055).

VI

2ᵉ PÉRIODE ARABE OU MAURÉTANIENNE-ARABE
(1055-1535)

La dynastie berbère des *Almoravides*, ou mieux des *Elmorabetin* (les marabouts), fondée par Abou-Bakir ben Omar El-Lemtoum, originaire de la grande tribu des Senhadja, s'éleva sur les ruines de ses rivaux. Elle brilla d'un vif éclat pendant un siècle et s'éclipsa devant celle des *Almohades* qui grandirent à leur tour portés par les mêmes passions : le fanatisme religieux, la haine des Arabes Égyptiens et l'amour de l'indépendance.

Maîtres de Tlemcen, Oran, Tanger, Milianah, Alger, Bougie, ils le furent bientôt de tout le littoral et de l'Ifrikia. En Espagne même où les Almoravides avaient pénétré, ils implantèrent aussi leur domination (1147).

Mais l'esprit remuant des Africains ne put guère supporter la loi des Almohades au delà d'un siècle.

La partie Est de l'empire africain se sépara du Moghreb et se proclama indépendante (1228). La dynastie des Beni Hafs ou *Hafsides* reconstitua le territoire de l'Ifrikia et établit le siège du royaume à Tunis; tandis que les Beni Merin ou *Merinites* devenaient souverains du Maroc, et les *Zianites* occupaient Tlemcen ainsi que tout le territoire compris entre le Maroc et la province de Constantine.

Chacune de ces trois dynasties se maintint, malgré beaucoup d'agitations, pendant près de trois cents ans et atteignit la première moitié du seizième siècle (1535), époque à laquelle elle succomba sous la puissance des Turcs.

Abandonnons un instant l'histoire générale de la terre d'Afrique pour dire quelques mots de l'histoire particulière de Tunis.

Les historiens arabes ne sont point d'accord sur l'époque de sa fondation ni sur le nom de son fondateur. Les uns prétendent que ce fut Okba qui, au retour de son expédition dans le Moghreb, en vint jeter les fondements. La date de son érection pourrait alors se préciser vers 675. Les mêmes historiens lui font également fonder la ville de Kairouan.

Les autres disent qu'après la mort d'Okba, et au milieu des agitations et des réactions qui suivirent l'occupation arabe, Abelchit, Africain d'origine, mais mahométan, voulant créer un empire indépendant et s'affranchir de l'autorité des khalifes du Caire, fonda, à une cinquantaine de lieues de l'ancienne Carthage, la ville de Kairouan, dont il voulut faire la capitale de ses États.

Caïn, alors khalife d'Égypte, lança contre lui une puissante armée et l'empêcha dans ses desseins d'affranchissement et de création d'un nouvel empire.

Abelchit se retira alors vers le Nord et fonda Tunis, où il s'établit, pendant que son frère créait de son côté un autre royaume à Bougie.

La différence d'époque entre ces deux versions ne serait donc que de quelques années : — fin du septième siècle.

Par l'excellence de son sol, de son climat, de ses riches campagnes, l'Ifrikia, dont Tunis devint la capitale après la destruction de Carthage, servait comme d'étape à chaque invasion qui se dirigeait vers le Moghreb.

Tour à tour la province tunisienne fut ou indépendante ou soumise aux princes de l'Algérie ou du Maroc.

Son histoire n'offre guère d'intérêt, — probablement à cause de la pénurie de documents, — depuis sa fondation jusqu'à la seconde moitié du onzième siècle, lors de la fondation de l'empire des Almohades qui régnèrent depuis la frontière d'Égypte jusqu'à l'Océan, de 1147 à 1266.

C'est ce chapitre d'un siècle que nous allons rapporter succinctement, avant de parler de la dynastie des *Hafsides* et de ses rapports avec la France.

El-Hassen, qui régnait au Maroc, rêvait la conquête de l'Ifrikia. Il voyait avec rage que les Siciliens se fussent emparés de Mehdia, une des plus importantes villes du littoral Est (1147), et méprisait d'autant le régent de Tunis, qui n'avait pas su s'opposer à leur invasion ni reconquérir sur eux cette position. Il représentait sans cesse au khalife Abd-El-Moumen la nécessité d'envahir ce pays, et finit par l'y décider.

La cavalerie du khalife Abd-El-Moumen comptait cent mille guerriers; son infanterie était encore plus considérable. Il avait mis dix ans à se former une armée qu'il prétendait avoir faite invincible. Et cependant, deux ans auparavant, cédant aux instances de El-Hassen, il avait envoyé son fils assiéger Tunis, et son fils s'était fait battre honteusement (1172). Cette fois, il prit lui-même le commandement de son armée.

Arrivé à Béja (*Badja*), il envoya des messagers porteurs de paroles de clémence et de pardon; mais les parlementaires échouèrent dans leur négociation.

Il se remit en marche et vint camper à Tébourba (*Thobourba*), à huit lieues environ de la capitale.

De nouveau, il fit sommer les Tunisiens de se rendre, les menaçant, en cas de refus, de tous les effets de sa colère. Cette tentative n'eut pas plus de succès que la précédente.

Le khalife se remit en marche et vint se présenter sous les murs de Tunis le samedi 10 djoumadi-el-aoual 554 de l'hégire (1147).

Son armée se déployait sur une étendue de plus de quatre

lieues, depuis les ruines de l'aqueduc, au Sud-Sud-Est, qui autrefois apportait les eaux salubres des monts Djougar à Carthage, jusqu'au passage de la Goulette en contournant le lac de Tunis, de sorte qu'un matin les assiégés purent voir et apprécier les forces immenses dont disposait Abd-El-Moumen. Les Tunisiens perdirent courage et se prirent à désespérer de leur cause. Le khalife, pendant trois jours encore, fit reposer ses troupes; puis le matin du quatrième jour, au moment où elles s'ébranlaient pour l'assaut, les portes de la ville s'ouvrirent, et les cheikhs, au nom des habitants, vinrent faire leur soumission et implorer leur grâce.

La paix fut accordée aux Tunisiens aux conditions suivantes :

1° La vie sauve;

2° Obligation pour eux de livrer au vainqueur la moitié de leurs biens immeubles;

3° Obligation pour les habitants des villages et bourgades du district de livrer la moitié de leurs biens meubles;

4° Enfin, même obligation imposée à Ali-ben-Ahmed-ben Khorassan, le gouverneur de Tunis, qui devait en outre quitter la ville et se retirer à Bougie, où il devait être interné.

Ben Khorassan quitta Tunis pour se rendre dans la ville qui lui était assignée; mais il mourut en route.

Pour couronner sa victoire, le khalife Abd-El-Moumen força tous les juifs et les chrétiens, qui étaient tolérés dans Tunis, d'embrasser la religion de l'Islam. Ceux qui s'y refusèrent furent impitoyablement massacrés.

L'historien Ibn-Schedad rapporte ce fait unique dans les annales arabes et en complète contradiction avec la sauvage et brutale manière de se comporter en campagne des envahisseurs orientaux. Ici l'invasion partait de l'extrême Occident.

« Lorsque Abd-El-Moumen, avec ses innombrables troupes, quitta le Maroc pour conquérir l'Ifrikia, il arriva souvent, dans ce parcours de près de cinq cents lieues, que sa formidable armée dut traverser de vastes champs ensemencés et de riches cultures; jamais ses soldats ne se laissèrent aller à dévaster ou détruire quoi que ce fût.

« La seule avant-garde de cette armée comptait douze mille hommes. Elle était spécialement chargée de creuser des puits pour fournir l'eau nécessaire à la consommation des troupes; et dans ce but, cette avant-garde précédait toujours le corps d'armée de deux journées de marche, lui préparant tous les approvisionnements nécessaires à chaque étape ».

Quelques années plus tard, en 1216, une réaction s'opéra contre les dominateurs marocains. Une faction arabe, ayant à sa tête Ibn-Abd-el-Kerim, se porta contre Tunis, pour en chasser Abou-Zeïd-H'afs-ben-Abd-el-Moumen. La ville fut attaquée en même temps par terre et par mer. Les Tunisiens furent battus et contraints à la fuite. Beaucoup furent tués.

A la nouvelle du désastre de Tunis qui lui échappait, le roi du Maroc envoya en Ifrikia une nouvelle armée dont il confia le commandement à Abdul-Hely. Celui-ci, au lieu d'accomplir sa mission pour le compte de son souverain, l'exécuta pour son propre compte et pour ainsi dire sans coup férir. Il soudoya les autorités tunisiennes, s'entendit avec les chefs des tribus environnantes, qui consentirent à le reconnaître pour roi à condition que, non seulement il ne les imposerait pas, mais encore qu'il leur compterait annuellement une certaine contribution, et il se fit élire roi. Une nouvelle dynastie se fondait donc à Tunis, celle des Hafsides, qui se maintint pendant près de trois siècles au milieu d'agitations perpétuelles. Il serait presqu'impossible de tracer une histoire succincte du royaume de Tunis à cette époque, encore sans y joindre forcément l'histoire des royaumes limitrophes, ce qui nous entraînerait dans d'interminables récits d'autant moins compréhensibles qu'ils seraient hérissés de noms propres que l'on croirait créés tout exprès pour jeter la confusion dans l'esprit.

En outre, il nous serait bien difficile d'être clair, là ou les historiens arabes eux-mêmes ne brillent que par des lacunes, des contradictions, des différences de dates et autres difficultés désespérantes.

Nous croyons préférable de laisser les Hafsides régner tant bien que mal pendant une centaine d'années à Tunis, d'indiquer un développement extraordinaire et rapide dans leur marine et de reprendre notre récit à la fin du treizieme siècle.

Alors le pouvoir des rois de Tunis avait grandi. Dès 1240, Abou-Zakaria avait conquis Tlemcen, Ceuta et Segelmesse; puis, tant était grand le besoin de locomotion de ces Arabes berbérisés, Tunis avait étendu sa domination en Espagne sur Séville, Xativa, Malaga et Grenade.

Abou-Abd-Allah-Mohammed, son fils, qui lui succéda en 1252, prit le surnom d'El Mostancer. C'était l'année même où saint Louis, descendant en Égypte, s'était emparé de Damiette.

Fier de sa puissance et des immenses trésors dont il avait hérité, — puissance qu'il sut encore affermir, trésors qu'il ne cherchait qu'à augmenter, — son premier acte fut de se soustraire au tribut que ses ancêtres payaient annuellement au roi de Sicile, et pendant cinq années il refusa énergiquement de satisfaire aux traités.

Cependant Mohammed ne laissait pas d'être inquiet à cause de la parenté qui unissait le roi de Sicile, Charles, au roi de France, Louis IX (ces deux princes étaient frères).

Aussi chercha-t-il à gagner l'amitié de Louis IX et à contracter une alliance avec lui.

Plusieurs fois il envoya des ambassadeurs à la cour de France, — dit Joinville, — et chacune de ces ambassades portait, selon la coutume, de magnifiques présents.

Saint Louis armait toujours. Il préparait une seconde croisade.

Le roi de Tunis ayant eu avis de cette prochaine expédition, commença par organiser la défense de ses côtes, puis il envoya à Louis de nouveaux ambassadeurs, chargés de lui proposer un traité de paix qui ne fut pas agréé [1].

La même année (1270) les croisés débarquèrent sur le rivage tunisien. Mais la peste qui se mit dans le camp des chrétiens enleva le roi et sauva Tunis. El Mostancer obtint leur retraite en payant une forte contribution de guerre.

Une circonstance assez remarquable de cette expédition mérite d'être rapportée. Lorsque les Français se présentèrent devant Tunis, un poète adressa à leur chef — dit Mohammed-ben-Ali-El-Raïni — les vers suivants :

> Français, cette ville est la sœur de l'Égypte ;
> Prépare-toi à tout ce qui peut t'y arriver de malheureux.
> Cette fois la maison de Lok'man sera un tombeau,
> Et les gardiens seront Menk'or et Menakir [2].

Cette prophétie s'accomplit. Le 25 août, saint Louis mourut et fut enterré à la Malka.

Cette mort jeta le découragement parmi les Français campés devant Tunis. Affaiblis par le manque de vivres et les maladies, ils n'étaient déjà plus en état de résister aux Musulmans. Cependant, voulant tenter un dernier effort, ils se mirent en marche pour donner l'assaut ; mais les Tunisiens, favorisés par un vent impétueux, s'armèrent de pelles et lancèrent en l'air

---

1. El-Mak'riri dit de plus que le roi de Tunis envoya au roi de France quatre vingt mille pièces d'or pour détourner la guerre ; que celui-ci les prit et n'en marcha pas moins sur Tunis. C'est une assertion calomnieuse que dément le caractère bien connu de saint Louis. Il n'y eut d'autre argent donné que celui qui était destiné à payer les frais de la guerre, d'après le traité de paix conclu après la mort du roi.
2. Les anges de la mort.

des montagnes de sable qui, emporté par l'ouragan, obscurcit le soleil et vint frapper les chrétiens de toutes parts, leur entrant dans les oreilles, dans la bouche, dans les yeux, et les contraignant à rentrer sous leurs tentes.

L'arrivée du roi de Sicile, Charles, avec une flotte chargée de renforts et de provisions, ranima les espérances de l'armée, et au moment où les Musulmans se croyaient certains du triomphe, plusieurs défaites successives leur donnèrent à réfléchir.

Mohammed crut alors prudent d'acheter la paix et d'éloigner à tout prix les dangers dont sa capitale était menacée.

Il fit proposer aux assiégeants un accommodement.

Les princes et seigneurs de l'armée chrétienne n'étaient pas éloignés d'accepter.

Philippe-le-Hardi (fils et successeur de saint Louis) refusait toute proposition. Il voulait, — dit Guillaume de Nangis — continuer le siège de Tunis, s'emparer de la ville et la raser.

Cependant il finit par céder aux raisons des rois de Navarre et de Sicile. Les sommes offertes couvraient les frais de l'expédition, et de plus chacun d'eux devait recevoir des présents considérables.

La paix — ou plutôt une longue trêve — fut conclue entre les Chrétiens et les Musulmans. Mais l'armée qui n'était pas comprise dans l'indemnité et qui avait compté sur le pillage de la ville, l'armée murmura.

On cria surtout contre Charles de Sicile, que l'on accusait hautement de sacrifier les intérêts généraux à son avantage particulier. C'était lui, en effet, qui avait accueilli avec le plus d'empressement les propositions du roi de Tunis, car il y gagnait les cinq années d'arrérages dus à la Sicile et que le prince musulman promettait de payer intégralement.

Voici les principales stipulations de ce traité :

« Sécurité et protection entières pour les sujets du roi de Tunis qui se trouveront, pour le commerce, dans les États des rois chrétiens sur terre et sur mer.

« Les rois chrétiens ne fourniront aucun secours aux ennemis du roi de Tunis.

« Pareilles garanties sont accordées par le roi de Tunis aux chrétiens qui résideront ou trafiqueront dans ses États.

« Les moines et les prêtres chrétiens pourront demeurer dans les États du prince des croyants qui leur donnera des terrains pour y bâtir des monastères et des églises, et pour y enterrer les morts. Les dits moines et prêtres prêcheront et prieront publiquement dans leurs églises et serviront Dieu suivant les rites de leur religion, et ainsi qu'ils ont coutume de le faire dans leurs pays.

« Les marchands des États des rois susdits ou des autres pays, qui sont établis dans les États du prince des croyants, observeront dans toutes leurs transactions leurs usages accoutumés. On leur restituera tout ce qui leur a été pris et tout ce qu'ils avaient en dépôt chez les habitants, ainsi que les créances qu'ils avaient à exercer.

« Les prisonniers seront rendus de part et d'autre ».

Vient ensuite tout ce qui concerne l'évacuation du territoire de Tunis, et dans cette stipulation sont expressément comprises les troupes qui pourraient arriver après la conclusion des traités, et nommément le prince Édouard d'Angleterre.

La durée de la trêve est convenue pour quinze années, à partir du commencement de novembre 1270.

« L'indemnité pour les frais de la guerre est fixée à 210,000 onces d'or, chacune desquelles équivaut à 50 pièces d'argent pour le poids et le titre. (La pièce d'argent ou dirhem valait 50 centimes de notre monnaie actuelle, l'once d'or représentait donc 25 francs et la totalité de la somme s'élevait par conséquent à 5,250,000 francs). Une moitié sera payée comptant répartie en deux années solaires à partir de la date des présentes et sera acquittée par portions égales à la fin de chacune des deux années. »

Nous allons arriver à une période nouvelle, la période turque, qui, après avoir anéanti, ou à peu près, la domination arabe-berbère, s'éteignit ensuite elle-même, débordée par le principe indigène, qui ne perd jamais ses droits, à quelque extrémité qu'on le réduise, et qui finit toujours par reparaître et prédominer, ainsi que nous l'avons déjà indiqué.

Pour bien comprendre ces événements, il est indispensable d'en retracer l'origine. Nous allons faire un retour aux premières époques de l'envahissement arabe.

En 711, les Goths régnaient en Espagne, Rodrigue portait la couronne.

Un négociant étranger, appelé Julien, se rendait fréquemment à Tanger, pour acheter des faucons et des chevaux de race, souvent pour le compte du roi. Sa femme vint à mourir et laissa une fille d'une rare beauté. Rodrigue ayant donné à Julien une nouvelle mission par la terre d'Afrique, celui-ci s'excusa en disant que depuis la mort de sa femme, il ne lui restait personne à qui il put confier son enfant. Le roi offrit de l'admettre dans son palais (pour qu'elle y fut élevée comme les autres filles de distinction). Mais ses yeux étant tombés sur elle, فمر قعت عين لو خريق عليـهـا [1], il devint épris de ses charmes, et lui fit violence. Aussitôt que Julien revit sa fille, elle lui apprit son déshonneur. Lui, *cacha son ressentiment dans le fond de son cœur,* et dit à Rodrigue : « J'ai laissé là-bas des chevaux et des faucons d'une qualité incomparable. » Le roi lui remit des sommes considérables pour cette nouvelle acquisition, et

---

1. Histoire de la conquête de l'Espagne par les Musulmans, suivant la chronique d'Ibn-el-Kouthya.

l'autorisa à traverser la mer. Julien se rendit alors auprès de Thârik, fils de Ziad, et lui suggéra l'idée de conquérir l'Andalousie فر ﻏ.ﺒ ﻓﻰ اﻻ ﻧﻠك ﻟس en lui dépeignant ses richesses, la faiblesse et la lâcheté de ses habitants.

Thârik écrivit à Mouça, fils de Noçaïr, qui commandait en Afrique pour le Miramolin (corruption d'*amir el-mouminin*) de Damas, afin de l'instruire de son projet. Celui-ci lui ayant ordonné de faire une descente dans le pays, il obéit et s'embarqua avec cinq cents hommes seulement. Il traversa le détroit, alors appelé détroit de Calpée ou d'Héraclée, et qui prit le nom de Gibraltar qu'il a conservé depuis de la montagne (*Gebal*) de Calpée et de la première syllabe du nom du commandant Thârik, disent les étymologistes.

Thârik Abenzarca donna aussi son nom à la ville de Tartesso qu'il appela Thârika, la première qu'il prit en débarquant. Il s'empara également d'Héraclée.

Mouça envoya aussitôt douze mille hommes de renfort.

Une armée de Goths taillée en pièces abandonna l'Andalousie et l'Estramadure aux vainqueurs.

Les Maures continuèrent à débarquer en Espagne.

Rodrigue rassembla cent mille hommes sous les murs de Xérès, dans une vaste plaine arrosée par le Guadalété. Les deux armées se rencontrèrent bientôt. Les trompettes des Goths donnent le signal, les timbales des Maures leur répondent. La déroute des Goths est complète et l'Espagne tout entière (712) est à la merci des Maures.

Thârik Abenzarca ne laissa pas aux vaincus le temps de se reconnaître, il enleva rapidement toutes les places fortes. Tolède, la capitale de l'Espagne et la demeure des rois Goths, lui fut livrée par les Juifs.

Mouça lui-même passa en Espagne et vint prendre possession de sa conquête qui fut complète en moins de trois années[1], sauf les montagnes des Asturies qui conservèrent leur indépendance, et d'où s'élancèrent plus tard les Espagnols pour chasser à leur tour les Maures de leur pays.

En 1371, les États de Castille avaient enjoint aux Maures, comme aux juifs, de porter une marque jaune sur leurs vêtements afin qu'on pût les distinguer des chrétiens. En 1480, les Maures sont forcés d'habiter des quartiers séparés de ceux des chrétiens, exactement comme les israélites y avaient été contraints précédemment.

En 1492, un édit expulse d'Espagne deux cent mille familles juives. Cent mille familles environ feignent de se convertir et se maintiennent à la faveur d'un semblant de christianisme. Trois ans après, c'est le tour des Maures d'avoir à embrasser la religion catholique, ou de prendre le masque de l'apostasie.

En 1499, dans le seul royaume de Grenade, cinquante mille Maures se laissent baptiser. On traduit même en langue arabe l'Ancien et le nouveau Testament pour leur en faire apprécier toutes les beautés.

En 1501, les Maures des montagnes d'Alpuscarra sont soumis à l'alternative ou de recevoir le baptême, ou de quitter l'Espagne, en payant toutefois un rachat de dix écus d'or par famille, sous peine d'être réduits en esclavage.

Quatre-vingt mille familles abandonnèrent le pays; les autres consentirent à passer pour chrétiens. A la nouvelle de cette persécution, le khalife égyptien menaça d'exterminer tous les chrétiens qui se trouvaient en Asie et en Afrique. Mais des présents considérables, envoyés par Ferdinand et Isabelle, apaisèrent sa légitime colère. Cette brutale et violente expulsion des

---

1. On lit dans la *Géographie d'Aboulfeda*, trad. de M. Reynaud, t. I, p. 262. « Moussa, fils de Nossayr, quand il fit la conquête de l'Espagne parvint jusqu'à Narbonne, qui devint alors la place musulmane la plus avancée du côté de l'Orient, comme Lisbonne à l'extrémité occidentale. »

Maures de l'Espagne, conseillée par l'Inquisition, fut une des plus grandes fautes politiques du temps : elle renforça la piraterie sur la Méditerrannée.

Pendant huit siècles, les Maures avaient développé en Espagne le génie des arts, le goût des sciences et des lettres. Ils avaient donné à l'agriculture une extension et une prospérité que jamais depuis elle n'a su égaler. Chassés de leurs foyers par l'intolérance religieuse, ils ne respirèrent plus qu'une vengeance parfaitement motivée et justifiée par les persécutions du clergé, qui dominait tout dans ce malheureux pays d'Espagne.

La solidarité qui relie entre elles toutes les nations musulmanes d'une part, le goût des aventures et l'espoir du pillage d'autre part, attirèrent tous les corsaires de la Méditerranée et les poussèrent à piller, dévaster, détruire tout ce qui, navires ou villes, appartenait aux chrétiens, Espagnols ou non, sur les rivages africains.

VII

PÉRIODE TURQUE (1535-1705)

Deux célèbres pirates, les frères Barberousse (Baba Haroudj), Haroudji et Khaïr-ed-Dîn, nés à Metelin et de nationalité turque, commencèrent par prendre Djidjelli aux Génois : ils en firent la base de leurs opérations.

Appelé au secours d'Alger, par les indigènes contre les Espagnols, Haroudji s'empara de la ville, s'y fit reconnaître maître et battit les Espagnols (1516).

Tout ce que la Méditerranée comptait de forbans vint s'allier à lui. La plupart juifs et Maures, tous victimes du fanatisme espagnol et à qui le souvenir des mauvais traitements inspirait avec l'audace de la lutte, la soif de la vengeance. Khaïr-ed-Dîn vint rejoindre Haroudji, et les deux frères commencèrent sur terre et sur mer une suite d'expéditions toujours victorieuses qui agrandirent et consolidèrent leur pouvoir.

En 1518, Haroudji périt dans une expédition contre Tlemcen. Son frère lui succéda.

L'année suivante, une armée espagnole commandée par Hugo de Moncade, débarqua devant Alger et fut aussitôt détruite, autant par la tempête que par les armes de l'ennemi.

Khaïr-ed-Dîn, pour assurer tout à fait sa conquête, la mit sous la protection du sultan de Constantinople, Sélim Ier, qui lui donna le titre de pacha (vice-roi) d'Alger, sous la seule condition de payer un tribut.

C'est ainsi que la souveraineté des Turcs s'implanta et s'étendit de proche en proche sur les provinces de Tlemcen, d'Alger, de Constantine, de Tunis et de Tripoli, qui prirent le nom de Régences.

Pendant une période de trois siècles, l'histoire de ces régences ne présente qu'une monotone succession de révoltes, de trahisons, de violences, de pirateries, parmi lesquelles viennent seules jeter quelque diversion les entreprises des puissances chrétiennes pour protéger leurs nationaux et abattre la redoutable extension de tous ces corsaires africains.

L'élément turc ne jeta pas de bien profondes racines; il s'absorba peu à peu, s'arabisa, se berbérisa par les femmes. Il tend à disparaître complètement. La loi de la nature l'emporte.

Des généralités que nous venons d'exposer sur la domination turque dans les États barbaresques, passons aux faits qui ont trait directement à l'histoire de la Tunisie, et indiquons par quel concours de circonstances finit la dynastie maure ou berbère des Hafsides qui avait régné trois cents ans sur Tunis.

Muley-Mohammed avait eu plusieurs enfants de ses diverses

femmes. Il désigna pour lui succéder son fils Muley-Hassen, au détriment de son aîné Mamon, homme extrêmement vicieux, qu'il se voyait dans l'obligation de tenir enfermé pour l'empêcher de commettre un parricide. Ses deux autres fils, Araxar et Bethedy, étaient aussi d'insignes gredins.

Aussitôt roi, Muley-Hassen, pour se débarrasser des craintes que lui inspirait son frère Mamon, s'empressa de le faire assassiner.

Araxar, prévoyant le même sort, se sauva et se réfugia près d'Abdallah, chef puissant de Numidie, dont il épousa la fille.

Muley-Hassen ne se trompait pas sur la désertion de son frère ; il prévoyait qu'il serait bientôt attaqué. Mais pour réduire autant que possible les moyens de trahison qu'il redoutait autour de lui, il dissimula ses craintes. Puis, un jour, il réunit dans un banquet tous ses parents : frères, sœurs, oncles, tantes, cousins, cousines, et tous ceux qui, de près ou de loin, avaient dans les veines du sang royal tunisien, sous prétexte de leur faire fête et de resserrer leur union.

A la fin du repas, quand il les eut comptés et qu'il se fut bien assuré que pas un ne manquait à l'appel, il les fit empoigner, fit crever les yeux à tous les mâles, quel que fût leur âge, et enfermer toutes les femmes dans des prisons bien gardées.

A la nouvelle de cette cruauté inouïe, Araxar, le frère fugitif, se met à la tête de l'armée de son beau-père, et soulève le plus de tribus qu'il peut ; mais ne se croyant pas encore assez fort il envoie demander du secours à Khaïr-ed-Dîn.

Barberousse promet. Toutefois avant d'entrer en campagne, il persuade Araxar de se rendre avec lui à Constantinople où son nom, sa réputation, et son crédit lui feraient aisément obtenir les moyens de soutenir ses justes prétentions au trône de Tunisie [1].

---

1. *Annales tunisiennes*, par Alph. Rousseau, pag. 13.

Araxar plein de confiance dans ces assurances trompeuses, suivit Barberousse à Constantinople. Là, le rusé corsaire persuada sans peine au sultan que la conquête de Tunis serait facilement réalisable grâce à la division des partis, et qu'il suffirait pour les rallier et les dominer, de prendre ostensiblement fait et cause pour le prétendant. Ce serait, ajoutait Barberousse, une entreprise digne en tous points des grandes vues de Sa Hautesse, et qui ajouterait à l'histoire de son règne un feuillet de plus! Sur-le-champ, les préparatifs de l'expédition commencèrent, et, quelque temps après, une flotte formidable, aux ordres de Barberousse lui-même, quittait le Bosphore et faisait voile vers les côtes d'Afrique. Au moment où elle appareillait, Araxar qui, jusque-là, avait gardé une foi entière dans les promesses de ses deux puissants patrons, se vit traîtreusement arrêté par leurs ordres, puis jeter dans une prison d'État, d'où il ne devait plus sortir.

La flotte se présenta d'abord devant Bizerte et y reçut le plus chaleureux accueil; les habitants offrirent même à l'amiral de se joindre à lui pour coopérer au succès de l'entreprise, mais Barberousse déclina leur proposition et se hâta de reprendre la mer, persuadé qu'en toutes circonstances la réussite d'un projet dépend toujours de la rapidité qu'on apporte à l'exécuter.

Le lendemain de son départ de Bizerte, Barberousse jetait l'ancre devant la Goulette.

Aussitôt, le bruit se répandit dans Tunis que le prince Araxar se trouvait à bord de l'escadre, et que, l'intention de la Porte ottomane était de le rétablir sur le trône de son père, criminellement usurpé par Muley-Hassen. Ce bruit, habilement propagé par les agents de Barberousse, prit bientôt la consistance d'une nouvelle officielle et produisit un très grand effet sur l'esprit de la population déjà fatiguée du gouvernement existant. Elle prit les armes, se rua sur le palais de Muley-Hassen, le chassa de la ville et envoya de suite une députation à Barberousse, pour lui offrir sa soumission et le prier d'inviter Araxar à venir prendre possession du pouvoir suprême.

Barberousse, heureux du succès de sa ruse, débarque en toute hâte les 9,000 hommes de troupes qu'il avait amenés avec lui, les pousse sur Tunis, dont il traverse rapidement les faubourgs et court s'emparer de la Casbah où il se fortifie.

Cependant, l'impatience gagne les habitants de la ville; ils soupçonnent cette trahison, s'agitent, se rassemblent et demandent à grands cris leur nouveau souverain. — Barberousse se décide : « Les Beni Hafs, s'écrie-t-il, ont cessé de régner. Ce n'est plus à eux, mais au délégué de la Porte que vous devez obéir, et je suis son représentant. » A peine avait-il achevé de parler qu'une insurrection éclate. On se bat avec acharnement dans tous les quartiers; longtemps l'issue de la lutte est indécise. Mais, à la fin, le feu de l'artillerie turque prend une supériorité marquée sur la fusillade des habitants; les rassemblements se dispersent, l'insurrection est étouffée. On compte les victimes; 3,000 Tunisiens ont succombé et 6,000 sont blessés; quant aux Turcs leurs pertes sont de beaucoup inférieures.

Barberousse veut réparer le mal par des bienfaits; il accorde une amnistie générale, prodigue les largesses, réduit les tribus belliqueuses des Drid et des Nemencha, et finit par faire admettre une garnison turque dans l'importante ville de Kairouan, réputée sainte, et deuxième capitale du royaume.

De ce jour, la Tunisie n'est plus qu'une province turque. Charles-Quint va essayer de la dégager; mais au bout de quelques années elle retombera sous le joug.

Charles-Quint avait été profondément irrité de l'heureux coup de main des Turcs et quand Muley-Hassen vint solliciter son assistance pour reconquérir la souveraineté et lui offrir, en retour du service rendu, de se déclarer son vassal, l'empereur accepta ces ouvertures avec empressement.

Les préparatifs ordonnés dans les divers arsenaux étant terminés, Charles-Quint quitta Barcelone le 31 mai 1535, avec sa propre division, et celles fournies par les Flandres, le Portugal et Gênes. Elles se renforcèrent à Cagliari, où l'empereur arriva quelques jours après, des armements de Malte et d'Italie. Toute la flotte comptait 400 voiles dont 90 galères. L'armée se composait de 26,500 hommes.

Après plusieurs combats, il s'empara de *Halk el-Oudd* (la Goulette) le 14 juillet et Tunis tomba en son pouvoir trois jours après. L'empereur fut reçu à son entrée dans la ville par les différentes autorités, qui vinrent jusqu'en dehors des portes, pour lui en offrir les clefs. Malgré cet acte de condescendance respectueuse, Tunis fut livrée au pillage, et ce pillage dura trois jours! On ne peut lire sans une vive émotion le récit des atrocités que les vainqueurs commirent, pendant ces trois funestes journées. Qu'il nous suffise de dire que plus de 70,000 personnes de tout âge et de tout sexe y perdirent la vie. On concevra aisément les représailles qui vont suivre.

Muley-Hassen fut rétabli sur le trône comme vassal et tributaire de l'Espagne.

Charles-Quint garda pour lui plusieurs places maritimes, notamment La Goulette qu'il dota d'une forteresse [1], rendit à la liberté dix mille esclaves chrétiens (certains historiens disent vingt mille, d'autres vingt-cinq mille) et il rentra triomphant à Naples avec une armée gorgée de butin et de richesses.

---

1. On lit dans Mohammed ben Abi-el-Raïni : « Il n'y avait ni en Orient ni en Occident un fort comparable à celui de *Halk-el-Oudd*. Les chrétiens n'y avaient rien épargné. Ils l'avaient entouré d'un fossé navigable de soixante *dra'* de longueur, qui débouchait dans l'étang et qui recevait l'eau de la mer. Ses remparts étaient hauts, biens garnis d'artillerie et d'une épaisseur telle que sept cavaliers pouvaient y marcher de front et à l'aise. »

Le 6 août 1535, Muley-Hassen et Charles-Quint avaient signé un pacte d'alliance où il était stipulé :

La mise en liberté, sans rançon, de tous les esclaves chrétiens.

La faculté pour les Européens de se livrer aux opérations commerciales, de s'établir à Tunis et d'y construire des églises.

L'engagement de ne point favoriser la course, soit en fournissant des vivres et des munitions aux corsaires, soit en les recevant dans les ports du royaume.

Puis l'abandon de La Goulette à l'Espagne, le paiement d'un tribut annuel de 12,000 écus d'or, pour subvenir à l'entretien de la garnison de ce port; la concession perpétuelle à l'Espagne de la pêche du corail, dans les eaux de Tunis; enfin, la reconnaissance à toujours de la suzeraineté du roi, consacrée et constatée par un cadeau annuel de six chevaux et de douze faucons.

L'Espagne, en échange de ces engagements, promettait sa protection envers et contre tous.

Muley-Hassen, assuré au dehors, crut pouvoir compter sur la tranquillité au dedans. Mais bientôt son fils Muley-Hamed le détrôna, lui fit crever les yeux et l'enferma dans un cachot jusqu'à ce qu'il mourût.

Nous avons rapporté cet épisode pour donner une idée des bons sentiments et des excellents rapports de famille qui ne cessèrent d'exister pendant les trois siècles de règne de cette famille. Elle ne devait pas tarder, d'ailleurs, à disparaître totalement.

En effet, Sélim, poussé par le Divan, envoya bientôt de Constantinople cent soixante galères et navires portant quarante mille soldats. Sinân-Pacha, à la tête de cette armée formidable, se rendit maître de la Tunisie, où il détruisit complètement la race des anciens souverains et s'empara de tout le pays que les Espagnols avaient sur le littoral. Comme bien on pense, il eut soin de venger les mânes des fidèles massacrés lors de la prise de Tunis par Charles-Quint, en massacrant à son tour tous les chrétiens et jusqu'aux *Mertaddîn* [1].

Parmi les traits d'héroïsme dont les Espagnols honorèrent leur défaite, il en est un qu'il faut rappeler à nos futurs défenseurs : il est digne des plus belles actions d'éclat que nous aient léguées les annales de l'antiquité païenne [2]. Le soin de défendre la forteresse de l'île de Djerba avait été laissé à don Alvar de Saude avec une poignée de braves. Après avoir enduré, pendant plusieurs semaines, les plus cruelles privations, ils s'arrêtèrent au parti de se jeter en désespérés sur les lignes ennemies, de les percer et de profiter de la confusion et de la surprise que leur attaque allait causer dans les rangs, pour gagner précipitamment le rivage et s'emparer des premiers bâtiments qui leur tomberaient sous la main. Au jour dit, ils sortent de leurs retranchements, fondent sur l'armée turque, et essaient de se faire jour à travers les épais bataillons. Vain espoir! les Turcs se rallient, enveloppent la petite poignée de héros et les abattent à coups de cimeterre. Saude, tout criblé de blessures, survit seul à ses compagnons; il court vers la plage, saute à bord d'un navire ensablé, s'adosse à sa muraille et, l'épée à la main, attend bravement la horde de ses assaillants.

Ceux-ci envahissent aussitôt le pont du navire, entourent le valeureux officier, et l'obligent à cesser une lutte désormais inutile. Saude est conduit devant le pacha, à qui seul il a voulu rendre son épée, et il reçoit de ce chef un accueil digne à la fois de son malheur et de son grand courage. Telle fut la triste issue de l'expédition de Medina-Cœli. Ajoutons que les Turcs, pour constater leur victoire et la rappeler aux géné-

---

1. *Souillés*. Musulmans qui servaient les chrétiens.
2. La conquête de l'Algérie si riche en actions grandioses, en bravoure héroïque, offre un pareil exemple d'inoubliable patriotisme : la défense du marabout de Sidi-Brahim en septembre 1845. Voyez mon ouvrage *Le Livre d'or de l'Algérie*, page 276 et suivantes.

rations futures, avaient élevé, sur le théâtre même de leur exploit, une pyramide entièrement composée de crânes et d'ossements ennemis. Cet abominable ossuaire a disparu seulement en 1846. M. de Lagau, alors consul général de France et Mgr de Rosalia, préfet apostolique à Tunis, en ont demandé et obtenu la démolition.

Cette digression nous a entraîné loin de notre sujet; il nous faut y revenir.

La domination turque que nous avons vu restaurer par Sinân-Pacha, va subir un nouvel assaut.

Don Juan d'Autriche [1], « le vainqeur de Lépante, l'idole du monde chrétien, rêvait la formation d'un royaume qui pût servir un jour de rempart à l'Europe contre les agressions des peuples de l'Orient [2] ». Il voulut renouveler l'expédition de Charles-Quint contre Tunis. En 1573, il partit avec une flotte de 20,000 hommes que lui avait confiée Philippe II; il eut bientôt chassé les Turcs.

Philippe II l'avait chargé non de conquérir, mais de renverser; il avait même reçu l'ordre d'évacuer La Goulette et d'en faire sauter les fortifications. Tout au contraire, Don Juan fit construire entre Tunis et le lac el Bahira une véritable citadelle pouvant tenir 4,000 hommes, en demandant à créer à son profit un royaume chrétien en Afrique.

Ce projet était agréé par le pape. Il flattait ses idées de prosélytisme et il y voyait, en outre, un moyen de mettre l'Italie aussi bien que l'Espagne à l'abri des ravages que ce peuple de corsaires y portait sans cesse, en dépit de tous les traités.

Don Juan nomma le comte de Cerballon gouverneur de Tunis et s'en retourna à la cour d'Espagne afin de gagner Philippe II, son frère naturel, à son royaume africain. Pendant ce temps,

---

1. Fils naturel de Charles-Quint.
2. *Annales tunisiennes*, p. 28.

les Turcs qui avaient chassé les Espagnols de tout le Nord de l'Afrique, sauf Oran, résolurent de reprendre Tunis. Leurs troupes n'avaient d'ailleurs pas abandonné la Régence ; elles s'étaient simplement repliées sur Kairouan à l'approche de Don Juan.

Une expédition sous les ordres de Sinân-Pacha [1] quitta Constantinople en juillet 1574 ; elle se composait de deux cents galères, dix-huit maounas et d'autres bâtiments, grands et petits ; en tout, quinze cents voiles. Trois semaines plus tard, elle investit La Goulette. La veille, la garnison de Kairouan s'était portée sur Tunis et cette action simultanée donna la victoire aux Turcs. Les Espagnols se défendirent avec désespoir et beaucoup d'Arabes avec eux ; ceux qui tombèrent entre les mains des vainqueurs n'en furent pas moins massacrés impitoyablement. Si le courageux Cerballon eut la vie sauve, c'est que les Turcs espéraient tirer une très forte rançon de ce noble prisonnier.

On compta de chaque côté une dizaine de mille morts.

L'Espagne, préoccupée par son empire d'Amérique, ne chercha pas à tirer vengeance de ce terrible échec. Ses flottes firent bien, de temps à autre, quelques apparitions sur les côtes de Tunisie ; elles incendièrent quelques bourgades, coulèrent aussi, parfois, de misérables navires ; mais ces agressions insignifiantes n'empêchèrent point les Turcs de jouir en paix de leur conquête.

Sinân-Pacha en organisa l'administration et le gouvernement. Il y laissa 4,000 hommes de troupes, divisés en 40 sections à la tête de chacune desquelles il plaça un chef qui prit le nom de dey [2].

Le gouvernement supérieur fut confié à un chef spécial ayant titre de pacha, et le choix de Sinân, pour remplir cette fonction, tomba sur Hider-Pacha. La charge de cadi fut instituée à l'effet

---

1. Sinân-Pacha était un renégat milanais de l'illustre famille des Visconti.
2. *Annales tunisiennes.*

de juger, suivant la loi civile, des contestations et procès entre particuliers. Un divan, ou conseil de régence, fut organisé d'après la forme de ceux qui existaient déjà à Alger et en Egypte. Enfin, la solde des troupes, les traitements des hauts fonctionnaires, et jusqu'aux costumes officiels, tout fut déterminé et arrêté. La prière publique se fit dans les mosquées, au nom du Sultan régnant des Osmanlis, et la monnaie fut également frappée à son nom.

Le principe fondamental de cette administration résidait dans la concentration, entre les mains des Turcs, de tous les pouvoirs militaires, surtout dans les villes, et l'exclusion absolue des indigènes de toute participation à l'autorité.

Les Koulouglis, issus de Turcs et de Mauresques, étaient même tenus à l'écart de toute fonction publique.

Une poignée d'hommes, quatre mille, suffisait aux Turcs pour maintenir leur autorité dans la Régence, grâce à certaines tribus indigènes qui percevaient l'impôt et faisaient la police, moyennant certaines immunités et un salaire montant à la moitié de leurs perceptions.

Outre les impôts prélevés sur leurs sujets, les deys avaient comme revenus une part des prises opérées par leurs galères sur les navires chrétiens et sur les rivages d'Espagne, d'Italie, de Sicile et de France, où leurs corsaires faisaient de fréquentes incursions.

En 1590, à la suite d'une révolution de palais, un des quarante deys fut élevé à la dignité de chef de l'État. Il gouvernait comme souverain sous l'autorité du Grand-Turc. Il avait pour lui le titre et les honneurs; mais le pouvoir véritable était aux mains du chef des *Ienitcheri* ou janissaires [1].

---

1. Cette milice fut instituée par Orkan et non par Mourad. Ertogul et Osman, ces deux fondateurs de la puissance ottomane, n'avaient fait la guerre qu'avec des cavaliers appelés *akindji* (coureurs), qui étaient pris dans les populations au moment

Les janissaires composant l'armée régulière tunisienne étaient Turcs, en majorité; les Arabes, les Maures, et les renégats ne pouvaient y entrer que dans une proportion inférieure à celle des Turcs, pour éviter qu'ils ne formassent un parti et pussent déterminer la révolte.

Chaque année, on divisait le corps des janissaires en deux camps[1] pour aller percevoir l'impôt dans les tribus[2]. Au dix-septième siècle, cet impôt ne s'élevait qu'à 200,000 ducats.

de la guerre, et qui y rentraient après. Orkan, successeur d'Osman, eut le premier des troupes permanentes : c'étaient des fantassins appelés *yaya* ou *piadé*; ils étaient divisés en corps de mille hommes, subdivisés en fractions de cent et de dix; mais cette milice inspira bientôt des craintes à son fondateur, qui, d'après les conseils de K'ara-Khelil-Tchendereli, connu depuis, comme grand vizir, sous le nom de Kheir-ed-Din-Pacha, institua les janissaires. Ceux-ci étaient pris parmi les jeunes esclaves chrétiens convertis à l'islamisme, de sorte qu'étant sans famille, sans liens avec la population musulmane, ils devaient être de merveilleux instruments de despotisme. Il n'y en eut d'abord que mille; mais tous les ans on forçait mille autres prisonniers chrétiens à embrasser l'islamisme et à entrer dans les rangs des janissaires. Lorsque le nombre des prisonniers n'était pas suffisant, on complétait les enrôlements par des chrétiens sujets du sultan. Cet usage se maintint jusqu'au règne de Mohammed IV. Depuis cette époque, ce corps d'élite se recruta exclusivement parmi les enfants des janissaires et parmi les indigènes. Tous les janissaires étaient de la confrérie fondée par le derviche Hadj Begtach, qui, à l'époque de leur institution, avait prédit leurs hautes destinées. Ainsi cette milice était tout à la fois religieuse et militaire, comme les templiers et les chevaliers de Saint-Jean de Jérusalem. — *Hist. de l'Afrique*, par Mohammed Ben-Abi-el-Raïni-el-Kaïrouani.

1. Il y avait l'armée du corps d'hiver, pour la partie du Sud, et celui d'été pour le Nord.

2. Lorsque l'armée devait se mettre en route, les Turcs déployaient une pompe royale. Mohammed Ben-Abi-el-Raïni-el-Kaïrouani décrivait ainsi cette solennité en 1681 : « D'abord les chaouch, qui font ici l'office de crieurs, montent à cheval, parcourent les rues pour annoncer le prochain départ, et prévenir qu'on ait à se tenir prêt à entrer en campagne. Le lendemain, les soldats, revêtus de leur costume de guerre se réunissent près de la Casbah. Le hakem se trouve à cette réunion. L'agha et les oda-bachi se rendent ensuite à la maison du khalifa, où se trouvent aussi les khodja, porteurs des étendards, qui doivent suivre le chef de l'armée. Le bey ou le khalifa du bey désigné pour marcher se rend au même lieu. Le pacha le revêt d'un habillement royal ; puis le kahïa du pacha et les bourreaux sortent avec celui qui vient d'être investi. Les bourreaux sont à pied; les drapeaux sont déployés; la musique osmanli, composée de fifres, de tambours et de cymbales, joue ; et les soldats sont rangés depuis la maison du khalifa jusqu'à la porte de la Casbah. Pendant ce temps, le reste de la troupe se réunit dans ce dernier lieu. Lorsque le bey et l'agha approchent de la Casbah, le dey se lève et marche, s'il le juge à propos, à la tête du premier rang, ou il se fait remplacer par un de ses

Dans les villes, il y avait quelques écoles où l'on apprenait aux petits enfants à lire, écrire, compter et rien autre. L'écolier qui savait le Koran d'un bout à l'autre n'avait plus rien à apprendre; il était réputé savant. Le jour où il était déclaré tel, on le revêtait d'habits neufs et on le promenait par toute la ville, escorté de tous ses camarades de la *mesquite* (école).

Puisque nous sommes dans la période des corsaires, ne négligeons pas d'indiquer comment se répartissaient les prises.

Voici quelle était la règle d'après laquelle le butin était divisé après la vente des marchandises et des esclaves captifs.

10 % pour le dey de Tunis.
1 % pour l'entretien du port.
1 % pour les marabouts.
50 % dont 10,12 ou 15 % pour le capitaine et 40,38 ou 35 % pour les armateurs.
―――
62 %

Les derniers 38 % se répartissaient ainsi :

3 % au chef des soldats.
3 % à son lieutenant.
3 % aux janissaires.
3 % aux maîtres canonniers (renégats).
3 % aux petits canonniers.
3 % au pilote.
3 % au contre-maître de manœuvre des voiles.
3 % au chirurgien (renégat chrétien).
2 % au maître de hache.
2 % au calfat.
2 % aux mariniers qui, pour la plupart, étaient des esclaves loués pour le service des vaisseaux. Les maîtres touchaient les parts affectées à leurs esclaves. Enfin 8 % revenaient au second du navire.

grands : c'est un honneur qui lui revient, puisque, dans cette circonstance, il donne des ordres que tous ceux qui sont réunis sont tenus d'exécuter. On sort ensuite de la ville, et l'on se dirige vers le lieu où sont dressées les tentes du bey et celles des soldats qui doivent faire l'expédition. Le bey et l'agha entrent dans le camp, ainsi que la troupe; le reste du cortège reprend le chemin de la ville. »

Sous Othman-Dey (1593 à 1610) les courses sur mer furent très productives. « C'est au point qu'on ne saurait faire le compte de ce qu'elles rapportèrent[1] ». Ce fut à cette époque que s'établit la réputation du fameux marin Mohammed-Bey-ben-Hussein-Pacha.

Depuis et presque jusqu'à ces dernières années, les corsaires, il serait plus juste de dire les pirates tunisiens, infestèrent la Méditerranée, s'enhardissant jusque sur les côtes de l'Espagne et de la France, et le plus souvent avec succès.

En août 1605, cinq galères de Malte qui croisaient devant Tunis se perdirent sur l'île de Zimbre, à 20 kilomètres du cap Bon. Les chevaliers qui les montaient, après avoir froidement envisagé les périls de leur situation, songèrent à se prémunir contre ceux qui ne manqueraient pas de les menacer, aussitôt que le gouvernement local aurait avis de leur naufrage. Ils retirèrent donc tout ce qu'ils purent des coques de leurs navires, et se retranchèrent sur la partie la plus élevée de l'île. Quelques pièces de canons, portées à force de bras sur le sommet du grand Zimbre, ajoutèrent à la sécurité qu'ils puisaient dans leur propre courage. C'est dans cette attitude qu'ils attendirent l'ennemi.

Bientôt les Tunisiens vinrent en foule assaillir cette poignée de chrétiens. Leur attaque fut vive ; mais la défense fut plus vigoureuse encore : trois cents Musulmans payèrent leur témérité de leur vie. Cependant, la position des chevaliers était fort critique ; aucun avis de leur naufrage n'était parvenu à Malte ; nulle embarcation ne leur restait pour aller dans un port réclamer des secours ; et, circonstance plus fâcheuse encore, les vivres allaient leur manquer. Un événement providentiel les sauva au moment où ils désespéraient de sortir de cet îlot stérile.

---

1. Mohammed Ben-Abi-el-Raïni-el-Kaïrouani, *Histoire de l'Afrique* publiée en 1681.

Un navire de commerce, forcé par l'état de la mer de chercher un abri sous le vent de la petite île, vint jeter l'ancre à cinq ou six milles de la côte, et crut reconnaître, aux signaux qui lui étaient faits, qu'on réclamait son assistance. Sur-le-champ, le capitaine se décida à changer de mouillage et à se rapprocher de l'îlot. Instruit de la nature du service qu'on attendait de lui, il mit son embarcation à la mer et recueillit à bord tous ceux des chevaliers et des soldats qui purent s'y jeter à la hâte. Aussitôt, il reprit la bordée du large et alla débarquer son monde à Palerme. Les Tunisiens, furieux de voir échapper une proie qu'ils croyaient déjà tenir, n'en furent que plus résolus à se saisir des malheureux qui n'avaient pas eu le temps de gagner le navire étranger. Leur petite division, chargée de troupes tunisiennes, vint mouiller devant Zimbre le lendemain du départ du bâtiment. Le débarquement s'opéra cette fois sans difficulté, et le peu de chrétiens qui n'avaient pu suivre leurs frères d'armes furent faits prisonniers. On s'empara, en outre, de toute l'artillerie des galères et des nombreux objets que les chevaliers en avaient retirés. Butin et prisonniers furent déposés à la Goulette [1].

Au mois de juin de cette même année 1605, le comte Savary de Brèves, ambassadeur de France à Constantinople depuis vingt-deux ans, arriva à Tunis en compagnie d'un envoyé du Grand-Turc pour y obtenir, en ce qui concernait la Régence, l'exécution des clauses d'un traité tout récemment conclu entre Henri IV et le Sultan, Amurat III. Les clauses stipulaient l'élargissement de tous les prisonniers ou esclaves français et le redressement d'une foule de griefs dont avaient à se plaindre nos nationaux.

M. de Brèves se vit opposer une série d'obstacles dont il ne

---

[1]. *Relation du Voyage de M. de Brèves en Terre-Sainte et dans les États barbaresques*, par Jacques Castel, Paris 1630.

triompha qu'aux dépens de sa vie. La fermeté de son courage et sa persévérance en imposèrent aux janissaires et à Othman-Dey avec lequel un traité fut conclu. Il porte pour titre : *Mémoire et articles pour l'accommodement des sujets du roi de France avec le Vice-roi et capitaines des Janissaires et galères de Tunis.*

Les Tunisiens, entre autres obligations, devaient rendre les chrétiens retenus en esclavage. Ils le firent; mais en continuant bientôt leurs prises au mépris de ce traité, — comme de ceux, d'ailleurs, qui devaient suivre, — et, le 18 juin 1607, lorsqu'il parvint à s'échapper, saint Vincent de Paul était retenu depuis deux ans dans les bagnes de Tunis. Trompant la vigilance de ses gardiens, dépistant leurs recherches, il se jeta dans une petite embarcation avec laquelle il traversa courageusement la mer et put gagner le côte de Provence.

Ému au récit des misères endurées par le jeune ecclésiastique chrétien et les déprédations de toutes sortes commises par les corsaires, un poitevin : Beaulieu, dit Braille, partit du Havre en 1609 avec deux bâtiments qu'il avait armés à ses frais, pour aller détruire la piraterie. En route, il apprit que 22 corsaires se trouvaient, en ce moment même, réunis à la Goulette. Il résolut d'aller les surprendre au mouillage. Comme il approchait des côtes de Sardaigne, il rencontra plusieurs bâtiments de guerre espagnols et sollicita leur appui, qui lui fut accordé avec empressement. Les deux divisions se dirigèrent donc sur la Goulette, dont elles s'approchèrent sans avoir été aperçues. Les corsaires étaient là, mouillés près de terre, sous la protection de l'artillerie du château, et sans autre garnison à leur bord que celle rigoureusement nécessaire à la garde de chaque bâtiment. Les assaillants avaient compté sur cette négligence; aussi s'empressèrent-ils de la mettre à profit; ils brusquèrent l'attaque et incendièrent la flottille ennemie, avant que des secours eussent pu lui être envoyés.

C'est alors que sur les conseils de l'anglais Edward, qui ne dédaigna pas de renforcer ainsi la piraterie, les bâtiments à rames commencent à être remplacés dans la marine tunisienne par les bâtiments à formes rondes ou polacres, introduits peu de temps auparavant sur les chantiers d'Alger par un corsaire flamand du nom de Danser.

A cette époque, l'Espagne affaiblie dans son armée, appauvrie dans ses finances, redoutait une déclaration de guerre de la France. Henri IV songeait, en effet, à conclure une alliance avec toutes les puissances du Nord. Il préparait une formidable armée et se dirigeait vers la Navarre. Alors aussi, parmi les Maures restés en Espagne, fomentaient des idées de révolte.

Philippe III, d'après les conseils de l'Inquisition, ordonna aux Maures de quitter le sol de ses États dans un délai de trente jours, terme qui fut prorogé de cinq mois (1609-1610).

Seul, parmi les grands, le duc d'Assuna osa blâmer cet exil, impolitique au suprême degré. Vaine protestation! La considération religieuse l'emporta sur toutes les autres. Les prêtres catholiques accusaient les Maures de pratiquer extérieurement le christianisme afin de rester dans la Péninsule; mais, intérieurement, de demeurer fidèles aux préceptes du Koran. Ils devaient disparaître, et ils disparurent.

Les exilés se tournèrent alors vers la Gascogne, dont les premiers habitants furent d'origine ibérienne et lui donnèrent son nom[1]. Ils sollicitèrent de Henri IV la permission de venir habiter et défricher les landes de Bordeaux. Ce prince refusa parcequ'ils n'étaient pas chrétiens.

Si l'intolérance religieuse du bon roi, qui pensait pourtant que Paris valait bien une messe, ne s'était pas opposée à l'admission de ce peuple, essentiellement cultivateur, la France

---

1. Gascogne dérive de Vascones, tribu du N. de l'Espagne qui occupa cette partie de la France vers 550.

posséderait depuis trois siècles cent mille hectares de terres rendues productives et nourrissant au moins un million d'habitants qu'elle se serait assimilés, et qui auraient apporté dans la nation un sang riche et vigoureux.

Les Maures quittèrent, cette fois, définitivement l'Espagne au nombre de cinq cent mille (certains auteurs disent huit cent mille). Ils se réfugièrent partie en Asie, partie en Afrique. Il leur avait été permis de vendre et de réaliser leurs biens immeubles, mais à la condition expresse d'en convertir le montant à l'achat de marchandises espagnoles qu'ils pourraient dès lors prendre avec eux.

Quant à l'argent, à l'or et aux pierreries — et personne n'en possédait comme eux, — ils surent aussi les emporter.

Mais en perdant de tels hommes, l'Espagne perdit beaucoup plus que des trésors d'argent : avec les Maures disparurent l'industrie, les arts, le négoce et aussi l'agriculture.

De ce moment date la décadence de la nation espagnole et le dépérissement de la monarchie.

Le Maroc, l'Algérie, et la Tunisie principalement, reçurent la plus grande partie de ces expatriés. A Tunis, Othman-Dey leur fit un accueil empressé. Il leur permit de s'établir où bon leur semblerait. Quelques-uns achetèrent El-Hanacher, y bâtirent des maisons, et ce lieu fut peuplé par eux. Les autres fondèrent Zaghouan, Soliman, Belli, Nianou, Grombalia, Turki, El-Djedid, Tebourba, Grich-el-Ouad, Medjez-el-Bab, Slouguia, Testour, El-Alia, El-Kâla, etc., en tout plus de vingt villes qui devinrent superbes entre les mains des Andalous. Outre des capitaux considérables, ils apportèrent des habitudes d'industrie et de travail presque perdues dans cette contrée. L'agriculture prit un nouvel essor. Ils replantèrent la vigne qui n'était plus connue en Tunisie; ils cultivèrent un très grand nombre d'oliviers et de mûriers, créèrent l'industrie séricicole. Le commerce refleurit. Malheureusement, ces germes de prospérité furent étouffés entre les mains des Turcs, qui eurent rarement un chef aussi sensé qu'Othman-Dey. A sa mort, il fut remplacé par son gendre Youssef qui régna de 1610 à 1637. On lui doit la construction du beau pont sur la Medjerda à Tébourba, ainsi que la mosquée qui porte son nom à Tunis. Il avait doté cette ville d'un aqueduc qui y amenait l'eau ; mais cet ouvrage a disparu au dix-huitième siècle, faute d'entretien.

La délimitation des frontières qui avait déjà suscité un conflit entre les régences d'Alger et de Tunis, en 1614, donna lieu à des actes d'hostilité très sérieux en 1628. Plusieurs rencontres eurent lieu entre les armées des deux États. Les Tunisiens, défaits à El Sethara (17 mai 1628) furent contraints de demander la paix.

La frontière fut fixée par le cours de l'Oued Serrat, l'Oued Melleg, El-Ahïreche, Keloub-el-Tiran, Ras-el-Djebel-el-Hafa et, de là, comme par le passé, jusqu'à la mer.

Du côté de la Tripolitaine, Youssef fut plus heureux. L'île de Djerba, qui avait appartenu jusque-là à Tripoli, fut réunie à la Régence.

Un religieux, le père Dan, auquel nous devons des détails pleins d'intérêt sur l'organisation de la Régence[1], nous apprend que le Divan de Tunis se composait, en 1633, époque à laquelle il se rendit dans cette ville pour la rédemption des captifs, de 40 membres, dont voici la désignation : l'Agha, son Kahïa ou lieutenant, 12 oda-bachi ou chefs de chambrée, 24 boulouk-bachi ou officiers supérieurs, 2 écrivains et 6 chaouch. Selon le même auteur, on comptait alors à Tunis 7,000 esclaves chrétiens et 3 à 4,000 renégats, au nombre desquels se trouvaient 700 femmes.

---

1. *Histoire de la Barbarie et de ses corsaires*, par le P. Dan, Paris 1635.

Youssef eut pour successeur un corsaire célèbre par ses exploits et ses richesses, Ostad-Mourad-Dey (1637-1640).

Ostad-Mourad gouverna avec rigidité. Il défendit l'exportation du blé en Europe et le pain de trente-six onces valait sous son règne, un *nas'ri*[1]; en hiver la livre de viande ne coûtait pas davantage. Il était impossible de vivre à meilleur marché.

Ostad-Mourad fonda Porto-Farina (*R'ar-el-Melah*)[2], en 1639. Les chrétiens avaient coutume de chercher un refuge dans cette anse. Il y fit donc élever un fort pour empêcher les navires européens de s'y abriter. Puis, il ordonna d'élever une ville sur ce point et d'y attirer des habitants en faisant des avances à ceux qui voudraient s'y établir. Il s'y rendit beaucoup d'Andalous.

Tandis qu'il se protégeait à l'embouchure de la Medjerda, les chevaliers de Malte, conduits par le prieur Landgrave d'Osia, renouvelaient, le 24 août 1640, le coup de main de Beaulieu, trente ans auparavant. Bravant les fortifications de la Goulette, ils pénétraient dans le port avec les galères de Malte, et y incendiaient plusieurs navires de la marine tunisienne. Le succès de cette tentative ayant démontré la complète insuffisance du château de la Goulette, au point de vue de la défense de la place, Ostad-Mourad décida sur-le-champ la construction d'un nouveau fort.

Après s'être fortifié contre les ennemis de l'extérieur, Ostad-Mourad, avec la tribu des Drid, qui lui était très dévouée, et les cavaliers des autres tribus soumises, organisa les Zmala, qui lui servirent à combattre les rebelles de l'intérieur. Il mit à cheval des soldats Zouaoua, qu'on nomma *Sbah'ïa*[3].

---

1. Petite monnaie frappée pour la première fois en Égypte, sous le règne du fameux Saladin, qui était surnommé En-Nâc'er.
2. *R'ar-el-Melah*, signifie en arabe la grotte du sel. Il y a près de cette localité une ancienne mine de sel, d'où lui vient son nom.
3. De *Sbah'ïa* nous avons fait Spahis.

A la mort d'Ostad-Mourad, la milice élut à sa place Hadj-Mohammed-Faz-Dey (1647 à 1653). Celui-ci permit la création d'une chapelle chrétienne à Tunis, au consulat de France. Placée sous le vocable du roi Louis IX, cette chapelle vit la première manifestation publique d'un culte proscrit depuis neuf cents ans. Elle fut desservie par des missionnaires capucins, dont l'ordre est encore chargé aujourd'hui de la mission catholique et apostolique à Tunis. Il est placé à la tête de la paroisse Sainte-Croix de Tunis.

Au mois de mars 1660 [1], Hadj Mustapha-Dey (1653 à 1665), voulant s'attirer les bonnes grâces du gouvernement français et faire contraster son zèle avec l'indifférence de la régence d'Alger, envoya en mission extraordinaire auprès de Louis XIV, un de ses favoris, Sidi Ramdan, chargé de lui offrir, en son nom, de magnifiques présents. Cet acte de courtoisie ne parait pas avoir modifié les sentiments de la France; car, deux ans plus tard, elle se préparait à la guerre contre l'état de Hadj Mustapha.

En cette même année 1662, des traités furent échangés entre Tunis, l'Angleterre et la Hollande; mais ils donnèrent bientôt lieu à des difficultés qui amenèrent l'amiral anglais Robert Black devant Porto-Farina en 1665. Il endommagea les forts, causa de grands dégâts dans la ville et brûla neuf bâtiments tunisiens. Cet acte de vigueur amena la mise en liberté de tous les Anglais et Hollandais retenus en esclavage dans les bagnes de Tunis [2].

En juin 1665, le duc de Beaufort qui, depuis l'évacuation de Djidjelli (Algérie) par les troupes françaises, croisait sur la côte pour prendre la revanche de nos armes, défit une escadre tuni-

---

1. D'ici à 1830, nous résumerons souvent les *Annales tunisiennes* auxquelles nous engageons à se référer ceux qui désireraient des détails plus complets sur cette période de l'histoire de la Tunisie.

2. Voir les *Mémoires historiques* de Pellissier, p. 275. Voir également le chap. xxx, de l'*Histoire navale de l'Angleterre*, par Lediard.

sienne devant la Goulette, et lui brûla trois navires. Le 25 novembre suivant, il fit agréer par la Régence de Tunis diverses dispositions relatives à la navigation, au commerce, au privilège de nos nationaux. Il va sans dire que l'une de ces dispositions a pour but la mise en liberté de tous les esclaves français détenus dans les bagnes. Cette convention, qui reproduit, assez fastidieusement, du reste, le texte de tous les actes de l'espèce en diffère essentiellement dans son article XVII qui stipule que le consul de France sera considéré comme le représentant naturel de toutes les nations qui se livrent à des opérations de commerce dans l'étendue de la Tunisie, à l'exception des Anglais et des Hollandais qui venaient d'instituer un consul spécial à Tunis. Ce traité établissait ainsi l'importance exceptionnelle du représentant de la France à Tunis, importance qui devait aller grandissant de plus en plus jusqu'au commencement de ce siècle, où sa suprématie devint incontestable.

Le fort construit dans l'îlot de Chikli (au milieu du lac El-Bahira) sur les ruines du château que les Espagnols y avaient élevé au temps de leur domination, est dû à Mustapha-Faz.

A sa mort, survenue le 19 hidjé 1075 (21 juin 1665) El-hadj Mustapha Kara-Kouz s'empara violemment du pouvoir. Comme c'était un homme résolu et dont l'aspect seul inspirait l'effroi, personne n'osa lui faire opposition. Il s'était, d'ailleurs, acquis l'appui des janissaires.

Kara-Kouz fut d'une sévérité impitoyable. Il répandit le sang à flots; on le craignit de loin comme de près. Il établit la sécurité, mais en interrompant toutes les relations. Les Turcs n'ont guère connu d'autre manière de faire régner l'ordre. On tenta de l'empoisonner; et finalement on le contraignit à abdiquer en 1667.

On mit à sa place un ancien corsaire Hadj-Oghli-Dey qui fut dépossédé en 1669 à cause de son imbécillité.

Le onzième dey fut Hadj Chaban (1669-1672). Ce fut sous son gouvernement que le marquis de Martel se présenta pour la seconde fois devant Tunis et signa, au nom de la France, un traité destiné à mettre fin aux avanies dont le commerce français avait eu à souffrir depuis la conclusion de l'arrangement négocié par le duc de Beaufort. Ce nouveau traité eut encore pour effet de rendre la liberté aux esclaves et de rétablir les privilèges et avantages acquis par les stipulations de 1665. Entre autres nouvelles dispositions, il y fut dit que les Grecs, sujets ottomans, seraient tenus de reconnaître l'autorité du consul de France, pour les expéditions et papiers de bord nécessaires à leur navigation.

La déchéance de Hadj Chaban ayant été prononcée le 14 hidjé 1082 (mars 1671) la milice élut à sa place, à l'unanimité, El hadj Mohammed Mentechli, qui fut renversé, à son tour, l'année suivante par les janissaires soulevés.

Le treizième dey El hadj Ali-Faz eut le sort de ses prédécesseurs. Proclamé dans le milieu de Hidjé 1084 (1673), le mardi premier jour des *hessoum*[1], on regarda cette date comme de mauvaise augure. Ses adversaires intriguèrent, exploitèrent la crédulité publique, et El hadj Ali-Faz fut déposé après un règne de quelques mois.

El hadj Mami-Djamal, prit le pouvoir vers le milieu du mois de Sfar 1084 (1673). Son autorité fut aussi précaire que celle de ses prédécesseurs. Il ne régna qu'au milieu des troubles suscités par les beys, dont l'influence augmentait chaque jour et leur permettait déjà de tenir tête aux deys, qu'ils finiront par remplacer.

Au milieu de tous ces déchirements, la vie et les intérêts des chrétiens étaient souvent menacés; c'est dans le but de les faire

---

1. Époque de l'équinoxe du printemps.

respecter, qu'au mois de mars 1675, une division française, aux ordres du marquis de Rully d'Humières, chef d'escadre des armées du roi, vint séjourner quelque temps dans les eaux de la Goulette, à la grande satisfaction de nos compatriotes.

Mais le danger reparut bientôt. Mami-Djamal déposé, fut remplacé par El hadj Mohammed Bichara. Sous ce dey les troupes ne reçurent leur solde qu'une seule fois. Elles se révoltèrent et Mohammed Bichara fut mis à mort.

Hadj Mami Djamal monta alors sur le trône pour la seconde fois (1677) ; mais il fut renversé de nouveau, l'année suivante, et cette fois étranglé, vraisemblablement afin d'être guéri à tout jamais du pouvoir deylikal.

Un sort encore moins enviable était réservé à Azen-Ahmed. Il régna trois jours et fut étranglé par les ordres d'Ali-Bey.

Mohammed Tabak fut reconnu dey à la fin de rabia-el-aoûal 1088 (1678). Son premier soin fut de choisir 400 soldats de la milice pour s'en former une garde particulière qu'il caserna près de lui. Ces soldats prirent le nom de *Hamba*, qu'ils portent encore aujourd'hui.

Il ne cessa de lutter contre les beys Mohammed et Ali. Le dey d'Alger, Baba Hassan, passa la frontière pour ramener la tranquillité chez ses voisins, déchirés depuis si longtemps par les dissensions intestines. Il se figurait y être parvenu, lorsque Mohammed-Bey imagina un stratagème tendant à faire croire à son frère Ali-Bey que le dey était de connivence avec lui pour le destituer. Ali-Bey, saisi d'indignation, jura la perte de Mohammed Tabak. Celui-ci, un jour de fête, vint au Bardo pour complimenter Ali; mais à peine avait-il franchi les portes du palais, que ce dernier le fit arrêter. Envoyé à Porto-Farina, il fut étranglé en route (1682).

Le danger, avons-nous dit, n'avait pas tardé à reparaître pour les chrétiens. En effet, au milieu des révolutions sanglantes de cette époque, ils avaient tout à redouter; ils étaient l'objet de vexations et de sévices contre lesquels toutes les réclamations du consul demeuraient sans succès. Mais le 6 moharrem 1089 (27 février 1678) dans le cours de la révolte conduite par Hussein Sakezli, tous les Européens établis à Tunis se virent sérieusement menacés dans leur vie et dans leur fortune. Les consuls de France et d'Angleterre furent violemment traînés devant le bey Mohammed, dont le camp était établi à deux lieues de la ville, et obligés de s'engager, sous peine de mort, à payer au bey une somme considérable, afin de sauvegarder la vie et les propriétés de leurs nationaux. Trois ans plus tard, la ville de Marseille indemnisa les négociants français des pertes qu'ils avaient subies en cette circonstance.

Ahmed Cheléby, proclamé dey par la milice en 1682, éprouva les mêmes difficultés avec le bey Ali qui l'avait fait élire, et avec lequel il s'était brouillé. Ce dernier dévasta toute la campagne, incendia les bois d'oliviers et s'avança jusqu'à la porte de Bab-el-Khadra où il combattit le bey en mars 1683.

Le maréchal d'Estrées vint en 1685, à la tête d'une flotte française, exiger la réparation des dommages causés au commerce français par les corsaires de la Régence, au mépris des traités existant entre les deux États. La guerre civile qui ruinait le pays ne permettait point à Ahmed Cheléby la moindre résistance aux exigences de l'amiral. Il obtint donc une somme de 60,000 écus, à titre d'indemnité. Et les finances de l'État ne permettant pas de payer la totalité de cette somme, il fut convenu que la maison Gauthier, de Marseille, avancerait 52,000 écus au gouvernement Tunisien. En garantie de cet emprunt, la Régence accorda à la maison de commerce l'autorisation de fonder un comptoir au cap Nègre. Ce fut là l'origine de ce nouvel établissement français sur les côtes de la Barbarie, lequel reçut du gouvernement un secours de 250,000 francs et, en 1707, se réunit à la Compagnie des Concessions d'Afrique[1].

Pendant ces négociations les deux frères Mohammed et Ali-Bey se réconcilièrent et firent appel, par surcroît de prudence, à l'assistance des Algériens, qu'un mauvais procédé de leur allié Cheléby avait indisposés gravement contre lui. Les Algériens répondirent à l'appel des beys et vinrent en force se ranger sous leurs drapeaux. Ils prirent el Kef, Béjà, après quoi ils déclarèrent Ahmed-Cheléby déchu et remplacé par Hadj Mohammed Baktache. Ils vinrent mettre le siège devant Tunis au mois de Hidjé 1096 (novembre 1685). Au bout de huit mois, fatiguée d'une aussi longue résistance, qui avait coûté beaucoup de sang, la population déserta le parti du dey et murmura hautement contre ses rigueurs. Épouvanté de ces dispositions hostiles et des intelligences coupables établies entre les assiégés et les assaillants, Ahmed ralliant autour de lui le peu de janissaires qui lui étaient restés fidèles, se réfugia dans la Casbah, le 9 redjeb 1097 (31 mai 1686).

Jugeant bientôt toute résistance impossible, la nuit venue il s'échappa par une porte secrète et gagna la campagne avec quelques serviteurs dévoués. Rejoints près de la sebkha el Sedjoumi, les fugitifs furent ramenés à Tunis et mis à mort.

Hadj Mohammed Baktache, qui avait déjà été proclamé dey dans le camp de Béjà reçut son investiture solennelle à la Casbah de Tunis le lendemain de sa reddition. Il partagea la Tunisie entre les deux beys auxquels il devait son élévation. Moham-

---

1. Peu après l'usurpation d'Alger par les frères Barberousse, la pêche du corail attira nos compatriotes sur la côte de Bône. Les indigènes, au moyen de quelques présents annuellement renouvelés, cédèrent aux pêcheurs dix lieues de côtes entre la rivière Seilas et le cap Roux, limite des États de Tunis. On construisit cinq forts pour protéger nos établissements : le fort de la Calle était le principal.

Le Sultan Ahmed reconnut, en 1604, les droits de la France à ce comptoir, — qui a joué, comme on sait, le rôle principal dans la conquête de l'Algérie.

Les avantages commerciaux dont la France jouissait à la Calle, primitivement au Bastion de France, étaient dénommés *Concessions d'Afrique*. Ils comportaient la pêche du corail et le commerce exclusif avec la province de Constantine.

med eut Kairouan, Béjà, Monastir; Ali eut el Kef, Sousse, les territoires des Ouchteta et du Sahel. On vit là un acte d'habile politique; mais la population de Tunis n'avait pas oublié les impitoyables rigueurs d'Ali-Bey; elle nourrissait contre lui une sourde rancune qui se traduisit bientôt par la rébellion et une émeute dans laquelle Ali-Bey fut criblé de coups (10 mars 1686). La tête, détachée du corps, fut traînée à travers les rues de la ville par le peuple assoiffé de vengeance.

Son frère Mohammed, qui n'avait pas été étranger au soulèvement, fut alors investi du titre de généralissime. L'armée algérienne ayant terminé ses opérations, il la reconduisit jusqu'aux limites de son territoire, en comblant son chef de présents. Il fut ensuite chargé d'une mission à Constantinople, où il mourut.

Le Sultan conféra le titre de bey au dey Baktache, qui réunit ainsi les deux pouvoirs et en fit disparaître la dualité. Mais à la mort de Baktache, c'est-à-dire en 1688, les pouvoirs furent de nouveau scindés, la lutte recommença plus vive que jamais.

L'avènement au pouvoir de l'ancien corsaire Ali-el-Raïs, fut marqué par une affreuse calamité : la peste éclata dans le courant de janvier 1689, elle dura huit mois et fit, dans la seule ville de Tunis, plus de 60,000 victimes.

En 1693, à l'incitation de Mohammed ben Cheker, une division algérienne s'achemina de nouveau vers la frontière de l'Est. Elle se concentra à Bône avec un contingent tripolitain, et marcha sur Tunis. Les deux armées ne tardèrent pas à se rencontrer et, vers le 15 juillet, on en vint aux mains. C'était aux environs du Kef. Cette bataille fut décisive; les Algériens culbutèrent les troupes de Mohammed-Bey et les mirent en fuite.

A cette nouvelle, le dey et son propre frère Ramdan, qui était revêtu du titre et de la charge de pacha, s'échappèrent clandestinement du palais et se réfugièrent en Europe auprès du duc de Toscane. Indigné de tant de lâcheté, Mohammed-Bey les destitue, fait séquestrer leurs biens et proclamer Ibrahim Khodja.

Ce dernier acceptait le pouvoir dans des conditions particulièrement difficiles. Les Algériens étaient aux portes de Tunis. Quelques jours encore et la place serait investie. Déjà Porto-Farina, qui renfermait l'arsenal de la Régence, toute la marine tunisienne et les principales tribus de l'intérieur avaient fait leur soumission à Ben Cheker. Mohammed tenta courageusement la défense de sa capitale; mais il comprit bientôt l'inutilité de ses efforts et résolut de chercher son salut dans la fuite. Il quitta secrètement la ville le 24 rabia-el-aoual 1106 (novembre 1694) pour se réfugier à Kairouan. Déposé, il fut exilé à Sousse, où il finit ses jours.

Ben Cheker fit nommer à sa place Mohammed Khodja Ier qui fut lui-même déposé au bout de trois jours et remplacé par Mohammed Tatar-Dey le 8 rabia-et-tani 1106 (7 novembre 1694).

Cependant l'armée algérienne pressait vivement le siège de Tunis, qui dut bientôt ouvrir ses portes. La ville fut livrée au pillage. Les caves des bagnes renfermaient du vin, les soldats s'enivrèrent et se livrèrent ensuite à tous les excès; la chapelle fut profanée, pillée et saccagée. La colonie française, tant qu'avaient duré les désordres, s'était tenue renfermée dans son fondouk. Elle n'en sortit que pour aller complimenter le dey d'Alger, Hadj Chaban, qui commandait en personne l'armée algérienne.

Ce soldat impérieux, d'une humeur capricieuse fut pendant quelques jours la terreur des Français de Tunis. Toutefois, il se radoucit et devint tout à fait traitable, lorsque le consul de France lui eut offert, en présent, des bijoux d'une certaine valeur. Pour prix du concours qu'ils avaient prêté à Ben Cheker, celui-ci fut obligé de payer aux Algériens une somme de 500,000 piastres, dont 100,000 à titre de présent particulier au bey, et 400,000 pour le trésor de l'odjak. Afin de se procurer cet argent fort difficile à réaliser au milieu de l'anarchie, Ben Cheker recourut à des confiscations, puis à des impositions extraordinaires sur les corps des métiers. Quant aux Juifs, ils furent dépouillés de tout ce qu'ils possédaient; ils y étaient accoutumés [1].

Son avidité une fois satisfaite, Hadj Chaban se décida sans peine à partir : il fit rentrer par mer une partie de l'armée algérienne; et, prenant le commandement du reste de ses troupes, il s'achemina vers la frontière, le 17 janvier 1695. En même temps qu'il opérait son retour dans ses États, le corps tripolitain effectuait, lui aussi, et par mer, sa rentrée à Tripoli.

A peine le dey d'Alger avait-il repassé la frontière, que la guerre civile recommença à Tunis. Or, Mohammed Tatar, voyant sa cause perdue, livra sa propre capitale au pillage de ses soldats.

Mohammed-Bey institua un nouveau dey, Yakoub, et Mohammed Tatar se vit contraint de s'enfermer dans la Casbah pour échapper à la fureur populaire. Assiégé depuis près de trois mois, il se rendit le 16 juillet 1695 sur la promesse qui lui était faite de la vie sauve et la permission de se retirer dans un marabout; mais le peuple, toujours impitoyable pour les faibles et les vaincus, envahit le sanctuaire où il s'était retiré,

1. Dans un petit volume très substantiel publié l'année dernière, par M. David Cazès, sous le titre d'*Essai sur l'histoire des Israélites en Tunisie*, nous lisons p. 97 : « La situation que faisaient aux Israélites (du XIIe au XVIIe siècle) les Musulmans maîtres de la ville était lamentable. Pour les Mahométans, les Juifs étaient des êtres inférieurs, faits pour les servir. Aussi, ils les tuaient avec une grande facilité. Les meurtres étaient tellement fréquents que les Israélites eux-mêmes finissaient par ne presque plus s'en émouvoir et par considérer presque avec indifférence ces assassinats occasionnés par le fanatisme et la haine. Ils étaient tellement exposés à être dépouillés que des dispositions spéciales ont dû être adoptées à ce sujet, afin de régler les responsabilités. »

le massacra, plaça sa tête au bout d'une pique, et la promena dans les rues en poussant des cris sauvages. Jamais la colère du peuple tunisien n'avait atteint un tel paroxysme de rage et de cruauté ; le croirait-on ? on vit plusieurs de ces misérables se repaître des lambeaux tout sanglants de ce cadavre défiguré !

Yakoub n'était que la créature de Mohammed-Bey qui le déposa après cinq mois de règne (1695).

L'autorité des deys, comme on le voit, diminue chaque jour et s'efface devant le pouvoir croissant des beys, entre les mains desquels le souverain n'est plus qu'un fantoche. Mohammed Khodja, proclamé le 6 rabia-el-aoual 1107 (13 octobre 1695), n'est que le spectateur des conflits sanglants qui s'élèvent entre Ramdan-Bey et son neveu Mourad. « L'histoire de Tunis n'est qu'une série de drames qui feraient merveille sur un théâtre du boulevard[1] ». Ramdan-Bey, excité par son favori Mazoul, renégat florentin, fait saisir et enfermer son neveu dans une prison du Bardo. Surpris au moment où il allait s'évader, ce jeune prince est condamné à perdre la vue. Un chirurgien français, nommé Carlier, est désigné pour l'exécution de cette cruelle sentence. Soit que la pitié l'ait ému, soit qu'il fut gagné à la cause du prince, il simula l'aveuglement, mais conserva la vue au condamné. Dans cet état, le prisonnier fut dirigé sur Sousse. Comme on le croyait incapable de nuire, il fut mal surveillé par l'agha du château à qui sa garde avait été confiée. Il put donc s'enfuir dans les montagnes des Ouceltia, et là, faire appel à ses partisans. Sa jeunesse, ses malheurs, son courage intrépide, son éloquence avaient favorablement disposé les populations guerrières, remuantes et passionnées parmi lesquelles il s'était réfugié. Des milliers de combattants vinrent se ranger sous ses drapeaux. En vain Ram-

---

1. *La Régence de Tunis au XIXe siècle*, par A. de Flaux, p. 203.

dan essaya-t-il de le refouler dans le désert; vaincu en bataille rangée, celui-ci fut saisi à Sousse, étranglé et décapité. Sa tête, portée en triomphe dans la capitale, y fut traînée dans les ruisseaux[1].

Tunis, effrayé des succès de Mourad, se hâta de lui envoyer sa soumission. Il y fit son entrée le 13 ramdhan 1110 (14 mars 1699). Le même jour, une de ses créatures, Dali Mohammed, était proclamé dey de la Régence; et le lendemain Mourad était lui-même solennellement investi de la dignité de bey. Il n'était âgé que de 18 ans.

Les finances tunisiennes étaient tellement obérées en 1700 que le bey fut obligé de recourir au commerce français pour obtenir l'argent nécessaire à parfaire la solde de ses troupes. Il demandait qu'on lui prêtât une somme de 12,000 francs. Comme quelques mois auparavant le peu d'empressement avec lequel la colonie anglaise avait accueilli semblable demande avait failli amener des violences, les commerçants français[2] apportèrent beaucoup d'empressement à mettre cet argent à la disposition du bey.

Mourad, non content d'avoir fait périr tous ceux qui l'avaient éloigné du pouvoir, le favori Mazoul en tête, fit décréter la guerre contre l'odjak d'Alger, sous prétexte que les Algériens avaient favorisé les projets de son oncle. Un premier succès le conduisit jusque sous les murs de Constantine qu'il investit; mais à l'approche de renforts algériens, il suspendit le siège de la place pour se porter au devant de ses ennemis. La première rencontre fut encore tout à l'avantage du jeune bey;

1. Voir *Mémoires historiques qui concernent le gouvernement de l'ancien et nouveau royaume de Tunis*, par M. de Saint-Gervais. Paris, 1736. *Passim.*
2. Le corps des négociants français se composait, à cette époque, de onze maisons de commerce, ayant à leur tête MM. Béranger, Vitalis, Jubain, Boux, Royer, Fulcrand, Bayn, Bardou, Aubert, Imbert et Jullien. Ce chiffre de négociants, ainsi que l'observe Alph. Rousseau, constate l'importance du commerce français engagé dans la Régence dès la fin du dix-septième siècle.

il enfonça les rangs des Algériens et les dispersa; mais bientôt ceux-ci, revenus de leur panique, se rallièrent à la voix énergique de leur chef et fondirent sur l'armée tunisienne qu'ils taillèrent en pièces. Cette seconde bataille fut livrée le 19 rabia-et-tani 1112 (3 octobre 1700) sur le territoire de Djemâ-el-Eulama entre Medjez-el-Amar et Kareb Mourad dut se replier en Tunisie. Il y reforma une armée nouvelle et au commencement de moharrem 1114 (mai 1702), il se remit en marche contre son ennemi, aveuglé par son ressentiment et mû par le désir d'effacer le souvenir de sa défaite. Un complot éclata dans son entourage, il fut tué et décapité ainsi que tous ses parents le 13 moharrem 1114 (8 juin 1702) sur les bords de l'oued Zergua.

L'année précédente Mourad avait déposé Dali-Mohammed pour élever sur le pavois Kahouadji Mohammed, un ancien cafetier, ainsi que son nom l'indique. A la mort de Mourad, Kahouadji fut remplacé par Kara Mustapha-Dey qui ne fit que passer sur le trône. Le 17 djoumadi-et-tani (27 octobre 1702) Ibrahim-el-Cherif-Dey concentra dans ses mains les triples fonctions de dey, de bey et de pacha. Cette nouvelle organisation ne sauva pas le deylik; Ibrahim fut le trentième et dernier dey souverain de Tunis.

Le bey de Tripoli s'étant emparé, à leur passage sur ses terres, des chevaux de prix que le pacha d'Égypte offrait à Ibrahim-Dey, la guerre fut allumée entre les deux régences (1704). De son côté, le gouvernement algérien, qui espérait combler le déficit de ses finances par les avantages d'une guerre avec Tunis, chercha querelle à Ibrahim Dey et prit les armes.

Ibrahim, sans s'effrayer d'avoir ce nouvel ennemi sur les bras, marche à la rencontre des contingents Tripolitains et les bat le 10 décembre 1704. Il avait mis le siège devant Tripoli, lorsque son armée fut subitement envahie par la peste. Il dut lâcher prise et rentrer dans sa capitale. La peste l'y suivit. Peu de semaines après la rentrée des troupes, on comptait jusqu'à sept cents décès par jour. Peyssonnel[1], qui voyagea dans la Régence en 1724, assure que la seule ville de Tunis perdit 44,000 personnes pendant la durée de l'épidémie.

Quoi qu'il en soit, les Algériens continuaient activement leurs préparatifs de guerre. Ibrahim fit fortifier la ville du Kef, réputée la clef de la Régence et la seule place capable d'arrêter la marche d'un ennemi venant de l'Ouest. Il s'y porte en toute hâte, à la nouvelle de l'approche de l'ennemi; mais ses troupes étaient numériquement bien inférieures à celles des Algériens. Le 7 juillet 1705, il fut battu à plate couture. Cerné de toutes parts, il combattit avec le courage du désespoir à la tête d'une poignée de soldats; après avoir eu trois chevaux tués sous lui et avoir fait des prodiges de valeur, il dut céder au nombre : il se livra aux mains des vainqueurs. Son frère Mohammed, qui défendait la citadelle du Kef, fut également fait prisonnier. Les Agha rassemblèrent alors les débris de l'armée et se replièrent sur Tunis; Hussein ben Ali, le plus influent d'entre eux, fut aussitôt proclamé bey. Il reçut, dans Tunis même, l'investiture de son commandement le 20 rabia-el-aoual 1117 (10 juillet 1705).

Ayant voulu rentrer en Tunisie quelques mois plus tard, Ibrahim-Dey tomba sous le poignard de ses adversaires[2]. Avec lui finit misérablement la triste dynastie des deys sous laquelle le peuple tunisien a gémi pendant plus d'un siècle.

Hussein ben Ali est le fondateur de la dynastie des beys encore au pouvoir à l'heure actuelle avec Ali-Bey-Pacha.

---

1. *Relation d'un voyage sur les côtes de Barbarie en* 1724 *et* 1725 fait par ordre du Roi, par le docteur J.-A. Peyssonnel, p. 121.
2. On voit encore son tombeau au pied du fort de Sidi Ali-el-Mekki, à Porto-Farina.

VIII

LES BEYS (1705-1881)

HUSSEIN BEN ALI

Fils d'un renégat grec, Ali el Turki, Hussein ben Ali est nommé bey héréditaire. Le jour de son investiture, il fait conférer par la milice le titre et les attributions de dey à Mohammed Khodja el Aziar, l'un de ses familiers. Le dey existe donc toujours? Non. Nominalement, il est encore le souverain; en fait, il n'est plus que le serviteur du bey. Son pouvoir agonise et lorsque Mohammed Khodja-Dey, homme énergique autant qu'ambitieux, essayera d'être autre chose qu'un soliveau, lorsqu'il voudra revendiquer ses droits et les faire respecter, le bey le renversera, le fera décapiter et il emportera dans la tombe le dernier souvenir de la puissance des deys.

Après la bataille du Kef, les Algériens avaient envahi la Régence et réussi à mettre le siège devant Tunis. Leurs forces s'étaient accrues en route; plus de 10,000 rebelles marchaient avec eux. Hussein ne disposait en tout que de 18,000 hommes. Néanmoins, il manœuvra si habilement, il fit éprouver des pertes si sensibles aux assiégeants que les Tunisiens révoltés regagnèrent leurs tribus et l'armée algérienne, par une nuit fort obscure, le 18 du mois de djoumadi-et-tani leva précipitamment son camp, en abandonnant un matériel très important. A la pointe du jour, la cavalerie de Hussein ben Ali se lança à sa poursuite et fut assez heureuse pour s'emparer, à quelques lieues de Tunis, d'un convoi considérable de munitions de guerre que le gouverneur de Bône avait envoyé à Mustapha-Dey. Depuis Tunis jusqu'à la plaine de Sedira la retraite des Algériens fut une véritable déroute.

Au milieu de ces événements, la situation des Français établis à Tunis continuait à être hérissée de difficultés de toutes sortes. Le gouvernement songea à y porter remède et le 1er décembre 1710, une petite escadre sous les ordres de M. de l'Aigle, capitaine de frégate, vint mouiller dans les eaux de la Goulette. Les négociations aboutirent à un nouveau traité de commerce, signé le 6 décembre 1710.

En 1724, M. le vicomte d'Andrezel, nommé ambassadeur à Constantinople, reçut l'ordre de toucher à Tunis pour raffermir davantage les rapports existants entre la France et la Régence. Il arriva avec une escadre de quatre vaisseaux. Le bey, ravi de recevoir la visite d'un ambassadeur de la cour de France, lui rendit tous les honneurs possibles. A son débarquement à la Goulette, accompagné d'une nombreuse suite, composée d'officiers de l'escadre et d'employés attachés à sa mission, le vicomte d'Andrezel fut salué de quatorze coups de canon. Pendant son séjour, le bey lui prodigua les marques de cordialité ainsi que les assurances les plus amicales et lorsque l'envoyé de France prit congé de lui, il le fit saluer par les forts de la Goulette, au moment de son embarquement, de vingt et un coups de canon au lieu de quatorze.

Quelque sincère que fût l'amitié de Hussein pour les Français, elle n'empêcha pas les corsaires de contrevenir aux traités de paix et de commerce qui subsistaient depuis si longtemps entre les deux nations. Les représentations du consul demeuraient sans effet; ce qui plus est, des officiers de la marine française furent arrêtés en pleine rue de Tunis, sous prétexe de représailles. M. de Grandpré parut alors (1728) devant Tunis avec plusieurs gros vaisseaux, des galères, des frégates, trois galiotes à bombes. Le bey s'empressa de donner au roi toutes les satisfactions qu'il pouvait désirer.

Le traité de paix fut renouvelé, avec des additions favorables au commerce et des restrictions capables d'arrêter le brigandage des corsaires de cette Régence. Entre autres articles, il y fut réglé que tout corsaire qui serait surpris sur les côtes de France, poursuivant quelque bâtiment, de quelque nation que ce fût, serait arrêté et confisqué au profit du roi.

L'humiliation à laquelle la Tunisie fut soumise par ce traité était des plus rudes. L'article 1ᵉʳ établit que la Régence enverra des ambassadeurs à Versailles pour implorer le pardon du roi Louis XV[1]. L'article III fixe une indemnité pour les pertes essuyées par des armements français. L'article IV détermine un châtiment exemplaire à infliger, en présence de l'interprète du roi, à des corsaires tunisiens, qui avaient commis les derniers actes d'hostilité. L'article VI assure la liberté des esclaves français pris sous pavillons étrangers et des étrangers pris sous pavillon français. L'article VII donne au chef d'escadre le droit d'accorder la liberté à vingt autres esclaves chrétiens, à son choix. Enfin, l'article XII accorde de nouveaux avantages à l'établissement du Cap Nègre et à la pêche du corail.

Cependant les Tunisiens ne furent pas plus fidèles à leur parole que par leur passé. En 1731, la France se vit dans

---

1. Voici la formule du pardon que les ambassadeurs de la Régence devaient demander au roi de France :

« Les pacha, bey, dey, et divan, et agha des janissaires, et milice de la ville et
« royaume de Tunis déclarent par notre bouche à S. M. R. qu'ils se repentent des
« infractions qu'ils ont commises aux traités de paix qu'elle avait bien voulu leur
« accorder; qu'ils ont une vraie douleur et un sincère repentir de celles qui ont pu
« être faites par leurs corsaires et autres sujets de la République, et de tous les justes
« sujets de plainte qu'ils ont donnés à S. M.; qu'ils supplient très humblement
« S. M. R. de les oublier, sur la promesse publique et solennelle qu'ils font d'obser-
« ver dans la suite, avec une exactitude infinie, les articles et conditions desdits
« traités, et d'employer tous les moyens les plus convenables pour empêcher leurs
« sujets d'y contrevenir. »

l'obligation de renvoyer une division sous les ordres de Dugay-Trouin pour obtenir de nouvelles satisfactions.

Un retour sur le passé est nécessaire pour comprendre la fin du règne de Hussein ben Ali.

Peu après son investiture, Hussein ben Ali avait confié la charge de bey du camp à son neveu Ali, fils de son frère Mohammed ben Hussein. N'ayant pas d'enfants, il destinait ce neveu à lui succéder lorsqu'une jeune fille génoise, de toute beauté, enlevée par un corsaire et amenée à Tunis vers la fin de l'année 1121 (1709), passa des mains de ce forban dans celles de son redoutable maître, dont elle devint bientôt l'épouse favorite. Un an s'était à peine écoulé depuis son entrée au sérail, qu'elle donnait un fils à Hussein (Mohammed Bey), puis quatre autres enfants : deux garçons et deux filles.

Ces nouveaux héritiers, en détruisant toutes les espérances d'Ali, changent en haine farouche les sentiments d'affection qu'il avait pour son oncle; d'autant plus que le divan, réuni en assemblée solennelle pour réviser le droit de succession au trône, a décidé qu'à l'avenir le pouvoir se transmettra de mâle en mâle et par ordre de primogéniture dans la descendance du bey régnant. Ali est énergique, audacieux et ambitieux. Alléguant l'origine chrétienne de la mère et son obstination à repousser l'Islamisme, il ne reconnaît pas aux enfants du prince, qu'il traite de bâtards, le droit d'entrer dans la famille husseinite : il s'enfuit chez les Ouceltia, fiers et belliqueux montagnards, toujours disposés à se mettre en révolte contre le pouvoir établi, quelque soit sa nature et son origine. Il les entraîne à sa suite et détermine ainsi une nouvelle guerre civile qui désole la Régence pendant dix-huit mois. Finalement, taillé en pièces, il se sauve avec son fils, Younès, sur la frontière occidentale, puis auprès du dey d'Alger auquel il va demander asile.

Hussein ben Ali s'efforce alors d'obtenir d'Abdi-Dey la mort d'Ali-Pacha; mais en dépit de toutes les objurgations, Abdi-Dey résiste; il s'engage simplement à maintenir Ali-Pacha en prison, c'est-à-dire hors d'état de nuire, moyennant une rente annuelle de dix mille sequins.

Pendant quelques années, Hussein ben Ali paya régulièrement cette espèce de tribut; mais en 1735, il manqua à ses engagements. De suite, le nouveau dey d'Alger, Ibrahim, épouse le parti de son prisonnier; il met à sa disposition une armée avec laquelle Ali-Pacha défait Hussein ben Ali, le blesse grièvement à la cuisse et l'oblige à fuir à Kairouan[1].

1. Alphonse Rousseau rapporte, dans ses *Annales* (p. 94) le trait de mœurs suivant. Nous croyons devoir le rappeler, car il fait honneur à un de nos compatriotes. Il montre que pour un Français le respect de soi-même, l'honneur, ne perd jamais ses droits, même au milieu d'une société à demi-barbare.
Un provençal du nom de Raynaud, natif de Toulon, enlevé par un corsaire qui croisait sur les côtes de France, fut conduit à Tunis avec plusieurs de ses compatriotes pour y être affecté, comme eux, au service des principaux personnages du pays. Hussein, l'un d'eux, obtint notre Toulonnais et n'eût bientôt qu'à se louer de son dévouement et de sa conduite. Toujours prêt à rendre service à son maître, Raynaud avait même concouru, non sans péril pour sa vie, à le faire monter sur le trône, et, plus tard, dès qu'il en était devenu possesseur, il l'avait grandement aidé à en supporter les soucis. Hussein avait une telle confiance en Raynaud, qu'il lui avait donné la garde de ses trésors, de sa bibliothèque, de ses effets précieux; bien plus, aucune faveur n'aurait pu être accordée sans son intermédiaire, si lui-même, craignant de s'attirer la dangereuse jalousie des grands, n'eût instamment prié son maître de lui éviter ce péril.
La position du favori était donc fort brillante et rien ne pouvait faire soupçonner qu'il songeât jamais à y renoncer; quand tout à coup l'on apprit que, cédant à l'impérieux besoin de revoir sa patrie, il s'était clandestinement embarqué à bord d'un navire prêt à faire voile pour la France. Instruit de cette évasion, Hussein ne voulut pas tout d'abord y ajouter foi, mais forcé de se rendre à l'évidence, il courut à l'appartement de son esclave, qu'il soupçonnait déjà de lui avoir enlevé ses trésors. Le premier objet qui frappa sa vue, en pénétrant dans cet appartement, fut un pli cacheté, déposé à dessein par le fugitif, sur un meuble des plus apparents. Le bey s'empressa de l'ouvrir et reconnut l'écriture de son favori. Raynaud suppliait son maître de lui pardonner son ingratitude, lui exposait les motifs qui l'avaient porté à le quitter, donnait l'inventaire des richesses confiées à sa garde, faisait connaître l'endroit où elles étaient renfermées et finissait en protestant de sa profonde et éternelle reconnaissance pour les bienfaits dont il avait été l'objet de la part du bey. A ce trait si rare de désintéressement et de probité, le bey fut saisi d'admiration et de douleur. Il fit aussitôt écrire à *son ami* pour l'engager à revenir à Tunis, où, disait-il, il lui permettrait de vivre en toute liberté, si mieux il n'aimait accepter les plus hautes charges de l'État. Ses instances furent vaines.

ALI-PACHA

Proclamé bey, Ali-Pacha fait son entrée triomphale à Tunis, le 7 septembre 1735.

L'armée algérienne reprend quelques jours plus tard le chemin de la frontière avec promesse d'un tribut annuel de 50,000 piastres. Mais elle commence par traîner à sa suite trente-cinq mules chargées d'argent.

Hussein ben Ali essaye de reconquérir son trône. Il guerroye pendant cinq ans avec des alternatives de succès et de revers. Assiégé dans Kairouan, réduit à la dernière extrémité, il essaye en vain de se percer un passage au milieu des assaillants. Il est fait prisonnier, le 13 mai 1740, par son petit neveu Younès qui prend un barbare plaisir à trancher la tête de ce vieillard distingué, qui non seulement était le chef de sa famille, mais le fondateur d'une dynastie.

Dans le même temps, Ali-Pacha, enorgueilli par ses succès, contraignit le consul de France, M. Gauthier, au baise-main, marque de vassalité dont lui seul, dans la Régence, était exempt.

Voici comment s'accomplit ce grave événement. Il nous révèle combien était précaire la situation des Européens que l'amour du lucre ou la passion des aventures poussait dans les royaumes barbaresques au siècle dernier.

Dans les premiers jours de mai 1740, Ali-Pacha, ayant fait venir au Bardo le drogman du consul de France, lui déclara qu'il trouvait étrange que son chef admis à l'honneur de le voir,

Hussein, voyant l'inutilité de ses démarches, voulut du moins donner à Raynaud une preuve incontestable et publique de sa reconnaissance : il fit équiper un navire, ordonna de le remplir de blé, et l'envoya, ainsi chargé, à son ancien esclave. Tant que Hussein vécut, il entretint d'amicales relations avec Raynaud, il lui fit à plusieurs reprises de très riches cadeaux et accorda même toutes sortes de faveurs et de facilités aux capitaines marchands qui venaient à Tunis avec un simple mot de recommandation signé de lui.

se refusât à lui baiser la main ; il ajouta d'un ton impératif qu'il espérait que ce scandale cesserait à l'avenir, et que le consul de France, imitant ses collègues, rendrait au souverain du pays qu'il habitait l'hommage qui lui était dû, et auquel personne autre que lui n'avait jamais songé à se soustraire. Le drogman ayant voulu invoquer la tradition et citer les capitulations où ce privilège était accordé à la France, le bey répondit avec colère qu'il ne reconnaissait à personne le droit de lui désobéir ou de lui faire la loi dans ses États; qu'il avait, du reste, la volonté et le pouvoir de faire cesser tout usage imprudemment établi par ses prédécesseurs et portant atteinte à l'autorité qu'il avait reçue de Dieu, et au prestige qui lui était nécessaire pour l'administration de ses peuples. Finalement il dit au drogman épouvanté qu'il déclarerait la guerre à la France, si son représentant refusait de se soumettre à l'étiquette acceptée par tout le monde, même par les princes du sang.

Les exigences du bey furent à peine connues du consul qu'il réunit les négociants français et demanda leur avis dans cette délicate conjoncture. Le conseil eut le courage de décider unanimement qu'il fallait résister aux prétentions d'Ali-Pacha, et délégua deux notables pour apporter au Bardo la cause motivée de leur résistance. Le bey était altier, opiniâtre, rempli d'amour-propre et d'orgueil. Il avait mis son point d'honneur à sortir triomphant de la lutte qu'il avait engagée; aussi fit-il répondre aux deux députés qu'il maintenait sa volonté, et qu'il était résolu, coûte que coûte, à la faire prévaloir. Malgré ces menaces, le conseil décida que son chef devait s'abstenir de se rendre au Bardo, le jour de la réception, et eux quitter la Régence plutôt que de renoncer à un privilège qui établissait en faveur de leur nation, une sorte de suprématie sur toutes les autres. Le bey, accoutumé à voir tout plier devant lui, s'indigna de tant de fermeté, et oubliant toute prudence, il fit cerner le fondouk français par ses janissaires. Leur chef introduit auprès du consul, le met dans l'alternative ou d'obéir ou de périr sous le glaive des chaouch. Le caractère entier, téméraire et cruel du bey ne laissait aucun doute sur l'issue tragique de cette affaire. M. Gauthier, dont le cœur était à la hauteur de ses difficiles fonctions, était décidé à sacrifier sa vie à son devoir et il ne consentit à aller au Bardo (14 mai 1740) s'incliner devant ce barbare et lui baiser la main, que pour prévenir la ruine des hommes dont il était le chef et le protecteur.

L'année suivante, Younès-Bey s'empare de l'île de Tabarca appartenant aux Lomellini de Gênes, mais placée sous la protection de la France. L'officier de marine de Saurins essaye de reprendre cette possession ; trahi, il est battu, fait prisonnier, et n'échappe à la mort que par la généreuse intercession de Younès, émerveillé du courage chevaleresque et de l'héroïque résignation de ce Français.

Ali-Pacha, jaloux de la grande autorité de Younès-Bey, dont il connaît l'audace et l'ambition, et craignant pour son pouvoir, prête l'oreille aux suggestions de son second fils Mohammed-Bey, et résout, de concert avec lui, la perte de son fils aîné. Younès apprend un jour, au milieu de son harem, qu'il a à choisir entre l'exil et la mort. Il opte naturellement pour l'exil. Il devait partir le lendemain ; il feint, le soir, d'aller dîner à la Manouba, comme il avait coutume de le faire ; mais quand il est hors de la vue des sentinelles du Bardo, il rebrousse chemin, et, gagnant par des sentiers détournés la ville de Tunis, y pénètre en massacrant le gardien d'une des portes, soulève les soldats de la Casbah travaillés par des émissaires, se fait proclamer bey, résiste pendant deux mois contre les forces envoyées par son père et ses frères (1752), et enfin, voyant sa cause perdue, se réfugie à Constantine.

Ali-Pacha pour récompenser ses troupes, leur permit le pillage des maisons des chrétiens et des juifs. Pendant cinq jours ce fut une horrible saturnale. La populace se joignit aux troupes, elle enfonça les portes, pilla, vola, ravagea toutes les habitations des israélites, des chrétiens et même des esclaves. Les capucins furent pillés malgré la protection de la France. Les rues étaient remplies de femmes et de filles nues que les Turcs chassaient de leurs maisons après les avoir violées.

Dans le courant de cette même année 1752, une escadre française composée de six vaisseaux, sous les ordres de M. le chevalier de Villarzel, revint mouiller à la Goulette pour cimenter la paix et la bonne harmonie entre la France et la Régence.

La fuite d'Younès-Bey ne calma point la jalousie de Mohammed, le second fils d'Ali-Pacha. Il vit en Soliman, son plus jeune frère, un compétiteur dangereux : il le fit empoisonner. Toujours Caïn et Abel! Cependant, tant d'intrigues, souillées par un double fratricide, ne devaient point porter le fruit que Mohammed en attendait.

Débarrassé d'Younès, Ali-Pacha se vit aux prises avec un nouvel embarras. Le bey de Constantine envahit le territoire de la Régence pour rendre le trône aux enfants d'Hussein ben Ali. L'armée d'Hassen arriva sous Tunis grossie de nombreuses tribus auxquelles le bey et son fils Mohammed étaient devenus odieux par leur cruauté et leur perfidie. Après plusieurs combats, la place fut investie, emportée de vive force le 5 hidjé 1168 (31 août 1756), et Ali-Pacha ainsi que son fils Mohammed Bey eurent la tête tranchée. A partir de ce moment, le pouvoir fut assuré aux descendants d'Hussein ben Ali, qui l'ont toujours conservé depuis. Ils furent assez longtemps inquiétés par Younès-Bey et son fils Ismaïl, qui provoquèrent des séditions et des révoltes, sans pouvoir toutefois s'emparer du trône.

MOHAMMED-BEY

Le partage du butin amena une violente altercation entre le nouveau bey et le chef de l'armée qui lui avait donné le pouvoir. Un frère de Mohammed, Ali-Bey, gravement injurié par Hassen, bey de Constantine, dirigea sur ce dernier le canon d'un pistolet, dont l'amorce seule prit feu. Hassen s'enfuit au milieu de son camp, criant à la trahison, à l'assassinat et appelant ses Turcs à châtier ceux-là même pour lesquels ils venaient de combattre. Tunis, qui était encore au pouvoir des Algériens, fut pillé par eux sans merci. Le consulat de France ne fut pas épargné; tout l'or qu'il contenait fut enlevé et les archives déchirées ou brûlées. Mohammed Bey, assiégé dans la citadelle du Bardo, se trouvait dans une situation très critique, lorsqu'il fut délivré par la rare bravoure, l'incroyable intrépidité de son frère Ali, accouru de Sfax à son secours, et qui parvint à restaurer l'autorité de Mohammed en même temps qu'il forçait l'armée algérienne à repasser la frontière, moyennant une forte rançon, la promesse de démolir les ouvrages qui défendaient la frontière occidentale de la Tunisie et la redevance à l'odjak d'Alger de deux chargements d'huile. Seulement, pour ménager l'amour-propre des beys et enlever à ce présent tout caractère de tribut, il fut déclaré que l'huile de Tunis serait exclusivement consacrée à alimenter les lampes sacrées qui brûlaient dans les mosquées d'Alger.

Mohammed-Bey qui, à la bonté joignait la fermeté, la prudence et l'habileté, semblait promettre un règne heureux à la Régence, décimée et ruinée par la guerre civile; mais il mourut subitement le 14 djoumadi-et-tani 1172 (11 février 1759).

ALI-BEY

Mohammed-Bey laissait deux fils mineurs. Ali-Bey succéda donc à son frère, après engagement solennel de céder le trône à Ismaël, fils aîné du défunt, dès que celui-ci aurait atteint sa majorité.

Ali-Bey rendit à la Régence une prospérité qu'elle ne connaissait plus depuis longtemps, en imprimant à l'agriculture et à l'industrie une vigoureuse impulsion, en favorisant le commerce avec l'étranger et en réorganisant l'armée et la marine. Il renouvela (1760) les anciens traités avec la Hollande, reçut la visite de lord Cleveland, ministre plénipotentiaire anglais, qui refusa de se soumettre à l'humiliante formalité du baise-main et du changement de pantoufles[1], et celle du chevalier de Bompart qui arriva dans le mouillage de la Goulette le 23 juillet 1762 avec une importante escadre. Il se montra accessible à l'influence européenne. Ainsi, il signa, le 21 mai 1765, avec M. de Saizieu, une déclaration officielle par laquelle la France obtenait que la Régence repoussât de ses ports les corsaires d'Alger et du Maroc, et ne leur permît pas d'y vendre les prises françaises qu'ils avaient pu faire. A une époque où le droit des gens était si outrageusement méconnu, c'était là un véritable succès. Malheureusement, ce traité ne fut guère respecté. Il fallut le renouveler souvent, et souvent l'appuyer de démonstrations navales pour obtenir enfin la sécurité des biens et des personnes en Tunisie.

En 1768, M. de Saizieu obtint d'Ali-Bey le renouvellement du

---

1. On eut recours à un stratagème pour ménager l'orgueil de l'ambassadeur anglais et l'amour-propre du bey. Il fut convenu que tous les officiers de sa suite se conformeraient à cette formalité; quant à lord Cleveland il serait reçu, non point dans la grande salle d'audience du Bardo, mais dans un pavillon dépendant du palais.

traité garantissant à la Compagnie royale d'Afrique le droit exclusif de la pêche du corail.

Depuis son avènement au trône, Ali-Bey vivait dans les meilleurs termes avec les puissances européennes ; et, il faut le dire à sa louange, il s'était constamment attaché à ne rien faire qui fût de nature à porter atteinte à cette situation. Animé d'un remarquable esprit de conciliation, ce prince intelligent, et de beaucoup supérieur à tous ses conseillers, était parvenu, tout en relevant la Régence de la condition précaire dans laquelle il l'avait trouvée, à resserrer par de bons procédés et de nouveaux traités les rapports officiels qui liaient son gouvernement aux divers États de l'Europe. Cependant, cette prudence et cette modération dont il avait donné tant de preuves, devaient l'abandonner tout à coup. Cédant, fort inopinément, aux tristes suggestions de ses conseillers, il ne craignit pas de se mettre sur les bras une guerre avec la France, la plus puissante et la plus fidèle alliée de la Régence, en refusant de rendre la liberté à des prisonniers corses, après l'annexion de l'île à la France, et en donnant une fausse interprétation au traité relatif à la pêche du corail[1].

Le 30 mai 1770, le consul de France et ses nationaux se retirèrent sur la flotte française venue bloquer la Goulette, sous les ordres du comte de Broves. Les négociations n'aboutissant pas, la flotte bombarda Porto Farina, pendant deux jours, au commencement de juillet; Bizerte le 1er août, Sousse le 14, puis Monastir, d'où elle revint devant la Goulette. Ali-Bey s'inclina. Le traité signé au Bardo le 25 août donna à la France les légitimes satisfactions qu'elle réclamait.

Ali-Bey avait promis de céder le trône à son neveu dès que

---

1. Voir *Kitab-el-bacha,* par El-hadj-Hamouda ben Abd-El-Aziz, secrétaire particulier de Ali-Bey.

celui-ci aurait atteint sa majorité. Il se parjura en préparant sa succession à son fils Hamouda, qu'il nomma bey du camp et auquel il fit conférer, par la Porte, le titre de Pacha; de sorte qu'à sa mort, survenue le 13 djoumadi-et-tani 1196 (26 mai 1782), Hamouda monta sur le trône sans la moindre difficulté.

HAMOUDA-PACHA

A une clairvoyance excessive, Hamouda-Pacha joignait une inébranlable fermeté. Inflexible dans ses arrêts et parfois cruel jusqu'à la férocité, il apportait dans ses fonctions de juge une impartialité et une perspicacité remarquables. Sa sévérité n'a jamais effrayé un innocent; et plusieurs de ses sentences devenues célèbres, fournissent le sujet de piquantes anecdotes[1]. Téméraire à l'occasion, il était prudent d'ordinaire et circonspect. Fastueux, altier, dominateur, il savait être économe, faire plier son orgueil devant la nécessité et supporter la contradiction de la part d'un ministre dont il avait reconnu le dévouement et la perspicacité. Il avait un grand esprit de suite et du zèle pour la religion; enfin il savait s'entourer de cette pompe tragique et mystérieuse, si convenable au chef couronné de forbans qui étaient, depuis des siècles, la terreur de la chrétienté.

Hamouda-Pacha régnait depuis deux ans avec sagesse lorsque le 22 janvier 1784, mécontent du gouvernement de Venise qui refusait de payer une indemnité à des marchands de Sfax dépouillés sur un vaisseau portant le pavillon de la République, il enjoignit au chevalier Quérini de quitter, lui et les siens, les États de la Régence dans les vingt-quatre heures. A la suite de cet acte de violence, le chevalier Émo, si redoutable sur toutes

---

1. *La Régence de Tunis au XIXe siècle*, par M. de Flaux, page 215.

les côtes de Barbarie, parut (1ᵉʳ septembre 1784) dans les eaux de Tunis, à la tête d'une escadre composée de trois vaisseaux de ligne, d'une frégate, de deux chebecks, de deux bombardes et d'une demi-galère, bombarda la ville de Sousse, qui fut à moitié détruite, Sfax, Bizerte et la Goulette. L'attaque sur ce dernier point fut si vive et si habilement dirigée que les défenseurs du fort, croyant tout perdu, avaient abandonné la place et s'étaient enfuis à Tunis. L'amiral qui n'avait pas l'ordre d'aller plus avant, fut satisfait de la terreur qu'il avait causée, et se retira à Malte. Il reparut en juillet 1785, incendia Sfax et Bizerte, qui furent entièrement détruites. Les hostilités se continuèrent en mars 1786 par un nouveau bombardement de Sfax ainsi que de Bizerte et de Sousse. Sur ces entrefaites, le chevalier Émo mourut à Malte, et le bey, qui n'avait jamais voulu traiter avec un homme qu'il regardait comme son ennemi personnel, accepta les propositions de paix qui lui furent faites par son successeur, le commandant Condulmer.

Vers le mois de juillet 1784, un événement tragique vint jeter la population chrétienne dans l'inquiétude. Un capitaine ragusais, trouvé avec une femme indigène dans la maison d'un juif, fut arrêté avec elle ainsi que l'israélite et tous trois traînés devant Hamouda-Pacha, qui les condamna à mort, séance tenante, pour donner satisfaction au fanatisme des Tunisiens. Cependant, l'entourage du bey, prévoyant des troubles graves dont les chrétiens pouvaient être victimes, conseillèrent la modération et la clémence; leurs instances furent inutiles : la sentence dut être exécutée. Le chrétien eut la tête tranchée et son corps resta exposé toute la journée à la porte de la Casbah. La femme fut cousue dans un sac et jetée dans le lac; quant au juif, il fut brûlé vif.

La peste se déclara encore à Tunis, cette année-là. Elle y sévit pendant quatre mois et fit de très grands ravages.

Les Algériens tirèrent parti de l'état d'hostilité de la Régence avec la République de Venise. Ils profitèrent du moment pour chercher querelle à leurs voisins, et la guerre un instant apaisée se ralluma en 1787. Toutefois, l'intervention amicale de l'Espagne rétablit bientôt la paix entre les deux Régences.

En janvier 1791 l'amiral de Brueys vint annoncer au bey la chute de la royauté absolue et apporter à M. de Château-Neuf, consul de France, les instructions du nouveau gouvernement.

Cependant la sévérité chaque jour croissante du bey, faillit lui devenir funeste. Trois mameluks géorgiens, attachés à son service particulier, résolurent de se défaire d'un maître qui était devenu pour eux un despote insupportable. Ayant pénétré pendant la nuit du 8 au 9 février 1791 dans la chambre où il dormait, l'un d'eux s'était approché du lit, à tâtons, dans l'obscurité, avait saisi le prince par la barbe et allait le frapper, lorsque celui-ci réveillé en sursaut, non seulement détourna le bras de son agresseur, mais, dans une lutte engagée entre eux, le renversa par terre. Un complice, accouru à ce bruit et frappant dans l'ombre, atteignit le bey à la gorge et à la main. Nul doute qu'il n'eût péri sous le poignard de ces sicaires, si le Sahab-et-Taba, qui couchait dans la pièce voisine, ne se fût porté au secours de son maître. Pendant que les meurtriers tournaient leur rage contre le nouveau venu qui tombait à leurs pieds avec les reins fracassés d'un coup de pistolet, le bey put gagner un cabinet de toilette et refermer sur lui la porte à clef. Le troisième assassin qui était resté aux aguets, sans prendre part au combat, eut beau dire mielleusement au bey de sortir, que ses meurtriers s'étaient retirés; celui-ci, méfiant et clairvoyant, ne vit qu'un mensonge dans ces paroles et ne songea qu'à se protéger en barricadant avec des meubles la porte que les assassins attaquèrent un instant après avec l'acharnement et la fureur du désespoir. Mais alors, réveillés par le tumulte, tous les serviteurs du bey accouraient sur le théâtre du combat; les mameluks se voyant perdus se firent sauter la cervelle, pour éviter le supplice auquel ils n'avaient aucune chance d'échapper. Cette leçon terrible fut profitable au bey, en tempérant l'emportement et la cruauté de son caractère. Le sage Mohammed Khodja, dont le crédit déclinait, reprit dans les conseils sa salutaire influence, et les jeunes mignons du bey, dont les avis commençaient à prévaloir dans le Divan, furent relégués dans l'antichambre d'où ils n'auraient jamais dû sortir.

Le vieil Ali Karamanli, chassé du trône par un aventurier turc, nommé Ali Borghoul, fut accueilli au Bardo et replacé à Tripoli, l'année suivante, par les armées triomphantes d'Hamouda-Pacha.

La déclaration de guerre que la Porte se crut obligée de nous adresser au moment de l'expédition d'Égypte altéra les bons sentiments d'Hamouda-Pacha envers la France; mais, loin d'imiter le bey d'Alger, lequel à ce sujet avait fait mettre aux fers M. Moltède et nos nationaux, il laissa M. de Voize parfaitement tranquille à Tunis, et fit protéger par ses soldats le fondouk des Français contre les fureurs de la populace qui, fanatisée par les marabouts, traitait de guerre sainte la levée de boucliers de la Porte contre le général Bonaparte.

Mustapha Khodja avait été envoyé auprès du Directoire; Mustapha Arnaout fut envoyé auprès du premier consul, nommé à vie. Hamouda-Pacha, désireux de s'attirer les bonnes grâces du jeune et brillant capitaine dont il avait comme la prescience de la prodigieuse destinée, lui envoya, en gage d'amitié et en témoignage d'admiration, des armes et des étoffes magnifiques, et surtout de superbes lions, des autruches et des gazelles. Le premier consul, devenu empereur, conserva toute sa vie de la sympathie pour ce prince africain qui, si loin du théâtre de ses exploits, avait deviné si juste.

L'asile et la protection accordés par Hamouda-Pacha à certaines tribus vassales du bey de Constantine, et fuyant pour se soustraire au châtiment dont les menaçait un maître courroucé, servit de prétexte à une nouvelle guerre entre Alger et Tunis (1806). Elle dura trois ans avec des alternatives de succès et de revers. Constantine, assiégée, faillit tomber au pouvoir des généraux d'Hamouda-Pacha. Elle résista pourtant; mais l'issue de la lutte fut favorable au bey de Tunis, puisque, dans le traité de paix qui suivit cette campagne, il fut dispensé de donner au gouvernement d'Alger les deux chargements d'huile qu'il devait lui fournir annuellement pour l'éclairage des mosquées de la ville.

Ali-Bey, père d'Hamouda-Pacha, était un prince guerrier : il nourrissait des projets de conquête, de tous côtés, sur ses voisins. Dans ce but, il avait rempli les cadres de son armée de soldats turcs, dont il avait reconnu la supériorité sur ses troupes indigènes; et si bien qu'à sa mort on comptait en service actif 8,000 janissaires ou soldats turcs. Hamouda-Pacha, enclin au despotisme et à la méfiance, avait toujours vu avec regret les avantages immenses successivement concédés par son père à ces prétoriens turbulents et audacieux; dès son avènement, il avait donc rogné leurs privilèges, réduit leur nombre et, depuis, il ne manquait jamais une occasion d'affaiblir leur puissance redoutable. Les janissaires, de leur côté, ne cessaient de protester contre le coup d'État qui, en supprimant l'élection du dey et en rendant héréditaires dans une famille les fonctions de bey, avait du coup mis à néant toute leur importance politique. Loin d'écouter leurs récriminations, une à une le prince leur arrachait leurs dernières prérogatives. Une conspiration s'ourdit. Il est convenu entre les conjurés qu'un jour de grande fête, pendant que le bey sera en prières dans la mosquée, la moitié d'entre eux se précipitera sur lui et l'assassinera avec tous les gens de sa suite, pendant que l'autre moitié, restée au Bardo, égorgera jusqu'au dernier tous les princes Husseinites, fera proclamer bey celui d'entre eux que le sort aura désigné et rétablira ainsi le pouvoir des Osmanlis. Le jour avait été choisi. C'était le vendredi (10 chaban 1225 de l'hégire) 30 août 1811. Tout était prêt. Fut-ce le hasard? Fut-ce pressentiment secret? Hamouda-Pacha ne parut pas à la cérémonie religieuse. Les conjurés, se croyant trahis, et résolus au combat, rejetèrent courageusement leur rôle de renards pour prendre celui de lions qui convenait bien mieux à leur intrépide et énergique nature.

La nuit venue, ils sortent en tumulte de leurs casernes, pillent les plus belles boutiques, envahissent le quartier juif où, suivant l'habitude, ils se livrent aux derniers excès. De là, ils se rendent à la Casbah dont la garnison, gagnée au complot, leur ouvre la porte : sur-le-champ, ils prononcent la déchéance d'Hamouda. Par bonheur pour celui-ci, les forts de Tunis, garnis de Maures, de Koulouglis et d'Arabes en majorité, lui sont restés fidèles, et la population, indignée des scènes de pillage, de meurtre et de viol accomplies pendant la nuit, reçoit avec enthousiasme le Sahab-et-Taba, accouru au secours de la ville à la tête des mameluks qui composent la garde du prince.

Les consuls de France et d'Angleterre offrirent au bey les services de trois officiers européens qui, prenant la direction de l'artillerie des forts, réduisirent bientôt les insurgés à la capitulation. Douze cents parvinrent à gagner la campagne. Poursuivis et bientôt rejoints par les troupes d'Hamouda-Pacha, ils se retirèrent sur le Djebel Ensaryeh, où il fallut aller les déloger à l'arme blanche. Le combat fut long et acharné, les rebelles ayant perdu tout espoir de clémence. Et la répression fut en effet inexorable : cinq cent douze de ces infortunés, les derniers survivants, furent impitoyablement passés par les armes.

Ainsi se termina par la destruction des cohortes turques, cette révolte qui mit à deux doigts de sa perte le gouvernement le plus fort, et, — puisque tout est relatif, — le plus sage que la Régence eût eu jusqu'à ce jour.

Hamouda, qui avait toujours montré beaucoup d'égards à notre consul, M. de Voize, redoubla d'attentions pour lui à la suite du précieux concours qu'il lui avait prêté en cette circonstance périlleuse ; il lui accorda toute sa confiance et l'influence française fut plus que jamais prépondérante à Tunis, en dépit de l'Angleterre qui travaillait à nous supplanter. A cet effet, elle se substitua à nous pour le règlement des intérêts italiens ; l'amiral Freemantle conclut en 1812 le rachat de cinq cents prisonniers des Deux-Siciles.

Hamouda-Pacha mourut subitement le 15 septembre 1814, après un règne qui n'avait pas duré moins de trente-deux ans.

OTHMAN-BEY

Frère d'Hamouda, son avènement au trône fut salué avec joie ; car il partageait les idées gouvernementales du prince qui venait de disparaître et les populations voyaient en lui le continuateur des bienfaits dont celui-ci avait doté le pays. Elles en voyaient un autre en son fils aîné, Salah, « doué des qualités les plus brillantes de l'esprit et du cœur, et qui faisait présager, dans les éventualités de l'avenir, un successeur habile, digne, sous tous les rapports, de son père et de son aïeul. » Mais ces espérances furent brutalement détruites par un de ces drames de famille qui fourmillent au cours de cette histoire.

Mahmoud, fils de Mohammed-Bey, avait ostensiblement aidé son cousin à prendre la couronne. Non moins circonspect qu'audacieux et doué d'une prudence égale à son ambition, il s'était tenu au second rang ; il avait craint d'échouer dans sa propre élection : il attendait que les événements le favorisassent. Othman-Bey étant tombé malade, Mahmoud jugea le moment propice. S'étant assuré le concours des mameluks, il les distribue par groupes dans le sérail (nuit du 20 au 21 décembre 1814), puis, au signal convenu, il se précipite à leur tête dans l'appartement du bey qui est massacré dans son lit, où le cloue la maladie. Ses fils et ses ministres subissent son sort. Sa femme, Lella Menana, est enfermée dans une des prisons du Bardo. Enceinte, l'effroi, la douleur précipitèrent sa délivrance ; elle accoucha le jour même d'un prince qui ne fut rendu à la liberté qu'en 1855, après une captivité de plus de quarante ans [1].

Le règne d'Othman-Bey n'avait été que de trois mois et six jours.

MAHMOUD-BEY

A l'aide et au prix de ce crime, la branche aînée de la famille Husseinite recouvra le pouvoir qui lui avait été enlevé depuis plus d'un demi-siècle.

Dans les premiers jours du mois de janvier 1815, Mahmoud notifie, par lettres spéciales, aux différents souverains étrangers, son avènement au trône de Tunis. Dans celles qu'il adresse à la cour des Tuileries, le prince s'attache à protester chaleureusement de ses sentiments dévoués et de sa ferme volonté de maintenir toujours étroites et sincères l'amitié et la bonne harmonie qui unissent les deux gouvernements.

---

1. « Il nous a été raconté par un contemporain qu'arraché au sein de sa mère pour être jeté en prison, ce prince avait été confié aux soins d'une négresse dont le langage différait sensiblement de l'arabe tunisien, de sorte que, rendu à la liberté, il lui était presque impossible de se faire comprendre de ses coreligionnaires, ne connaissant d'autre langue que celle que lui avait apprise sa négresse.

Il mourut peu de temps après sa longue détention qui en avait fait un vieillard à 41 ans. » — Sebaut, *Dict. de législation tunisienne.* App. p. 5.

En outre, le bey exprime le désir de voir M. de Voize, qu'il appelle son ami, venir bientôt reprendre auprès de lui les fonctions qu'un désaccord avec Hamouda-Pacha et diverses circonstances l'ont contraint d'abandonner.

Cette satisfaction lui est accordée : M. de Voize vient reprendre son poste et lorsqu'il se rend au Bardo pour remettre solennellement au bey les lettres qui l'accréditent en qualité de Consul général et chargé d'affaires du Roi, Mahmoud lui fait un accueil plein de distinction; il lui prend affectueusement les mains, le félicite de son retour, l'assure qu'il a toujours conservé pour lui de l'estime et un attachement personnel, dont il a pu d'ailleurs trouver un témoignage non équivoque dans la lettre qu'il a écrite au souverain de France au moment de son avènement au trône. A son tour, M. de Voize proteste de son dévouement affectueux pour le bey et le félicite de son avènement à un trône dont il était, dès sa naissance, le légitime héritier, et dont il a fait par deux fois le généreux abandon.

Cependant cette amitié ne tarde pas à s'assombrir; car le moment est enfin venu d'une révolution qui va changer complètement l'état social des royaumes barbaresques, en tarissant la principale sinon l'unique source de leurs revenus. Les grandes puissances réunies en congrès, à Vienne, pour établir sur de nouvelles bases l'équilibre européen, ont décidé de mettre un terme aux déprédations et aux violences exercées par les corsaires barbaresques. Lord Exmouth, chargé de notifier aux Régences d'Alger, de Tunis et de Tripoli les décisions du Congrès, paraît dans les eaux de Tunis, le 11 avril 1816, avec la même escadre qui, frappant de terreur le Divan d'Alger, lui a arraché la liberté de quinze cents esclaves chrétiens. Mahmoud-Pacha résiste d'abord aux injonctions qui lui sont faites. Il cherche à gagner du temps, il s'efforce de recourir à cette politique de temporisations et d'atermoiements dans laquelle les Turcs excellent. L'amiral anglais, de concert avec M. de Voize, déjoue la manœuvre en posant un ultimatum brutal. Le bey, rempli d'alarmes, rend la liberté à huit cents esclaves et s'engage, par écrit, au nom de la Régence, à abolir à jamais l'esclavage des chrétiens dans ses États. Lord Exmouth se dirige sur Tripoli.

Le peuple de Tunis, maintenu par les marabouts et les grands dans un mépris insensé pour les chrétiens, voyait dans la suppression de la course la fin d'une supériorité imaginaire qu'il s'était arrogée. Il y voyait aussi, à juste titre cette fois, la perte de bénéfices faciles et de plaisirs multiples. Le bey, pour avoir fait fléchir son orgueil et sacrifié ses intérêts à la plus impérieuse nécessité, est accusé de trahison et de lâcheté, et déclaré par les janissaires, toujours téméraires et prompts à la révolte, indigne du trône dont il n'a pas su conserver les prérogatives séculaires. Deux officiers supérieurs, Délibachi, sorte d'athlète doué d'une grande éloquence, et Chaban Khodja, se mettent à la tête d'un mouvement qui éclate le 30 avril 1816. Ils nomment un Divan, élisent bey Ismaïl à la place de son frère détrôné, et bey du camp Mustapha, second fils de Mahmoud-Bey. La révolte semble devoir triompher. Mais une condition de réussite a été négligée; elle est capitale cependant : c'est le consentement préalable des nouveaux chefs qu'on vient de proclamer. N'ayant même pas été pressentis, les princes désignés eurent assez de bon sens et de patriotisme pour décliner le périlleux honneur qui leur était offert en protestant hautement de leur fidélité au gouvernement établi. Désarçonnés par cet insuccès inattendu, les conjurés se voient perdus : les uns courent implorer leur pardon en livrant lâchement leurs chefs Délibachi et Chaban Khodja; douze cents autres se sauvent à La Goulette, entraînant dans leurs rangs le grand-muphti, le cadi, le directeur de la police, les deux amiraux et plusieurs fonctionnaires importants, faits prisonniers dans la nuit du 30 avril. Arrivés à la porte du fort, les insurgés contraignent les deux amiraux à demander, au nom du bey, l'ouverture des portes. A ces voix amies le gardien obéit; il est aussitôt massacré, et les soldats, maîtres du fort, s'emparent de cinq vaisseaux de guerre avec lesquels ils s'enfuient à Alger, où ils emmènent les prisonniers qu'ils ont faits et pour la délivrance desquels ils espèrent tirer du bey une forte rançon.

Ce danger conjuré, Mahmoud-Bey eut à faire face à de nouveaux embarras. La peste ravagea l'intérieur du pays pendant six mois (avril à septembre 1818); elle pénétra ensuite dans Tunis où elle sévit pendant près d'une année avec une telle intensité que le nombre des victimes dépassa 50,000. On en compta presque autant dans l'intérieur.

Au lieu de chercher dans l'exploitation des richesses naturelles du pays les revenus que l'amoindrissement de la course (car elle se continuait encore en dépit de tous les engagements verbaux et écrits) lui faisait perdre, le gouvernement pressura les populations d'impôts et la misère fut bientôt telle qu'une colonne forte de 7 à 8,000 hommes devint nécessaire pour lever ces impôts; encore dût-elle se replier sur Gabès au printemps de 1819, tout le sud de la Régence s'étant révolté et menaçant de faire un mauvais parti aux troupes beylicales.

Le bey avait cependant soumis les rebelles et les avait même frappés d'une forte contribution de guerre lorsque, le 21 septembre, le vaisseau français le *Colosse* et la frégate la *Galathée*, aux ordres du contre-amiral Jurien, ainsi qu'une petite division anglaise placée sous le commandement de l'amiral Freemantle, vinrent mouiller dans les eaux de la Goulette pour notifier au bey le protocole arrêté par les grandes puissances de l'Europe, le 18 novembre 1818, à Aix-la-Chapelle, relativement aux corsaires barbaresques. D'énergiques représentations ont été résolues. Le bey est mis dans l'obligation de prendre par écrit l'engagement de ne plus armer ses bâtiments en course, sous peine d'attirer inévitablement sur lui « les armes de toute l'Europe ». Le texte de la note française remise par l'amiral Jurien porte ceci :

« ... Dans une circonstance aussi grave, des promesses verbales ne suffiraient pas; il s'agit d'un pacte solennel de la plus haute importance pour la sécurité des navigateurs et du commerce de tous les États, et, puisque nous vous déclarons par écrit les intentions des puissances alliées, nous sommes fondés à croire que vous répondrez de la même manière à une telle démarche. »

Cette attitude en impose au bey. Il songe au châtiment infligé à la marine algérienne, qui vient d'être détruite par l'amiral Exmouth; et, le soir même, les commissaires anglais et français reçoivent une réponse satisfaisante. La Régence n'armera plus ses bâtiments en course, sauf le cas de rupture avec une puissance étrangère et, dans cette hypothèse, ces armements ne seront faits que contre la marine de cette seule puissance. En outre, elle promet solennellement de respecter désormais, d'une manière scrupuleuse, les traités antérieurs et le principe général du droit des gens.

Un événement, très important, marqua les premiers jours de l'année 1821. La Porte, comme pour sanctionner ses droits suzerains, enjoignit aux anciennes Régences d'Alger et de Tunis de mettre un terme aux hostilités qui se poursuivaient depuis plus de soixante ans et de vivre désormais en bonne intelligence. Un officier avait été envoyé tout exprès de Constantinople au commencement de janvier et, le 14 mars, un traité de paix fut signé entre les deux États.

Quelques semaines auparavant, dans la nuit du 7 au 8 février, une tempête effroyable s'était déchaînée dans le golfe de

Tunis; elle détruisit presque toute la marine du bey et rompit la langue de sable qui relie Rhadès à La Goulette.

La tranquillité régnait enfin depuis quelques mois dans ce malheureux pays tunisien, lorsqu'en mars 1823 un abus de pouvoir de Mahmoud-Bey faillit lui mettre de nouveau l'Angleterre sur les bras. Des Israélites s'étant coiffés du chapeau rond usité en Europe, un ordre du bey leur enjoignit de ne porter d'autre coiffure qu'un bonnet ou un tricorne. Un juif de Gibraltar, négociant anglais, ayant été violenté à ce sujet, le consul britannique intervient; mais Mahmoud-Bey, d'un caractère absolu, accueille très mal l'observation. Il ne veut modifier sa résolution en quoi que ce soit, et la signifie de nouveau à l'agent anglais, qui se retire plein de ressentiment. Malgré tout, quelques jours plus tard, le bey ramené à plus de clairvoyance, se hâta de modifier son ordre en décidant que les juifs étrangers continueraient de porter le chapeau rond. Il était temps, l'Angleterre expédiait une escadre.

La fin de cette année 1823 fut encore témoin à Tunis d'un acte de sauvagerie identique à celui que nous avons enregistré en juillet 1784. Un Piémontais, qui exerçait dans la ville la profession de boulanger, entretenait depuis quelque temps des relations intimes avec une jeune musulmane. Surveillés de près par des Maures que la jalousie et le fanatisme surexcitaient, les deux malheureux jeunes gens furent traînés devant le bey, ainsi qu'un jeune Maure, qui avait facilité leur rapprochement. La populace escortait les prisonniers en vociférant des malédictions et des menaces contre tous les chrétiens, et en réclamant la mort de ceux qu'elle qualifiait de coupables. Le bey, cédant aux cris de la foule, sans avertir et entendre le consul, ordonna de trancher la tête au malheureux Sarde, ce qui fut fait sur-le-champ. Quant à la femme, cousue dans un sac, on la jeta dans le lac et le Maure fut pendu à Bab-el-Souika.

HUSSEIN-BEY

Mahmoud-Bey mourut le 30 mars 1824 dans un âge avancé et son fils Hussein lui succéda sans aucune opposition. Ce dernier, ami sincère de la France, désira qu'un des siens assistât au sacre de Charles X à Reims. Ce désir ayant été communiqué à la cour de France, la frégate la *Cybèle* fut envoyée dans les eaux de la Goulette, d'où elle amena à Marseille Sidi Mahmoud Kahia, gouverneur de la Goulette, chargé de magnifiques présents pour le nouveau roi, entre autres un superbe costume de femme mauresque destiné à la dauphine.

Cette marque de courtoisie resserra les rapports de la France avec la Tunisie; un nouveau traité vint les régler le 15 décembre 1824 et asseoir davantage notre situation dans le pays.

Le 27 juillet 1827, on reçut au Bardo la nouvelle officielle que la guerre venait d'éclater entre la France et Alger, et que M. Deval, consul général en cette ville, s'était embarqué avec ses nationaux à bord du vaisseau la *Provence*.

La sensation produite par cet événement, prélude de la future domination française en Algérie, fut immense au sein de la population tunisienne, ainsi qu'à la cour du bey. Celui-ci ne dissimulait point, d'ailleurs, la satisfaction secrète qu'il éprouvait de voir une nation aussi puissante que la France se charger de refréner l'insolence et d'amoindrir la puissance d'un voisin qui, profitant de tous les troubles et de tous les malheurs publics de son pays, n'avait jamais laissé échapper l'occasion favorable d'imposer l'espèce de suzeraineté qu'il s'était arrogée. Le peuple de Tunis, au contraire, ne voyait là qu'une lutte de musulman à chrétien, une guerre sainte en un mot. Surexcité par l'oukil algérien résidant à Tunis, il oubliait toutes ses vieilles rancunes, il voulait forcer le Divan d'intervenir dans la querelle et de prendre fait et cause pour Alger contre la France. Le sage Hussein résista avec une fermeté inébranlable aux clameurs de la rue, aux menaces des casernes et même aux conseils de ses ministres. La bataille de Navarin qui vint quelques mois plus tard (novembre 1827), révéler au monde musulman la supériorité des nations chrétiennes, amena les hommes sages dans le parti du bey.

Cependant, dans les premiers jours de 1828, le bruit s'était généralement répandu que Hussein-Bey, cédant aux pressantes sollicitations du dey d'Alger, s'était décidé à faire cause commune avec lui contre la France. M. Mathieu de Lesseps, notre consul général, eut alors une conférence avec le bey et l'amena à s'expliquer de nouveau et catégoriquement sur ce point. Voici le langage de Sidi Hussein en cette occasion : « On cherche
« malgré tous mes soins, malgré mes déclarations publiques et
« souvent répétées au sujet des torts du dey d'Alger et de la jus-
« tice de la Cour française, à donner une fausse interprétation
« à mes sentiments. Il m'importe de la rectifier : je veux conser-
« ver une attitude complètement neutre dans la guerre qui se
« prépare, et pourtant mes vœux sont certainement pour le
« succès des armes de la France, la plus puissante, comme la
« plus sincère alliée de mon pays. Le Grand-Seigneur, dit-on,
« vient, à son tour, de déclarer la guerre à la France : eh bien !
« mon système de neutralité est si fermement arrêté, que, dans
« cette circonstance encore, si le gouvernement turc m'en-
« voyait cent firmans pour m'enjoindre de prendre parti pour
« lui contre mon alliée, s'il m'expédiait, dans ce but, cent mes-
« sagers et émettait cent proclamations, je n'obéirais point aux
« premiers, je serais sourd aux avis de ses envoyés, et j'empê-
« cherais la publication de ses appels aux armes. Je m'expose,
« je le sais, par cette attitude à de grands dangers ; mais je me
« jette avec confiance dans les bras de la France, certain qu'elle

« ne m'abandonnera pas au jour du péril, et je ne désire rien
« autant que le châtiment exemplaire de son injuste agresseur,
« le dey d'Alger[1] ».

On voit par cette déclaration si nette, disons-le, si courageuse, combien déjà, avant la conquête d'Alger, étaient puissantes à Tunis les sympathies que la France y avait éveillées. Si nous ajoutons que ces relations amicales n'ont fait que s'accroître, se resserrer par la suite, on concevra d'ores et déjà, la situation exceptionnellement privilégiée que nous nous étions acquise dans l'ancienne Régence, et que nous étions en droit de vouloir conserver.

Le bey faisait montre de perspicacité en témoignant toute sa confiance à la France ; il lui dut bientôt la vie et son trône.

L'incapacité et l'insouciance de Mahmoud pour tout ce qui touchait à l'administration du pays, le peu de soin qu'il prenait de réprimer les abus et les concussions qui se multipliaient avec la dernière impudence ; les mœurs déréglées des familiers du palais, les goûts fastueux des princes, amenèrent une crise financière des plus graves. Le Trésor était épuisé et, pour comble de malheur, les récoltes manquèrent. On recourut à l'emprunt usuraire. Ce moyen étant devenu bientôt insuffisant, le gouvernement escompta le produit des récoltes et en toucha le prix par anticipation. Expédient pitoyable s'il en fut ! Quand vinrent les échéances, le bey se vit dans l'impossibilité de satisfaire à ses engagements. C'était la banqueroute. Hussein, en présence d'une situation si triste et si grave, s'arracha à son indolence orientale. Il destitua le Bachi Mamelouk Mustapha et nomma à sa place le Sahab-et-Taba Chakir, en lui donnant pleins pouvoirs pour sortir le pays de cette impasse effroyable. D'une remarquable intelligence, d'un caractère ferme et résolu, Cha-

---

1. *Correspondance officielle de Tunis.* — *Annales Tunisiennes*, p. 378.

kir remit de l'ordre dans l'administration et donna lui-même l'exemple de patriotiques sacrifices. Il imposa une sévère économie à la cour et alla jusqu'à fixer la liste civile du souverain. L'assiette de l'impôt fut plus régulièrement constituée ; ses recouvrements, autant qu'il était possible, mis à l'abri des concussions et des prévarications. Le commerce et l'industrie reçurent des encouragements, et grâce à cet ensemble de mesures, le pays put sortir de l'abîme.

Au nombre des réformes opérées par Chakir figurait le licenciement de la milice, qui grevait lourdement le budget et son remplacement par des troupes régulières organisées à l'européenne. Les janissaires, ainsi supprimés, ourdirent une nouvelle conspiration qui devait coûter la vie au bey, à son entourage et à la colonie européenne.

Un hasard fit découvrir cette conspiration et permit au consul de France d'en aviser le bey juste à temps pour la comprimer. (Octobre 1829.)

Ce service, rendu par Mathieu de Lesseps, accrut encore l'influence de la France à Tunis. Non seulement Hussein autorisa l'achat et le départ en juin 1830 de bœufs destinés à l'armée expéditionnaire contre Alger ; mais encore, prévoyant, malgré les prédictions fanfaronnes de la gent dévote, l'issue de la guerre, il envoya Selim-Agah complimenter le chef de l'expédition et l'assurer du dévouement de son maître. Selim trouva le comte de Bourmont établi dans la Casbah d'Alger. Il rentra à Tunis enchanté de l'accueil qu'il avait reçu du général en chef ; son rapport de la prise et de l'occupation d'Alger produisit un effet magique sur l'esprit du prince et de sa cour ; et, de là, se répandit dans toutes les classes de la population. Réelle ou simulée, la joie se lisait sur tous les visages ; et à partir de ce jour, la prépondérance de la France s'établit plus fermement que jamais dans l'esprit des autorités tunisiennes.

Néanmoins, profitant très justement du prestige qu'inspirait le grand succès de nos armes, le gouvernement renouvela, le 8 août, le traité de paix entre la France et Tunis, en y apportant des additions et modifications que le bey n'eût certainement pas acceptées avec autant de déférence dans toute autre circonstance.

Ainsi que l'a observé très exactement M. Alph. Rousseau, l'acte du 8 août, composé de huit articles, fut moins un traité particulier de la France qu'une convention qui intéressait tous les États de l'Europe en général[1]. Il fut accueilli avec enthousiasme par la colonie européenne.

Par un article secret et additionnel à ce traité, le bey cédait à perpétuité à la France, un emplacement sur les ruines de Carthage pour y élever un monument religieux à la mémoire de saint Louis.

Le zèle et la fidélité du bey méritaient une récompense. Aussi lorsque l'idée eut prévalu à Paris de restreindre l'occupation à Alger et sa banlieue, le général Clauzel ne crut-il pouvoir mieux faire que de nommer Sidi-Mustapha, frère d'Hussein, bey de Constantine avec le droit de percevoir tous les revenus de cette province moyennant paiement au Trésor, à titre de contributions, d'une somme de 800,000 francs pour l'année 1831 et d'un million pour les années suivantes. Et le 6 février 1831, il signait un traité analogue pour la province d'Oran en faveur de Sidi-Ahmed, autre frère du bey.

Il est superflu d'ajouter que ces traités, qui ne font guère honneur au sens politique du général Clauzel, ne furent point ratifiés par le gouvernement français et que les troupes tunisiennes, qui déjà occupaient Oran, durent regagner immédiatement leurs garnisons ordinaires. Mais la conduite du général

---

1. Voir tome II « Pièces et Documents justificatifs ».

Clauzel en cette occurrence met bien en lumière l'intimité de la France et du bey de Tunis, la confiance réciproque qui régnait entre les deux gouvernements.

Le 24 octobre 1832, l'article 5 du traité du 8 août 1830, relatif à la pêche du corail, fut remplacé par une convention spéciale accordant à la France le droit perpétuel et exclusif de cette pêche sur tout le littoral tunisien, moyennant l'ancienne redevance de 13,400 piastres par an.

En 1834, les ateliers maritimes de Marseille livrèrent au bey une frégate et deux corvettes qu'il avait commandées. La frégate fut vendue quelques années plus tard; des deux corvettes, l'une fut envoyée au sultan et l'autre se perdit sur les côtes de France[1].

Hussein-Bey mourut le 22 moharrem 1251 (20 mai 1835), laissant de nombreux enfants.

MUSTAPHA-BEY

Mustapha succéda à son frère le jour de sa mort. C'était un homme doux et sage; il s'efforça d'entretenir les meilleures relations avec la France ainsi qu'avec les autres puissances étrangères, et il fut assez heureux pour y parvenir.

Aucun fait saillant ne marqua son règne qui dura environ deux ans et demi, du 20 mai 1835 au 11 octobre 1837. C'est à Tunis principalement qu'on peut dire : Heureux les princes qui n'ont pas d'histoire, — ni d'histoires!

AHMED-BEY

Ahmed fut proclamé bey le jour de la mort de son père.

---

1. Voir *Dictionnaire de Législation*, Sebaut, page 29.

Intelligent[1], éclairé, libéral, très ouvert même aux idées européennes, ce prince a été regardé en France comme un grand homme d'État, comme le régénérateur de son pays et de sa race. Que sais-je? On a épuisé pour lui toutes les formules laudatives. Et non seulement les journaux et publications de son temps; mais encore de nos jours on réédite sur son compte les mêmes hyperboles aussi légendaires qu'imméritées. La vérité c'est qu'Ahmed eut tous les travers du tempérament oriental, disons tous les vices. Son orgueil était insatiable, et par ostentation, pour briller, pour éblouir, il livrait son peuple à des agents avides et impitoyables qui le pressuraient jusqu'au sang. Sous couleur d'innovations et de progrès il a, en réalité, inauguré l'ère de la misère, il a mis son pays sur le chemin de la ruine à laquelle maintenant nous allons le voir courir.

Dès son avènement, Ahmed-Bey fit construire des casernes; il voulut une armée tunisienne régulière, copiée sur le modèle de l'armée française. Il créa une dizaine de régiments d'infanterie, un régiment de cavalerie et quatre d'artillerie. Dans son ardeur imitative, il poussa le luxe jusqu'à fonder à Tunis une École polytechnique, « à l'instar » de Paris; « seulement, les élèves de cette École ne savaient pas tous lire, même leur propre langue », observe très justement M\up{r} P. H. X, dans cet ouvrage d'une hauteur de vues et d'une exactitude tout à fait remarquables qui a nom : *La politique française en Tunisie*[2]. Quant

---

1. Voici une anecdote qui donnera une idée suffisante du tour particulier de son esprit. Un jour, une pauvre marchande de fruits vint se plaindre à lui de ce qu'on lui volait toutes ses figues sur l'arbre. Il la pria d'introduire un grain d'orge dans celles qui lui restaient à cueillir, ce qu'elle fit exactement. Le bey, après s'être assuré que son ordre avait bien été exécuté, fit acheter par ses gens toutes les figues exposées sur les marchés de Tunis. Les grains d'orge décelèrent facilement les auteurs du délit, et ils furent châtiés.

2. 1 vol., librairie Plon. Je ne saurais trop vivement recommander la lecture de cet ouvrage. L'auteur, dont je veux respecter l'anonymat, a passé deux années à Tunis et la sûreté de son jugement joint à celle de ses informations lui a permis d'écrire de main de maître l'histoire politique des quarante dernières années de la

aux soldats, ceux qu'on recrutait dans les plaines et dans les villes parmi les agriculteurs paisibles ou les négociants n'avaient guère d'autre ambition que celle de déserter; les montagnards, au contraire, étaient énergiques, si énergiques qu'on les exempta de la conscription comme de l'impôt, par crainte de les mécontenter. Il ne restait donc au service que les faibles, les résignés [1].

A cette armée de terre modèle, Ahmed ne pouvait faire autrement de joindre des forces maritimes respectables, et en 1840 il donna ordre de construire une frégate de premier rang. Elle fut lancée en 1853; mais comme malgré l'avis des constructeurs elle n'avait pas été doublée en cuivre, le taret l'eût bientôt cussonée au ras de la flottaison et l'on fut obligé de la démolir en 1868.

C'était d'autant plus regrettable qu'on avait construit à Porto-Farina un port et un arsenal tout exprès pour ce navire. Il est vrai que l'arsenal était demeuré un édifice d'apparat; quant au port établi à l'embouchure de la Medjerda, Ahmed avait oublié de tenir compte que le fleuve comble peu à peu son estuaire par l'apport d'immenses quantités de limon; il fut bientôt ensablé et l'on eut toutes les peines du monde à en dégager la malheureuse frégate, qui s'en alla finir ses jours ailleurs.

Voilà pour les dépenses militaires et navales. Le reste est à l'avenant. Un jour, il prend fantaisie au prince de bâtir aux environs de Tunis, pour lui et la cour, un monument immense et de toute beauté. Et, vite, comme par enchantement, s'élè-

---

Tunisie. Je le citerai et le résumerai fréquemment, en l'accentuant le plus souvent toutefois; car je ne peux m'empêcher de regretter la modération dont l'habile écrivain n'a jamais cru devoir se départir. S'il faut louer les uns, il me paraît nécessaire de flétrir résolument les autres, sous peine de compromettre l'enseignement et la moralité qui se dégagent de cette histoire.

1. *Loc. cit.*, p. 12.

vent palais sur palais; ce ne sont que festons, ce ne sont qu'astragales : la Mohammedia est née! Combien de millions sont enterrés là? Je ne saurais le dire. Ce que j'ai constaté, c'est qu'à l'heure actuelle seules les murailles restent debout, et seuls les corbeaux et les chacals cherchent un refuge dans ce monument perdu au milieu de la campagne, nue, désolée, et qui semble posé là comme le lugubre symbole du règne de son créateur.

Pourtant des nuages s'amoncelaient à l'horizon; le peuple se lassait d'être toujours tondu et, en 1841, une révolte très sérieuse éclata dans la Casbah de Tunis. Ahmed se sentit vaciller sur son trône; il sollicita l'appui de la France qui s'empressa d'intervenir : les rebelles furent domptés.

On remarquera qu'Ahmed-Bey fit appel au concours de la France et non à celui de la Turquie, justement à cause de l'empressement qu'elle eût mis à le lui apporter. Il se méfiait de ses bons offices. Depuis 1830, la Porte multipliait, en effet, ses efforts pour recouvrer son empire sur la Tunisie, qu'elle sentait lui échapper chaque jour davantage. N'ayant pu s'opposer à l'expédition contre Alger, le Sultan s'efforçait du moins d'entraver notre action dans l'Est, de la circonscrire. Déjà, en 1836, il voulait s'opposer aux projets de la France sur Constantine et l'année suivante, cédant aux conseils de l'Angleterre, il avait repris le même plan avec plus d'énergie. Vers le 20 juillet, le capitan-pacha partit de Constantinople avec une escadre composée de trois vaisseaux, trois frégates, quatre corvettes, deux bricks et deux goëlettes. Sa destination avait été entourée du plus profond mystère; mais il y avait tout lieu de penser qu'en définitive elle devait se rendre à Tunis pour replacer cette ancienne régence sous l'autorité directe de la Porte. Les intrigues que ses émissaires y tramaient contre le bey régnant, et le nombre des troupes qui étaient à bord de la flotte turque, ne faisaient que confirmer cette conjecture.

Aussi le contre-amiral Gallois reçut-il l'ordre d'appareiller de Toulon, avec trois vaisseaux, et de se diriger vers Tunis[1]. Le 26 août 1837, il était en vue de cette ville. S'attendant à y trouver le capitan-pacha avec sa flotte, il avait tout fait disposer pour le combat; mais il n'y avait sur la rade qu'une frégate et une goëlette turques. Deux jours après, une autre goëlette et un brick vinrent les renforcer. Dès le matin, l'escadre française avait appareillé pour mouiller plus près de la citadelle qui défend l'entrée de la rade, et pris une position qui lui permettait d'embosser au premier signal. Bientôt une seconde division française, forte de quatre vaisseaux et commandée par le contre-amiral Lalande rejoignit le premier devant Tunis. Le capitan-pacha ne pouvait plus songer à se mesurer contre ces forces navales; il se contenta de débarquer à Tripoli des munitions et des troupes destinées à y remplacer les vides occasionnés, cette année, par la peste, dans la garnison turque, et il annonça qu'il allait remettre à la voile pour retourner à Constantinople. Le gouvernement français ne se fia pas tellement à cette déclaration, qu'il ne prescrivît au contre-amiral Gallois de se rendre aussi dans le Levant, avec une escadre de cinq vaisseaux. Il partit de Tunis, le 21 septembre, pour aller à la recherche de l'escadre turque, à laquelle il donna pour ainsi dire la chasse depuis Smyrne jusqu'au détroit des Dardanelles, qu'elle franchit le 1er novembre; et il ne revint sur ses pas que lorsqu'il eut la certitude qu'elle avait jeté l'ancre devant Constantinople.

Ahmed-Bey nous facilitait la tâche en déniant au Grand Turc toute autorité politique sur l'ancienne Régence. En 1846, il refusa même d'accorder l'*exequatur* au consul général d'Autriche, cet agent s'étant présenté à Tunis avec un *exequatur*

---

[1]. Consultez les *Mémoires de M. Guizot*, t. VI, ch. xxxvii, p. 268 et suiv.

délivré par la Porte. Pour vider cette querelle, le cabinet de Vienne se vit obligé d'employer sa propre influence à Constantinople, afin que l'indépendance du bey, établie de fait, fût aussi reconnue en droit par un *hatti-chérif* du sultan. Quoique ce *hatti-chérif* n'accordât l'indépendance de la Tunisie que pendant la vie du bey alors régnant, il ne s'en suivait pas moins que le principe de la souveraineté d'Ahmed-Bey avait été admis par la Porte.

Les premiers jours de cette année 1846 furent marqués par un décret mémorable d'Ahmed supprimant l'esclavage parmi ses sujets[1]. Dans les souks, il ferma le bazar où se faisait un infâme trafic de chair humaine, et des peines sévères furent infligées aux parents dénaturés qui, dans une pensée de lucre, mutilaient leurs enfants.

Il abolit également les lois d'exception contre les juifs, tenus jusque-là dans une dépendance voisine de l'abjection. Non content de les avoir émancipés, « Ahmed-Bey ne les oubliait jamais dans ses aumônes, et dans les années de mauvaises récoltes, il leur faisait souvent distribuer plusieurs *caffis* de blé[2] ».

Dès 1843, Ahmed avait autorisé les sœurs Saint-Joseph de l'Apparition à fonder une première école de filles françaises à Tunis; il donna la même autorisation deux ans plus tard à l'abbé Bourgade qui créa dans la même ville le premier établissement scolaire à l'usage des garçons. « Il était fréquenté par des enfants de toutes les nationalités et de toutes les confessions[3] ».

A Marseille et à Paris ces manifestations libérales et humanitaires soulevèrent des éloges dithyrambiques. Les joueurs de

---

1. Voir tome II aux « Pièces et Documents justicatifs » la circulaire adressée à ce sujet aux consuls étrangers.
2. *Essai sur l'histoire des Israélites de Tunisie*, par D. Cazès, page 148.
3. *L'enseignement public dans la Régence de Tunis*, par M. Machuel.

flûte entonnèrent leurs plus doux airs, et Ahmed éprouva bientôt le besoin de venir recueillir sur place les applaudissements qu'on lui décernait.

Escorté d'une suite nombreuse, il quitta Porto-Farina à bord du bateau français le *Dante* et trois jours après débarqua à Toulon (8 novembre 1846). Un bey de Tunis venir à Paris, rien de plus simple en apparence, rien de plus extraordinaire en réalité. C'était un fait qui ne s'était pas encore produit. Ce fut de la démence. Son voyage à travers la France ne fut qu'une promenade triomphale ; partout où il passait, il laissait d'ailleurs très habilement des traces de sa courtoisie et de sa générosité. Louis-Philippe le reçut avec les honneurs du rang suprême et le fit ramener dans ses États avec le même cérémonial qu'au départ. Si l'enthousiasme était excessif, l'étiquette n'était, à vrai dire, qu'une preuve de correction, la France s'étant plu à reconnaître l'indépendance d'Ahmed-Bey. Au surplus, dans le traité de commerce conclu le 8 août 1830 [1], n'accordait-elle pas déjà à son oncle les qualifications suivantes : « Le prince du peuple, l'élite des grands, issu du sang royal... « maître du royaume d'Afrique. » Les mêmes titres n'avaient-ils pas été admis par la Sardaigne et la Belgique ?

Ces précédents donnaient à Ahmed-Bey le droit d'espérer à la Cour des Tuileries l'accueil qui lui fut fait : celui dû à un prince souverain. Mais de pareils honneurs ravivèrent les ambitions de la Porte. Le lendemain de la réception du bey de Tunis à Paris, l'ambassadeur ottoman parut disposé à demander ses passe-ports.

Néanmoins, revenant sur une mesure aussi grave et qui ne pouvait être prise sans instructions particulières, il se borna à protester verbalement auprès du ministre des affaires étran-

---

1. Voir ce traité aux « Pièces et Documents justificatifs ».

gères de France, en se réservant d'en référer au Grand Turc. Peu après, le bey ayant manifesté l'intention de fixer un jour pour les réceptions du corps diplomatique, les représentants des puissances, et en première ligne celui d'Angleterre, lord Normanby, déclarèrent que le bey de Tunis, n'étant que le vassal du Sultan, était tenu à rendre la première visite aux consuls. Mais Ahmed-Bey refusa nettement de faire une démarche qui, de sa part, pouvait équivaloir à une renonciation indirecte à ses prétentions de souverain indépendant.

Au reste, il n'abandonna jamais ces prétentions. Durant la guerre d'Orient (1854), lorsqu'il fournira un contingent de huit mille hommes à la Turquie, il aura soin de dire que c'est par pure déférence religieuse, par amitié pour Abdul-Medjid, et non comme vassal. L'acte n'en sera pas moins regrettable, il est vrai, au point de vue de notre influence à Tunis, et l'on reste confondu en songeant qu'il fut provoqué par le gouvernement français. Si le ministre imbécile qui présidait alors aux destinées de la France avait eu le moindre sens politique, loin de conseiller l'envoi de ce contingent à Constantinople, il se serait opposé de toutes ses forces à son embarquement. N'était-ce pas encourager, justifier même les ambitions de la Porte à Tunis? N'y verrait-elle point la reconnaissance implicite de sa suzeraineté? Mais Napoléon III ne sut que compromettre et affaiblir de plus en plus la prépondérance que nous nous étions acquise au Bardo. Les difficultés que nous verrons l'Italie et l'Angleterre nous susciter bientôt viendront exclusivement de la faiblesse et de l'incapacité du gouvernement impérial.

MOHAMMED-BEY

Ahmed étant décédé le 30 mai 1855 sans héritier direct, eut pour successeur le fils aîné de Hussein-Bey, son cousin Mohammed. Celui-ci inaugura son règne par un grand acte de justice qu'on s'étonne à bon droit de ne pas trouver à l'actif d'Ahmed : il fit mettre en liberté le dernier survivant des fils d'Othman-Bey, le prince Mohammed, qui était retenu en captivité depuis sa naissance, depuis quarante et un ans!

Que va devenir à présent la Tunisie? Le nouveau souverain va-t-il remettre de l'ordre dans l'administration, dans les finances? Va-t-il enfin sortir son pays de l'ornière où il s'enlise de plus en plus? Ne l'espérez point. Mohammed est fait à l'image de son cousin. Il a le même amour du faste ; il en a l'imprévoyance, la prodigalité. Ahmed ruinait le pays par son orgueil; Mohammed le ruinera par ses mœurs voluptueuses : là est toute la différence. Son harem sera le gouffre. Il le lui faut superbe, splendide, avec tous les raffinements de l'art arabe, et il le demande aux artistes les plus habiles sans se préoccuper de la dépense. Certaines parties de cet édifice[1] étaient vraiment très belles, d'une décoration exquise et l'ameublement, paraît-il, à l'avenant. Dans ce temple de l'amour, quarante favorites : circassiennes, grecques, juives, italiennes, arabes et kabyles, vivent couvertes de velours, de satin et de gaze, parées des pieds à la tête de bijoux et de diamants. Chacune a sa maison particulière avec ses odalisques : coiffeuses, baigneuses, couturières, repasseuses, cuisinières, etc., ce qui fait plus de douze cents femmes que le prince entretient là dans l'oisiveté et le vice.

D'une nervosité maladive, Mohammed a parfois des emportements terribles, des volontés que nul ne peut maîtriser; mais peu à peu son énergie s'affaisse, sa vitalité s'éteint[2] dans les bras de ses captivantes idoles

---

1. Il était attenant au palais du Bardo. On peut le visiter. Plusieurs pièces en ont été récemment utilisées pour le Musée archéologique de la Tunisie.
2. Il mourut à 48 ans, épuisé, après quatre années de règne.

> Dont la corruption, naïve en sa science,
> Est comme cette mouche aux reflets de saphir
> Qui sous le soleil d'or chante, vibre, étincelle,
> Et cache dans les corps où se pose son aile
> Le ver qui les fera pourrir!

L'œil mort, les bras tombants, au sortir du sérail il devient un instrument docile, passif, entre les mains du fameux Mustapha Khaznadar.

Celui-ci, déjà à la tête des affaires sous Ahmed, est le prototype du ministre oriental. Ancien esclave d'origine grecque, son manque de scrupules plus encore peut-être que son intelligence, indéniable cependant, l'a élevé du jour au lendemain aux plus hautes charges de l'État. Il ne s'en étonne pas; mais il connaît l'instabilité du pouvoir; il n'a qu'un but : s'enrichir. Impitoyable, sans entrailles, le peuple gémira sous le faix des impôts qu'il l'en accablera encore. Que lui importe les souffrances, la misère de la multitude, pourvu qu'il satisfasse les caprices, les folles passions de son maître et qu'il demeure en place. Au besoin, il deviendra voleur de grands chemins; si l'assassinat est utile, il se fera assassin!

Dès son avènement, Mohammed veut rappeler le contingent envoyé à Constantinople. Inutilisé, les maladies le déciment, la misère le démoralise et son entretien grève lourdement le Trésor. Mais le Khaznadar a trouvé là un bon prétexte à de nouveaux impôts, dont il s'est empressé de percevoir plusieurs années d'avance; il démontre au bey combien il froisserait le Sultan et ses alliés en leur retirant le contingent qu'il leur a fourni. En dernière analyse, Mohammed expédie encore dix-huit cents hommes dans la mer Noire et fonde une école militaire au Bardo.

Cependant, afin d'encourager l'agriculture, le bey tient à

diminuer la dîme que le fisc prélève sur la récolte des céréales [1], ainsi que plusieurs taxes arbitraires. Mustapha approuve fort ce remaniement des contributions et il présente à la signature du bey un décret instituant la *medjba*, ou impôt de capitation [2]. Fixé à 36 piastres pour tout sujet mâle tunisien ayant atteint l'âge de puberté, ce nouvel impôt est très lourd, Mustapha lui-même le reconnaît; seulement, il fait valoir qu'il remplace la majeure partie des anciens. En réalité, il vint purement et simplement s'ajouter aux autres.

Ici se place la sentence arbitrale rendue par Napoléon III dans le procès intenté par le bey au général Mahmoud Ben Aïed. La nature des intérêts engagés, le chiffre des réclamations élevées, tout dévoile, dans cette étrange contestation, le désordre, l'incurie administrative à laquelle le pays est livré.

M. Ben Aïed, après avoir occupé simultanément d'importants emplois financiers dans la Régence, avait un jour quitté son pays, abdiqué sa nationalité; il avait profité d'un voyage à l'étranger pour devenir étranger. Il semblait reprendre pour son compte l'apostrophe du vainqueur de Carthage : Ingrate patrie, tu n'auras pas mes os !

De ses os, l'ingrate patrie ne semblait guère se soucier; mais il n'en était pas de même de l'immense fortune que le prévoyant général avait emportée sur la terre française.

Cette fortune était-elle le résultat de gains licites? M. Ben Aïed, en partant, n'avait rendu aucun compte régulier de la totalité de sa gestion; dans ces circonstances, le gouvernement

---

[1]. Voir pour le répartement actuel de cet impôt les instructions de Djoumadi-et-Tani 1288 (août 1871).

[2]. Quelqu'un fit observer à Mohammed qu'un impôt fixe, égal pour tous, riches ou pauvres, était peu équitable, et on lui conseilla d'adopter plutôt une taxe proportionnelle. Le bey répondit par cet argument caractéristique : « Oui, l'impôt « proportionnel est plus juste; mais si je l'avais établi, le riche aurait gagné le caïd « pour se faire inscrire comme pauvre, et le pauvre, ne pouvant acheter le caïd, « eût été inscrit comme riche ». (*La polit. franc. en Tunisie,* page 25.)

de S. A. le Bey s'adressa à un souverain, l'empereur des Français, pour faire rendre justice à un souverain. Afin de préparer les éléments d'une décision relative aux nombreux et complexes litiges soumis à son appréciation, Napoléon III institua une commission prise dans le sein du comité du contentieux du ministère des Affaires étrangères. Cette commission consacra plus de deux ans à étudier la question, à s'entourer des témoignages les plus authentiques, les plus irrécusables, à recueillir les pièces les plus probantes, à écouter contradictoirement les représentants de Mohammed-Bey et M. Ben Aïed, à comparer entre eux les documents, les renseignements, les allégations. De cette minutieuse enquête, de ce long et impartial examen résulta une sentence rendue par l'empereur, le 30 octobre 1856, et de laquelle il ressort que :

« M. Ben Aïed a été reconnu directeur infidèle de la Banque
« de Tunis, condamné à restituer les billets qu'il avait emportés
« en France et à rembourser en argent le montant de ceux
« qu'il avait mis illégalement en circulation, soit 995,850
« piastres.

« M. Ben Aïed a été reconnu vendeur simulé et condamné
« à restituer 17 millions et demi de piastres, représentant les
« teskérés d'exportation d'huile que, contrairement à la vérité,
« il prétendait avoir négociés à des maisons françaises de
« Paris et de Marseille; M. Ben Aïed a été condamné à régler
« les comptes qu'il devait », etc., etc. Cette sentence très longue et très motivée est divisée en cinq sections : Affaire de la Banque; Céréales; Teskérés; Huiles et Numéraire[1].

Par décret en date du 16 rabia-el-aoual 1273 (14 novem-

---

1. Voir : *Sentence arbitrale prononcée par Napoléon III sur les réclamations réciproques du bey de Tunis et du général Ben Aïed.* J'ai trouvé ce document à Paris, à la Bibliothèque Nationale; il est catalogué O^{31}73 A. Je doute qu'on puisse se le procurer ailleurs. N. F.

bre 1856), Mohammed institua le tribunal du Châra, à Tunis, « pour prononcer et faire exécuter les arrêts de la loi, comme pour régler les affaires religieuses ». Cette innovation était louable, en principe, mais elle donna lieu, dès le début, à un scandale qui fut gros de conséquences.

Une querelle étant survenue entre un juif, nommé Batto Sfez, et un musulman, celui-ci s'exprima en termes peu respectueux sur Moïse, à quoi Batto Sfez osa riposter — c'était assurément de sa part beaucoup d'audace — l'histoire de ses coréligionnaires à Tunis lui commandait autrement de prudence — par quelque épithète mal sonnante à l'adresse de Mahomet, et la foule, sur l'heure, de tomber à bras raccourcis sur l'enfant d'Israël, en l'entraînant devant le Châra. On sait ce que vaut en général la justice arabe : il fallait deux témoins, il s'en présenta vingt, trente, il en serait venu au besoin de la Goulette, même du Kef. On leur demanda de témoigner, ils témoignèrent. Incontinent l'israélite fut jugé, condamné et décapité.

La France était représentée à cette époque à Tunis, depuis juillet 1855, par M. Léon Roches, un moment secrétaire d'Abd-el-Kader, puis interprète de Bugeaud, auquel il avait rendu de grands services en Algérie et qui l'avait fait appeler au poste de consul. La facilité avec laquelle M. Léon Roches improvisait un discours en langue arabe était tout à fait remarquable; sa parole harmonieuse, chaude, colorée, persuasive, lui gagnait tous les cœurs. Les Arabes d'Algérie disaient de lui : c'est un charmeur d'hommes[1]. Depuis Tanger jusqu'à La Mecque, où il avait osé pénétrer comme pèlerin, il avait des amis partout, dans les palais, dans les mosquées, dans les oasis.

Mohammed-Bey respectait en lui le représentant le plus brillant qui ait jamais parlé au Bardo au nom de la France, il

---

1. Voir sa biographie, page 473 et suivantes du *Livre d'or de l'Algérie*.

aimait, en outre, l'homme qui connaissait comme lui-même le Koran et les livres saints : ensemble, dans une intimité jusqu'alors inconnue entre le souverain et l'agent d'une puissance étrangère, ils parcouraient la campagne à cheval, chassaient, donnaient des fêtes. Le bey, l'illustre et très magnifique seigneur qu'était alors le bey, condescendait à venir surprendre son ami et lui rendait visite au consulat[1].

Dès qu'il apprend le danger que court Batto Sfez, M. Roches se rend en toute hâte au Bardo; il intervient, il représente au bey la barbarie qu'il laisse commettre, les conséquences fâcheuses qu'elle ne peut manquer d'avoir pour lui : peine perdue, le fanatisme aveugle Mohammed; il a confirmé la sentence et ne veut pas entendre parler de la rapporter. Il se borne à prétendre qu'il est forcé par la loi religieuse de mettre à exécution les sentences d'un tribunal aussi respectable que le Châra.

A la suite de ce triste incident, les Français présents à Tunis demandèrent l'application à la Régence du *Hat-humayoun* proclamé par le Sultan, lequel garantissait l'égalité des sujets, sans distinction de croyances, dans tout l'empire turc. Le bey se retrancha derrière son indépendance constitutionnelle pour repousser le Hat-humayoun; mais la France ayant envoyé une escadre devant Tunis, il fit paraître une sorte de proclamation protectrice de tous les intérêts nationaux, sauf à la rapporter quand l'escadre aurait évolué.

Cependant les israélites ont nommé une commission chargée de rédiger et de présenter à Napoléon III un mémoire dans lequel il est dit que « la France ne voudra pas qu'à deux pas de l'Algérie, où sa domination douce et tolérante cherche à faire triompher les idées les plus généreuses, le fanatisme, sous la forme la plus hideuse, puisse lever la tête ».

---

1. *La politique française en Tunisie*, page 21.

Notre consul général reçut l'ordre d'appuyer très énergiquement ce mémoire auprès du bey; Léon Roches en profita pour lui rappeler l'ensemble des réformes libérales qu'il avait promises au nom de la civilisation; et il se montra si pressant, il déploya si habilement tous les artifices de son éloquence, que Mohammed, poussé en même temps par Kheïr-ed-Din, esprit progressiste, acquis à notre influence, poussé aussi par les autres consuls et par le Khaznadar lui-même, Mohammed se décida à entrer dans la voie des progrès.

La résolution une fois prise, il y entra avec une hardiesse que pouvait seule lui donner son ignorance de la philosophie sociale et de la science économique. Pour nous servir de l'expression qu'Adam Smith applique aux novateurs maladroits, il se suspendit aux ailes d'Icare et tomba dans l'abîme.

Il est juste de reconnaître qu'en cette circonstance, il ne fut pas redevable à la France des conseils de la sagesse, non plus que de l'habileté. Sans tenir compte de l'état informe de la société tunisienne, sans paraître se soucier plus que le bey lui-même de l'équilibre financier, elle applaudit à ses folles dépenses comme à ses réformes constitutionnelles et législatives. Elle lui donna le grand cordon de la Légion d'honneur! « Le *désir* court et le *moyen* suit en boitant », a dit Bastiat[1]. C'est là une vérité qui semble écrite tout exprès pour la civilisation du peuple arabe. La France l'oubliait. Ne l'oublie-t-elle pas encore tous les jours?

Aveuglé par sa musulmanolâtrie, Léon Roches partageait l'engouement général; il était l'âme de ces transformations dont il a reconnu depuis l'inopportunité et qu'il a regrettées. Il oubliait alors son rôle de politique pour se conduire en philosophe, — en rêveur.

---

1. *Harmonies économiques*, page 77.

Quoi qu'il en soit, le 20 moharrem 1274 (10 septembre 1857), tous les consuls et tous les hauts fonctionnaires tunisiens étaient solennellement réunis dans la grande salle du Bardo pour entendre le bey prêter serment à la Constitution qu'il octroyait à son peuple sous le titre de Pacte Fondamental et dans lequel étaient inscrits les principes éternels sur lesquels repose toute civilisation. Égalité des sujets devant l'impôt, devant la loi; abolition des monopoles commerciaux et industriels; admission des chrétiens à la propriété territoriale et des juifs au droit commun. Ils pourraient même entrer dans la composition des tribunaux. Des juridictions mixtes prononceraient entre justiciables de cultes différents. Quant aux israélites en particulier, ils obtenaient une autre faveur insigne, celle de quitter le bonnet noir pour la *chachia* (calotte rouge) des musulmans. Leurs synagogues seraient désormais à l'abri de l'insulte.

L'esprit libéral du monarque se décélait à chaque ligne. Tous les habitants seraient égaux devant la loi, « car ce droit « appartient naturellement à l'homme, quelle que soit sa con- « dition. La justice sur terre est une balance qui sert à garantir « le bon droit contre l'injustice, la faiblesse du faible contre « les attaques du fort. » Solon n'eût pas mieux dit! L'armée, puisqu'il s'agissait de la justice, ne devait pas être oubliée : « Elle est, disait le bey, une garantie de sécurité pour tous, et « l'avantage qui en résulte tourne au bénéfice du public en « général ». Mais considérant « que l'homme a besoin de consacrer une partie de son temps à son existence et aux besoins de sa famille », Mohammed déclare qu'il n'enrôlera les soldats que suivant un règlement, et d'après un mode de conscription au sort.

Après avoir promulgué cette Constitution organique, Mohammed-Bey entra dans une voie jusque-là inconnue en Orient, celle des institutions municipales. Le 30 août 1858, Tunis fut dotée d'une édilité. Le décret introductif de cette innovation était intitulé : *Constitution organique du Conseil municipal de Tunis, instituée pour l'utilité générale des habitants du pays.* Suivait une charte municipale en vingt-quatre articles, dont nous citerons les dispositions principales : 1° Le Conseil municipal serait choisi parmi les notables; 2° Les opinions qui y seraient émises seraient transcrites sur un registre, afin de rendre possible au bey l'exécution des mesures par lui sanctionnées; 3° Le Conseil serait chargé de l'examen des questions relatives aux revenus « affectés aux besoins de la capitale ». Il s'occuperait de la location des immeubles municipaux, examinerait les questions relatives à la conservation des édifices publics de la cité, à l'entretien des rues. En cas de dissidence dans le Conseil, la majorité l'emporterait. Mais voici venir une disposition quelque peu rigoureuse : « Le public ne sera pas admis aux séances de délibération du Conseil; ses décisions ne seront communiquées au public qu'après qu'elles auront obtenu notre sanction ». Autre disposition inattendue, c'est que le soin de la police des rues était commis au Président. Il était chargé aussi de surveiller les revenus de la ville, de régler les dépenses. Le Président avait à cet égard les attributions des préfets. En effet, il était chargé, en outre, de soumettre au Conseil le budget des recettes et des dépenses. L'article 10 donnait au Conseil la faculté d'exproprier pour cause d'utilité publique, et moyennant une juste et préalable indemnité.

Défense aux habitants de gêner d'une façon quelconque la circulation : « car, disait l'article 15 (ce que l'on chercherait vainement dans les ordonnances de certains pays civilisés), les rues appartiennent, à proprement parler, aux passants. » Puis d'autres et sages prescriptions d'utilité locale. Interdiction d'encombrer la voie publique par des matériaux de construction ou d'autres obstacles. Et, progrès inévitable! des agents nommés par le Conseil pour la surveillance des rues, devaient faire connaître au Président les contraventions à ce règlement.

Comme sanction pénale, le décret établissait, suivant le cas, un système d'amendes, dont la fixation était confiée à deux membres du Conseil; mais l'exécution ou le recouvrement de l'amende était remise « à l'autorité naturelle du contrevenant, attendu que le Conseil n'a aucun pouvoir de contrainte. » Ainsi, nulle confusion de pouvoirs dans ce remarquable règlement. Le Conseil était chargé, en outre, de diriger l'alignement des marchés, des rues et des places publiques, mais l'exécution en était subordonnée à la sanction du bey. Telle était en somme cette œuvre municipale, dont on ne citerait guère d'autre exemple dans les lois musulmanes. La fin même de ce document laissait la porte ouverte au progrès. « Toutes les fois qu'il nous sera possible d'éloigner un dommage quelconque pour l'utilité publique, ou de lui assurer quelque avantage, nous en ferons l'objet d'articles additionnels à ce règlement. » Et le bey signait ainsi :

« Salut de la part de l'humble envers Dieu; son esclave, le muchir Mohammed Pacha-Bey, possesseur du royaume de Tunis. Que Dieu lui soit propice !

« Fait le 20 moharrem 1275 (30 août 1858). »

D'autres réformes non moins importantes devaient suivre. On défricherait le pays; on restaurerait les édifices publics; des routes seraient construites, et la Tunisie s'ouvrirait à la curiosité des voyageurs. Enfin, on songeait à se relier à l'Algérie au moyen d'une voie ferrée.

A l'annonce de tant de prodiges, car en pays musulman ce n'étaient rien moins que des prodiges, le peuple ne devait pas se sentir d'aise, semble-t-il. Courbés depuis des siècles sous un pouvoir despotique, reposant sur le Koran, sur l'infaillibilité de Mahomet, sur l'union du spirituel et du temporel, sur la fatalité, sur l'esclavage, sur l'infériorité des femmes, sur l'absence de famille et de propriété, sur la guerre sainte, sur l'exploitation des infidèles, sur l'exclusion et l'oppression des races non musulmanes, courbés enfin sous un pouvoir qui avait fait de la dégradation de la personne humaine la condition de son existence; tenus en laisse, volés, dépouillés et battus, les indigènes devaient pousser d'un bout à l'autre de la Tunisie un immense cri d'allégresse, en conquérant d'un coup tant de libertés. N'allaient-ils pas déposer leur fardeau d'angoisses; las de leur misère et de leur longue route dans les ténèbres, n'allaient-ils pas enfin se purifier dans la lumière?

Et quelle gloire ce serait pour Mohammed d'avoir régénéré sa race, d'avoir revivifié la vieille terre des Annibal, des Massinissa, enveloppée depuis tant des siècles dans le linceul barbaresque, et de l'avoir entraînée, poussée, jetée en quelque sorte dans le grand orbe des nations civilisées?... Le rêve n'est si doux que parce qu'il abuse! Ces révolutions subites sont au-dessus de la nature humaine dont l'épanouissement moral ne peut s'accomplir que lentement, à l'exemple du développement physique. Je le disais récemment dans l'*Estafette,* il n'y a en politique de grandes et stables révolutions que celles qui sont accomplies dans l'opinion, dans les mœurs d'un peuple, quand l'heure en est réellement venue. Tout ce qui dépasse l'esprit du siècle n'exerce sur lui qu'une influence nulle ou éphémère. Quand Charlemagne organisait, au milieu de l'Europe encore barbare, les premiers éléments de la civilisation, il ne faisait que livrer cet ouvrage d'un autre temps aux causes de destruction qui en provoquèrent la dissolution après sa mort. Pour le même motif, l'œuvre généreuse, grandiose même de Mohammed-Bey était mort-née. Les Arabes tunisiens étaient trop arriérés, trop barbares, pour comprendre les bienfaits qu'on leur apportait. Les mots d'égalité, de justice, de liberté n'avaient qu'un sens obscur, très vague pour eux; dans leur cervelle ténébreuse, tout s'effaçait devant cette idée de Providence dont on les avait uniquement entretenus jusqu'à ce jour et au nom de laquelle ils acceptaient une loi d'infériorité, l'humiliation et le châtiment — du mal qu'on leur faisait... Allah en ordonnait ainsi. Les marabouts et les imans l'expliquaient d'un mot : *Mektoub?*

Ce fut donc dans toutes les tribus, en apprenant les changements qui se préparaient, un étonnement profond, une véritable stupeur à laquelle succéda bientôt une vive inquiétude. Ces décrets enfarinés ne leur disaient décidément rien qui vaille; c'était à leurs piastres et à leurs boukoffas que sûrement on en voulait encore. Et les ulémas, les taleb et les muphti, naturellement réfractaires à tout progrès, approuvaient fort leur clairvoyance. Tous ces travaux sans utilité auraient pour conséquence l'établissement de nouvelles taxes, la création de nouveaux impôts. Ce sont les roumis, disaient-ils, qui poussent le bey à tout cela; comme ce sont eux encore qui ont arraché à sa faiblesse cette chose monstrueuse : le juif désormais l'égal d'un Croyant! Et ils développaient ces récriminations avec la faconde propre à l'Arabe. Ils insistaient aussi tout particulièrement sur la conscription militaire, antipathique à tous. Des murmures s'élevèrent; ils grossirent très vite; et, du nord au sud, ce ne fut bientôt plus qu'une rumeur menaçante.

Dès ce moment, le grand œuvre de Mohammed avait vécu. Sans doute il lutterait, il défendrait pied à pied ses nouvelles institutions; mais le courant était trop fort pour qu'il pût le remonter. Toutefois cette cruelle déception lui fut épargnée; usé par les plaisirs, un érysipèle l'emporta dans la tombe, le 24 sfar 1276 (22 septembre 1859).

MOHAMMED-ES-SADDOK-BEY

Mohammed décédé, le pouvoir passa aux mains de son frère, Mohammed-es-Saddok. L'héritage était lourd. L'avenir s'annonçait plein d'embûches; pour sortir le pays d'embarras, il eût fallu un caractère, un homme énergique et capable : Saddok n'était rien moins que cela. Ses premiers actes ne le prouvèrent que trop.

Le 24 septembre, il prit possession du trône beylical, entouré de tous ses hauts dignitaires ainsi que des consuls des puissances européennes, et prêta serment à la Constitution en ces termes :

« Au nom du Dieu clément et miséricordieux,

« Béni soit celui qui a fait que la confiance soit la cause la
« plus efficace de la prospérité! Que les bénédictions et le
« salut soient sur notre Seigneur Mohammed, ses parents, ses
« compagnons et tous ceux qui les ont suivis dans le bien!
« J'ai reçu l'hommage des hauts dignitaires présents, con-
« formément au Pacte fondamental qui garantit à tous les habi-
« tants la sûreté de leur honneur, de leurs biens et de leurs
« personnes, et qui renferme différents autres principes et obli-
« gations que feu mon frère et Seigneur Mohammed-Pacha-
« Bey, s'est engagé à observer sous la date du 20 Moharrem
« 1274, et, conformément à ce qui est prescrit dans ledit Pacte
« fondamental, j'ai juré et je jure devant Dieu que je res-
« pecterai tous les principes qui y sont établis et que je ne ferai
« rien qui leur soit contraire.

« Ces mots ont été dits par moi et répétés en mon nom par
« celui qui les lit. Ma signature et mon cachet qui sont apposés

« sur cet acte sont un témoignage digne de foi et évident
« pour toutes les personnes présentes à cette assemblée et pour
« tous nos sujets et les habitants de nos États.

« En conformité de cela, vous devez respect et obéissance.
« Que Dieu soit en aide à tous les assistants !

« Donné le samedi 25e jour du mois de sfar 1276. »

La souveraineté du bey était très nettement établie ; aucun doute ne pouvait subsister à l'égard de son indépendance ; il était proclamé dans le préambule : « Que ce sont les hauts fonc-
« tionnaires tunisiens qui l'ont choisi à l'unanimité pour chef
« de l'État, conformément à la loi de succession en usage dans
« le royaume. » Rien ne pouvait être plus net ; néanmoins, le premier soin de Mohammed-es-Saddok fut de demander son investiture au Sultan en lui faisant présenter pour plus de deux millions de cadeaux. Kheïr-ed-Din qui, tout en favorisant notre influence s'efforçait toujours de ramener le bey sous la tutelle de la Turquie, fut chargé de cette mission à Constantinople. Abd-ul-Aziz, comme bien on pense, se hâta d'envoyer à Tunis Emin-Bey, l'un des hauts fonctionnaires de son palais, qui remit au bey le firman d'investiture, les insignes du grade de muchir et ceux de l'ordre impérial de Medjidié de première classe.

C'était le premier acte de cette politique cauteleuse à laquelle Mohammed-es-Saddok se complaisait et qui a déterminé notre occupation. Ménager la chèvre et le chou, contenter tout le monde et le Grand Turc était chose tout à fait impossible au bey de Tunis ; il s'y essayait quand même ; il y persista : nous verrons bientôt avec quel succès.

L'armée fut sa première préoccupation. Il voulut une force imposante, sérieusement organisée, et le 7 février 1860 il promulgua la loi sur le recrutement. Ce fut une grosse affaire.

Les Tunisiens avaient espéré que le nouveau bey, mieux entouré, c'est-à-dire non plus d'Européens, mais exclusivement d'Arabes, partant mieux conseillé, annulerait purement et simplement toutes les réformes de son prédécesseur et s'en tiendrait aux traditions du passé, encore qu'il ait prêté serment à la Constitution de 1857. N'y avait-il pas déjà fait un premier accroc en demandant son investiture au Sultan? Aussi la publication de la loi sur le recrutement, en détruisant toute illusion à cet égard, réveilla-t-elle des colères mal assoupies. On put craindre un soulèvement immédiat; mais les factieux n'étaient pas prêts.

Officiellement informé du voyage que Napoléon III devait accomplir en Algérie dans le courant de septembre, Saddok jugea de bonne politique de venir lui offrir ses salamalecks à Alger, afin de dissiper la mauvaise impression que sa marque de vassalité envers le Sultan avait produite aux Tuileries.

Il arriva, le 17 septembre, à bord de la frégate française *La Foudre*. Trois voitures de la cour, avec une escorte de cavalerie, allèrent le prendre au débarcadère; il fut ensuite reçu par l'Empereur et l'Impératrice. Le soir, il assistait au grand banquet où Napoléon III réunissait les principales autorités civiles et militaires ainsi que les chefs indigènes. Au dessert, Mohammed-es-Saddok porta ce toast : « A S. M. l'Empereur des Français que
« je remercie de l'honneur insigne qu'il a daigné me faire en
« m'invitant à venir le saluer ici. Je me réjouis d'autant plus
« de cette haute faveur, que je sais être le premier souverain
« musulman qui ait joui de ce grand honneur. » Le bey ajouta qu'il s'efforcerait de suivre les exemples de l'Empereur, parce qu'il savait qu'en agissant ainsi il ferait le bonheur de ses peuples. » Napoléon III répondit quelques paroles dont le sens général peut être ainsi rappelé : « Je porte un toast au bey de

Tunis, mon bon et noble allié; j'espère qu'il sera toujours un bon voisin, et je serai heureux moi-même du bonheur de son peuple. Le bey remit à l'empereur la décoration en diamant du Nicham Iftikhar, et reçut, en retour, des mains de Napoléon III, le grand cordon de la Légion d'honneur. Il prit part aux fêtes des jours suivants et quitta Alger le troisième jour avec le même cérémonial qu'à son arrivée. L'accueil très cordial de l'empereur l'avait beaucoup flatté; il s'en enorgueillissait et redoubla de prévenances à l'égard de notre consul général, M. Léon Roches. Celui-ci, encore hanté de son rêve de civilisation instantanée, — il en est singulièrement revenu depuis! — harcelait Saddok de ses idées de progrès et de rénovation; il n'eut repos ni cesse jusqu'au jour où il le vit définitivement en proie à la même activité réformatrice que Mohammed. Ce jour-là, par exemple, son succès fut complet : construction de routes, élévation de phares, un bassin de carénage et un arsenal à la Goulette, une fonderie de canons à Tunis, on entreprit tout cela du même coup. Sept millions étaient encore destinés à la restauration du magnifique aqueduc d'amenée des eaux de Zaghouan à Tunis, commencé sous Adrien en 117 et fini en 163 sous Septime Sévère.

En même temps, Mohammed-es-Saddok s'inquiétait de la réforme des monnaies et du système des poids et mesures; de la question des transports à l'aide de diligences et d'un service régulier de courriers à travers tout le royaume. Déjà, le 8 mai, le télégraphe électrique avait mis en communication Tunis et Alger par Constantine. Une imprimerie beylicale était fondée, ainsi qu'un moniteur officiel de la Tunisie l'*Er-Raïd-el-Tounsy*. Il avait, en outre, autorisé la publication d'une *Gazetta di Tunisi*, qui ne vécut que quelques mois faute de capitaux et de clientèle, peut-être d'habileté directrice, sans qu'on pût accuser de sa mort aucune rigueur gouvernementale.

Et pour couronner ces tendances libérales, répudiant toute solidarité avec le fanatisme musulman, Mohammed-es-Saddok envoya 10,000 piastres pour secourir les victimes chrétiennes de Syrie.

On devine la joie de Léon Roches. Elle devait être de courte durée.

Le 24 avril 1861, eut lieu l'inauguration officielle et la mise en pratique de la Constitution promulguée l'année précédente. A cette occasion, grande cérémonie au palais du Bardo. Là, dans la salle du Trône, autour du bey, tous les princes du sang, tous les ulémas et magistrats du pays, sont réunis ayant à leur tête les ministres, le Conseil suprême créé pour la sauvegarde de la Constitution, tous les principaux officiers de l'armée, enfin tous les membres du corps consulaire, précédés de M. Léon Roches, chargé d'affaires et consul général de France, qu'accompagnent M. Fedele Suter, vicaire apostolique de la mission de Tunis, et le colonel Ranson, représentant le maréchal Pélissier, gouverneur général de l'Algérie[1]. En présence de cet important cortège, le bey reçoit en premier lieu le serment individuel de tous les membres de sa famille et des grands dignitaires de l'État, et en second lieu le serment collectif de tous les employés de sa maison et des officiers subalternes de l'armée et des administrations publiques, d'après une formule récitée à haute voix par le ministre de la marine, faisant fonction de grand maître des cérémonies, Sid Kheïr-ed-Din, formule que chacun répète en un majestueux chorus, en jurant, d'une voix unanime, d'observer fidèlement et loyalement la Constitution tunisienne.

Cette scène ne manquait pas de grandeur; tout s'y était passé très solennellement, avec beaucoup de dignité et avec un

---

1. Jules Duval, *Annuaire Encyclopédique*, 1860-61, page 1594.

grand cachet de distinction orientale. Ensuite, le corps consulaire s'étant retiré, le bey se montra à ses troupes réunies sous le balcon du Bardo et reçut d'elles, en présence de la cour, le serment de se conformer désormais aux prescriptions du Code constitutionnel.

Le lendemain, le bey inaugura avec la même solennité l'ouverture des tribunaux tunisiens, constitués d'après le nouveau Code de procédure civile et criminelle.

Cette fois, il n'y avait plus à douter de la résolution de Mohammed-es-Saddok de marcher sur les traces de son prédécesseur; les fanatiques et les intéressés ayant perdu tout espoir, ne songèrent plus qu'à prendre les armes et à exterminer les Européens dont ils sentaient très justement dans tout ceci la main des consuls, particulièrement de celui de France. De violentes altercations se produisirent en pleine rue de Tunis; les indigènes de la frontière se virent à chaque instant insultés, excités à la révolte, traités de *mertaddin* (serviteurs de chrétiens, souillés), de *kelb ben kelb* (chiens, fils de chiens). Une centaine de tentes de la province de Constantine qui avaient émigré en Tunisie, dans l'espoir d'une meilleure fortune, furent pourchassées et contraintes de repasser la frontière, en haine des chrétiens sous le gouvernement desquels ces tentes vivaient. La frontière devint d'ailleurs le théâtre de conflits nombreux et parfois assez graves : des coups de fusil furent souvent échangés entre nos tribus des environs de La Calle et les Kroumirs qui les provoquaient ou les pillaient.

Le bey s'inquiéta médiocrement de ces faits, qu'il était d'ailleurs à peu près impuissant à réprimer. Il poursuivit ses transformations. Par une convention en date du 19 avril 1861, il accorda à la France le monopole du service télégraphique en Tunisie, et à la ligne électrique déjà établie de Tunis à Alger vint s'ajouter une ligne de Tunis à Sousse, Sfax et l'île de

Djerba, destinée à relier celle qui joignait Tripoli à Alexandrie : future voie de communication entre l'Europe occidentale et les Indes orientales.

Les grands travaux publics se poursuivaient sans interruption et l'aqueduc d'Adrien fut bientôt restauré. La population musulmane ne croyait pas à la réussite de cette entreprise, l'aqueduc ayant été remplacé en partie par des syphons et des tuyaux Chameroy. Peu familiarisée avec ce mécanisme, il lui semblait impossible qu'on pût faire franchir à une colonne d'eau d'un pareil volume la hauteur de 45 mètres qui représente celle du plateau de la Casbah où cette eau jaillissait. Aussi la joie fut-elle égale à sa surprise, lorsqu'elle vit par une journée torride du mois d'août 1861 se réaliser son vœu le plus cher. Les bords du canal qui servait à l'écoulement temporaire des eaux étaient couverts de presque toute la population, émerveillée, ahurie, et tous se poussaient, se bousculaient, pour remplir leur *goulla* de ce liquide dont on n'apprécie toute la valeur que dans les pays chauds. Le bey qui partageait la satisfaction générale, vint boire également de cette eau et porter ses chaleureuses félicitations à l'ingénieur français, M. Colin, qui avait présidé à ces travaux de restauration.

Cependant de gros nuages s'amoncelaient sur la tête du souverain : les réformes législatives et militaires enfantaient la guerre civile, et les récoltes ayant presque totalement manqué, les céréales ainsi que les principaux articles de consommation subissaient un renchérissement énorme. La misère était très grande. Chaque jour des centaines de débiteurs insolvables étaient incarcérés, et l'on devait multiplier les prisons, ce qui contrastait assez ironiquement, il faut bien en convenir, avec le régime de liberté et le bonheur du peuple qu'on proclamait sur tous les tons.

De plus, le Trésor était totalement vide. Ahmed-Bey et son

successeur l'avaient épuisé, et la même inhabileté, le même désordre ayant naturellement présidé à l'administration financière depuis deux ans, puisque Mustapha Khaznadar était toujours grand vizir, la Tunisie se retrouvait aux prises avec les mêmes embarras, la même crise qu'en 1828, sous Hussein Bey.

Se rencontrerait-il cette fois un Chakir, un administrateur assez avisé, assez intelligent et assez patriote pour sauver son pays de la banqueroute à laquelle il courait ? On était en droit d'en douter. L'entourage du bey comptait des hommes d'une réelle valeur intellectuelle, mais dépourvus de l'énergie que réclamait la situation. Et puis, que pouvaient-ils contre le Khaznadar tout puissant et qui avait besoin de cet état de choses pour achever sa fortune ? Nul n'aurait osé entrer en lutte avec ce potentat dont le bey subissait l'ascendant ; on le savait vindicatif et terrible dans la vengeance. Il avait d'ailleurs tout prévu ; il était sûr de son coup — préparé de longue date.

Déjà les impôts ne rentrent plus, le numéraire fait défaut. Le Khaznadar fait intervenir son complice Nessim-Scemama qui prête au bey les sommes dont il a besoin, à raison de 12 et 15 %. A la fin de 1861, cette dette s'élève à 19 millions de piastres que les intérêts viennent sans cesse grossir. Mais le gouvernement a des créanciers de diverses natures. En juillet 1862, il doit **28,026,983** francs, qu'il lui est de toute impossibilité de rembourser.

Pour sortir de ce mauvais pas, le bey, cédant aux conseils perfides de Mustapha, fit encore litière des vieilles coutumes ; mais, cette fois, d'une façon pitoyable. En novembre 1862, il émit pour 35 millions de piastres de Bons du Trésor portant un intérêt de 12 % pendant neuf ans, et remboursables au bout de trois ans si le bey le jugeait opportun. De là leur nom d'obligations triennales.

Jamais pareille opération financière ne s'était faite en pays musulman; le système des emprunts publics y était encore inconnu. Depuis, l'exemple donné par la Turquie a été rapidement suivi par la plupart des États mahométans, sans excepter le Maroc. A Tunis, l'annonce de cet emprunt public produisit une émotion considérable. Plusieurs ministres se refusèrent nettement à entrer dans cette voie et donnèrent leur démission. Le bey les remplaça. Mustapha Khaznadar, tout en conservant ses fonctions de grand vizir, devint ministre de l'intérieur et président du grand conseil; et Si Mohamed El-Aziz-Bou-Atour [1] reçut le portefeuille des Finances.

En ce moment critique, réduire les dépenses des grands travaux publics était tout indiqué. C'était un devoir, une obligation, puisque déjà les ressources ordinaires étaient insuffisantes pour couvrir ces dépenses. On préféra créer de nouvelles taxes et comme la muscade dont parle Boileau, on en mit partout. Il y en eut sur les chevaux, les mulets, les chameaux, les voitures, les denrées alimentaires. Tout cela produisit des sommes considérables; à quoi les employa-t-on? A de luxueuses folies, à satisfaire les insatiables convoitises des favoris; enfin à construire quatre grandes routes fastueuses : du Bardo à Bab-bou-Sadoun; du port à Bab-el-Khadra; de Bab-el-Khadra à Souika; la quatrième longeait la Marine...

La caisse est encore vide; une fois de plus, on se trouve dans l'impossibilité de payer les intérêts de la dette flottante. Mustapha a prévu cette nouvelle crise; il l'attend avec impatience, après l'avoir précipitée autant qu'il a pu : c'est qu'il est chargé de faire adopter une combinaison qui lui vaudra un énorme pot de vin. « Vous payez par an 12 % d'intérêt pour une dette qui ne s'amortira jamais, dit-il au bey. Ce système est très

---

[1]. Actuellement premier ministre.

arriéré; des banquiers d'Europe vous prêteraient de quoi rembourser tous vos emprunts et se contenteraient d'intérêts juste de moitié moindres; bien plus, après très peu d'années, vous ne leur devrez plus rien du tout. N'est-ce pas admirable? Comment laisser échapper pareille aubaine? » Mohammed-es-Saddok remercia avec effusion son précieux conseiller et approuva des deux mains l'emprunt de 35 millions de francs dont les banques Oppenheim et Erlanger voulaient bien se charger. Il fut conclu le 6 mai 1863. A quel taux?

Émis au capital de 35 millions, les banquiers prélevèrent tout d'abord sur cet emprunt 6 millions d'escompte et de commission, puis 2,772,000 francs sur l'émission des actions, et environ un million pour une autre opération; il ne restait donc que 25 millions au bey qui, pour couvrir cette dette, s'engageait à payer en 15 ans une somme de 63 millions sur laquelle les banquiers prélevèrent encore une somme de 13 millions. Finalement Saddok reçut 5,640,941 francs sur les 35 millions que comportait le marché. Tout commentaire serait superflu.

Le recrutement de l'armée, suivant la nouvelle loi, s'effectua dans des conditions inénarrables. Personne ne voulant être soldat, des fraudes de tout genre furent commises. Ceux qui avaient quelque argent, achetaient leur exemption du cheik ou du caïd qui les faisait passer pour absents sans résidence connue. Certains s'étaient mutilé le pied ou la main; d'autres — en grand nombre — avaient passé la frontière. Le contingent se trouva énormément réduit et parmi ceux qui ne purent échapper à l'enrôlement, la plupart désertèrent la caserne, qui au bout de quelques jours, qui au bout de quelques semaines. Ils étaient, il est vrai, abominablement nourris et plus mal payés encore. Ils s'en retournaient dans leurs tribus, décidés à tout plutôt que de rentrer au régiment.

Aussi l'insurrection, depuis longtemps imminente, ne tarda pas à éclater. D'abord dans l'ouest. Les troupes du bey s'étant présentées pour recouvrer l'impôt, les Kroumirs, retranchés dans les contreforts de leurs montagnes, les reçurent à coups de fusil.

On craignit un instant que cette prise d'armes n'eut quelque contre-coup en Algérie et une forte colonne française fut envoyée surveiller la frontière; mais les insurgés finirent par rentrer dans l'ordre.

La situation intérieure n'en devenait pas moins très profondément troublée, lorsqu'elle vint se compliquer d'une véritable question européenne.

Depuis 1856, l'Angleterre avait pour consul général à Tunis, M. Richard Wood, celui-là même qui la représentait à Beyrouth à l'époque des massacres de Syrie, dont il fut regardé comme l'instigateur. M. Wood était un diplomate distingué, d'une supériorité très marquée sur M. Roches, mauvais politique d'ailleurs. Ce dernier avait précédé son collègue anglais de quinze mois; sa situation était prépondérante au Bardo, M. Wood se garda bien de le heurter de front. Il s'effaça et attendit. Vivant depuis trente ans au milieu du monde musulman, qu'il apprécie avec la froideur de son tempérament britannique, sans illusion aucune, il comprend bientôt à quel désastre le consul de France entraîne inconsciemment le pays. Il appuie donc les conseils de M. Roches, il paraît marcher à sa remorque, car il a soin de toujours lui laisser l'initiative de toutes les réformes; s'il paraît les approuver, ce n'est que pour activer l'œuvre et ruiner plus tôt l'influence française en la personne de son consul.

Enchanté de cet appui, Roches n'y voit pas malice; il contribue à mettre l'agent anglais dans les bonnes grâces du bey et il y réussit si bien que pendant une de ses absences de Tunis,

M. Wood obtient du bey de nombreuses concessions au profit de ses compatriotes, notamment la construction du chemin de fer de Tunis à La Goulette.

A son retour, Roches fit la grimace : il était joué. Afin de ne plus l'être, il surveilla son habile collègue; il le contrecarra sans cesse. Mais Roches fut nommé consul général et chargé d'affaires de France au Japon dans les premiers jours d'octobre 1863. A peine avait-il quitté la Goulette, que M. Wood faisait signer au bey le traité anglo-tunisien conférant aux sujets anglais le droit d'acheter et posséder des terres dans toute l'étendue de la Tunisie [1].

M. Wood avait compté sans notre consul intérimaire, M. de Beauval; celui-ci se montra très hostile à l'importante et unique concession qui venait d'être faite à l'Angleterre et dans laquelle il voyait un danger pour la légitime prépondérance de la France à Tunis. Il multiplia ses démarches auprès du bey. Mohammed-es-Saddok se retrancha derrière la foi jurée. M. de Beauval entreprit alors de renverser le Khaznadar qui, après avoir fait adopter le traité par le bey, le défendait naturellement de toutes ses forces. La tentative était tout à fait hardie. Elle n'aurait eu chance de succès que si le gouvernement impérial était vigoureusement intervenu; mais Napoléon III avait d'autres préoccupations. Soupçonnait-il seulement la nécessité de notre influence à Tunis? Très certainement non, puisqu'il ne voulait voir dans l'Algérie qu'un royaume arabe [2].

---

1. Ce traité porte la date du 10 octobre 1863.
2. Le 6 février 1863 le *Moniteur* publia une lettre adressée par l'empereur au duc de Malakoff et dans laquelle les intérêts des colons étaient placés après ceux des Arabes. Le pays était aux indigènes; il faut le leur laisser et rendre les tribus propriétaires incommutables des territoires qu'elles occupent à quelque titre que ce soit. Tel était le fond de cette lettre antifrançaise qui avait pour but de se concilier par tous les moyens possibles « cette race intelligente, fière, guerrière et agricole. » Il y était dit textuellement : « Je le répète, l'Algérie n'est pas une colonie proprement dite, mais un ROYAUME ARABE. »

La Tunisie l'intéressait si peu, qu'on lui prête à cette époque l'intention d'avoir encouragé Victor-Emmanuel à la prendre en compensation de ce que l'Italie réclamait pour compléter son unité[1]. Abandonné à lui-même, M. de Beauval échoua dans sa tentative de renversement du Khaznadar.

Sur ces entrefaites, un soulèvement général a lieu. Mustapha n'a pas craint de doubler l'impôt de la medjba, déjà si lourd et si impopulaire. De 36 piastres, il le porte à 72; il a, en outre, grevé d'une redevance de 36 piastres les propriétaires de bœufs et de chevaux. C'en est trop; l'exaspération est à son comble : on court aux armes. L'insurrection éclate dans le sud, gagne le Sahel, et, comme une traînée de poudre, parcourt le bassin de l'oued Melleg, la Kroumirie et toute la vallée de la Medjerda.

Le gouvernement tunisien accoutumé à ces levées de boucliers ne s'émut que médiocrement; il se contenta d'envoyer contre les rebelles trois cents hommes commandés par Farhat; mais ce général s'étant maladroitement engagé avec sa petite troupe dans une gorge de montagne, se vit tout à coup cerné par deux mille cavaliers et cinq cents fantassins. Il n'en lutta pas moins courageusement et trouva la mort dans ce combat inégal. C'est le 24 avril 1864 qu'on apprit ce désastre à Tunis. La ville en fut profondément troublée; le bey partagea l'émotion populaire et s'empressa de réunir des forces plus sérieuses pour les diriger contre les insurgés. Mais ceux-ci avaient placé à leur tête un chef énergique : Ali-ben-Ghadaoum et, sous son commandement, ils marchaient sur la capitale. Le 20 avril, ils campèrent à une journée de marche de Tunis. Maîtres de l'intérieur, des milliers de combattants arrivaient au camp, moins préoccupés toutefois du succès politique que de profiter de l'occasion de pillage qui s'offrait à eux.

---

1. *La politique française*, page 37.

Avec une force armée un peu respectable, Mohammed-es-Saddok aurait eu vite dispersé ce rassemblement hétérogène. Mais la désorganisation militaire n'avait d'égale que celle des finances. Les soldats qui n'étaient pas payés avaient, comme les nouvelles recrues, déserté avant l'insurrection ou depuis qu'elle avait éclaté, de sorte que le bey se trouvait pour ainsi dire abandonné. Les villes les plus importantes de la côte avaient été envahies ou entraînées et les Européens étaient frappés de terreur. A Tunis même, des musulmans auxquels s'étaient joints quelques chrétiens mal famés, avaient tramé un complot qui devait éclater dans la nuit du 22 au 23 avril. Le gouvernement, instruit à temps, put en prévenir l'explosion ; mais l'inquiétude était extrême dans la ville.

Le gouvernement impérial se vit obligé de sortir de son indifférence et de se préoccuper de cette révolte qui, étant donné l'impressionnabilité du monde arabe, pouvait s'étendre dans toute la province de Constantine. Déjà en mars, nous avions eu à réprimer un mouvement insurrectionnel dans la Kabylie orientale ; le 8 avril, le colonel Beauprête avait été assassiné à Aïounet-bou-Beker, et à présent tout le sud oranais était en feu. Il nous fallait intervenir. Mais seuls, en garantissant la sécurité des nationaux des autres pays. Au lieu de cela, le Cabinet des Tuileries eut l'inqualifiable maladresse d'inviter l'Angleterre et l'Italie à coopérer avec lui à une démonstration navale. Forte de cet exemple, la Turquie envoie ses vaisseaux grossir la flotte internationale, sans attendre qu'on l'y invite. Que pouvons-nous dire ? N'a-t-elle pas aussi ses nationaux à protéger ? De ce jour, c'en est fait de notre prépondérance à Tunis. A chaque instant, nous retrouverons sur notre chemin les rivaux que nous n'avons pas eu l'intelligence de tenir à l'écart.

Les insurgés ne s'étaient pas rapprochés du Bardo ; mais,

n'en étant séparés que par une vingtaine de kilomètres, ils espéraient pouvoir imposer leurs conditions au bey, contre lequel ils ne nourrissaient d'ailleurs aucun sentiment de haine. Ils se contentèrent de demander l'abolition de la Constitution, la diminution des impôts et la destitution des ministres. La supplique suivante exposait leurs griefs :

« *A notre maître Mohammed-es-Saddok-Bey.*

« Vous nous avez accablés d'impôts, à titre de secours, jus-
« qu'à ce que l'injustice et la pressuration en aient été la con-
« séquence. Nous avons subi toutes sortes d'avanies de la part
« de vos agents, jusqu'à faire naître en nous le dépit. Nous
« avons fait auprès de vous force requêtes afin de porter ces
« faits à votre connaissance; mais votre vizir Mustapha Khazna-
« dar nous a jeté ces pièces au visage et nous a empêchés ainsi
« d'arriver jusqu'à vous, en nous faisant passer pour des rebel-
« les et pour des voleurs de grands chemins. — Que Dieu vous
« protège et vous garde pour notre bonheur; nous avons fui,
« et nous ne nous sommes révoltés qu'à cause du Khaznadar;
« car lui, c'est la porte de la ruine de cette Régence, et tu ne
« permettras pas, comme berger, la ruine de ton troupeau; tu
« sais que dans le jour du jugement tu pourrais en rendre
« compte à Dieu devant lequel, grands et petits doivent paraî-
« tre; nous espérons que tu écouteras nos plaintes, et, en ce
« cas, nous nous déclarons tes esclaves en remettant les choses
« comme par le passé. Nous te laissons réfléchir car sur la
« terre nous sommes tous frères, et, comme tels, nous deman-
« dons à Dieu miséricorde pour tous. Salut de la part de tou-
« tes les tribus.

« Nous, notaires et cadi soussignés, déclarons que les chefs
« des tribus susdites nous ont ordonné d'écrire la présente lettre,
« de la signer pour eux et de la revêtir de notre sceau ».

On a contesté l'authenticité de cette pièce. Tout ce que nous pouvons dire, c'est qu'elle était l'expression exacte du sentiment populaire.

Dans l'opinion des indigènes, le bey était à peu près irresponsable de leur misère ; les coupables étaient Mustapha Kaznadar, le trésorier en chef, l'israélite Scémama, plus connu sous le nom de caïd Nessim [1], et tous les officiers d'origine étrangère, Circassiens ou Grecs convertis à l'Islamisme, attachés au palais du Bardo, investis des meilleurs emplois civils et militaires et désignés sous le nom de mameluks. On les accusait de toutes sortes de malversations dans l'administration des deniers publics ; on allait jusqu'à attribuer des fortunes de quatre-vingt ou cent millions au Khaznadar et au caïd Nessim, de cinq, dix et vingt millions à plusieurs des mameluks, arrivés dans le pays sans une piastre. Qu'y avait-il de vrai dans ces rumeurs ? Nous ne saurions le préciser ; seulement quiconque connaît tant soit peu les mœurs arabes ne peut douter que du haut en bas de l'échelle autoritaire le péculat fût pratiqué sans vergogne. Montesquieu [2] le regarde comme naturel dans les États despotiques. En Orient, on peut le regarder comme la règle.

En tout cas, les dépenses excessives, en disproportion avec les revenus, entreprises en ces dernières années pour construction d'édifices, de routes, d'aqueducs, etc., avaient été pour beaucoup dans le désarroi financier. On avait jeté l'argent par les fenêtres : le peuple s'était levé apportant son *veto* au bout de soixante mille fusils, et demandant qu'on déchire ce Pacte fondamental que les marabouts chargeaient de leurs malédictions.

On a cherché néanmoins à insinuer que cette vaste insur-

---

1. Dès le début de l'insurrection, il jugea prudent de passer en Italie avec ses trésors.
2. *Esprit des Lois*, V.

rection n'avait rien eu de spontané ; on l'a représentée comme le dernier acte d'une immense mise en scène habilement organisée par quelque intrigue européenne ; mais cette opinion ne repose que sur de pures hypothèses ; la condition minable du peuple provoquait suffisamment sa révolte pour écarter toute idée d'excitation adventice.

Un seul fait est hors de doute ; l'insurrection, une fois en campagne, les représentants des trois puissances cherchèrent à la faire tourner à leur avantage : M. de Beauval en engageant les chefs des rebelles, et en particulier Ali-ben Ghadaoum, à ne pas désarmer avant d'avoir obtenu le renvoi du Khaznadar ; le consul italien en s'efforçant de détourner les colères sur la France et Sir Richard Wood en agissant sur les Maures de la côte, fort opposés aux Arabes, et en réveillant leurs sympathies pour le Sultan de Constantinople. Comme toujours, Richard Wood fit preuve, en cette circonstance, d'une grande habileté. Pendant qu'il organisait tout le long de la côte une propagande très active en faveur de la Turquie, il persuadait au bey que la Tunisie était menacée par la France et par l'Italie, et qu'il était de son plus grand intérêt de demander l'intervention du Sultan, chef de l'Islamisme et protecteur né de tous les États musulmans.

Le bey et le Khaznadar suivirent ce conseil. On verra bientôt quelles complications il amena dans une situation déjà si troublée.

L'Angleterre et la Sublime-Porte avaient espéré pouvoir profiter du soulèvement des populations pour renverser la dynastie Husseinite, actuellement régnante, et remettre la Tunisie sous l'autorité directe du Sultan ; la conduite de Richard Wood, l'arrivée d'un commissaire ottoman, Haïdar-Effendi, avec deux frégates chargées de troupes, les cris de : Vive le Sultan ! qui retentissaient depuis Bizerte jusqu'à Gabès, et plus tard, le départ pour Constantinople de Kheïr-ed-Din ne laissaient pas l'ombre d'un doute sur le but qu'on se proposait. L'opinion publique s'était vivement émue, et on craignait que les populations, secrètement travaillées et habilement excitées, n'en vinssent à proclamer le Sultan comme souverain de l'ancienne Régence. Le bey aurait été lui-même entraîné dans un abîme discrètement voilé; il représentait la victime couronnée de fleurs. Quant à la France, on voulait la placer tout à coup en présence d'un fait accompli, sans aucune participation apparente des puissances intéressées à amener ce résultat; mais le gouvernement français finit par s'émouvoir.

Il comprit le jeu du consul britannique. Entre les mains du Sultan, celui-ci espérait faire de la Tunisie une sorte d'annexe qui servirait de base d'opération à l'Angleterre soit pour organiser contre nous, en Algérie, des insurrections formidables, soit pour paralyser, en cas de guerre, notre action dans la Méditerranée. Les Anglais qui possèdent déjà Gibraltar et Malte eussent été ravis, on le conçoit, de pouvoir du même coup soustraire à notre légitime influence une position stratégique aussi importante que Bizerte, et y substituer la leur. Quant à Abd-ul-Aziz, il eut été non moins heureux de prendre la revanche de la tentative qui avait si piteusement échoué en 1838.

L'amiral Bouët-Willaumez avait menacé le commissaire turc de couler ses vaisseaux s'il faisait débarquer un seul homme, et quelque temps auparavant, le 13 mai 1864, M. Drouyn de Lhuys avait adressé à notre ambassadeur à Constantinople une dépêche dans laquelle il exprimait toute la sollicitude dont la question tunisienne était l'objet de la part du gouvernement français. Il déclarait que la France voulait le maintien de la famille aujourd'hui en possesion du pouvoir à Tunis, parce que sa déchéance ne pourrait s'accomplir sans provoquer des compétitions et amener peut-être des luttes d'influence qu'il importait d'écarter en vue de la tranquillité de l'Algérie ; il rappelait enfin à la Sublime-Porte les engagements qu'elle avait pris, d'ancienne date, vis-à-vis de la France à l'égard de Tunis. Dans une autre dépêche, adressée le 19 décembre au prince de la Tour-d'Auvergne, notre ambassadeur à Londres il développait les mêmes idées, et répétait que la France « ne « voulant pour elle-même aucune influence exclusive à Tunis, « ne pouvait admettre la prépondérance d'une autre puissance, « quelle qu'elle fût, sans excepter la Turquie. Les traditions « invariables de la politique française, disait-il encore, « depuis que l'Algérie nous appartient, nous commandent « d'empêcher qu'aucun changement ne soit introduit dans les « relations du bey de Tunis avec la Porte-Ottomane, tel qu'un « usage constant les a consacrées ».

Après avoir posé ces principes, M. Drouyn de Lhuys abordait un fait positif, celui du départ du général Kheïr-ed-Din pour Constantinople. « Ayant appris, écrivait-il, de la bouche de « Lord Cowley que le général Kheïr-ed-Din aurait été chargé « de porter à Constantinople un projet d'arrangement, destiné « *à régler les rapports de suzeraineté* entre la Porte et le bey, « j'ai rappelé à M. l'Ambassadeur d'Angleterre que nous étions « résolus d'empêcher tout ce qui tendrait à altérer les conditions « d'autonomie dans lesquelles se trouve aujourd'hui la Régence « et à mettre l'Algérie en contact avec la domination otto- « mane. Nous sommes convaincus, en effet, qu'un tel voisinage « modifierait inévitablement les rapports que nous sommes « heureux d'entretenir aujourd'hui avec la Porte ».

Un langage si franc et si net devait être écouté à Constantinople et à Londres. Il coupa court à l'intrigue ourdie par ces deux puissances. Ali-Pacha, ministre des affaires étrangères du sultan Abd-ul-Aziz, déclara à M. de Moustier sa résolution bien arrêtée de respecter le *statu quo* en Tunisie. Le bey assura, de son côté, qu'il n'avait donné à son envoyé à Constantinople aucune mission ayant pour objet d'apporter un changement quelconque dans les rapports de ses États vis-à-vis de la Turquie. Le khaznadar adressa à M. Drouyn de Lhuys une lettre où son amour pour la France brillait d'un éclat aussi doux que la lune de miel de deux amants qui viennent d'allumer les flambeaux de l'hyménée; Mohammed es-Saddok écrivit à l'empereur pour le remercier des preuves d'amitié qu'il lui avait données; il déplorait les récents malentendus qui avaient eu lieu entre lui et notre consul, et reconnaissait que la France est la meilleure amie de la Tunisie. Le 25 janvier, enfin, sir Richard Wood adressait au bey une lettre dans laquelle il s'élevait avec force contre les audacieux, les fauteurs de désordre, qui, sous prétexte que le gouvernement tunisien était autrefois électif, voulaient renverser la dynastie Husseinite et replacer le pays sous l'autorité directe de la Porte pour rétablir un gouvernement stratocratique. Il déclarait à Mohammed es-Saddok qu'il était pour lui de la dernière importance de faire formellement reconnaître par la Porte, et par tous les cabinets européens, les droits héréditaires de sa famille, et ajoutait que Sa Majesté britannique serait toujours disposée à employer ses bons offices, conjointement avec ses alliés, pour solliciter la reconnaissance formelle de la Sublime Porte.

Il y avait au fond de ces protestations (nous en exceptons celles du bey) beaucoup plus de réticences que de sincérité. C'était une comédie forcée à laquelle on se promettait, *in petto*, de donner au moment opportun un dénouement digne d'être applaudi à Londres et à Stamboul, mais non pas à Paris. La plume de sir Richard Wood dut néanmoins grincer et se cabrer vingt fois en écrivant cette dépêche; mais il fallait, bon gré mal gré, battre en retraite après avoir sonné la charge. La

France avait parlé, et elle ne voulait pas permettre à l'Angleterre et à la Turquie de renouveler à Tunis le coup hardi qui leur avait si bien réussi à Beyrouth. La question tunisienne était provisoirement réglée dans ses rapports avec l'Europe.

Revenons de quelques mois en arrière.

En attendant les heureux résultats de l'intervention de la Sublime Porte, Mohammed es-Saddok avait essayé de désarmer les tribus par des concessions; il fit distribuer, vers le 20 avril, dans tout le pays, des *amras* ou proclamations annonçant aux Arabes la suppression des nouveaux impôts, l'abolition partielle de la Constitution, ainsi qu'une réforme dans l'administration de la justice. Ces promesses ne produisirent aucune impression sur l'esprit des indigènes; l'insurrection faisait des progrès incessants; les chrétiens et les juifs de Tunis s'étaient réfugiés à la Goulette, sous la protection des bâtiments de guerre, et les Européens, établis dans les autres villes du littoral, s'embarquaient en masse pour la France, l'Italie, Malte, la Grèce, etc[1].

Au milieu de juin, l'insurrection avait atteint son point culminant, et les fonctionnaires du gouvernement avaient dû quitter à la hâte la plupart des villes de la côte orientale et de l'intérieur. A Sfax, les malfaiteurs détenus dans les prisons avaient été relâchés, et plusieurs maisons avaient été pillées; il en fut de même à Sousse, où la population irritée envahit le consulat d'Italie, sous le prétexte qu'on y avait débarqué des soldats qui devaient s'emparer du pays. Tous les Européens s'étaient réfugiés avec leurs consuls sur la frégate le *Garibaldi*; le vice-consul anglais, seul, était resté à son poste, ayant sans nul doute de bonnes raisons pour s'y croire en sûreté. La ville sainte de Kairouan, le grand centre religieux de la Régence, avait été le théâtre de désordres encore plus graves, et à Tunis,

---

1. Blondeau, *Annuaire encyclopédique*, 1864.

on entendait sourdement gronder des passions dangereuses qui se manifestèrent par des attaques brutales et odieuses contre les israélites.

Les insurgés se maintenaient dans leur position près de Tunis; ils n'attendaient, on l'assurait du moins, que la fin des moissons pour marcher contre la capitale et mettre à la raison, en protestant toujours de leur respect pour le bey, le gouvernement qui ne voulait pas leur rendre justice. Quoiqu'il en soit, Mohammed es-Saddok, soutenu par le khaznadar, n'avait pas perdu courage. Il entrait en relations avec les chefs de plusieurs tribus, formait péniblement une nouvelle armée, et envoyait en Europe, le 8 juin, le caïd Nessim, chargé d'une mission financière, Mustapha éprouvant le besoin de venir en aide à son armée à l'aide d'arguments irrésistibles. Il paraît même avéré qu'avant et après le départ du caïd Nessim, il avait envoyé à Paris, à des personnages haut placés, des bijoux d'un grand prix qui lui furent, du reste, officiellement retournés. Mœurs orientales! Les Arabes croient très sincèrement qu'avec un peu d'or on peut tout obtenir. Le khaznadar, lui, vivant dans la corruption, de la corruption, tenait le monde entier pour vénal. Il n'en fut que plus blessé du renvoi de ses pots-de-vin mal déguisés. Il attribua cet échec à M. de Beauval et une tentative criminelle ayant été dirigée quelques jours plus tard contre ce consul, on est en droit d'y voir le ressentiment de Mustapha qui ne reculait devant aucun moyen pour se débarrasser des gens qui le gênaient. Quelques mois auparavant n'avait-il pas fait empoisonner l'héritier présomptif du trône, le prince Hamouda dont il redoutait l'arrivée au pouvoir? Le 14 juillet, le consul général de France était paisiblement assis dans son jardin lorsqu'une quintuple détonation retentit à quelques pas de lui, en même temps que des balles sifflèrent à son oreille. Les coups partaient, dit-on, d'une maison voisine habitée par des Maltais. M. de Beauval en fut quitte cependant pour une légère émotion. Peut-être n'avait-on voulu lui donner qu'un avertissement?

Le khaznadar s'était d'ailleurs procuré l'or qui lui était nécessaire et en le distribuant, sans compter, il était en train de gagner à sa cause les principaux meneurs. Le 12 août, il fit parvenir aux représentants des puissances européennes une note annonçant que les impôts avaient été réduits et qu'en conséquence les chefs des tribus avaient fait leur soumission, qu'ils se disposaient à se rendre au Bardo pour solliciter l'aman, c'est-à-dire l'amnistie. Ils arrivèrent, en effet, avec les notables des tribus, au nombre de plusieurs centaines, et on distinguait parmi eux les cheikh des tribus importantes des Zlass, des Msaken, des Riah, etc. Quant au promoteur de l'insurrection, Ali-ben-Ghadaoum, il s'était retiré en Kroumirie. Beaucoup d'insurgés restaient comme lui sous les armes; mais le serpent avait perdu son venin; le gouvernement triomphait et l'entière pacification du pays ne paraissait plus être qu'une affaire de temps.

La présence des escadres devant Tunis aurait été dès lors inutile, si la question européenne n'avait subsisté tout entière. L'amiral Bouët-Willaumez résolut d'en finir. Il ne s'agissait, en définitive, pour aplanir les difficultés, que d'éloigner le commissaire ottoman. L'amiral français entra en pourparlers avec l'amiral italien et avec l'amiral britannique. Il fit comprendre à ce dernier que les tentatives de la Turquie finiraient peut-être par provoquer une invasion française en Tunisie.

La nouvelle arrivant à Tunis que le maréchal Mac-Mahon, gouverneur général de l'Algérie, avait ordonné une concentration de forces dans la province de Constantine, donnait un nouveau crédit à cet argument, et l'amiral britannique, rompant avec la politique de sir Richard Wood, exprima l'avis que le commissaire turc devait, sans plus tarder, reprendre le chemin du Bosphore. Haïdar-Effendi partit le 25 septembre avec ses deux frégates, et les escadres quittèrent la Goulette, ne laissant que deux bâtiments français, deux anglais et deux italiens pour protéger leurs nationaux.

Il restait au bey à en finir avec l'insurrection très affaiblie, mais encore inquiétante. Le 7 octobre, le général Zarnet ayant remporté près de Sousse une victoire signalée sur les dissidents, Ali-ben-Ghadaoum restait le seul adversaire sérieux.

En étant venu aux mains avec les troupes du camp d'el Kef, commandées par le général Sidi-Roustam, il obtint l'avantage dans un premier engagement; mais Sidi-Roustam, reprenant l'offensive, le poursuivit du côté de la frontière algérienne, dans la direction de Tébessa. Ghadaoum fut mis en déroute; les trois mille hommes qu'il avait sous ses ordres se dispersèrent de toutes parts. Réduit à passer la frontière avec beaucoup des siens, les autorités françaises se saisirent de sa personne et l'internèrent à Constantine. Cette nouvelle victoire marqua la fin de la grande insurrection. L'armée tunisienne réorganisée put alors rétablir l'ordre et faire rentrer les impôts. Elle avait été divisée en trois corps : celui de l'Ouest, commandé par Sidi-Roustam; celui de l'Est ou du Sahel, sous les ordres d'Ahmed-Zarouk, et celui du Sud ou du Djerid, commandé par Sidi-Ali-Bey, héritier présomptif de la couronne.

La pacification, toutefois, n'était pas complète, malgré les concessions du bey, malgré les victoires de ses généraux, malgré les conversions opérées à prix d'or par le khaznadar, malgré la terreur qu'inspirent aux nomades de la Tunisie, comme à ceux de l'Algérie et de l'Arabie, les canons des armées régulières, malgré les rigueurs déployées contre les chefs rebelles tombés entre les mains du khaznadar, qui se les faisait souvent livrer par trahison, ou les attirait par de fausses promesses pour les livrer à la torture. Des événements tels que ceux qui venaient d'agiter la Tunisie laissent toujours après eux des causes de mécontentement et des ferments de révolte, en raison des haines violentes qu'ils excitent de tribus à tribus et entre les tribus et le gouvernement.

Dans la dernière quinzaine d'octobre, trois à quatre mille indigènes des tribus voisines s'étaient réunis sur plusieurs points aux alentours de Djerba, sous prétexte de commerce. Le caïd, redoutant quelque sinistre projet, leur intima l'ordre de partir, menaçant d'employer la force au besoin. Alors, se précipitant sur le bazar, sur les magasins et à travers le quartier juif, ils se livrèrent pendant cinq jours à un pillage en règle, à des actes d'atroce barbarie et à d'ignobles saturnales. Les troupes du bey étaient occupées ailleurs et les malandrins avaient compté sur l'impunité.

Les Drids de Béjà avaient été des premiers à faire défection; mais ils avaient été aussi des premiers à se laisser corrompre par l'argent du khaznadar et à prendre la défense du gouvernement. Cette lâche désertion avait indigné et irrité les Kroumir environnants. Ceux-ci résolurent d'infliger aux gens de Béjà un châtiment exemplaire, et, descendant un jour de leurs montagnes (janvier 1865) ils se ruèrent sur les Arabes de la plaine, pillèrent leurs propriétés et leur enlevèrent tous leurs troupeaux, leur faisant perdre ainsi le fruit de leur trahison.

Vers la même époque, les Accara et les Ouerghamma, poussés par la passion du butin, envahirent de nouveau l'île de Djerba.

Non contents d'avoir, quelques mois auparavant, pillé et saccagé pendant cinq jours le ghetto juif, où ils avaient laissé plus de deux mille cadavres, ils voulurent cette fois dépouiller et tuer les chrétiens qui, en novembre, s'étaient retirés avec leurs biens les plus précieux chez les Djerbiens. Deux bâtiments anglais, la corvette *Racer* et la canonnière *Cockatisce*, s'empressèrent d'aller rétablir l'ordre sur ce point. On accusait, à Tunis, les Anglais d'être la cause première de ces massacres. Ils auraient, prétendait-on, semé la zizanie et la haine entre les Arabes et les habitants de Djerba, afin de se faire céder cette île, dont l'excellente situation vis-à-vis de Malte aurait excité leur convoitise. Nous ne savons ce qu'il peut y avoir de sérieux dans cette assertion. Bornons-nous à constater qu'elle est plausible; la noble Albion avait de ces entreprises, et la hâte avec laquelle elle intervint donnait raison à ses accusateurs.

Après la répression de la révolte, le premier soin du gouvernement fut de compléter la réorganisation de l'armée, qui avait presque cessé d'exister un moment. La marine fut elle-même l'objet d'une grande sollicitude. Plusieurs commandes de navires eurent lieu en Europe : soit en France, soit en Angleterre, et la flotte, placée sous la direction du général Kheïr Ed-Din, nommé ministre de la marine au mois de novembre 1865, se composait déjà, l'année suivante, de six bâtiments de guerre, auxquels on devait en ajouter quatre nouveaux.

Pour faire face à toutes ces nouvelles dépenses, pour payer les arrérages de solde, les obligations, les coupons de la dette, il fallait de l'argent, et la situation financière, déjà très difficile avant l'insurrection, l'était devenue bien plus encore à la suite de la guerre civile qui avait arrêté la rentrée des impôts, paralysé tout le mouvement des affaires et imposé au gouvernement des dépenses extraordinaires. Les embarras financiers sont devenus tels qu'il a fallu vendre jusqu'à la récolte future de l'huile pour 5 millions de piastres. Le khaznadar propose un nouvel appel au crédit; le bey approuve et l'on emprunte 25 millions de plus. On n'a pas oublié à quelles conditions léonines la précédente opération a été réalisée. Celle-ci est renouvelée d'Harpagon jusques et y compris le complément en nature. La seule différence est que les crocodiles empaillés et les boîtes à musique sont remplacés par des lingots de cuivre, une frégate à peu près hors d'usage et des canons rayés... en dehors !

Passons. Nous savons comment a été utilisé le premier emprunt, et combien les indigènes ont vu de mauvais œil l'embellissement, même l'assainissement de Tunis, ne considérant en tout cela que la carte à payer. Le bey n'en prend pas moins ses dispositions pour employer à de nouveaux travaux publics les nouveaux fonds qu'il vient d'acheter si chèrement.

Le khaznadar en est quitte pour écraser encore davantage le peuple d'impôts. Épuisé par la lutte, il est hors d'état de la recommencer. Des taxes de guerre sont créées ; il faudra bien qu'il s'exécute. Et, de fait, la résistance est passive. Mustapha est un peu plus exécré, si possible ; on charge son nom de malédictions ; on complote sa mort ; mais on paie ; car celui qui est soupçonné d'avoir enfoui de l'argent ou ensilé des céréales est bâtonné jusqu'à ce qu'il ait révélé ses cachettes. « A l'agriculteur, le caïd prend ses bestiaux la veille des labours ; ses grains la veille des semailles[1]. » De tous côtés, les agents du fisc dépouillent les gens avec moins de forme que n'en mettent les voleurs de grands chemins. Fuir est l'unique ressource contre cette horde implacable. Chaque jour la campagne se dépeuple ; les cultivateurs passent en Tripolitaine ou s'en vont en Égypte. De cent mille le nombre des charrues imposées tombe à huit mille.

Dans les villes, l'agitation n'est pas moindre. Les Maures se refusent tout net à payer l'impôt sur les voitures et la taxe spéciale qu'on a voulu établir pour le balayage. Nouveau conflit, nouvelle menace à ce sujet. Ainsi de quelque côté qu'il se

---

1. *La politique française*, page 42.

tourne, le bey ne trouve aucun de ces appuis, aucun de ces liens qui font la force des États en établissant l'homogénéité et la solidarité entre le gouvernement et les populations.

> Nul empire n'est sûr s'il n'a l'amour pour base,

a dit le poète. Et du Nord au Sud, à travers plaines et vallons, on sent passer un souffle de haine, et comme les hurlements de bêtes qu'on traque. Sûrement cela finira mal. Les crimes contre les biens et les personnes sont innombrables; on arrête, on pille les caravanes. C'est l'anarchie complète.

Les Kroumir reprennent les armes et la majeure partie de 1866 s'écoule au milieu des plus grandes difficultés. Le bey du camp, Ali-Bey, aujourd'hui prince régnant, envoyé au mois d'août à la tête de 5,000 hommes pour faire entendre raison aux rebelles et recouvrer l'impôt, se voit contraint de rentrer à Tunis sans avoir pu accomplir sa mission.

L'année suivante vint porter le dernier coup à cette situation critique. Aux causes ordinaires et permanentes de désordre, de mécontentement et de souffrances, d'autres plus graves encore s'ajoutèrent. En Tunisie comme dans nos trois provinces algériennes, une sécheresse exceptionnelle détruisit toutes les espérances des cultivateurs : la récolte manqua à peu près totalement.

Dès le mois de juin, la disette se faisait sentir, la faim sévissait déjà parmi les plus pauvres; beaucoup mouraient non pas à proprement parler d'inanition, mais des suites de privations prolongées et d'une alimentation abominable : des herbes, des racines, des insectes et plus tard jusqu'à des charognes. Mais ce n'est pas tout. Le choléra, apporté à Sousse par les pèlerins de la Mecque, se propage à Tunis et sur les Hauts-Plateaux où il enlève en trois mois près de 30,000 indigènes, retranchant ainsi d'une façon brutale autant de bouches à nourrir, et, suivant une cruelle expression, « sauvant autant d'Arabes de la mort par la faim ». Pour comble de calamité, avec la sécheresse était venu le fléau des sauterelles, ce fléau destructeur qu'on ne connaît en France que par le chapitre de l'Exode, par la menace dont le libérateur des Hébreux frappa le Pharaon d'Égypte, et dont on ne peut véritablement point se figurer les ravages si l'on n'en a été témoin. Des myriades de voraces légions ailées s'abattirent sur les parties hautes de la Tunisie et en eurent bientôt dévoré toute la végétation, sans épargner les plantations de tabac. On sait qu'une partie des peuples de l'Afrique se nourrissent volontiers de sauterelles lorsqu'ils n'ont rien de meilleur à se mettre sous la dent; l'invasion de 1867 fut donc regardée comme une sorte de dédommagement providentiel; on en recueillit des quantités considérables, mais ceux qui en mangèrent moururent en grand nombre d'une sorte d'empoisonnement qui justifierait l'opinion d'Hérodote [1].

La perspective de la famine surexcita naturellement les haines en allumant les convoitises. Les çofs se firent une guerre d'extermination pour s'enlever leurs réserves de grains et d'approvisionnements. On savait déjà au commencement de juillet que les grandes tribus du désert étaient en pleine guerre intestine. Les populations refusaient, presque sur tous les points, les impôts qu'elles étaient d'ailleurs hors d'état de payer; et plusieurs tribus avaient saccagé les biens du bey, et ceux du khaznadar, premier symptôme d'une révolte résolûment décidée.

---

[1]. Hérodote dit que les Éthiopiens en faisaient une partie essentielle de leur alimentation, mais que cela leur occasionnait des maladies affreuses. Sparman, au contraire, assure que les Hottentots, qui les attendent comme la manne, s'en trouvent fort bien; que la sauterelle les engraisse et agit heureusement sur leur tempérament. Ce qu'il y a de certain, c'est qu'il s'en vend et s'en consomme énormément en Orient. On les mange au beurre, ou bouillies, ou grillées sur des charbons. J'en ai vu débiter ainsi à Tunis, il y a quelques mois. Les Sybarites les conservent un certain temps dans la saumure.

Le bey avait envoyé contre les rebelles une armée de 6,000 hommes, qui les avait dispersés, mais non vaincus.

De tous côtés, maintenant, on levait l'étendard de la révolte. Un frère du bey, le prince Sidi-el-Adel se met lui-même à la tête des Kroumir. Proclamé bey par ces rudes montagnards, il marche sur le Bardo où Saddok, pris de peur, s'enferme avec le khaznadar. Celui-ci, qui tire parti de tous les événements, accuse deux vieillards très riches : Sidi-Rechid et Sidi-Ismaïl de connivence avec le prince rebelle; on les met à mort et on confisque leur fortune. Cela permet de s'emparer de Sidi-el-Adel, toujours par trahison. Ramené au Bardo, il est renfermé dans une chambre dont on a muré portes et fenêtres en ne ménageant qu'une étroite ouverture pour lui porter des aliments. Le 5 novembre, la mort vint le délivrer de cette barbare immuration. Il n'avait que trente-deux ans.

En un pareil moment, le khaznadar juge prudent de se débarrasser des ennemis. Ali ben-Ghadaoum est son prisonnier depuis deux ans : il le fait empoisonner.

On a peine à se figurer qu'une semblable série de crimes ait été accomplie de nos jours. Elle semble appartenir à quelque histoire du moyen âge; on croit lire un chapitre de la féodalité. Elle n'est cependant pas vieille de vingt-cinq ans!

Mais voici l'hiver avec son cortège de misères. Tout manque; le tableau devient tragique. On ne coudoie que des êtres décharnés, des squelettes ambulants, et le long des routes, au coin des rues, dans les mosquées, dans les caravansérails, on ramasse à chaque pas des cadavres. Qui pourrait dire les drames poignants et les scènes de cannibalisme dont ces jours atroces furent témoins? On mangea des enfants!

Ainsi : manque de récoltes, invasion de sauterelles, misère générale, la famine, la peste et l'insurrection, tel était l'épouvantable bilan de cette année 1867. On peut aisément imaginer la détresse financière qui en fut la conséquence. Le pays était ruiné. Le gouvernement se vit dans l'impossibilité absolue de tenir ses engagements vis-à-vis de ses créanciers. Cette fois, c'était la banqueroute! Le 1ᵉʳ juin eut lieu le tirage annuel des obligations de l'emprunt de 1865; mais ces obligations, remboursables au Comptoir d'escompte, y furent vainement présentées. Deux mois s'écoulèrent sans qu'on donnât aux intéressés aucune explication; on savait seulement que le Comptoir d'escompte, ne pouvant payer les intérêts échus avec le produit des douanes affecté à l'emprunt, voulait essayer d'en contracter un troisième afin de remplir ses obligations.

Tourmenté en même temps par les obligataires de la dette flottante, le khaznadar avait imaginé l'arrangement connu sous le nom des quatre conversions.

Les créanciers de Tunis furent appelés à échanger leurs titres divers contre des obligations d'un type unique rapportant 12 p. 100 et amortissables [1]. Une première conversion fut ainsi effectuée le 2 mars 1867, à laquelle prirent part seulement les créanciers anglo-italiens. Elle réussit; le khaznadar s'empressa d'en annoncer une seconde, puis une autre, une autre encore; conversions des 1ᵉʳ août, 1ᵉʳ septembre 1867, 1ᵉʳ janvier 1868. Les Français, pour ne pas rester seuls possesseurs de titres anciens dépréciés, participèrent à ces trois dernières opérations.

Si le premier ministre s'était contenté de convertir les dettes locales, l'arrangement n'aurait eu, à nos yeux, que des inconvénients politiques, mais sa cupidité l'entraîna; il émit des obligations plus qu'on n'en voulut et, pour les placer, finit par les vendre à rien, à 82, 84 pour 100 de perte et davantage : l'État s'engageait à rendre 100 francs pour avoir 18 francs, 16 francs, 4 francs même [2].

1. *La politique française,* page 49.
2. Livre Jaune, de 1873. V. Dépêche de M. de Botmiliau du 4 juin 1873.

Les souscripteurs de ces obligations n'avaient consenti à les recevoir et à verser leur argent que moyennant des garanties. Le khaznadar n'hésita pas à leur en fournir; mais lesquelles? Celles-là mêmes qui étaient déjà affectées aux détenteurs des emprunts de Paris : la medjba, les douanes notamment. Plus avisés que ces derniers, plus au courant aussi des mœurs tunisiennes, les conversionnistes se firent mettre en possession de leurs gages. On leur abandonna l'administration directe, sans contrôle, de ces ressources, déjà engagées, et, sans perdre de temps, ils se constituèrent, pour en assurer le recouvrement, en commission financière locale.

Les créanciers de Paris réclamèrent d'autant plus violemment que, cette année même où le khaznadar les dépouillait à l'improviste, on cessait de leur payer leur coupon. Réunis à la salle Herz, ils adressent au gouvernement français une plainte formelle en le priant de prendre en main leurs intérêts compromis.

Le khaznadar tente alors d'unifier la dette tunisienne et, le 8 janvier 1868, il fait signer au bey un décret approuvant cette nouvelle opération. Mais la France somme le bey de rapporter son décret. Ne sachant plus que faire, Mustapha, tout en faisant agir à Londres et à Florence, nous offre de constituer une commission composée de Français et de Tunisiens chargée de percevoir tous les revenus et d'en assurer la répartition entre les créanciers et le gouvernement. Nous acceptons, et la convention est signée le 4 avril 1868.

Seulement nos rivaux, ceux que nous avons appelés à partager notre influence à Tunis en 1864, se récrient, ils veulent aussi avoir voix au chapitre, et ils invoquent les obligations dont ils sont porteurs. Les consuls d'Angleterre et d'Italie multiplient leurs démarches au Bardo et le bey, toujours le jouet d'influences divergentes, renie sa signature : il déclare la convention conclue quelques jours auparavant nulle et non avenue.

Le consul de France proteste avec énergie contre cette violation des engagements; il suspend ses relations, et le 24 avril amène son pavillon. En toute autre circonstance, le bey serait venu aussitôt à résipiscence; mais il se sent soutenu, il s'obstine. Qu'allons-nous faire? Poser un ultimatum? L'intervention de l'Angleterre et de l'Italie nous l'interdit. Nous ne sommes pas en mesure de pousser l'affaire jusqu'au bout. Nous épiloguons et nous cédons. On finit par se mettre d'accord avec Tunis, Londres et Florence; le bey signe de nouveaux engagements qui sont solennellement portés au consul de France, — pure comédie pour sauver notre dignité, — et, après de nouveaux débats qui durèrent toute une année, le décret de 26 rabia-el-aoual 1286 (5 juillet 1869) constitua la commission financière internationale, « pareille au conseil judiciaire d'un incapable [1] », suivant la très juste expression de M. Paul Bourde.

Dès cette époque, la dette tunisienne a si bien fait la boule de neige, que les créanciers réclament déjà 275,000,000 de francs. Cependant les revenus suivent une marche parallèlement décroissante; à mesure que le poids augmente, la force de résistance diminue d'autant. « Écrasée sous cette masse grandissante, la Régence sue et saigne tout ce qu'elle a de richesses [2]. » Il le faut pour apaiser les Shylock qui ont mis la main sur elle et qui ne l'abandonneront plus tant qu'il lui restera une goutte de sueur ou une goutte de sang. Si on la laissait respirer, reprendre haleine, ses ressources et sa vitalité sont assez grandes pour qu'elle se relève encore de cette situation désastreuse; mais qu'importe à ses créanciers qu'elle en meure, si elle paie les coupons! Il leur suffit qu'elle vive assez longtemps pour satis-

---

1. *En Tunisie,* journal *Le Temps,* janvier 1890.
2. Gabriel Charmes, *op. cit.,* page 73.

faire leur cupidité. Mais déjà elle agonise. Bon gré mal gré, il faut desserrer ses liens et, le 23 mars 1870, un arrangement intervient entre le gouvernement tunisien et ses créanciers. Ils réclamaient 350 millions qui, après examen de leurs titres, sont ramenés à 125, — une jolie diminution !

Les obligations nouvelles sont au porteur; elles représentent un capital nominal de 500 francs et donnent droit à 25 francs d'intérêts annuels payables par semestre (au 1ᵉʳ janvier et au 1ᵉʳ juillet).

Pour avoir la certitude que ces intérêts ne seront plus aussi fictifs que par le passé, une commission permanente internationale est chargée de la perception des revenus tunisiens, dont une partie est donnée en gage aux créanciers.

Ces revenus concédés, — c'est le nom qu'ils portaient, — en pleine et entière jouissance, jusqu'à extinction de la dette, sont les suivants :

	fr.
Mahsoulates de Sousse, Monastir	400.000
Ghaba de Tunis	97.000
Douane de Tunis (importation)	500.000
Droit de la Caroube, à Tunis	100.000
Douane de Sfax	45.000
Douane de Gabès	8.000
Douane de Sousse, Monastir et Medhia	25.000
Fermage des tabacs	220.000
Droit sur les vins, à Tunis	55.000
Marché au bois et au charbon	45.000
Fermage du plâtre	60.000
Fermage des poulpes et éponges	55.000
Fermage du sel	110.000
Mahsoulates de la Goulette	20.000
Kanoun des oliviers de Sousse	
— de Monastir	
— de Medhia	850.000
— de Sfax	
Kanoun des oliviers de l'outhan el-Kebli	150.000

Mahsoulates et douanes de Djerba	90.000
Droit sur la pêche du corail	8.000
Droits d'exportation	2.640.000
Octroi	350.000
Droit de timbre	300.000
Ferme du poisson	100.000
Mahsoulates de Bizerte	80.000
Mahsoulates de Sfax	100.000
Mahsoulates de l'outhan el-Kebli	85.000
Mahsoulates de Medhia	12.000
Total	6.505.000 fr.

Cette somme de 6.505.000 francs distraite des revenus de la Régence, il reste à peu près autant au gouvernement tunisien pour l'administration du pays. Encore doit-il parfaire la différence et fournir le saldo avec les revenus réservés si les recettes des impôts précités n'atteignent par les évaluations. C'est dire que tout fut arrêté, et d'une manière si radicale, que les grosses dépenses en travaux publics furent perdues, stérilisées par le manque d'entretien. Il y avait tout juste de quoi payer les fonctionnaires, encore ne les payait-on pas toujours. M. G. Charmes[1] raconte que le directeur des travaux publics ayant eu un jour l'impertinence de venir demander à Mustapha-Khaznadar, une somme nécessaire à la réparation d'une route, reçut cette réponse significative : « Eh quoi! on vous paie votre traitement et vous n'êtes pas satisfait? Et vous voudriez encore qu'on vous payât des routes? » Mustapha était scandalisé! Il avait l'air de dire : « Vous ignorez donc le mal que je me donne pour assurer vos appointements? » Il en est réduit, en effet, à voler sur les grandes routes! Quelques mois après l'institution de la commission financière, ayant besoin d'argent, son propre fils arrête et dévalise les caravanes de l'État, aux

---

1. *Ibidem*, page 102.

portes de Tunis, les caravanes qui apportent le précieux produit de l'impôt[1].

L'état lamentable dans lequel la Tunisie était tombée avait l'heur de réjouir les Italiens. Ils se frottaient les mains; la commission financière internationale était une aubaine inespérée. Désormais on serait trois à Tunis; et les Italiens disaient : l'Italie, la France et l'Angleterre. Car ils sauraient prendre la tête. La commission internationale avait des pouvoirs souverains : le bey était son prisonnier; à l'aide de ses involutions organiques, on pouvait chaque jour contrecarrer la France au Bardo, ce qui plus est la supplanter. Son ancienne prépondérance n'y était plus qu'un mot, un souvenir. Jadis ses conseils étaient seuls écoutés; elle exerçait une influence incontestée, un protectorat tacite; à présent, l'Italie et l'Angleterre étaient sur le pied d'égalité; il faudrait compter chaque jour avec elles. Et le commandeur Pinna déploya toutes les finesses et tous les artifices de la politique de son compatriote Machiavel pour faire valoir les bons offices de son gouvernement et accroître sa situation au Bardo. Il entendait d'ailleurs en tirer un profit immédiat. Le 8 septembre 1868, il a obtenu de Mohammed es-Saddok un traité de commerce et de navigation accordant des avantages de premier ordre à l'Italie et valables jusqu'en 1896. Il a obtenu aussi l'importante concession des mines de plomb du djebel Rças. Il demandera sans cesse de nouveaux droits et de nouvelles immunités. L'ancienne Rome n'eut pas d'autre politique après la destruction de Carthage. Elle protégea le pays tant et si bien qu'elle le conquit tout à fait (voyez page 89). Il faut donc s'inspirer des grands exemples. *Majorum gloria posteris quasi lumen est :* la gloire des ancêtres est comme un flambeau. Mais le bey était de moins bonne composition que

---

1. *La politique française,* page 66.

les anciens Numides. A la fin, l'insatiabilité de l'Italie le fatigue. Il ne se laisse plus faire. Or, l'attention de l'Europe est en ce moment absorbée sur le Rhin, où la France est aux prises avec la Prusse. Vaincue par trahison, et brisée de douleurs, pantelante, endeuillée, la France ne peut guère sauver Tunis d'un rapt. Le commandeur Pinna juge le moment propice pour agir. Quelques Italiens établis à Tunis s'étant plaints de prétendus passe-droits, il adresse des représentations très acerbes au gouvernement tunisien et celui-ci ne lui donnant point satisfaction sur l'heure, il amène subitement son pavillon, rompt ses relations et menace le bey d'une déclaration de guerre. Le ministre des affaires étrangères, M. Visconti-Venosta, se plaignit que son agent avait outrepassé ses instructions; toutefois il se garda de désapprouver son incartade. Il devait compter avec certains journalistes qui insinuaient que cette aventure était heureuse, qu'il fallait profiter de l'impuissance momentanée de la France pour s'emparer de Tunis. Dieu merci, pour gravement atteinte qu'elle fût, la France n'était point tombée si bas que les Italiens le pensaient — qu'ils l'espéraient peut-être! non par haine, je me hâte d'ajouter. Je m'en voudrais de leur attribuer tant de noirceur. Je me refuse même à croire que l'oubli ait déjà enveloppé de son linceul les dernières pages de leur histoire. Puisqu'ils rappellent si fièrement et si complaisamment les grandeurs de la Rome antique, ils doivent se remémorer encore ce qu'étaient les anciennes provinces italiennes, il y a moins de quarante ans, et comment la France a pétri leur unité nationale — avec son or et son sang! Soyez tranquilles, ils s'en souviennent. En nous cédant le comté de Nice et la Savoie, Cavour disait avec une désinvolture du cœur tout à fait charmante : « Allégeons notre dette de reconnaissance. » C'est donc qu'il se souvenait.

Il est vrai qu'une reconnaissance qui pèse si lourdement doit s'alléger bien vite. Et en 1871 peut-être n'en était-il plus déjà question, — exception faite bien entendu pour Garibaldi et ses vaillants compagnons d'armes dont nous gardons le souvenir du rare et généreux dévouement à notre cause comme une consolation et une espérance. Car, demain, nous pourrions nous retrouver côte à côte sur le même champ de bataille, si la jeune Italie, moins impatiente, moins dévorée par l'ambition, avait la sagesse de revenir à une politique plus rationnelle, plus conforme à ses traditions et à ses intérêts. Malheureusement, elle est hantée par ses souvenirs historiques; du matin au soir, elle relit ses grands écrivains, elle évoque ses grands capitaines et elle se nourrit de grands rêves. « Elle est à Rome, a écrit très judicieusement M. Rambaud[1], il lui siérait d'être à Carthage. Pourquoi? Parce que c'est Carthage. Carthage répond à tout et tient lieu d'autres preuves. Après l'*Italia irredenta*, l'utopie carthaginoise. » Oui, l'utopie carthaginoise, voilà ce qui la possède, voilà où gît son incommensurable prétention. Elle songe aux destins privilégiés de cette Rome, mère et nourrice du monde, *omnium terrarum alumna eadem et parens*, que Pline nous montrait choisie, désignée par les dieux pour réunir en un faisceau les empires épars, et cette politique rétrospective la convie à réclamer comme un héritage imprescriptible tout ce qui rentrait dans son univers[2], et particulièrement cette province d'Afrique, trois fois féconde, d'où partaient les flottes qui ravitaillaient Rome et l'Italie, cette province partie intégrante de ce que Cicéron appelle les vigies et les boulevards de la puissance romaine : *Non tam oppida Italiæ quam propugnacula imperii*[3].

Cette digression m'a entraîné loin de mon récit; mais je

---

1. *Les affaires de Tunisie*, page 199.
2. *In orbe romano qui sunt...* (Digeste, I, XVII.)
3. Cicéron. *Rull.*, I, 27.

devais montrer de suite le mobile qui, dès 1870, dès 1864, dictait la conduite de l'Italie à Tunis. Ce n'était ni la haine, non plus que la jalousie que nous lui inspirions : c'était sa téméraire ambition. Bientôt le bruit se répandit que la flotte appareillait, qu'une escadre allait partir pour l'Afrique. Elle partit en effet, mais n'alla que jusqu'à Gaëte. « Le ministre de France, M. Rotban, qui avait accepté la pénible mission de représenter son pays à l'une des heures les plus calamiteuses de son histoire, suppléa par la vivacité de ses démarches et par l'énergie de ses réclamations, à l'autorité défaillante de son gouvernement, et il trouva dans son collègue, le ministre d'Angleterre, sir A. Paget, un concours utile pour peser sur les résolutions du cabinet italien [1] ».

Ce concours de l'Angleterre est tout d'abord de nature à nous surprendre; mais il s'explique aisément. Le gouvernement de la Reine, qui ne fait pas de politique sentimentale, était fort médiocrement touché de nos inquiétudes; s'il est intervenu, c'est qu'il y était personnellement intéressé. Notre présence à Tunis n'est pas pour lui plaire; mais celle des Italiens présentait pour lui un tout autre danger, en raison de leur position géographique. « Lorsque le temps est clair, et par de très beaux jours, on peut, des caps sardes et siciliens les plus avancés vers le Sud, distinguer, à travers cette légère brume, lumineuse et dorée qui baigne toutes ces côtes méditerranéennes, et au delà d'un étroit bras de mer qui scintille sous le bleu du ciel, les caps septentrionaux de la régence de Tunis [2]. » C'est dire que si l'Italie s'était implantée en Tunisie, elle serait devenue maîtresse du canal de Malte; ses cuirassés l'auraient fermé à toutes les flottes venant de Gibraltar, comme à toutes celles venant de Toulon. Possédant la Spezzia et Bizerte, elle aurait com-

1. G. Valbert. *Rev. des deux mondes*, 1er mai 1881, page 208.
2. Onésime Reclus, *La terre à vol d'oiseau*.

mandé souverainement le passage entre les deux grands bassins de la Méditerranée. Le canal de Suez et toutes les routes vers l'Est seraient tombées à sa discrétion.

C'est ce danger qui amena l'Angleterre à une action parallèle avec nous au Quirinal en 1871, et c'est la réapparition de ce danger, plus menaçant encore, qui l'invitera, en 1878, à favoriser notre occupation de la Tunisie, à nous y pousser même : car le commandeur Pinna ne se tint pas pour battu. Il changea simplement d'attitude. Il s'insinua de nouveau dans les bonnes grâces de Mohammed es-Saddok et avec les intelligences qu'il avait dans la place, le concours qu'il s'était acquis de certains personnages, du khaznadar, du favori Mustapha ben Ismaïl et autres, il crut bientôt tenir sa revanche.

Ayant dû renoncer à annexer l'ancienne Régence à l'Italie, il voulut du moins la détacher définitivement de la France en unissant ses efforts à ceux de M. Wood pour persuader au bey de recommencer la tentative avortée en 1864 et de replacer son pays sous la suzeraineté de la Porte. Le bey eut la faiblesse de suivre ce conseil. Kheïr Ed-Din s'en retourna à Constantinople et en revint avec un firman impérial [1] qui réduisait la Tunisie à un pachalik. En cas de guerre, le bey devait fournir un contingent à la Sublime Porte qui se réservait de traiter à son lieu et place avec les puissances étrangères. La monnaie tunisienne devait porter l'effigie du Sultan. Seule l'administration intérieure du pays était réglée par le bey, conformément toutefois « à la loi sacrée et autres lois de l'Empire ».

C'en était fait de la Constitution de 1857, qui n'avait jamais guère été, il est vrai, qu'une Constitution d'opéra-comique! Adieu toutes les libertés et toutes les innovations. Adieu l'émancipation séculaire si vaillamment défendue par ses pères! Sidi

---

[1]. Voir t. II aux « Pièces et Documents justificatifs ».

Saddok s'aplatissait devant le Sultan pour rentrer humblement dans le giron de l'empire mahométan. Il devenait un simple Vali, c'est-à-dire gouverneur général de l'Eyalet de Tunis. Avoir été « le grand prêtre de la civilisation », comme le qualifiaient les journaux de 1860, et finir ainsi en eau de boudin ! C'était triste pour le pauvre homme; mais pour la France c'était un péril. Elle intervint. Elle opposa son *veto*, déclarant le firman nul et non avenu. Et, en fait, il fut abrogé dès le premier jour, encore qu'il ait été proclamé le 18 novembre au Bardo par Kheïr Ed-Din et que le bey eut provoqué des illuminations un peu de tous côtés.

Ce nouveau méchef découragea-t-il au moins le machiavélisme du commandeur Pinna? Ce serait mal connaître la ténacité italienne que de le supposer un seul instant. D'ailleurs il restait en faveur au Bardo, tandis qu'on nous y recevait avec indifférence, qu'on nous y traitait presque cavalièrement en dépit et probablement à cause de notre mansuétude trop débonnaire. En voici la preuve. En 1868, une caravane algérienne avait été pillée par les Hammamas. Les pertes qu'elle avait éprouvées s'étaient élevées à la somme relativement considérable de 69.526 francs; notre chargé d'affaires à Tunis, le vicomte de Botmiliau, en avait réclamé en vain le remboursement par des notes en date des 20 juin, 25 septembre 1868 et 23 janvier 1869. Pendant la même année 1868, des actes d'agression avaient été commis par les bandes de Nasseur-ben-Khidjà et Mohammed-ben-Alleg. Nouvelle réclamation inutile. Dans la nuit du 23 au 24 décembre 1869 des contingents des Freichich et des Zeghalmas, ne comptant pas moins de 1,300 fantassins, surprirent et razzièrent deux douars des Merazgas (fraction des Ouled-Sidi-Yahia-ben Taleb, du cercle de Tébessa). Les indigènes algériens victimes de l'agression des Tunisiens, eurent un homme tué et 23 blessés dont six femmes; leurs pertes matérielles furent estimées à 37.230 francs. Ce fait était grave. Le nombre des assaillants, la durée de la lutte et la valeur du butin enlevé ne permettaient pas de le confondre avec les actes isolés de maraudage qui avaient lieu trop souvent sur notre frontière. Il empruntait un caractère de gravité exceptionnelle à la complicité des caïds tunisiens du voisinage.

Le comte Daru, alors ministre des Affaires étrangères écrivit [1] à M. de Botmiliau pour l'inviter à appeler sur ces désordres l'attention la plus sérieuse du gouvernement du bey. « Vous voudrez bien, ajoutait-il, insister pour obtenir des garanties sérieuses contre le retour de faits aussi regrettables en même temps que le châtiment des coupables et la réparation pécuniaire légitimement due aux victimes de cet attentat ».

Notre chargé d'affaires écrivit les lettres et fit les démarches utiles; mais sans plus de succès que pour les réclamations antérieures. Le bey traînait les choses en longueur, cherchait à gagner du temps; acculé, il demandait une enquête contradictoire, que l'impudente mauvaise foi des commissaires tunisiens devait empêcher d'aboutir [2].

Pendant ce temps, nos griefs se multipliaient. A la suite de nos malheurs, l'insurrection avait éclaté en Algérie, et la Tunisie servait de véhicule à la poudre qui devait tuer les nôtres. Importée de Malte, sous pavillon étranger, elle était débarquée nuitamment et transportée de suite chez des recéleurs, ou confiée à des chameliers arabes qui la faisaient parvenir

---

1. Lettre du 2 mars 1870.
2. Voici ce que le gouverneur général de l'Algérie écrivait à ce sujet à notre chargé d'Affaires à Tunis, le 10 janvier 1868 : « ... dans le courant de 1866, à propos d'une agression commise sur les Hamaïlas de Tébessa par des goums tunisiens, nous avons essayé de procéder par voie d'enquête contradictoire, faite par des délégués des deux pays, et les prétentions du colonel Hassouna, délégué tunisien, ont amené la rupture de la conférence, sans qu'aucun règlement ait été conclu. Il n'est pas douteux que si la razzia de Bir-el-Atar était soumise à des délégués, les mêmes exigences, les mêmes subterfuges employés par les agents de la Régence empêcheraient une solution... »

aux insurgés. Toutes nos plaintes à ce sujet étaient en pure perte.

Cependant, après avoir désolé la banlieue de Souk-Ahras par le vol, le pillage, l'incendie, l'assassinat, et, à la tête de 2,000 hommes, bloqué cette ville du 26 au 29 janvier, Kablouti [1] avait dû se sauver de l'autre côté de la frontière avec 80 spahis. Il arriva quelque temps après à Tunis et fut reçu au Bardo par le bey qui lui promit la sûreté dans la Régence, ajoutant qu'il désirait même l'attacher à son service.

M. de Botmiliau alla trouver le bey et se plaignit vivement de l'accueil qu'il avait cru devoir faire à Kablouti. « Cet homme, dit-il [2], est un rebelle qui, après avoir prêté serment de fidélité à la France, a pris les armes contre elle, quand elle a été malheureuse, alors que son devoir au contraire était de combattre pour elle, comme l'ont fait tant d'autres Algériens. Pour nous, il n'est pas un ennemi, c'est un criminel, justiciable de nos tribunaux. Je ne vous demande pas cependant de me le livrer, car je suis sans instructions, mais je demande que les armes et les chevaux de sa bande me soient remis. Ils nous appartiennent. Je demande en même temps que ses hommes ne puissent pas sortir de Tunis. Votre Altesse n'oubliera pas d'ailleurs que c'est à la tête de tribus tunisiennes, soulevées par lui, que Kablouti a franchi notre frontière. Quand notre territoire a été violé, il l'a été par des Arabes tunisiens. Nous serions en droit d'en demander compte au Gouvernement dont ils relèvent. »

Le Bey chercha à se disculper de l'accueil fait par lui à

---

1. Comblé de faveurs par le gouvernement français, promu commandeur de la Légion d'honneur, Kablouti a été un des principaux chefs de l'insurrection de 1871, un des plus sauvages. Il a fait brûler au milieu de la rue des femmes et des enfants attachés sur des chaises goudronnées. On a retrouvé les cadavres calcinés.

2. Lettre du vicomte de Botmiliau à M. de Rémusat, ministre des Affaires étrangères (3 octobre 1871).

Kablouti, en prétendant ne l'avoir reçu que pour lui adresser des conseils de prudence. Il ignorait, dit-il, qu'il aurait dû être désarmé. Finalement il s'excusa et promit de faire remettre au consulat les armes et les chevaux de Kablouti. Quelques jours après, 41 sabres et 43 carabines furent livrés à M. de Botmiliau. Les spahis furent dispersés dans les douars; quant à Kablouti, il resta à Tunis jusqu'en juin 1875, époque à laquelle, sur une nouvelle réclamation de M. Roustan, il fut envoyé à la Mecque, où l'attendaient la considération et les aumônes réservées à tous les assassins des chrétiens, qu'on appelle là-bas des *moudjahed* (combattants pour la foi).

Cette affaire était à peine terminée, qu'une autre, que dix autres surgissaient. Une fraction des Oulad-Khelifas révoltés avait pénétré en Tunisie et y avait reçu le même asile et le même encouragement que Kablouti et sa bande. On ne les avait même pas désarmés. Nouvelle plainte au bey, de notre part, qui répond par de nouveaux regrets platoniques [1].

Et c'est chaque jour la même histoire. Tantôt au sujet de la contrebande de poudre et armes de guerre à destination de l'Algérie, tantôt au sujet d'une nouvelle violation de la frontière, devenue d'une insécurité complète. De 1870 à 1881, le nombre des crimes et délits commis par les tribus tunisiennes limitrophes atteint le chiffre incroyable de 2,379, — sur lesquels le gouvernement tunisien n'a donné de sanction pénale qu'à cinq affaires [2]! C'était, on en conviendra sans peine, se moquer de nous au dernier chef. C'est que le commandeur Pinna et, plus tard, son fameux successeur M. Maccio avaient convaincu le bey que depuis ses désastres la France n'était plus à craindre, qu'on

---

1. Voir aux « Pièces et Documents justificatifs », lettre du vicomte de Botmiliau au ministre des Affaires étrangères (10 décembre 1871).
2. V. *idem*, lettre de M. Albert Grévy, gouverneur général de l'Algérie, à M. Barthélemy Saint-Hilaire (20 mai 1881).

pouvait impunément lui manger dans la main. Le bey prenait sérieusement notre longanimité pour de la faiblesse. Il en était venu à penser, sur la foi du pulcinello qui lui montait la tête, que l'armée française se composait de quatre hommes et un intendant.

Sa conviction et celle du général Kheïr Ed-Din lui-même, étaient si formelles à cet égard qu'ils n'hésitèrent pas, en juillet 1876, à fouler aux pieds les capitulations et à emprisonner un sujet français. M. Roustan, qui était chargé d'Affaires de France à Tunis depuis l'année précédente, s'émut de ce grave abus d'autorité; il réclama l'élargissement immédiat du détenu; le général Kheïr Ed-Din le promit, mais n'en fit rien. M. Roustan se vit obligé de prendre le ton impératif pour obtenir satisfaction [1].

Notre influence était décidément tombée en quenouille. On ne nous écoutait plus, même en présence des plus sérieuses et légitimes réclamations. L'Angleterre et l'Italie se partageaient les faveurs. En 1871, M. Pinna avait fait attribuer à un de ses compatriotes la concession du chemin de fer de Tunis au Sahel. M. Wood avait obtenu pour une compagnie anglaise la concession de la ligne de Tunis à la Goulette, puis le 23 septembre 1874, la concession de la ligne devant relier Tunis à l'Algérie.

Cependant nous avions à notre actif un gros succès, la destitution du khaznadar (21 octobre 1873). Mais ce n'avait pas été sans mal. Eh puis! étaient-ce bien les preuves multiples de vols et de crimes de toutes sortes que nous avions fourni au bey qui avaient amené la disgrâce du personnage? Non. Mustapha ben Ismaïl jalousait le khaznadar; il le détestait quoiqu'il lui dût sa fortune inespérée. C'était lui, en effet, qui l'avait recruté pour le service de Mohammed es-Saddok. Qu'était-il alors

---

1. V. t. II aux « Pièces et Documents justificatifs », lettre de M. Roustan au duc Decazes (24 juillet 1876).

l'Adonis de la Goulette? Un pauvre yaouled vêtu d'une simple gandoura et rôdant autour des cafés pour gagner quelques sous à n'importe quelle besogne.

Certes, le chemin qu'il avait pris était non moins celui de l'honneur, — que des honneurs. Mais l'Orient est fait d'antithèses. Bélisaire après avoir conquis un monde en est réduit à mendier sa vie. Un décrotteur se réveille premier ministre. Tel Mustapha ben Ismaïl : du matin au soir, le beau jeune homme devint grand favori de Mohammed es-Saddok.

Naturellement son ambition fut bientôt insatiable. Le bey lui a-t-il donné sa fille en mariage, il veut maintenant les plus hautes charges de l'État. Le khaznadar doit donc disparaître. Il met à profit les révélations du vice-président de la commission financière et dans un de ses tête-à-tête familiers avec le bey, il obtient la destitution de son rival. Toutefois, il ne lui succède point encore; le poste est confié au général Kheïr Ed-Din. Mustapha se contente modestement pour l'instant de remplacer celui-ci au ministère de la marine. Une jolie sinécure! Mais il ne reste pas inactif; il emploie ses loisirs à satisfaire les plus viles passions du maître et se fait pourvoyeur du harem...

Détournons les yeux de ces ignominies et revenons aux questions qui préludèrent à notre occupation.

En dépit des efforts de leur consul qui venait de passer avec le bey un nouveau traité de commerce (19 juillet 1875), les Anglais ne se sentaient pas attirés en Tunisie. La ligne de la Goulette marchait mal et le concessionnaire de la ligne de la Medjerda ne put réunir les capitaux nécessaires à l'entreprise. M. Roustan, dont on ne serait trop louer la vigilance, l'énergie et le patriotisme en cette affaire comme en toutes celles qui vont suivre, M. Roustan décide Kheïr Ed-Din à annuler la concession, dont le bénéficiaire n'a pas tiré profit dans les délais qui lui étaient accordés. Et le 6 mai 1876, il la fait donner à la Société de construction des Batignolles, qui l'a transmise ensuite à la Compagnie Bone-Guelma[1].

Le Parlement, saisi de ce projet, vota (loi du 26 mars 1877) une garantie d'intérêt de 6 % au capital engagé pour la construction de cette ligne destinée à relier « d'un trait d'union indestructible Tunis à notre colonie ».

C'est là pour nous un avantage très sérieux. Malheureusement Kheïr Ed-Din est destitué à son tour. Il a trop pris à cœur le relèvement financier de son pays. Président de la commission internationale, il constate avec désespoir que la mauvaise récolte de 1877 va encore endetter le pays. Il n'hésite pas : il rogne la pension des princes. On imagine l'émotion, la fureur à la cour. Le bey tremble à son tour pour sa liste civile; il écoute donc volontiers les protestataires et, finalement, révoque Kheïr Ed-Din.

Mohammed le remplace. C'est un ancien mameluk sans valeur, sans intelligence. Il ne compte pas. Mustapha ben Ismaïl ne prendra officiellement les fonctions que dans un an; mais, d'ores et déjà, c'est lui qui détient le pouvoir. M. Roustan le comprend dès le premier jour et se conduit en conséquence; il s'efforce de se concilier le concours du personnage. On lui a reproché ensuite cette sorte de promiscuité. Mais le moyen de faire autrement? Il y allait de notre situation. Sans doute, de tels compromis sont répugnants. Il n'en faut que louer davantage notre consul d'avoir souvent surmonté son dégoût dans

---

[1]. Les travaux furent commencés le 30 avril 1877 et les sections livrées à l'exploitation :

La 1re, de Tunis à Tébourba, le 24 juin 1878;
La 2e, de Tébourba à Medjez-el-Bab, le 30 septembre 1878;
La 3e, de Medjez-el-Bab à l'oued-Zergua, le 30 décembre 1878;
La 4e, de l'oued-Zergua à Béjà, le 1er septembre 1879;
La 5e, de Béjà à Souk-el-Arba (Dakhla Djandouba) le 30 décembre 1879;
Le prolongement depuis la Dakhla jusqu'à Ghardimaou (station frontière) fut livré à l'exploitation le 30 mars 1880.

l'intérêt de la France, pour tenter de relever au Bardo notre influence, battue chaque jour en brèche par l'Italie qui affichait de plus en plus ses prétentions.

Il n'était difficulté qu'elle ne nous suscitât à tout propos.

Survint le Congrès de Berlin (juin 1878). On connaît la légende. M. Bismarck aurait alors offert la Tunisie à la France [1]. On ne sait comment cette fausse et sotte nouvelle prit naissance à Florence dans la première quinzaine de juillet et tout aussitôt les journaux de la péninsule s'en firent l'écho en l'accompagnant d'interminables commentaires... Le Congrès s'achève et les ambassadeurs regagnent leurs pénates. On s'attend à Rome à quelque bonne part du gâteau turc. Cruelle déception! Les représentants italiens s'en reviennent bredouille, sans la moindre province, sans cette Albanie qu'on lorgne tendrement au palais de Monte Citorio. De suite la question tunisienne s'exacerbe, la polémique s'envenime, le public s'émeut et des politiciens aussi violents que mal inspirés renversent le comte Corti, ministre des Affaires étrangères. M. Cairoli lui succède; mais l'agitation se continue; on reproche au gouvernement son abdication en matière de politique extérieure; on le harcèle au sujet de son effacement dans la Méditerranée, et, à la fin de l'année, une nouvelle crise ministérielle est ouverte.

M. Depretis prend le pouvoir en se déclarant prêt à arrêter les progrès de la France à Tunis. Enfin! On l'applaudit à outrance. Et le voilà qui rappelle M. Licurgo Maccio, consul à Beyrouth, où il s'était déjà trouvé en délicatesse avec M. Roustan; il le charge d'instructions spéciales et l'expédie comme consul général en Tunisie.

Son arrivée à Tunis, le 23 décembre 1878, fut un événement que personne là-bas n'a oublié; car jamais consul ne s'y

---

[1]. M. Jules Ferry a pris la peine de montrer l'inanité de ces racontars. Voyez *Le Tonkin et la mère patrie*, p. 29 et suiv.; et l'*Estafette* du 22 octobre 1890.

était présenté pareillement. M. Broadley, avocat de Lévy dans l'affaire de l'Enfida et qui ne saurait conséquemment être suspect de partialité à notre égard, raconte ainsi cette arrivée théâtrale [1]. « Dès que la canonnière qui l'avait amené eut jeté l'ancre à la Goulette, un certain nombre de caisses d'aspect mystérieux furent débarquées et transportées à Tunis. Le lendemain, M. Maccio arriva, escorté de quarante marins. Dès qu'ils eurent atteint le consulat d'Italie, les portes s'ouvrirent et chaque personne se munit d'un fusil. Une double file de soldats fut improvisée, les musiques jouèrent, et M. Maccio pénétra dans sa future résidence avec les honneurs militaires. » L'écrivain anglais ajoute : « Les conséquences de cet acte d'incroyable folie sont aisées à deviner. » La France ne pouvait point, en effet, se tromper un seul instant sur le caractère de cette démonstration dont la maladresse même ne dévoilait que mieux l'intention. Il était indéniable qu'elle avait été ordonnée de toutes pièces à Rome, à la fois pour impressionner les Arabes sur l'esprit desquels tout déploiement de forces, toute parade militaire exerce toujours une puissante fascination; aussi dans le fol espoir d'écraser du coup toutes les rivalités. Le consul d'Italie entrait en vainqueur et en maître! Par malheur pour lui et son pays, il n'est pas sorti dans le même appareil; mais en vérité, a pu dire M. G. Charmes [2] à qui la faute et la responsabilité de l'occupation de Tunisie; ne doit-elle pas retomber sur ceux qui l'ont rendue inévitable, plutôt que sur ceux qui ont été contraints de l'effectuer?

La lutte, on le sait, commence dès le lendemain entre M. Roustan et M. Maccio, qui s'emploie de toutes les façons à nous supplanter. Il multiplie les écoles italiennes, crée des établissements de bienfaisance italiens, cherche et au besoin fait naître chaque

---

1. *The last Punic war : Tunis past and present*, p. 173.
2. *Op. cit.*, p. 285.

jour l'occasion d'accroître le prestige de sa nation. Sur ce terrain nous le laissons faire; son audace augmente et il s'en prend à nos intérêts matériels.

Tout d'abord il sollicite du bey l'autorisation de relier la Sicile à la Goulette à l'aide d'un cable sous-marin, afin de nous enlever l'exploitation des lignes télégraphiques dont le monopole nous a été concédé en 1861. Mustapha ben Ismaïl, premier ministre et favori du bey, ne lui refusera pas cette faveur, il en a la certitude : il en a fait son docile instrument. Mustapha accueille en effet la proposition ; seulement les termes de notre convention étaient si formels que les prétentions du consul d'Italie n'aboutirent qu'à une confirmation de notre privilège et à un décret du Président de la République rattachant au département des Postes et Télégraphes, le service des télégraphes de la Tunisie (26 juin 1880).

M. Maccio nous a porté un coup droit : il s'est enferré. Il lui faut maintenant une revanche éclatante; elle s'offre à lui. La compagnie anglaise est obligée de se défaire de la petite ligne de Tunis à la Goulette qui, on s'en souvient, lui a été concédée en 1871. Le pays est pauvre et, partant, le trafic trop nul pour lui permettre de couvrir ses frais d'exploitation. Elle cherche à vendre. La Compagnie Bône-Guelma connaît cette situation; mais elle ne se hâte point d'en profiter; elle attend que les vendeurs abaissent leurs prétentions; ils y seront forcément amenés, car l'affaire est mauvaise et la Compagnie Bône-Guelma peut seule acheter cette petite ligne pour prolonger son réseau jusqu'à la mer; elle seule, en raison du personnel et du matériel dont elle dispose déjà peut exploiter ce tronçon de 15 kilomètres sans s'y ruiner. Elle attend donc, lorsqu'on apprend qu'une compagnie italienne, la Compagnie Rubattino, a fait des offres très avantageuses en dissimulant à peine qu'elle achètera à n'importe quel prix. Riche aubaine pour la compagnie anglaise ! On attendait qu'elle abaissât ses prix ; elle les double à présent, elle les triple. L'ensemble de son matériel, de ses constructions fort sommaires d'ailleurs, et de sa ligne, y compris les deux embranchements minuscules du Bardo et de la Marsa, valait environ un million de francs. Faute d'entretien, la voie était à refaire. La Compagnie Rubattino offrit 1,200,000 francs, puis davantage ; elle alla jusqu'à 2,500,000 francs. La Compagnie Bône-Guelma, voyant le danger, n'hésita pas à faire des offres supérieures ; et moyennant 2,625,000 francs, la ligne de la Goulette lui fut vendue (14 avril 1880) [1].

On peut juger de l'importance qu'on attachait à Rome à voir cette ligne entre les mains d'une compagnie italienne par l'émotion qu'y produisit dans certains milieux la nouvelle du succès de la compagnie française. Des protestations s'élevèrent, suivies d'une vive agitation. Les choses pouvaient en rester là cependant, et il n'existait encore aucune difficulté vraiment grave entre la France et l'Italie à Tunis. Elles prirent malheureusement une tournure qu'on n'attendait pas. La Compagnie Rubattino fit savoir au siège de la compagnie anglaise à Londres qu'elle entendait contester la validité de la vente, et, à l'appui de cette prétention, elle déclara qu'elle avait une promesse et que, d'autre part, une formalité importante avait été omise dans la passation du contrat ; on ne s'était pas assuré au préalable de la sanction de la Cour. La Compagnie Bône-Guelma avait négligé de se conformer à une exigence qu'elle ignorait, mais que prévoit sagement la loi anglaise pour le cas où des sujets britaniques en Orient veulent céder une entreprise que leur gouvernement les a aidés à obtenir. L'omission fut constatée ; et pour ce motif, l'homologation de la vente dut être refusée, la Haute-Cour de Justice à Londres prononça l'annulation

---

1. *La politique française*, p. 93.

du contrat (16 juin). Elle ne déclara pas toutefois la compagnie italienne propriétaire et décida que la ligne serait remise en vente, mais par adjudication cette fois. Tout était donc à recommencer.

Comme auparavant, il dépend de la Compagnie Bône-Guelma de l'emporter sur ses concurrents en offrant le prix le plus élevé. Les enchères sont fixées au 7 juillet. Elle a trois semaines pour prendre un parti. Aucune surprise n'est possible. C'est dans une impatience fiévreuse qu'on attend, de part et d'autre à Tunis, les résultats de l'adjudication. Que se passa-t-il dans ce laps de temps, en ce qui concerne la Compagnie Bône-Guelma? C'est un de ces points sur lesquels l'histoire seule pourra de loin jeter une lumière que notre politique n'a pas à redouter. Cependant, M. Jules Ferry a déjà dit à cet égard beaucoup de choses en peu de mots. Il attribue nettement l'origine de notre expédition en Tunisie à l'achat du chemin de fer par les Italiens, acquisition qui aurait été faite par le gouvernement italien sous le couvert de la Compagnie Rubattino, au mépris d'une promesse formelle, et il ajoute : « Il avait été convenu entre les deux cabinets de Rome et de Paris que la nouvelle adjudication aurait lieu en dehors de toute intervention de l'un ou de l'autre gouvernement[1]. » Quoi qu'il en soit, ce qui n'est pas contestable, c'est que la compagnie italienne porta, le 7 juillet, ses offres jusqu'au chiffre énorme de 4,207,500 francs (165,000 livres) et fut déclarée adjudicataire.

Cette « victoire », tel est le mot qu'emploie l'avocat Broadley, eut, à Tunis, le retentissement que l'on pense. On en donna d'ailleurs à Rome, dès le lendemain, l'explication ; la Chambre fut saisie d'un projet de loi qu'elle vota séance tenante, sans

---

1. *Le Tonkin et la mère patrie*, p. 30.

discussion, et qui garantissait à la compagnie Rubattino l'intérêt du prix de son achat et même l'intérêt de ses dépenses d'amélioration dès longtemps prévues, étudiées. L'Italie était assez riche pour payer sa gloire. Au reste, cette main-mise sur la Tunisie, était nécessaire à son plan de campagne, il n'y avait pas à regarder à la dépense.

A Paris, les politiques les plus sérieux envisagent désormais notre occupation de la Tunisie comme une nécessité inéluctable, et à très brève échéance. Mais on atermoie encore. Cependant M. Roustan exige du bey un témoignage de ses bonnes dispositions à notre égard en accordant à la Compagnie Bône-Guelma, comme légitime compensation du préjudice qui lui est causé, la concession d'une ligne de Tunis à Rhadès avec l'autorisation de construire un port à cet endroit. Nouvelle chicane italienne! M. Maccio remet au bey de la part de son gouvernement une protestation écrite contre la concession éventuelle de ce chemin de fer en excipant d'un acte qui concède la ligne de Tunis à Hammam el-Enf à un entrepreneur du nom de Moncardi[1].

L'acte est de 1872 et la concession, par suite, périmée de longue date. On n'hésite point quand même à la ressusciter pour nous faire pièce. Le bey dissimule mal son ennui. Quelque peu clairvoyant qu'il soit, il comprend très bien que tout cela finira mal et qu'il pourrait bien payer les pots cassés. Il a parfois comme des lueurs de bon sens et fait mine de revenir à nous. Mais vite Mustapha lui remonte le moral. Ses craintes sont chimériques : la France acceptera bon gré mal gré tous les dénis de justice; on peut la traiter par dessous la jambe, elle supportera toutes les avanies, car elle sait bien que l'Europe entière prêterait main-forte au bey si elle s'avisait

---

1. Voyez *Livre Jaune* de 1881, pièces 160 et suivantes.

d'une action militaire contre son royaume. Et M. Maccio, survenant à son tour, parle longuement des cuirassés italiens et des merveilles de leur concours. Quand nous retournons voir Mohammed es-Saddok, avatar complet! Fier, dédaigneux, nous n'en obtenons que des réponses évasives, des promesses dérisoires, des satisfactions platoniques; en un mot, il nous berne.

Sans reconnaître expressément le droit qu'affichent les Italiens sur la ligne de Rhadès, en fait il leur donne gain de cause en nous concédant, en échange de notre demande, la construction des chemins de fer de Bizerte et de Sousse ainsi que du port de Tunis (14 août 1880).

Trois jours plus tard, nous obtenons du bey l'engagement de n'accorder la concession d'aucun chemin de fer en Tunisie, à moins que la compagnie française n'y eût renoncé préalablement.

A peine cette affaire se termine-t-elle, que M. Maccio et Mustapha nous en suscitent une autre beaucoup plus grave : l'affaire de l'Enfida, dont le monde entier a fini par s'occuper.

Cette fois l'intrigue est montée de telle sorte que le protagoniste Maccio se tient dans l'ombre. Les personnages en scène sont : l'Angleterre, qu'avec un art consommé de la perfidie nos adversaires ont trouvé moyen de nous jeter dans les jambes, et le bey lui-même qu'ils ont décidé à démasquer ses batteries et à nous attaquer de front.

L'auteur anonyme de la *Politique française en Tunisie* a résumé on ne peut mieux cette page d'histoire; empruntons-lui les passages essentiels, ça vaudra mieux que de les pasticher.

Après quelques mois passés en France au lendemain de sa disgrâce comme premier ministre, le général Kheïr Ed-Din se retira en 1879 à Constantinople, où le sultan récompensa sa fidélité en l'élevant à la haute fonction de Vizir[1]. Ayant aban-

---

1. Il est décédé à Constantinople, le 30 janvier 1890.

donné la Tunisie sans esprit de retour, il songe bientôt à tirer profit des biens considérables qu'il doit à la munificence de Mohammed es-Saddok. Il fait des offres à plusieurs de ses coréligionnaires; mais aucun n'est en mesure de traiter lorsqu'il se trouve mis en rapport avec une compagnie française, la Société Marseillaise à laquelle il s'engage (le 5 avril 1880) à vendre en bloc toutes ses propriétés en Tunisie au prix de deux millions. Parmi ces biens figurent des immeubles de luxe, tels que les palais de Carthage et de Tunis et surtout la résidence de la Manouba, avec ses admirables jardins et ses décorations arabes dignes du harem de Mohammed, mais aussi des terres et notamment le domaine de l'Enfida, presque une province (environ 120,000 hectares) situé dans la région la plus fertile de la Régence, au Sahel, entre Tunis et Sousse. Ce domaine est inculte, à peu près désert; seule une compagnie puissante pourra lui rendre sa richesse, avec le temps, à force de sacrifices et de patience. Mustapha ben Ismaïl et avec lui le bey ne peuvent pourtant prendre leur parti de le voir tomber en des mains françaises et quand la compagnie vient dans le pays passer les actes qui doivent régulariser son achat, les notaires, les juges indigènes ont reçu un mot d'ordre et se dérobent. M. Roustan intervient en vain auprès du premier ministre et du bey lui-même. Poussé à la résistance, comme bien on imagine, par le consul d'Italie, Mohammed es-Saddok finit par répondre nettement, ne pouvant contester, en droit, la validité du contrat[1],

---

[1]. Confisqué aux Oulad Saïd à la suite de leur insurrection de 1864, le bey avait donné l'henchir Enfida à Kheïr Ed-Din en échange d'une pension annuelle et viagère de 75 000 piastres. Le général avait accepté, mais en ayant soin de faire entourer la donation de toutes les formes de rigueur. Si bien que la commission financière internationale l'avait ratifiée à son tour en reconnaissant expressément à Kheïr Ed-Din « le droit d'en disposer comme il l'entendrait et de toutes les manières dont les propriétaires disposent de leurs propriétés, sous la forme la plus absolue, sans que personne puisse lui faire opposition en cela, ni le lui contester. » Voyez *Livre Jaune*, mai 1881, page 236.

que lorsqu'il a donné l'Enfida à Kheïr Ed-Din, c'était pour qu'il en jouît tranquillement et non pour qu'il le vendît à des étrangers. Cependant la Société Marseillaise a déjà versé une portion du prix et déposé le reste entre les mains d'un tiers. Elle se prépare, en attendant que le bey change d'humeur, à entrer en possession, et rien ne doit l'en empêcher, ses titres étant en règle. Mais la loi musulmane est pleine de ressources; ainsi elle donne au voisin limitrophe d'un immeuble le droit de l'acquérir de préférence à tout acheteur : c'est le droit de préemption, la *cheffaà*. Mustapha ben Ismaïl s'est mis en quête d'un voisin de bonne volonté, et, pour plus de précaution il a soin de le choisir Européen : un israëlite protégé ou naturalisé Anglais, Yousouf Lévy, se trouve à point nommé pour opposer ses droits à ceux de la Société française. En vain le vendeur proteste, affirme que Lévy n'a jamais possédé de terre près de l'Enfida, on lui répond qu'il se trompe. Alors Kheïr Ed-Din, au courant mieux que personne des pièges dont la législation du Koran abonde, cesse de contester le titre que prétend posséder Lévy et se retranche derrière les précautions qu'il a prises à tout hasard dans son contrat. Pour garantir l'acheteur d'un immeuble contre l'exercice de la cheffaà, il est d'usage d'exclure de la vente une bande étroite de terre qui fait tout le tour du domaine, mince zone neutre destinée à affranchir le nouveau propriétaire de toute contiguïté avec ses voisins[1]. Cette bande, Kheïr Ed-Din se l'est réservée. Lévy n'est donc pas le voisin de la Société Marseillaise, et c'est ce que constate le tribunal arabe saisi de l'affaire. Mais il y a, en Tunisie, deux juridictions distinctes, comme

1. Il y a un autre moyen de tourner la loi. Celui qui désire exercer le droit de préemption doit offrir le remboursement exact du prix d'achat de la propriété. Or, on ajoute à la somme convenue une poignée de petites pièces de monnaie, dont l'acheteur est censé ne pas connaître lui-même l'importance, si bien que celui qui veut bénéficier de la cheffaà s'en trouve empêché, ne pouvant représenter rigoureusement le prix d'achat.

il y a deux lois, deux rites plutôt, puisque la loi n'est autre que le commentaire du Koran. La Société a obtenu gain de cause devant les juges du rite le plus usuel, le rite Maléki. Lévy en appelle aux juges du rite Hanéfi, lequel ne reconnaît pas à la zone neutre le pouvoir d'empêcher l'exercice de la cheffaâ.

N'oublions pas que Yousouf Lévy, ou plutôt ses commettants, ont su choisir un avocat dont il faut bien dire quelques mots, M. Broadley, puisqu'il a joué un rôle actif dans les événements qui ont précédé et suivi notre occupation. M. Broadley, nouveau venu dans le pays, ayant cessé, dit-on, d'appartenir à l'administration de l'Inde anglaise, cherchait à plaider. Fort intelligent, il vit dans l'affaire Lévy une occasion de se faire connaître, et il fit si bien, en effet, qu'en peu de temps il y eut, on peut dire, en Europe, une question de l'Enfida. Ce premier résultat obtenu, il était tout naturel qu'un des plus grands journaux d'Angleterre (le *Times*), acceptât et publiât même avec empressement les correspondances d'ailleurs fort vives qu'il se mit à expédier de Tunis sur une affaire qu'il avait grand intérêt à rendre de plus en plus célèbre. En sorte qu'il eut bientôt à Tunis l'autorité d'un homme qui faisait l'opinion dans une large partie du monde. On juge du concours qu'un avocat aussi plein de ressources apporta au bey et à Mustapha. Le consul anglais, M. Th. Reade, bien qu'il eût pour mission, depuis le départ de M. Wood, d'éviter avec nous toute difficulté, ne put se refuser à transmettre et probablement à recommander à son gouvernement la requête de Lévy et le mémoire de son avocat.

Les commentaires de la presse aidant, Lévy fut bientôt regardé en Angleterre comme une victime de l'ambition française à Tunis et de M. Roustan en particulier : une simple invention de Mustapha ou du bey devint une cause de désaccord, de difficulté réelle entre les cabinets de Londres et de Paris. C'est ainsi que naissent et grandissent souvent en Orient ces conflits retentissants dont on a bien tort de ne pas commencer par rechercher soigneusement l'origine. Cette affaire de l'Enfida dura plus d'une année : elle fut le prétexte d'attaques très sévères contre la France, contre nos agents, tant au Parlement que dans la presse anglaise, et par contre-coup en Italie [1]. Elle ne reçut de solution qu'en 1882, quand M. Broadley, cessant de s'en occuper, quitta Tunis pour publier un livre qui d'ailleurs eut beaucoup de succès et dont nous invoquerons souvent le témoignage, car c'est celui d'un adversaire [2]. A cette époque, Lévy voulut bien consentir à céder à la Société Marseillaise la propriété sur laquelle il prétendait fonder ses droits. Or, voici ce qu'on découvrit : voisinage, droits de préemption, propriété même, tout cela n'était qu'invention : Lévy ne possédait pas même une parcelle de terre auprès de l'Enfida. Pendant deux ans, il avait trompé tout le monde, comptant sur le scandale et l'intimidation pour vendre à bon compte des droits imaginaires. La fraude fut découverte à temps et condamnée : un jugement public du tribunal de Tunis et les plaidoieries font connaître dans le détail les faits que nous avons dû résumer. Mais, en attendant ce dénouement, on devine quel trouble à Tunis, à l'époque qui nous occupe en ce moment, et quel surcroît inattendu de complications apporta cette affaire qui surexcitait l'opinion anglaise au sujet de Tunis et semblait pouvoir en faire pour le bey, pour le consul d'Italie, une alliée inespérée.

Ce n'est pas tout. Un journal arabe, le *Mostakel*, a été fondé en Sardaigne, à Cagliari (26 mars 1880). Expédié à Tunis par ballots, il est, de là, répandu à profusion dans toute la Tunisie par les soins de la poste italienne. A quelle propagande se livre

1. La *Gazette de Livourne* a été jusqu'à dire que derrière Lévy s'abritaient des intérêts, des capitaux italiens. « Les Français sont jaloux et disent, non sans raison, que dans tout cela il y a la main de M. Maccio. » *Mémorial diplomatique*, 26 mars 1881.
2. *Last Punic War*, London 1882.

donc cette feuille coûteuse? On l'a deviné : à une propagande absolument anti-française. Rédigé sous la surveillance de M. Maccio[1], soudoyé par le gouvernement italien, le *Mostakel* n'a d'autre but que d'exciter les indigènes contre nous. Il prêche la révolte, l'incendie, le pillage et le massacre. Il nous représente comme des envahisseurs contre lesquels le bey a toutes les peines du monde à se défendre; cependant nous sommes faibles et on aurait vite raison de nous. D'autant qu'en cas de guerre le Sultan enverrait des troupes de Constantinople : l'Islam triompherait facilement des « roumis ». Tout cela entremêlé de versets du Koran et de ces apophtegmes perfides qu'on n'agite jamais en vain dans une cervelle arabe.

En effet, presque aussitôt une effervescence se manifeste. M. Roustan[2] signale à M. le gouverneur général de l'Algérie « une recrudescence considérable dans les achats d'armes et de poudre à Tunis et dans les villes du littoral de la Régence ». Un soulèvement se prépare, des signes avant-coureurs l'annoncent. Il est préparé.

Les tribus de la frontière y préludent en redoublant d'audace vis-à-vis de nos gens qu'elles volent, pillent et assassinent tous les jours. Depuis deux ans, d'ailleurs, le banditisme des Kroumir s'accroît sans cesse sur notre territoire. Enhardis par notre tolérance débonnaire, qu'ils prennent forcément pour une marque de faiblesse, il n'est déprédations ni crimes de toutes sortes qu'ils ne se permettent à notre endroit. Le 26 janvier 1878, la tempête ayant jeté sur la côte de Tabarka un beau paquebot à quatre mâts, l'*Auvergne,* de la Société Générale, des essaims de Kroumir descendent de leurs montagnes et se ruent sur cette proie. Le navire est pillé de fond en comble, en présence des soldats du bey impuissants à le protéger contre

---

1. M. Broadley l'a révélé dans *Last Punic War.*
2. Voyez *Livre Jaune,* mai 1881, page 139.

les détrousseurs. Tout ce qu'on put obtenir de leurs chefs, c'est qu'ils épargnassent la vie des hommes de l'équipage ; ils se contentèrent de leur prendre leurs effets.

Cela se passait à douze kilomètres de la frontière française et à la portée des canons d'un fort tunisien, qui gardèrent un prudent silence. On fit enquêtes sur enquêtes ; finalement dix mois après nous attendions encore la satisfaction qui nous était due. De ce jour, les Kroumir s'imaginèrent que la France en était réduite à tout supporter.

L'année suivante (9 octobre 1879), des soldats du bey assaillirent et maltraitèrent des matelots de notre stationnaire le *Forbin*, qui avaient été envoyés comme d'habitude prendre du sable sur la plage de la Goulette. Le patron du canot fut saisi par la barbe, injure fort grave aux yeux des musulmans et qui a la même valeur, la même signification qu'un soufflet pour nous. Un marin fut frappé d'un coup de sabre.

Et depuis six mois, nos griefs se multipliaient chaque jour. Le marabout tunisien Si-Abdel-Melek-ben-Sid-Ali-Chérif prêchait la guerre sainte dans nos tribus. Les Ouchteta incendiaient nos forêts avoisinant La Calle, elles attaquaient nos douars à l'improviste, enlevaient le bétail, arrêtaient nos gens isolés sur les chemins, les rançonnaient, les pillaient et souvent même joignaient l'assassinat au vol [1]. Des violences et des razzias de même nature étaient opérées dans le Sud et l'extrême Sud, sur la limite de Tébessa contre nos Brarcha et Allaouma. Le 30 octobre un vol de trente bœufs était commis sur les Reguegma de Zerizer (Bône) ; en janvier 1881, trente bœufs étaient volés aux Ouled Bechia de Souk-Ahras et le berger assassiné.

Animé de mauvaise volonté à notre égard et d'ailleurs impuissant à réprimer les crimes et les délits que nous lui signa-

---

1. Voy. Rapp. sur les opér. milit. en Tunisie, par le général Forgemol.

lons, Mohammed es-Saddok accueille nos réclamations quotidiennes par des faux-fuyants; il rejette la faute sur nos populations; il nous accorde des réparations tout à fait hors de proportion avec les dommages éprouvés et, en dernier lieu, propose une conférence contradictoire que la mauvaise foi de ses agents empêchera d'aboutir.

Une telle conduite méritait un châtiment sévère, et l'on pourrait citer tel gouvernement qui n'eut pas hésité à annexer la Tunisie dans de semblables conditions. Cependant M. Barthélemy Saint-Hilaire, ministre des Affaires étrangères, déclare que « nous n'entrerons pas sur le territoire de la Régence tant que nous ne serons pas forcés de nous faire justice nous-mêmes et que nous n'aurons pas épuisé les voies diplomatiques. »

Cela ne tardera point; car notre patience n'engendre que le mépris. Les peuples à demi civilisés ne comprennent que la force. « Si tu es piquet, dit un proverbe arabe, patiente; mais si tu es maillet, frappe! » Des lettres insolentes sont écrites à nos caïds par les agents du bey, qui les somment d'avoir à abandonner immédiatement des terrains que nous possédons librement depuis la conquête. S'ils s'avisent de refuser on les y contraindra.

Cette menace est bientôt suivie d'effet. Dans la matinée du 16 février, une centaine d'Ouled Cedra (Kroumir) franchissent la frontière en armes pour chasser nos gens des terrains de culture de l'oued Djenan. Ils pillent et brûlent trois tentes des Aouaouchas et, l'après-midi, reviennent deux fois plus nombreux, recommencer les hostilités. « L'affaire est plus grave que les précédentes. M. Roustan fait une nouvelle tentative pressante auprès de Sidi Saddok, et le supplie de sauvegarder ses propres intérêts non moins compromis que les nôtres. Vains efforts. »

Le commandant Vivensang est délégué par le gouverneur

général de l'Algérie à une nouvelle conférence en vue de régler à l'amiable les déprédations commises par les Ouchteta. A nos pertes, le délégué tunisien oppose en regard une longue liste de réclamations basées, hélas! sur des titres falsifiés ou rédigés pour les besoins de la cause. On ne saurait pousser plus loin la déloyauté. Notre délégué se voit obligé de renoncer à tout arrangement amiable; il rompt la conférence et dès lors M. Albert Grévy, gouverneur général de l'Algérie, estime que « le moment est venu de nous départir de cette bienveillance et de cette réserve excessives dont la continuation ne peut qu'affaiblir notre prestige aux yeux des indigènes algériens, tout en diminuant notre influence auprès du cabinet du Bardo[1]. »

M. Roustan tient le même langage; le général Farre, ministre de la guerre, reconnaît « la nécessité de prendre des mesures pour empêcher que notre frontière ne soit violée expressément ». Mais il est d'avis de procéder de concert avec le gouvernement tunisien, comme nous l'avons fait maintes fois avec le gouvernement marocain dans l'ouest de notre colonie. « Là aussi, nos populations algériennes ont dans leur voisinage des tribus marocaines remuantes et guerrières qui, non contentes de donner asile aux malfaiteurs, violent parfois notre frontière et dirigent des incursions contre nos nationaux. Amené à constater son impuissance pour nous faire rendre justice, le gouvernement marocain n'a pas hésité à nous laisser le soin de châtier nous-mêmes les coupables, et c'est ainsi que nos colonnes expéditionnaires, pénétrant sur le territoire du Maroc, ont pu, à diverses reprises, aller punir les agresseurs au delà de notre frontière de l'ouest.

« Ne conviendrait-il pas de proposer au gouvernement de la Régence des dispositions analogues, et au besoin de le mettre

---

1. V. t. II aux « Pièces et Documents justificatifs », lettre de M. Albert Grévy à M. Barthélemy Saint-Hilaire (23 février 1881).

en demeure de les accepter? Quelle objection le bey de Tunis pourrait-il présenter si notre chargé d'Affaires, après avoir constitué un ensemble de griefs suffisants, comme il l'indique dans sa note du 13 février, et fait constater à nouveau au bey de Tunis son impuissance à réprimer les actes de brigandage commis à notre préjudice par les tribus frontières, notamment par les Kroumir et les Ouchteta, réclamait pour la France le soin d'aller punir les coupables sur leur territoire? Nos voisins de Tunis apprendraient ainsi à respecter l'Algérie française, et comme ils n'ignorent pas que la répression ne saurait manquer de les atteindre, ils auraient davantage souci de leur responsabilité. Ne convient-il pas de remarquer aussi que, dans le cas où de semblables propositions seraient écartées par le Gouvernement de la Régence, couvrant ainsi les actes des tribus qu'il est incapable de maintenir, la France aurait épuisé tous les moyens de conciliation compatibles avec sa dignité, et serait en droit de prendre une autre attitude sans que personne pût s'en étonner [1]. »

Pendant que nous donnons ainsi les preuves d'une mansuétude inaltérable, Mohammed es-Saddok semble prendre à tâche de nous pousser à bout. Non content d'avoir laissé la Compagnie Rubattino construire une ligne télégraphique et violer ainsi la Convention franco-tunisienne, le 11 mars il se livre à de nouveaux abus contre des sujets français en donnant l'ordre d'arrêter les travaux du chemin de fer de Tunis à Sousse, sous le prétexte que la Compagnie Bône-Guelma n'a pas présenté un projet complet; une tentative semblable avait déjà eu lieu en alléguant que le train passait *trop près* de Rhadès.

Il était clair que le bey obéissait à nos adversaires et cher-

---

[1]. Voy. *Livre Jaune*, 1881, p. 168. Lettre du général Farre, ministre de la guerre, à M. Barthélemy Saint-Hilaire (13 mars 1881.)

chait à entraver l'exécution de ce chemin de fer par tous les moyens possibles.

Nous continuions quand même nos revendications par voie diplomatique lorsque des événements nouveaux vinrent aggraver irrémédiablement la situation. Le 30 mars, quatre à cinq cents Kroumir se ruèrent en avant d'el Aïoun sur nos Nehed. Aussitôt un détachement du 59e de ligne abandonna Roum-el-Souk pour repousser l'attaque. Ayant brûlé toutes ses cartouches, il se trouvait dans une position critique lorsqu'une compagnie du 3e Zouaves vint à son secours. Après une fusillade de deux heures les assaillants furent repoussés au delà de la frontière. Mais ils revinrent le lendemain matin et, décidés à la victoire, ouvrirent le feu sans hésitation. Leur acharnement était tel que malgré les pertes que nous leur infligions, ils n'abandonnèrent le terrain qu'après onze heures de combat, lorsqu'ils virent arriver le gros du bataillon de Zouaves.

Nous avions perdu dix hommes : trois morts et un blessé du 59e; un mort et cinq blessés du 3e Zouaves.

Le caractère et la rapidité de ces deux attaques nous apprirent que l'ennemi avait toutes les audaces; il fallait s'attendre à de nouveaux méfaits et se préparer à une action énergique sous peine de voir, à bref délai, l'Algérie ensanglantée par un réveil du fanatisme musulman.

Le bey, nous le savons de reste, ne peut ni ne veut rien faire pour nous. Il va jusqu'à prétendre que cette grave violation de territoire est due à notre refus de payer la *dhid*, ou prix du sang, aux familles des deux tunisiens tués dans la précédente affaire.

Il n'y a plus qu'à agir; la France s'y décide enfin et la division de Constantine dirige la majeure partie de ses forces vers la frontière.

LIVRE III

LA TUNISIE DEPUIS L'OCCUPATION FRANÇAISE

I

ANNÉE 1881

Le 4 avril le Gouvernement fit aux deux Chambres une déclaration analogue :

Cette situation, dit M. Jules Ferry au palais du Luxembourg, après avoir rappelé les crimes des Kroumir, cette situation impose au Gouvernement des devoirs qu'il saura remplir et je viens dire au Sénat que toutes les mesures sont prises pour mettre un terme à une situation qui est, vous le savez aussi bien que moi, absolument intolérable, car elle dure depuis dix ans ; or, dix ans, c'est trop pour l'honneur de la France et pour le repos de nos possessions algériennes.

... Le gouvernement de la République ne cherche pas de conquêtes, il n'en a pas besoin ; mais il a reçu en dépôt, des gouvernements qui l'ont précédé, cette magnifique possession algérienne que la France a glorifiée de son sang et fécondée de ses trésors. Il ira, dans la répression militaire qui commence, jusqu'au point où il faut qu'il aille pour mettre à l'abri, d'une façon sérieuse et durable, la sécurité et l'avenir de cette France africaine.

Ce discours souleva de chaleureux applaudissements. Il en fut de même à la Chambre où le général Farre, ministre de la guerre, tint un langage identique. Trois jours plus tard, le gouvernement sollicita de la Chambre le vote de crédits nécessaires à l'envoi d'un corps expéditionnaire : ils furent votés à l'unanimité (474 voix sur 476 votants), ainsi qu'au Sénat le lendemain (277 voix sur 277 votants).

Ces crédits s'élevaient seulement à six millions et depuis l'on a vivement critiqué M. Jules Ferry d'avoir demandé des sommes qu'il savait devoir être de beaucoup dépassées; on lui a reproché d'avoir manqué de netteté, de fermeté[1], on est allé jusqu'à l'accuser d'avoir sciemment trompé le Parlement et l'opinion. M^r. P. H. X., tout en reconnaissant les grands services que l'ancien Président du Conseil rendit alors à la France, voit également une « faute initiale » dans cette insuffisance de crédits. « Il semble, dit-il[2], tant la nécessité de nous assurer la paix en Tunisie s'imposait alors avec force, qu'on aurait pu obtenir du Parlement sans beaucoup d'explications, aussi bien quinze millions que cinq. » Je ne partage pas cet avis. Il eût fallu beaucoup d'explications, au contraire, pour faire entendre, à la première heure, à la Chambre des Députés, la question tunisienne dans son ampleur. Avant de discuter devant elle le plan d'une action énergique et soutenue, il fallait aller au plus pressé : assurer le respect du drapeau français. Du reste, il n'y eut de trompés dans cette affaire que ceux qui voulurent bien l'être. La déclaration du 4 avril ne présentait pas l'affaire comme une simple répression de maraudeurs, elle parlait d'une répression militaire *qui commence*, mais qui se développerait « pour mettre à l'abri, *d'une façon sérieuse et durable*, la sécurité et *l'avenir* de la France africaine ».

Il y a des heures où le Parlement doit savoir entendre à demi-mot. Ce sont celles où les gouvernements dignes de leur rôle

---

1. Gambetta, discours à la Chambre, 1er décembre 1881.
2. *Op. cit.*, p. 118.

engagent résolument leur responsabilité. Ouvrir alors un débat en formes sur les causes, la portée, les développements possibles d'une entreprise nécessaire, mais dont les proportions ne sont pas encore connues, c'est s'exposer à toutes les complications parlementaires et risquer un avortement : M. de Freycinet l'a appris à ses dépens et surtout aux nôtres dans les affaires égyptiennes.

Il y a plus. Admettons que le gouvernement aurait pu, dès le premier jour, réclamer des Chambres les crédits nécessaires à l'expédition qui s'imposait. Et l'Europe ? Nous eût-elle laissé faire aussi librement si nous lui avions permis de croire que nous entreprenions une conquête au lieu d'assurer un protectorat ? N'était-il pas, d'ailleurs, de prudence élémentaire, de la mettre le plus tôt possible en présence des faits accomplis ? Il était aisé de prévoir l'émotion de nos rivaux à Tunis, leurs cris de fureur. Modérer cette émotion, cette clameur, n'était-il pas d'une sage prévoyance ? On n'oserait le nier. Or, ce résultat le gouvernement ne pouvait l'obtenir qu'en présentant l'affaire comme très simple, parlons net, en n'apportant à la tribune que des prévisions de dépenses notoirement insuffisantes.

A notre sens, il y a eu là, pour M. Jules Ferry, une obligation impérieuse comme bien d'autres qui lui ont été également imputées à crime. Il n'avait point, il ne pouvait avoir l'intention de fixer le budget de l'expédition, le 7 avril. Il cherchait dans le vote de ces premiers crédits un appui moral, pas autre chose. Voilà ce qu'on a méconnu.

Il était aisé de prévoir, disions-nous, l'émotion de nos rivaux à Tunis. Quelques précautions que nous ayons prises, cette émotion fut grande. On avait trop escompté notre amour de la paix pour ne pas être très désagréablement surpris de cette attitude énergique qui allait déjouer tous les plans des sous-Machiavel. A Rome, les colères impuissantes se retournèrent contre le cabinet

Cairoli. On lui reprocha d'avoir encouragé, entretenu des ambitions populaires qu'il était hors d'état de faire triompher. On mit à nu les fautes de sa politique provocatrice ; on lui demanda comment il comptait sauvegarder l'indépendance de la Tunisie et sur sa réponse ambiguë, M. Damiani[1] déposa un ordre du jour de blâme auquel s'associèrent la droite avec le centre et les groupes Crispi et Nicotera : par 192 voix contre 171 le ministère Cairoli fut renversé.

Toutefois, après quinze jours d'intérim, M. Cairoli put-il reprendre officiellement le pouvoir sans changer aucun de ses collègues. Un vote de la Chambre approuva la solution de la crise : 262 voix contre 146 témoignèrent de la confiance qu'inspirait le ministère et de l'impuissance où l'on se trouvait d'en constituer un autre.

Les Anglais ont deux morales : une pour eux et une pour le vulgaire. Tous leurs actes sont purs et inattaquables ; tout ce que font les autres est indécent et leur fait pousser des *shocking* du matin au soir. « Ils ont conquis d'immenses possessions dans les cinq parties du monde par les moyens les plus dégagés de scrupule ; mais dès qu'une puissance quelconque touche à une motte de terre en vertu d'excellents titres, de titres qu'ils ont signés de leur propre main, ils trouvent cette conduite si inconvenante qu'ils en sont choqués comme hommes du monde, alors même qu'ils n'en sont pas blessés comme hommes politiques[2]. » John Bull a des susceptibilités de conscience à faire rêver tous les casuistes. Somme toute, sa pruderie serait la chose du monde la plus amusante si elle n'était souvent une cause d'embarras.

Au lendemain du vote de notre expédition en Tunisie, le *Times* entreprit de soutenir une thèse extraordinaire trois ans

---

1. Actuellement sous-secrétaire d'État au ministère de la Justice.
2. G. Charmes, page 240.

à peine après la main-mise de la Grande-Bretagne sur l'île de Chypre :

> Si nous ne voyons pas d'un œil tranquille et favorable la perspective d'une annexion française ou même d'un protectorat sur Tunis, disait ce journal, ce n'est pas parce que nous envions à la France un accroissement de son prestige et de son territoire. Mais l'Angleterre, la France et toutes les grandes puissances se sont engagées à maintenir l'intégrité de l'empire ottoman.
>
> Or, Tunis est une partie intégrante de l'empire ottoman, quoiqu'elle ne lui soit rattachée que par des liens relâchés. Il pourrait donc arriver que l'on jugeât nécessaire de faire au gouvernement français des observations sur la politique qui lui est attribuée.

L'opinion publique approuvait, se montrant, comme toujours, jalouse des progrès de la France dans la Méditerranée, dont l'empire lui semblait devoir être réservé au pavillon qui couvre déjà Gibraltar, Malte et Chypre, qui cherche à couvrir l'Égypte et l'Asie-Mineure[1]; mais le gouvernement était dans l'impossibilité de protester par voie diplomatique, car il se trouvait engagé par les actes de ses prédécesseurs. Au congrès de Berlin, M. Waddington, notre ministre des Affaires étrangères, s'était entretenu de la Tunisie avec les représentants de la Grande-Bretagne; puis il avait consigné dans une note qu'il soumit au cabinet de Saint-James le résultat de ses entretiens; le marquis de Salisbury, alors ministre des Affaires étrangères, répondit d'une façon explicite :

7 août 1878.

> Je reconnais, sans répondre de l'exactitude des termes, la justesse des souvenirs de M. Waddington, touchant les conversations que nous avons eues, pendant le congrès, sur la question de Tunis, et sur les intérêts que la France possède ou a en vue dans la Régence. Sans insister sur certaines nuances d'expression, qui ne peu-

---

1. Daniel, *op. cit.*, page 126.

vent changer la base de la question et l'opinion que l'on peut avoir à son sujet, je crois mieux répondre à ce qui m'est demandé en exposant les vues sommaires de l'Angleterre sur l'action de la France à Tunis.

L'Angleterre n'a, dans cette partie du monde, aucun intérêt spécial qui puisse d'une manière quelconque l'induire à regarder avec méfiance l'accroissement légitime de l'influence française, influence qui procède de sa domination en Algérie, des forces militaires considérables qu'elle y maintient, et de l'œuvre civilisatrice qu'elle accomplit en Afrique à la grande admiration du gouvernement anglais. Lors même que le gouvernement du bey viendrait à tomber, l'attitude de l'Angleterre n'en serait nullement modifiée. Cette puissance n'a pas d'intérêts engagés à Tunis, et elle ne fera dans ce cas rien pour troubler l'harmonie qui existe entre elle et la France.

En 1878, l'Angleterre avait donc fait à la France un abandon complet de la Tunisie, et si M. Waddington n'en profita pas alors, c'est qu'en rentrant en France après le congrès de Berlin, il ne trouva ni ses collègues du ministère, ni l'opinion républicaine disposés à une action immédiate. Néanmoins le cabinet Gladstone était lié par les promesses du cabinet Beaconsfield ; d'autre part, la mauvaise tournure que prenaient les affaires de l'Irlande l'empêchait d'avoir une politique extérieure trop active ; aussi renonça-t-il à des protestations officielles qui n'eussent pas abouti.

A Berlin, nous avions l'assurance « qu'on n'apporterait aucun obstacle à notre action, fût-elle poussée jusqu'à la conquête ». La majeure partie de la presse allemande et toute la presse autrichienne approuvèrent notre attitude. Quelle part la sincérité prenait-elle à ces encouragements? M. de Bismark et ses compatriotes n'étaient-ils pas surtout enchantés de nous voir détourner les yeux de notre frontière de l'Est? N'éprouvait-on pas à Vienne un malin plaisir à faciliter une expédition qui exaspérait fort les irrédentistes italiens? Cela est fort probable; mais ces sentiments n'en servaient pas moins nos intérêts.

La Russie était indifférente à notre entreprise. Alexandre II venait d'être assassiné par les nihilistes : ses préoccupations étaient ailleurs. L'Espagne ne s'en souciait pas davantage. La politique intérieure et les inondations qui désolaient l'Andalousie l'absorbaient tout entière. Au surplus, nous tournions le dos au Maroc, cela n'était pas pour lui déplaire.

Restait la Turquie. Peut-être eut-ce été trop lui demander que de se désintéresser totalement de son ancienne Régence, encore qu'elle ait perdu tout espoir de ressaisir sur elle une autorité prescrite depuis deux siècles. Elle se devait de protester contre notre ingérence; mais, livré à lui-même, le sultan se fut borné à une note platonique. On se serait agité de même dans les mosquées, dans les zaouïas; les fanatiques se seraient mis en campagne contre nous, c'est évident; mais le Commandeur des Croyants se serait tenu en dehors des résistances, s'il n'y avait été incité par nos adversaires, si le bey lui-même n'avait réclamé sa protection.

Mohammed-es-Saddok avait, en effet, résolu de nous tenir tête et de s'opposer par tous les moyens à l'entrée de nos troupes. Le 6 avril, M. Barthélemy Saint-Hilaire l'avait fait inviter de nouveau à coopérer avec nous à la répression des Kroumir. « C'est en alliés et en auxiliaires du pouvoir souverain du bey, disait le ministre des Affaires étrangères, que les soldats français poursuivront leur marche : c'est aussi en alliés et en auxiliaires que nous espérons rencontrer les soldats tunisiens, avec le renfort desquels nous voulons châtier définitivement les auteurs de tant de méfaits, ennemis communs de l'autorité du Bey et de la nôtre. »

Mais Mohammed-es-Saddok répondit le lendemain d'un ton hautain qu'il ne voulait *consentir pour aucune raison* à l'entrée de nos troupes sur son territoire. Il y verrait « une atteinte à son droit souverain, aux intérêts que les puissances étrangères avaient confiés à ses soins et spécialement aux droits de l'empire ottoman. »

Pour les besoins de la cause Mohammed-es-Saddok s'humiliait de nouveau devant le sultan et se réclamait de lui comme vassal.

Dès lors, les représentants de la Porte, de concert avec ceux de l'Italie, s'efforcèrent d'intéresser l'Europe à la cause du bey. A Paris, l'ambassadeur ottoman multiplia ses démarches, et, le 27 avril, le ministre des Affaires étrangères de Turquie fit remettre la note suivante à toutes les Chancelleries :

> Tout en nous associant au désir de M. Barthélemy Saint-Hilaire de voir la tranquillité rétablie dans les parties actuellement troublées du territoire tunisien, nous croyons devoir exprimer notre regret des observations de Son Excellence qui tendent à attribuer dans cette province à S. M. le Sultan une autorité uniquement religieuse.
>
> La souveraineté de Sa Majesté sur cette partie intégrante de son empire est depuis longtemps un fait établi et incontestable. Nous considérons donc comme superflu d'insister davantage sur ce point. Nous nous bornerons à rappeler ce fait universellement connu que la nomination des gouverneurs généraux qui se sont succédés dans l'administration de cette province, s'est toujours faite d'après la volonté et par ordre de nos souverains; que les firmans officiels de nomination sont émanés de la Sublime Porte, qui a ainsi manifesté chaque fois son droit de souveraineté sur la Tunisie, ainsi que son droit exclusif de défendre seule les privilèges centenaires de cette province; enfin que le dernier firman adressé au pacha actuel sur la requête de Son Altesse, ainsi qu'aux populations, a solennellement confirmé ses propres droits et mentionné les nouveaux droits conférés à Son Altesse, et que la validité de ce firman a été reconnue par les puissances en général. En conséquence, le gouvernement impérial ne peut se départir des principes et de l'ordre de choses établi, et regarde comme un devoir de les maintenir dans toute leur intégrité.
>
> Assim.

Le 3 mai, nouvelle note de la Porte rappelant que le Sultan s'est adressé aux puissances signataires du traité de Berlin pour arriver « à s'entendre, soit avec elles, soit directement avec la France, sur une solution de la question tunisienne..., mais que cet appel est resté sans réponse ». Elle renouvelle la demande d'intervention, en réclamant l'application de la clause du traité de 1878 qui garantit l'intégrité de son empire.

Trop sérieux étaient nos griefs, et trop démodée la prétention des Turcs pour que l'Europe l'accueillît. La seconde note eut le sort de la première. La France ne prêta non plus aucune attention à des récriminations mort-nées. Le 11 avril, le ministère avait été interpellé à la Chambre par M. Janvier de la Motte sur ses intentions à l'égard de la Tunisie ; M. Jules Ferry répondit : « Le gouvernement ira, dans la répression militaire qui commence, jusqu'au point où il faut qu'il aille pour mettre à l'abri d'une façon sérieuse et durable la sécurité et l'avenir de l'Algérie. Vous reviendrez, messieurs, dans un mois. Le gouvernement vous fera part des incidents qui se seront passés, et il affrontera sans crainte la responsabilité que la confiance de la Chambre lui a imposée. »

Après cette déclaration très nette du président du Conseil, la Chambre adopta, par 322 voix contre 124, un ordre du jour présenté par M. Paul Bert [1]. Elle « approuvait la conduite du gouvernement, » et se déclarait « pleine de confiance dans sa prudence et dans son énergie. » C'était un blanc-seing accordé au cabinet. Aussi, lorsque la Porte manifesta l'intention d'envoyer quelques navires à la Goulette, M. Ch. Tissot, ambassadeur de France, déclara-t-il, le 7 mai, que la France verrait dans cet acte un *casus belli*, et que la flotte française de la Méditerranée avait ordre de s'opposer par la force au

---

1. Il y eut 68 abstentionnistes volontaires, dont 10 bonapartistes et 58 républicains avancés.

passage de tout navire de guerre ottoman à destination de Tunis [1].

Ceux qui avaient excité la Porte et le bey à ces petites intrigues n'auraient pu, sans se compromettre gravement, aller plus loin dans ce sens : les puissances déclinèrent l'invitation qui leur était adressée d'opposer leur tierce-intervention. Le gouvernement anglais, interpellé à la Chambre des Communes répondit par l'organe de sir Ch. Dilke que la conduite de la France était en tous points conforme aux précédents qu'elle-même avait établis en 1836, en 1841, en 1864, sans réclamation de la part de l'Angleterre. La première période des négociations se termina ainsi : la fermeté du cabinet de Paris avait triomphé des efforts faits de divers côtés pour l'effrayer et l'arrêter.

Les préparatifs de l'expédition durèrent environ trois semaines, et déjà l'opinion publique commençait à s'impatienter et à accuser de ce retard les défauts de l'organisation militaire. Mais l'opération rencontrait des difficultés toutes spéciales : le gouvernement tenait, et l'avenir lui donna raison, à réunir en Tunisie un corps expéditionnaire assez considérable pour en imposer aux Kroumir sans qu'il fût besoin de livrer des combats inutiles et meurtriers; il voulait aussi former ce corps sans dégarnir les villes d'Algérie, où une insurrection était à craindre, et obtenir les effectifs sans compromettre la mobilisation et sans appeler les réservistes. « Il épargnait ainsi le sang des soldats, l'argent de la France et assurait le succès de l'entreprise ». Enfin, il fallut noliser des paquebots pour le transport des troupes de France en Algérie. Le 24 avril, 26,000 hommes environ étaient rassemblés sur la frontière de la province de Constantine. Placées sous le commandement en chef du général de Forgemol, les

---

1. Daniel, *loc. cit.*, page 130.

troupes furent divisées en deux colonnes principales [1] : l'une partant du nord-ouest, avec le général Delebecque, franchit

1. Voici quelle était la composition de ces colonnes :

1re Colonne de gauche (général DELEBECQUE).

1re Brigade (général VINCENDON), au camp d'el-Aïoun.

7e Bataillon de chasseurs à pied; — 2 bataillons du 40e de ligne; — 2 bataillons du 96e de ligne; — 2 bataillons du 141e de ligne.

2e Brigade (général GALLAND), au camp de Roum el-Souk.

29e Bataillon de chasseurs à pied; — 2 bataillons du 18e de ligne; — 2 bataillons du 22e de ligne; — 2 bataillons du 57e de ligne.

3e Brigade (général RITTER), au camp d'Oum Theboul.

1 bataillon du 2e zouaves; — 2 bataillons du 3e zouaves; — 2 bataillons du 1er tirailleurs; — 1 bataillon du 3e tirailleurs.

Troupes divisionnaires.

1 Escadron du 4e hussards; — 1 escadron du 3e spahis; — 2 batteries de montagne de 80 millimètres; — 2 batteries de quatre; — 2 compagnies du génie.

2e Colonne de droite (général LOGEROT).

Brigade Logerot, à Souk-Ahras et Sidi Youssef.

2 Bataillons du 1er zouaves; — 1 bataillon du 4e zouaves; — 2 bataillons du 2e tirailleurs; — 2 bataillons du 83e de ligne.

Brigade de Brem, à Sidi Hemeci.

27e bataillon de chasseurs à pied; — 2 bataillons du 122e de ligne ; — 2 bataillons du 142e de ligne.

Brigade Gaume, à Sidi Hemeci.

3 Escadrons du 7e chasseurs à cheval; — 3 escadrons du 11e hussards; — 2 escadrons du 3e chasseurs d'Afrique; — 1 escadron du 3e spahis.

Troupes divisionnaires.

3 Escadrons du 3e chasseurs à cheval; — une batterie montée de 80 millimètres; — 4 batteries de montagne de 80 millimètres; — une compagnie du génie.

Avec la colonne du général Bréart formée un peu plus tard sous le nom de « corps expéditionnaire des côtes de Tunisie » et qui comprenait : 1º une quatrième brigade de renfort, sous les ordres du général Maurand, formée de trois régiments, d'un bataillon de chasseurs, d'une compagnie du génie et de 2 batteries de montagne de 80; 2º deux régiments de cavalerie, deux batteries montées de 80, une batterie à pied avec 6 pièces de 90, une section de munitions, un parc d'artillerie et un parc du génie, le corps expéditionnaire se composait au total de : 23,616 hommes envoyés de France et 8,200 empruntés aux troupes d'Algérie; ensemble, 31,816 hommes, officiers compris.

les montagnes et entra dans la vallée de l'oued-Dharraoui, pour se diriger ensuite vers le Sud, après avoir pris possession de l'île de Tabarka (où le 15 avril la canonnière l'*Hyène* avait été reçue à coups de fusil) et s'être assuré ainsi un centre de ravitaillement; l'autre, avec le général Logerot, se dirigea, au contraire, du Sud au Nord par les vallées de l'oued Melleg et de la Medjerda, occupant le Kef et ayant pour objectif Béjà. Enfin l'investissement du pays des Kroumir fut complété par l'envoi d'une brigade commandée par le général Bréart, qui débarqua pacifiquement, le 1er mai, dans le magnifique port de Bizerte et, tournant vers Tunis, boucha la dernière ouverture par laquelle les Kroumir auraient pu s'échapper.

Ces trois mouvements furent exécutés simultanément par les Français qui ne rencontrèrent nulle part de résistance sérieuse proprement dite et eurent principalement à lutter contre des pluies torrentielles, diluviennes, et les difficultés provenant de l'absence totale de routes dans ces pays montagneux [1]. Quelques troupes envoyées par le bey, soit pour réprimer les Kroumir, soit pour lutter contre les Français, suivant les circonstances, se retirèrent devant nos soldats; les garnisons de Tabarka et de Bizerte se rendirent sans combat, le bey n'étant pas en guerre avec la France. Toutefois le gouverneur de Bizerte, comme le commandant du fort de Tabarka, nous fit constater qu'il ne cédait qu'à la force. Quant aux Kroumir, les uns déposaient les

---

1. On nous permettra de nous borner à montrer le caractère et les résultats de ces opérations militaires qui ont été racontées avec force détails dans des rapports et ouvrages spéciaux auxquels le lecteur pourra se référer. Il lira avec intérêt : *Rapport sur les opér. milit. de Tunisie,* par le général Forgemol de Bostquénard; *La France en Afrique,* par le capitaine Maurice Bois; *Les Français en Afrique,* ouvrage rédigé par des écrivains militaires; *Souvenirs de 7 mois de campagne,* par Dick de Lonlay ; et particulièrement avec fruit *La politique française en Tunisie,* page 136 et suiv. — Mon ami Jules Liorel avait bien voulu me réunir des notes et documents sur toute la campagne. Il m'est impossible d'utiliser ce travail de valeur sous peine de me laisser entraîner beaucoup trop loin ; je n'en tiens pas moins à remercier publiquement le savant auteur.

armes, les autres s'enfuyaient : il n'y eut jamais que des escarmouches sans grande importance, le développement donné au corps expéditionnaire rendant la lutte presque impossible. Un engagement assez vif eut lieu cependant le 30 avril avec 3,000 Chiahia près la gare de Ben-Béchir; il dura presque toute la journée. L'ennemi éprouva des pertes sérieuses; et comme des femmes s'étaient mêlées aux combattants pour l'enlèvement des blessés, deux d'entre elles furent atteintes par nos balles.

Ali-Bey était non loin de là avec ses troupes; informé du sanglant échec que nous venions d'infliger aux tribus qui avaient accueilli nos goum à coups de fusil, il envoya au bey un récit de l'événement qui représentait nos troupes comme des bandes de Sioux : tout incendier sur leur passage, achever les blessés et les décapiter, tuer les enfants, violer les femmes, ouvrir le ventre à celles qui étaient enceintes pour en arracher leurs petits qu'ils jetaient ensuite à côté de leurs cadavres, telle était, à l'entendre, la conduite de nos soldats.

Mustapha ben Ismaïl s'empressa de faire lire ce rapport dans toutes les mosquées de Tunis afin d'aviver les haines contre nous et de pousser les indigènes à une résistance désespérée. Mais l'absurdité de ces racontars fut bientôt démontrée par le témoignage des tribus et par la soumission qu'elles nous apportèrent trois jours plus tard.

Saisissons cette occasion pour constater sans plus de retard combien digne, correcte, honorable, a été la conduite de nos troupiers en cette campagne. La guerre, en Afrique particulièrement, a des entraînements pernicieux dont certaines natures se défendent mal. Elles s'en défendirent pourtant et avec une si louable énergie, qu'aucune déprédation ne fut commise, pas la plus petite atteinte ne fut portée à la propriété. Quant aux personnes, il est sans doute superflu d'observer que pas une n'a eu à souffrir de mauvais traitements inutiles.

Malheureusement, il n'en a pas été de même de la part de nos ennemis. On a écrit sur leur compte, il faut bien en convenir, des inepties qui ne le cèdent en rien au rapport d'Ali-Bey[1]; mais il n'est que trop vrai qu'ils se sont parfois atrocement conduits.

C'est ainsi que le 10 mai, pendant que la colonne Delebecque s'occupait à ouvrir une rampe sur l'oued Melah, des fourrages ayant été organisés dans les environs, on trouva dans un champ les cadavres affreusement mutilés de deux soldats du train.

Les prescriptions générales étaient de ne laisser sortir personne du camp. On devait avoir un ordre en règle et être suffisamment escorté : mais depuis la prise du djebel Sidi-Abdallah, on avait si peu vu de Kroumir qu'on les croyait à tout jamais évanouis et la surveillance se relâchait un peu.

Trois soldats du train, ont raconté des écrivains militaires[2], les nommés Gabert et Besset, avec le brigadier Fournil, avaient pu ainsi sortir du camp pour aller faire du vert et mener paître les mulets de la sous-intendance. Ils s'étaient avancés jusqu'à un champ d'orge situé à deux kilomètres de nos avant-postes. Là, ils avaient commencé à fourrager après avoir débridé les animaux.

L'endroit était des plus dangereux. Le champ confinait à un bois de chênes-liège qui le bordait de deux côtés. Les arbres, épais, touffus, ne permettaient pas de voir ce qui pouvait se passer à quelques pas. Probablement même nos soldats ne songèrent pas au danger.

---

1. Pendant l'expédition, un journal a représenté les Kroumir comme des anthropophages.

Il y a quelque mois a paru une « Histoire des Français en Afrique » dans laquelle on lit : « Les Kroumirs, ces *cruels et redoutables sauvages de l'Afrique*, « ressemblent moins à des hommes qu'à des bêtes féroces. *Les pères épousent* « *leurs filles*. Ils possèdent de *riches trésors* qu'ils ne dépensent jamais. »

Le reste est à l'avenant. C'est là de l'histoire dans le genre des *Contes de ma mère l'oie*.

2. *Les Français en Afrique*, Paris 1881.

Quoi qu'il en soit, ces malheureux furent surpris par les Kroumir. Ne les voyant pas revenir, on alla à leur recherche et on découvrit les cadavres de Gabert et du brigadier. Le soldat Besset avait disparu. A côté des deux corps était un des mulets tué par une balle.

Gabert et Fournil avaient été horriblement martyrisés. Le premier avait eu les yeux arrachés par la pointe d'un sabre, le bras traversé par un épieu, le dos brûlé comme si on avait tenu le corps au-dessus d'un brasier. Le brigadier avait la tête, les mains, un des pieds, hachés de coups de sabre. La tête était presque détachée du tronc.

Les deux autres mulets furent retrouvés vivants. On retrouva aussi, dans le champ d'orge, un des fusils. Et ce qui montre la confiance de ces pauvres gens, c'est que la culasse était enveloppée de linges pour la préserver contre la pluie. Il eût fallu un temps assez long pour retirer cet appareillage de chiffons et mettre le fusil en état de servir. . . . .

. . . .

Le brigadier Fournil et le soldat Gabert furent enterrés à la limite du camp d'el-Mana. On creusa une fosse au pied d'un chêne et sur un brancard on porta les deux corps tout sanglants. Les officiers suivaient, tête nue : au premier rang marchait le chef d'état-major colonel de Polignac. Ces hommes si braves, si froids dans le danger, défilaient silencieux.

La nouvelle organisation militaire de la France fait que l'armée elle-même sent plus fortement le prix du sang. Quand un seul soldat tombe, il semble que le cœur de tous saigne.

L'aumônier de la colonne s'approcha de la fosse et lut une dernière prière, durant laquelle tout le monde se tint la tête découverte. Tous les camarades de Fournil et de Gabert étaient là. De grosses larmes roulaient sur les joues. Les visages étaient empreints de stupeur. Quand on découvrit les corps, il y eut comme un sentiment d'épouvante à l'aspect des larges taches rouges. Un sac vide, étendu sur les visages, épargna aux cadavres le contact immédiat de la terre. Le capitaine prit la parole et sur le bord de cette tombe rappela ses soldats au sentiment de la plus sévère discipline.

Le discours terminé, l'aumônier jeta sur les corps une pelletée de terre, les officiers défilèrent en faisant de même. Les soldats prenaient chacun une poignée de la terre du monticule et la jetaient dans la fosse. Le soir, l'adjudant dut écrire en France. Sa lettre allait frapper au cœur deux pauvres mères, et leur apprendre que leur enfant reposait en pays Kroumir, au col d'el-Mana.

Ce ne fut que le lendemain qu'on découvrit le cadavre de Besset : voici comment les mêmes auteurs relatent cette funèbre trouvaille.

« Les goums de la brigade Cailliot venaient de se porter de nouveau en avant quand ils découvrirent, traîné sous un buisson, le corps du troisième soldat du train, tué la veille par les Kroumir, le soldat Besset. Il avait également la tête labourée de coups de sabre. Sa capote avait été enlevée. On cacha le corps, deux soldats du génie creusèrent une fosse dans laquelle ils l'enterrèrent.

« Un peu plus loin, dans un endroit où avaient campé les Kroumir, on retrouva quelques fragments d'une lettre adressée au malheureux Besset par son beau-frère, qui lui envoyait force exhortations. — « Sois prudent, disait-il. En guerre, on ne saurait trop prendre garde. Ne quitte jamais tes camarades ! »

Hélas ! ces recommandations très sages étaient restées vaines ; le malheureux expia bien chèrement son imprudence.

Le 11 mai, la colonne Logerot eut encore un combat assez vif, en se portant sur el-Fedj. A son arrivée, les Kroumir cachés dans un épais fourré ouvrent le feu sur le goum et un escadron du 3ᵉ chasseurs d'Afrique. L'ennemi est très décidé ; il défend le terrain pied à pied, et comme la lutte se continue dans le maquis, le goum et les chasseurs sont obligés de mettre pied à terre. Alors s'engage une chasse à l'homme. Il faut ramper dans les broussailles et poursuivre l'ennemi de buisson en buisson jusqu'à la crête où il s'est préparé un retranchement. Mais délogé par les obus de notre artillerie, et par un bataillon du 1ᵉʳ zouaves, qui le charge à la baïonnette, il fuit précipitamment, et nos troupes rentrent au camp sans être inquiétées.

Le lendemain, les Chambres reprenaient leur session interrompue par les congés de Pâques ; le gouvernement rendit compte sommairement des résultats obtenus en terminant ainsi sa déclaration :

En entrant en Tunisie nous marchions, ainsi que nous l'avons déclaré au Parlement, à la poursuite d'un double but : châtier et réduire les tribus insoumises qui depuis deux ans fatiguent notre frontière algérienne de leurs incursions, et prendre pour l'avenir nos garanties.

Les sacrifices que la France s'impose dès ce moment pour la sécurité de sa grande colonie africaine ne seraient suffisamment payés d'une soumission apparente ou précaire, ou de promesses vite oubliées.

Il faut à notre sûreté des gages durables ; c'est au bey de Tunis que nous les demandons.

Nous n'en voulons ni à son territoire, ni à son trône ; la République française a répudié solennellement, en commençant cette expédition, tout projet d'annexion, toute idée de conquête ; elle renouvelle à cette heure, où le dénouement est proche, les mêmes déclarations.

Mais le gouvernement du bey de Tunis est tenu de nous laisser prendre sur son territoire, pour la sauvegarde de nos possessions et dans la limite de nos intérêts, les mesures de précaution qu'il est manifestement hors d'état d'assurer par ses propres forces.

Des conventions formelles devront mettre à l'abri des retours hostiles et des aventures notre légitime influence dans la Régence.

Nous espérons que le bey en reconnaîtra lui-même la nécessité et le bienfait, et que nous pourrons ainsi mettre fin à un différend qui ne regarde que la France, qui ne met en jeu qu'un intérêt français, et que la France a le droit de résoudre seule avec le bey dans cet esprit de justice, de modération, de respect scrupuleux du droit européen qui inspire toute la politique du gouvernement de la République.

Le jour même où M. Jules Ferry faisait à Paris cette déclaration, le général Bréart, laissant ses troupes à quelque distance de Tunis, se rendait auprès du bey avec M. Roustan et obtenait la signature de la convention connue sous le nom de « traité du Bardo[1] ».

Il y a là une petite page d'histoire que M. Joseph Reinach a fort bien rendue[2].

Le jeudi 12 mai, dit-il, les jardins du Bardo présentaient un spectacle curieux dont le détail pittoresque mérite d'être noté pour l'histoire. Le ciel africain, d'ordinaire d'un bleu implacable en cette saison, était chargé ce jour-là de gros nuages noirs. Il pleuvait à torrents. Les prairies et les champs de la Manouba étaient transformés en marécages, les petits sentiers sablonneux étaient devenus des ruisseaux, et tout autour, de la station du chemin de fer au palais de Sidi-Zarouk, la colonne du général Bréart avait établi son campement. Dans les bosquets d'oliviers d'Ismaël-Sourim, la musique du 92ᵉ régiment de ligne jouait le *Chant du départ*, dont les échos cuivrés arrivaient jusqu'à Kassr-es-Saïd. Deux escadrons de hussards et une batterie d'artillerie n'attendaient qu'un ordre pour se mettre en marche. La route de Tunis était couverte de voitures qui amenaient au camp, en joyeux pèlerinage, des familles entières de Français et de protégés français. Quelques notables musul-

---

1. V. tome II aux *Pièces et documents justificatifs*.
2. *Revue polit. et litt.*, nᵒ du 21 mai 1881; la *République opportuniste*, page 99.
— Voyez dans ce même volume, page 104, un très juste éloge de M. Roustan.

mans regardaient graves et silencieux. On pouvait apercevoir derrière un pli de terrain, à 4 ou 5 kilomètres, la silhouette des forts de la capitale. La veille, deux cavaliers égarés avaient failli prendre Tunis, et, le matin même, un peloton de hussards, également dérouté, était entré pour quelques minutes dans la « bien gardée », dans la « glorieuse » héritière de Carthage. Autour de l'enceinte, les vieux canons du dix-septième et du dix-huitième siècles dormaient, sur les affûts pourris; et, comme d'habitude, à la porte de la citadelle, les hommes de garde tricotaient.

Vers quatre heures, un mouvement se fit dans le jardin du Bardo; le général Bréart arrivait à cheval, accompagné de son état-major et suivi de deux escadrons. Il pleuvait toujours; toutes les fenêtres du palais étaient fermées. Il y avait, à l'entrée de l'escalier de marbre, une foule compacte de valets et d'esclaves qui contemplaient de leurs gros yeux blancs les officiers français, et, dans le vestibule, un groupe d'énormes personnages musulmans qui méditaient sur l'absence de certaine flotte longtemps attendue et sur la sagesse des proverbes arabes qui prêchent la méfiance. — Par exemple, celui-ci : « Il est venu t'aider pour creuser la fosse de ton père et il s'est enfui avec ta pioche »; c'est-à-dire : Défiez-vous de ceux dont les offres de service sont intéressées. — Sur la demande du consul de France, le bey Mohammed es-Saddok venait d'accorder audience au général Bréart.

Le général et son état-major traversent le jardin, mettent pied à terre devant le palais et montent dans le salon où M. Roustan les attend. Les présentations faites, le bey prie les officiers français de s'asseoir et le général Bréart, tirant un papier de sa poche, lit cette déclaration :

« Le gouvernement de la République française, désirant terminer les difficultés pendantes par un arrangement amiable qui sauvegarde pleinement la dignité de Votre Altesse, m'a fait l'honneur de me désigner pour cette mission.

« Le gouvernement de la République Française désire le maintien de Votre Altesse sur le trône et celui de votre dynastie. Il n'a aucun intérêt à porter atteinte à l'intégrité du territoire de la Régence. Il réclame seulement des garanties jugées indispensables pour maintenir les bonnes relations entre les deux gouvernements ».

Le bey écoute d'un air résigné la lecture des dix articles du traité et demande le temps de la réflexion. Le général, tranquillement : « J'attendrai la réponse jusqu'à huit heures du soir ». Le bey réplique qu'il a besoin de consulter son conseil et que le délai est trop court. Le général reprend : « Nous voulons avoir une réponse aujourd'hui même ». M. Roustan fait remarquer que tous les articles du traité ont été depuis longtemps discutés avec le premier ministre Mustapha, qui est présent à l'entrevue, qu'ils ont été l'objet d'une longue délibération dans le conseil, — que l'opinion du gouvernement doit être faite à cette heure. Mohammed es-Saddok présente de nouvelles objections. Le général Bréart répète qu'il doit avoir une réponse dans la journée et qu'il ne peut se prêter à aucun atermoiement sans manquer aux instructions précises du gouvernement de la République. Tout ce qu'il peut faire, c'est de prolonger le délai d'une heure, jusqu'à neuf heures du soir.

Deux heures plus tard, le traité de garantie était signé; en d'autres termes, le protectorat de la France était bien et dûment établi sur la Tunisie. L'abandon que le bey faisait de la direction de ses affaires étrangères était un gage contre les intrigues diplomatiques dont il était circonvenu; la faculté d'occuper pour un temps indéterminé certains points stratégiques en était un autre contre les excès du fanatisme musulman; enfin, l'immixtion dans les finances, c'était l'immixtion dans les affaires intérieures, le pouvoir d'imposer en toutes matières la règle à suivre. Les charges correspondantes qui incombaient au gouvernement étaient : la garantie donnée au bey de le protéger contre tout danger menaçant sa dynastie, l'engagement de réorganiser les finances tunisiennes, la garantie d'exécution des traités conclus par la Tunisie avec les puissances européennes.

La presse modérée accueillit fort bien ce traité : quelques-uns regrettaient que l'on n'eût pas procédé à une annexion pure et simple, mais les considérations tirées de la politique générale expliquaient suffisamment l'apparente modération de la France [1]. Quant aux partis extrêmes, les uns, toujours hostiles à l'idée de voir l'opinion détournée des démêlés intérieurs, critiquèrent la responsabilité nouvelle assumée par le ministère; d'autres prétendirent que la France était à jamais compromise dans ses relations internationales, qu'elle perdait par là des amitiés précieuses. Des observations dans ce sens furent présentées à la Chambre par MM. Clémenceau, Delafosse et Cunéo d'Ornano; au Sénat, par M. de Gontaut-Biron; mais nul n'osa traduire son opposition par son vote, et le Parlement ratifia le traité à l'unanimité (430 voix à la Chambre, 176 au Sénat). Le gouvernement expliqua d'ailleurs que la réorganisation financière n'entraînait nullement la garantie de la dette tunisienne par la France; il annonça que l'on aiderait le bey à former un corps de gendarmerie, comme l'Angleterre l'avait fait à Chypre. M. de Gontaut-Biron reprocha au cabinet, avec la presse intransigeante (touchant accord!) d'avoir traité avec le bey sans lui avoir déclaré la guerre suivant les formes prescrites par la Constitution, c'est-à-dire sans avoir demandé au Parlement son assentiment préalable; le président du Conseil montra aisément qu'il n'y avait là ni précédent fâcheux, ni violation de la Constitution, puisqu'on n'avait à aucun instant fait la guerre au bey.

---

[1]. Daniel, *loc. cit.*

A l'étranger, le traité de Kasar-es-Saïd rencontra les mêmes sentiments qui avaient accueilli à l'origine l'expédition contre les Kroumir. L'Allemagne, l'Autriche, l'Espagne félicitèrent la France, la dernière de ces puissances laissant percer à cette occasion son affection pour le Maroc; la Porte, après avoir défendu au bey de signer aucune convention, protesta platoniquement. L'Angleterre ne cacha point son mécontentement et l'exagéra même un peu, de manière à amener la France à résipiscence dans la négociation difficulteuse du traité de commerce; le *Times* déclara que notre réputation de répugnance pour toute aventure équivoque était « sérieusement entamée et peut-être à jamais perdue »; le *Standard* exprima quelques craintes sur l'administration commune de l'Égypte par la France et l'Angleterre. A la Chambre des communes, M. Montagne Guest interpella le ministère d'une façon fort hostile à la France. M. Gladstone lui répondit dans les meilleurs termes et avec une franchise rare chez un ministre lorsqu'il s'agit d'une puissance étrangère :

Sur un point seulement je puis répondre au discours de mon honorable ami, dit-il le 16 mai, parce que c'est un point d'histoire qui ne touche en rien aux sujets qu'il pourra très légitimement désirer soumettre à l'examen de la Chambre quand le moment sera opportun. Il s'agit de cette affirmation que, jusqu'en l'année 1863, la France a reconnu les liens entre Tunis et l'empire ottoman. Ce point a été, il y a bien des années, l'objet d'une correspondance, pour ne pas dire d'une controverse, entre le foreign-office et le gouvernement français. Je ferai observer, au sujet de ces reconnaissances, qu'elles dépendent pour une bonne part de ce qui convient à telle ou telle puissance; et si mon honorable ami (M. Guest) est disposé à aller jusqu'au bout dans ses assertions relatives aux mesures que nous devrions prendre, parce que nous avons reconnu la suzeraineté de la Porte sur Tunis, tandis que la France ne l'a pas reconnue, *il sentira que nous sommes exposés à ce qu'on nous demande si nous avons nous-mêmes agi toujours suivant les principes que nous devrions, à son gré, poser aux autres.* Je crois être tout à fait exact en disant que la Turquie réclamait la suzeraineté de l'Algérie avant que la France ne prît possession de cette province; pourtant nous-mêmes alors, considérant que nous avions des démêlés avec Alger, nous avons bombardé la ville sans en demander la permission à la Porte.

M. Gladstone ajouta que la France n'avait agi que sous la pression des événements et dans l'intérêt de la sécurité de l'Algérie, qu'elle s'était montrée très modérée, puisque lord Salisbury avait autorisé l'annexion, et non un simple protectorat. Ce langage loyal du ministre anglais convainquit la Chambre; l'affaire n'eut pas d'autres suites.

Quant à l'Italie, le traité du 12 mai y produisit l'effet d'une commotion électrique[1] sur un corps impuissant à agir. Depuis quelques jours déjà, le ton de la presse ministérielle elle-même était devenu acerbe : elle n'avait pas trouvé d'autre moyen de réfuter les révélations curieuses et accablantes faites par les journaux français sur le *Mostakhel*. Elle parla de contracter ailleurs qu'en France l'emprunt de 640 millions nécessaire à l'abolition du cours forcé voté par la Chambre quelques semaines auparavant. Puis elle se répandit en témoignages d'affection envers l'Allemagne et l'Autriche. Quand on apprit la conclusion du traité du protectorat, ce fut un *tolle* général : Garibaldi écrivit à la *Riforma* qu'il avait perdu sa bonne opinion de la République française, que la conduite de la France forcerait l'Italie à se souvenir que Nice et la Corse n'étaient pas plus françaises qu'il n'était lui Tartare. Dans les régions gouvernementales, ce fut bien autre chose : M. Cairoli donna sa démission « subordonnant à des intérêts supérieurs même sa propre défense », car il ne pouvait accepter les interpellations annoncées sur une question encore pendante. Cette attitude ne trompa personne : se

---

1. Daniel, *loc. cit.*

sentant infailliblement condamné, M. Cairoli avait préféré se taire : là était tout le mystère dont il cherchait à s'entourer. Le bruit courut un instant que le Quirinal avait demandé la réunion d'une conférence européenne, et qu'il avait été fort mal accueilli dans ses ouvertures, particulièrement à Berlin. M. Cairoli se retira donc ; mais qui prendrait sa place ? On ne pouvait songer à un ministère de droite, alors que la réforme électorale était à l'ordre du jour. MM. Sella, Mancini, Farini successivement chargés de former un cabinet, y renoncèrent ; on se résigna à un replâtrage sous la présidence de M. Depretis ; trois des anciens ministres, MM. Cairoli, Villa et Miceli furent seuls remplacés. M. Mancini eut les Affaires étrangères, M. Zanardelli la justice, M. Berti l'agriculture. La crise avait duré quinze jours, et tout se calma comme par enchantement ; on fit silence autour de la question tunisienne que l'on s'était trouvé inapte à résoudre.

Pendant ce temps, les choses suivaient pacifiquement leur cours en Tunisie. M. Roustan dont le gouvernement avait récompensé les signalés services en le nommant ministre plénipotentiaire de première classe et en lui confiant les fonctions de résident à Tunis, prenait avec le bey les premiers arrangements nécessaires ; le général Bréart se rabattait sur Béjà pour compléter l'investissement du pays des Kroumir. Nos opérations nous donnèrent vite ce résultat. Elles se réduisirent du reste à peu près à de simples marches nous permettant de fouiller le pays. La résistance s'éteignait tous les jours ; les tribus visitées venaient solliciter l'*aman* et remplir les conditions qui leur étaient imposées : désarmement, obligation pour la tribu de reprendre ses campements ou installations habituels ; fourniture de mulets pour le service des transports ; provision de 40 francs par tente à verser au Trésor par les tribus contre lesquelles les Algériens européens ou indigènes avaient présenté des revendications fondées; engagement à payer, comme contribution de guerre, telle somme que le gouvernement fixerait ultérieurement; livraison des réfugiés, condamnés, contumaces, gens dangereux réclamés par nous; livraison d'otages à titre de garantie pour l'exécution de ces conditions.

Pendant ces dernières manœuvres, le général Forgemol préparait la dislocation du corps expéditionnaire dont le rapatriement commença le 10 juin et se poursuivit jusqu'à la fin du mois. Le 3 juillet, le général licencie son état-major : les opérations sont terminées.

Nous laissions en Tunisie environ 12,000 hommes : 15 bataillons d'infanterie, 2 régiments de cavalerie à 3 escadrons, 1 escadron de spahis, 5 batteries et 2 sections d'artillerie, 3 compagnies du génie.

Nos points d'occupation étaient : Bizerte, Mateur, Béjà, La Manouba, sous les ordres du général Maurand; Tabarka, Aïn-Draham, Fernana, Ghardimaou, El Kef, sous les ordres du général Cailliot.

Il restait quand même sur la frontière quelques tribus à visiter ou à châtier : c'étaient des fractions des Chiahia, des Beni-Mazen, les Ouled Ali M'fodda, les M'rassen et les Ouchteta.

Cette mission fut confiée au général Logerot qui, avec quatre bataillons des 1er et 3e Zouaves, une batterie, un peloton, un escadron de Chasseurs et un goum, visita toute cette partie de la Tunisie, tandis que la brigade Gaume tenait les débouchés donnant accès sur la rive gauche de la Medjerda.

Tout est calme, on n'a guère qu'à enregistrer les soumissions : les Chiahia, les Beni-Mazen ont fait la leur. Chez les Ouled Ali M'fodda, les Kedraïdia refusent de se soumettre; une importante razzia est opérée chez eux : ils demandent l'aman.

Le général Logerot passe chez les M'rassen et campe à Zahroura. Le jour de l'occupation, les M'rassen viennent faire leur soumission.

Restaient les Ouchteta, de toutes les tribus celle qui avait commis le plus de déprédations et organisé le plus d'attaques contre nous. Le général Logerot pénètre sur leur territoire et vient camper à Sriia A son arrivée, les cheikh se présentent à lui, font de grandes démonstrations d'amitié et acceptent les dures conditions qui leur sont imposées. Notamment les cheikh doivent revenir comme otages.

Cependant une aussi rapide soumission n'est pas sans laisser un doute dans l'esprit du général Logerot sur la sincérité des Ouchteta. Il envoie aux renseignements, et apprend bientôt qu'ils cherchent à enlever leurs troupeaux dans les ravins les plus accidentés. Le goum et l'escadron du 3ᵉ Chasseurs d'Afrique sont lancés aussitôt, et reviennent avec une importante razzia. On attend les cheikh, mais ils ne reparaissent point : ils sont dans la montagne. — Le goum qui se rendait à Souk-Ahras pour vendre les troupeaux provenant de la razzia est attaqué, sans aucun succès comme bien on pense. L'escadron de Chasseurs part néanmoins pour l'appuyer et ramène un certain nombre de prisonniers, arrêtés les armes à la main.

Le lendemain de ce jour, 28 juin, le général Logerot décide d'en finir. Il lance une colonne légère en avant ainsi que les goums du caïdat de Bou Hadjar, des M' rassen, de la Rakba et des Ouled Diah. Dans l'après-midi, après avoir visité tous les ravins, détruit les gourbis, enlevé le bétail, nos troupes rentraient au camp de Sriia avec 550 hommes, femmes ou enfants. La ruine des Ouchteta était complète. Le général Logerot reprit la route de Souk-Ahras, laissant là-bas les femmes, les enfants, les gens signalés comme non dangereux. Il arriva le 3 juillet avec 152 prisonniers Ouchteta ou réfugiés d'autres tribus.

La campagne était finie : en quelques semaines, nous avions su établir l'ordre dans le pays; notre domination était reconnue, les tribus soumises; on ne devait donc pas s'attendre à être obligés de bientôt reprendre la lutte. C'est cependant ce qui arriva.

En remettant au général Bréart le traité revêtu de sa signature et de son cachet, Mohammed es-Saddok demanda une concession : que nos troupes n'entrassent point dans Tunis. « Vous sauverez ainsi ma dignité, disait-il, et vous me permettrez de vous aider à soumettre mes sujets en me laissant plus d'autorité sur eux [1] ».

Le général en référa au gouvernement qui ne crut pas devoir froisser inutilement, — on le pensait du moins à Paris, — l'amour-propre du bey. Les troupes rétrogradèrent vers Djédéida.

Mohammed es-Saddok s'empressa de reconnaître notre condescendance en faisant répandre le bruit, en publiant même dans l'*Er Raïd el Tounsy* (journal officiel tunisien) qu'à la suite de l'entrevue qu'il avait provoquée, le général croyait bon de ne pas pousser ses troupes plus avant, et même de reculer sur-le-champ. Les Français se disposaient à débarrasser le pays... de crainte d'un soulèvement général soutenu par les grandes puissances, ajoutaient de vive voix Mustapha ben Ismaïl et ses agents. En fin de compte, le bey laissait entendre qu'il nous en avait imposé; — car il se gardait de souffler mot du traité. Les Arabes qui ne croient qu'aux faits qui frappent leurs yeux ou aux rêves qui remplissent leur imagination, comme l'a très justement observé M. G. Charmes, furent convaincus qu'en effet nous avions peur et que nous battions en retraite. Eux qui ne font la guerre que pour les joies de la victoire, ils ne pouvaient concevoir que nous nous arrêtassions à moitié chemin;

---

1. *La polit. franc. en Tunisie*, p. 175.

nos ménagements débonnaires n'étaient à leurs yeux qu'un aveu d'impuissance. « D'un bout à l'autre de la Régence, on s'est imaginé que Tunis méritait son nom d'*El-Maroussa* (la bien gardée) et que les saints qui la protègent avaient fait fuir nos soldats [1] ».

Quelques jours plus tard, lorsque les mêmes fanatiques virent les bataillons défiler à leur tour sac au dos et s'embarquer, ils ne doutèrent plus de la véracité des prédictions maraboutiques; ils se molestaient sur la peur ridicule que nous leur avions inspirée : subitement l'audace leur revenait. Or, depuis de longs mois des mokaddem de l'ordre religieux des Senoussyâ [2], — qui a voué une haine implacable aux chrétiens et dont les Khouan sont répandus par millions à travers l'Afrique, — parcouraient l'Algérie et la Tunisie, en prêchant la guerre sainte et annonçant le triomphe prochain des vrais croyants. Bien qu'ils prêchassent dans le désert, ceux-là étaient écoutés. Une grande effervescence n'avait pas tardé à se manifester. M. Féraud la signalait de Tripoli où il était consul de France; M. Roustan en avait également informé le ministère. De son côté, M. Albert Grévy avait supplié qu'on ne dégarnît pas de troupes la province d'Oran; mais le général Osmont, commandant en chef du 19ᵉ corps, se refusait à croire à tout mouvement insurrectionnel.

Dans les premiers jours de mai 1881, j'allai, à titre de collaborateur au *Voltaire*, l'interroger sur la situation politique de la colonie. — Il n'y a absolument rien à craindre, m'assura-t-il.

---

1. G. Charmes, *op. cit.*, p. 60.
2. Fondé en 1835 par Si Mohammed ben-Si-Ali-ben-Snoussi-el Khettabi el-Hassam-el-Idrissi-el-Medjabiri, né en 1792 au douar Thorch, fraction des Oulad-Sidi-Youcef, près de Mostaganem. — V. *Marabouts et Khouan*, par L. Rinn, page 481; la *Carte des ordres religieux musulmans*, dressée à Alger au service central des Affaires indigènes, par le capitaine H. Bissuel; *les congrégations religieuses chez les Arabes*, par le baron d'Estournelles de Constant; *la Confrérie musulmane de Sidi-Mohammed ben-ali-es-Snoussi et son domaine géographique, en l'an de l'Hégire* 1300 (1883 de notre ère), par H. Duveyrier.

Et comme je lui citais l'opinion de personnes sérieuses, il me dit vivement : « Ce sont des alarmistes ! ».

Craignant sans doute de passer pour tel et se souvenant peut-être que le philosophe de Ferney a dit : « Rien ne prouve plus les alarmes que l'excès des précautions », il était opposé à toute mesure de précaution. Sur ses conseils, le général Farre répondit par des fins de non-recevoir à toutes les réclamations du gouverneur général relativement aux troupes qu'on enlevait de la province d'Oran.

Cependant des faits graves venaient de se produire : M. Camille Sabatier[1], chargé d'une mission dans l'extrême-sud oranais, avait vu sa tête mise à prix; bloqué dans l'oasis de Thyout, il ne dut son salut qu'à l'intervention dévouée d'un marabout de cette oasis qui fut assassiné quelques jours plus tard, en plein jour, et comme châtiment de son attitude en faveur des *roumis;* de plus, nous venions d'apprendre l'horrible drame qui avait terminé la mission Flatters[2], et ce lugubre événement, — ce succès aux yeux des musulmans, — ne pouvait manquer d'avoir le plus dangereux retentissement parmi certaines populations déjà surexcitées. Et, en effet, le 22 avril, le sous-lieutenant Weinbrenner ayant été chargé de procéder à l'arrestation d'Ed Din ben Djilali qui prêchait ouvertement la révolte dans la tribu des Ouled Ziad Cheraga (sud oranais), cet officier fut massacré ainsi que presque toute son escorte. En même temps, la ligne télégraphique était coupée entre Géryville et Frendah. Ce fut le signal de l'insurrection préparée depuis plusieurs mois par le marabout Bou-Amama Bel Arbi[3]. Elle se propagea comme

---

1. Ancien député d'Oran, aujourd'hui conseiller de préfecture de la Seine.
2. V. *Livre d'or de l'Algérie*, page 248 et suiv.
3. « Il est aujourd'hui bien acquis que l'insurrection du Sud Oranais ne doit être considérée que comme la manifestation du sentiment religieux islamique surexcité partout de longue main, contre notre domination ». *Statistique générale de l'Algérie*, années 1879 à 1881, page 257.

une traînée de poudre. Le 19 mai un combat eut lieu aux Moulak, sur la route de Chellala, entre le colonel Innocenti et les insurgés au nombre de cinq mille environ. Les contingents de Bou Amama comprenaient les Ouled Sidi Tadj, tribu du marabout, les Trafis, les Medjedoud, quelques groupes de Djambâa dissidents et des Amour, et enfin des individualités isolées des différents ksour du sud-ouest de l'Algérie. L'affaire fut très chaude. Les Trafis sur lesquels le feu avait été ouvert à mille mètres, arrivèrent jusqu'à cent mètres de nos troupes; ils furent mis en pleine déroute, mais ce succès nous coûta 37 tués, et 80 hommes hors combat, — plus que nous n'en avions perdu dans l'expédition de Tunisie.

A partir de ce moment, l'insurrection bat son plein. Le 2 juin, le brigadier du télégraphe, Bringard, est tué avec vingt hommes de son escorte près d'Aïn-Défali.

Le 8 juin, les insurgés réduisent en cendres le caravansérail d'el May. Un nommé Bonnal, chargé des relais du courrier de Géryville, habitait le caravansérail avec sa femme, un domestique du nom de Carpentier et la femme de ce dernier.

Cette malheureuse, âgée de soixante ans, fut brûlée vive dans la cour avec quelques porcs.

Carpentier opposa une résistance désespérée; son cadavre ne fut jamais retrouvé.

Bonnal fut également assassiné. Sa femme était alors à Saïda, malade; cette circonstance lui sauva la vie[1].

---

1. En allant dans le Sud, en septembre 1886, je suis passé devant le caravansérail d'el May et j'ai été péniblement impressionné par le spectacle qu'il offre aux regards. Les quatre murs restent seuls debout, carbonisés, en ruines, absolument dans le même état qu'au lendemain des scènes de carnage dont ils furent le théâtre...

On va longtemps, très longtemps dans l'alfa, dans le désert et, de loin, on aperçoit se profilant sur l'horizon cette unique habitation française qui n'est à présent qu'un lieu de désolation où plane le silence de la mort et d'où, le soir, le vent s'engouffrant dans ses débris, il s'exhale comme des plaintes lugubres. La fontaine

Les 10, 11 et 12 juin, massacres de Kralfallah. Toute une population espagnole travaillant sur les chantiers d'alfa vivait en cet endroit. On y compta plus de 400 victimes : hommes, femmes et enfants. Les bandits s'étaient livrés à des scènes de meurtre, de viol et de pillage épouvantables.

On eut vite connaissance de ces événements en Tunisie; car c'est toujours un sujet de légitime étonnement, pour nous autres Européens, que la rapidité avec laquelle les nouvelles se propagent en pays arabe. On cite des exemples tout à fait surprenants.

Ces événements survenant au moment même du rapatriement du corps expéditionnaire, on juge de l'émotion qu'ils produisent. Au lieu de les affaiblir en route, le colportage les a grossis, démesurément enflés. Bou-Amama est représenté comme un prophète, comme le *Moule-Sad*[1]. Il a déjà exterminé en grande partie les soldats français et les colons : il n'y a plus qu'à marcher. On marche. L'étendard du prophète est déployé; mort aux Chrétiens!

Cette fois, le mouvement éclate dans le Sud, surexcité par les fonctionnaires turcs de la Tripolitaine, et par l'action plus immédiate des Senoussyâ dont la zaouïa est non loin, à Djarboub[2]. Il ne faut pas oublier non plus les encouragements du Bardo. Les rebelles commencent par jeter par terre les po-

est au bas, dans le ravin. Les caravanes s'y arrêtent de longues heures pour abreuver les troupeaux et le chamelier y narre à ses compagnons de voyage les prouesses des fidèles en 1881.

Il eût été politique, ce me semble, de faire disparaître sans retard aux yeux des Arabes ce vestige de l'insurrection, autour duquel ils viennent entretenir leur haine et puiser des encouragements. N. F.

1. Le « maître de l'heure », sorte d'antéchrist que les Arabes attendent. Sidi el Boukhari, écrivain musulman sacré, annonce nettement la venue future de ce conquérant qui doit renverser tout ce qui existe, et tout mahométan y croit sincèrement. — Bou Maza et la plupart des agitateurs en Algérie se sont fait passer pour le *Moule-Sad*. Voyez à ce sujet un chapitre très intéressant d'une *Étude sur l'insurrection du Dahra*, par Ch. Richard. Alger, 1846.

2. Tripolitaine, par 29°55' Lat. N = 22° Long. E.

teaux télégraphiques entre Gabès et Sfax, afin d'empêcher une prompte communication et le lendemain (28 juin) ils envahissent cette dernière ville en criant à tue-tête *el-Djehad! el-Djehad!*[1] Les Européens n'ont que le temps de se réfugier à bord de la canonnière le *Chacal*. « Notre agent consulaire, M. Matteï reste à terre le dernier, menacé de mort par mille bras. Mais au dernier moment, il est forcé de se jeter à l'eau poursuivi par les Arabes qui cherchent à le tuer. Un insurgé lui porte un grand coup de bâton sur le crâne. M. Matteï détourne l'arme avec son bras droit qui est brisé; néanmoins protégé par M. Gandolphe, interprète militaire dont la conduite dans ce jour néfaste est digne des plus grands éloges, il peut atteindre la baleinière du *Chacal*, qui le recueille à son bord. Il est sauvé[2] ».

Mais la campagne est à recommencer. La guerre sainte est proclamée; Ali-ben-Khalifa en est reconnu le chef : de toutes parts les tribus viennent se ranger sous sa bannière. Quelques-unes hésitent encore; la menace leur tient lieu de persuasion : elles suivent le mouvement.

Dès le 5 juillet, la canonnière le *Chacal* et la *Pique* qui était venue la rejoindre tentent un bombardement partiel; leurs engins sont trop faibles, cette démonstration sans effet sérieux enhardit les insurgés plutôt qu'elle ne les trouble. Mais l'escadre de la Méditerranée, sous les ordres du vice-amiral Garnault, avait été chargée d'aller prendre Sfax et le 13 juillet au soir, les cuirassés le *Colbert*, vaisseau amiral, le *Trident*, le *Marengo*, le *Friedland*, la *Surveillante*, la *Revanche* et la *Reine-Blanche*, le *La Galissonnière* et l'*Alma*; les canonnières la *Pique*, le *Chacal*, le *Léopard*, l'*Hyène* et le *Gladiateur*; les transports la *Sarthe* et l'*Intrépide* sont mouillés devant la ville de Sfax.

Le lendemain 14 juillet, jour de la fête nationale, on hisse

---

1. La guerre sainte.
2. Dick de Lonlay, *En Tunisie*.

le grand pavois et chaque navire fait des salves de vingt et un coups de canon; le reste de la journée est employé à prendre les dispositions de combat.

Les dispositions prises furent aussi heureusement conçues qu'exécutées, constate M. P. H. X[1] à qui nous empruntons le récit de ces opérations navales. Le vendredi 15 commence un bombardement lent avec les grosses pièces des gaillards, tandis que les canonnières au-dessus desquelles passent, en deux étages, les obus de l'escadre et de la division du Levant, cherchent à démolir les défenses de la plage et à faire brèche dans la muraille. Cette première opération prépare le débarquement et l'attaque qui sont ordonnés pour le lendemain. Les transports la *Sarthe* et l'*Intrépide* fournissent deux canots-tambour ou chalands plats en tôle dans lesquels on installe des canons qui pourront approcher très près du rivage et contribuer puissamment à protéger le débarquement.

Ce débarquement, comment l'opérer avec certitude de succès, et sans trop de pertes, alors que le seul point à peu près accessible aux barques, sur cette plage de vase, est le môle que foudroie à bout portant le feu violent de l'ennemi? On s'arrête à ce plan nécessairement compliqué, audacieux. Tout d'abord il faut s'assurer des moyens d'accès, ne pas s'exposer à voir les embarcations s'échouer en route, paralysées devant les batteries qu'il s'agit d'aller prendre. On construit un pont d'abordage. Chaque cuirassé met à la mer ses vergues de hune que le commandant Juge assemble en une sorte de long chemin flottant; étroite passerelle qui reliera les embarcations à la plage. La tête de ce radeau sera formée par un chaland plat qu'on poussera du fond, comme on pourra, droit jusqu'au môle et qu'on fixera à terre par une ancre. C'est par là qu'au signal donné

1. *La polit. française en Tunisie,* p. 218.

les hommes se jetteront sur les batteries. Des embarcations solidement armées s'approcheront le plus possible pour appuyer de leur feu cet assaut, car à ce moment nos vaisseaux et les canonnières devront cesser de tirer, et les batteries arabes, si endommagées qu'elles aient été, pourront utiliser cet instant de répit et faire un suprême effort.

Telles étaient les dispositions d'ensemble. Le 15 au soir les ordres sont donnés en conséquence et dans les détails. Les instructions de l'amiral portent qu'entre quatre heures et demie et cinq heures du matin, au premier coup de canon du *Colbert*, le bombardement général commencera. Dès trois heures, le commandant Juge aura réuni ses radeaux et les aura remorqués avant six heures au plus près possible de la plage, en même temps que s'avanceront les chalands qui soutiendront les troupes de débarquement, flanqués de leurs embarcations protectrices. Ces dernières devront se déployer de quatre heures et demie à cinq heures, au plus tard, et, le moment venu, balayer la plage concurremment avec les canonnières. Les hommes seront munis des provisions et des munitions nécessaires pour la journée. Chaque cuirassé enverra un médecin et un infirmier avec sa compagnie de débarquement.

Les troupes aussitôt à terre, le colonel Jamais prendra la direction des opérations, cet officier supérieur ayant sous ses ordres sept bataillons d'infanterie arrivés de France et un bataillon venu de la Manouba.

Au point du jour, le samedi, le signal attendu de tous est donné. Dans la paix profonde de cette nuit d'été qui s'achève, le canon du *Colbert* retentit, et l'escadre entière aussitôt répond : une grêle d'acier, pendant plus de deux heures consécutives, franchit les eaux calmes du golfe et vient éclater sur la ville, réduire en poussière ses maisons, ses coupoles, ses minarets. En même temps, les ordres distribués la veille s'exécutent. Le corps de débarquement, conduit par le commandant Marcq de Saint-Hilaire, du *Trident,* s'est avancé à environ mille mètres de la plage, en face de la batterie centrale. Trois colonnes le composent : celle de droite (armée de terre), avec le fort pour objectif, est commandée par le colonel Jamais; celles de gauche (armée de mer), chargées de se diriger vers la Casbah et la porte centrale, sont sous les ordres des commandants de Marquessac, de la *Reine-Blanche,* et Miot, de l'*Alma.* Toutes les trois doivent d'abord accoster au môle, devant la batterie rasante. Elles se mettent en mouvement, poussent au plus vite. L'instant est décisif. Le feu de nos bâtiments redouble d'intensité; trois étages de projectiles français passent sur la tête de nos compagnies et vont annoncer aux Arabes leur approche. Les embarcations protectrices, les canots-tambour, de leur côté, tirent à la plage sans discontinuer. A cette pluie de feu qui embrase le ciel et la nappe du golfe, la Casbah, le fort, les bastions, les batteries ripostent par des coups de canon à mitraille dirigés sur les canots de débarquement. Une fusillade assez vive part même des maisons du quartier franc et des tranchées. Alors nos marins s'impatientent et donnent un beau spectacle aux équipages des deux vaisseaux anglais qui essayaient de suivre des yeux leurs mouvements à travers la fumée du combat. Entassés l'arme au bras dans leurs embarcations trop lentes, grisés par tout ce bruit, par l'air matinal, par la poudre, par la vue surtout de ce môle qui semble les braver et qu'ils brûlent d'atteindre, un enthousiasme s'empare d'eux. Les barques luttent entre elles de vitesse. L'une d'elles déjà distance les autres; c'est le canot-major du *Trident.* Un hasard le favorise, il trouve du fond, et le voilà qui, sans radeau, sans passerelle, accoste devant la batterie. Il est reçu par un coup de canon à bout portant. Derrière lui se pressent, plus ou moins rapides, les autres embarcations, à l'aviron, poussant de la perche, éparpillées, les plus légères les premières. Sous la mitraille, le commandant Juge établit comme à la manœuvre, par un admirable mouvement, son pont de radeaux, et en un clin d'œil les premières compagnies sont à terre, sur la batterie. Là, les commandants Marcq de Saint-Hilaire et Miot arrachent les étendards verts; et chacun fait planter à la place le pavillon de sa baleinière. Les Arabes qui ne sont pas tués sur leurs pièces s'enfuient. Nos hommes les poursuivent à travers le quartier franc et ne s'arrêtent que sous la muraille, devant le portail fermé de la ville arabe. Le commandant Miot a prévu la difficulté; une torpille qu'approche un matelot fait sauter l'obstacle. Les compagnies Marquessac de la *Reine-Blanche* et Miot de l'*Alma* s'élancent vers la Casbah.

L'escadre avait, bien entendu, cessé son feu. Les embarcations vont et viennent : elles ont transporté bientôt toutes les compagnies de la marine, environ mille cinq cents matelots. Mais déjà la Casbah est prise, occupée (sept heures quarante-cinq du matin); c'est là que l'aspirant de première classe Léonnec tombe mortellement frappé. Pendant ce temps, la patience des troupes de la guerre était mise à une rude épreuve. Les marins avaient eu soin de s'attribuer la meilleure place, la première au feu, et nos soldats, retenus sur de lourdes mahonnes, les virent s'élancer à l'assaut devant eux, sans pouvoir les suivre; ce n'est qu'une demi-heure plus tard qu'ils commencèrent à débarquer. Le côté gauche seul de la ville avait été attaqué; le colonel Jamais dirige le premier bataillon du 92° qui fut mis à terre sur la droite, où les Arabes pour une bonne part se sont réfugiés et s'abritent derrière l'épaisse et noire fumée d'un chantier d'alfa qu'ils ont incendié. Un combat meurtrier s'engage. Jaloux de réparer le temps qu'il leur a fallu perdre, nos soldats ne se ménagent point, attaquent un ennemi très supérieur en nombre et retranché. En quelques instants, la première compagnie du premier bataillon compte vingt blessés, dont deux officiers. Sur certains points, nos troupes se frayent un chemin, poursuivent les Arabes à travers la ville, de l'autre côté des remparts, jusque dans les jardins. Sur d'autres, la résistance se prolonge, acharnée; il faut prendre plusieurs rues, maison par maison, combattre corps à corps.

« L'officier torpilleur de la *Reine-Blanche* est chargé de faire sauter avec du fulmi-coton des pâtés d'habitations où les Arabes se défendent à outrance. Ce procédé expéditif terrifie ceux qui ne sont pas écrasés; mais ils n'implorent aucun pardon... Le grand prêtre a été tué dans sa mosquée, en poussant des cris de mort contre les chrétiens et en excitant ses coreligionnaires à la résistance, alors que déjà la ville était prise[1]. »

A dix heures du soir tout était fini. Notre escadre avait tiré plus de deux mille coups de canon, et, ce qui est important, ce que le public, avec ses illusions habituelles, a trouvé sans doute tout naturel, aucun accident ne se produisit; nos pièces résistèrent parfaitement à cette fatigue et purent continuer, dès les jours suivants, leur service. L'expérience est à l'honneur de notre marine, de notre industrie, et ces résultats sont d'autant plus dignes de remarque que l'épreuve faite par l'escadre anglaise, l'année suivante, dans une circonstance analogue, au bombardement d'Alexandrie, fut loin d'être aussi satisfaisante. De leur côté, nos compagnies de débarquement n'avaient pas perdu leur journée : elles rentrèrent coucher à bord, épuisées de fatigue, de chaleur, mais applaudies par leurs camarades et leurs chefs. Un ordre du jour de l'amiral Ioua, le lendemain, leur bravoure, leur entrain et leur discipline. Grâce à la maladresse habituelle des Arabes, l'escadre ne compta que

---

1. Pierre Giffard, *Figaro* du 28 juillet 1881.

onze morts et trente blessés; l'armée de terre vingt-neuf tués et soixante-seize blessés.

L'ennemi avait perdu de six à huit cents hommes. Il était découragé, surtout à cause de la mort de plusieurs de ses chefs, notamment de Belkassem ben Djerouda qui avait la réputation d'être très redoutable. Cependant, le lendemain, il recommença les hostilités et perdit encore beaucoup de monde.

Pendant les jours suivants, nos troupes ont quelques alertes. On entend chaque nuit quelques coups de feu autour de la ville. Ali Chérif et Ali ben Khalifa rôdent aux environs avec les insurgés qui ont pu gagner la campagne. Ils se sont réfugiés dans les jardins de Sfax, d'une étendue de près de vingt-cinq kilomètres et où il n'y a pas à songer à aller les prendre. Il faudrait une armée pour les cerner. On signale cependant la retraite du plus grand nombre sur Gabès, où se prépare une nouvelle défense en règle.

Aussi, le 23 juillet, les cuirassés : le *La Galissonnière* et *la Reine-Blanche* ainsi que les canonnières *l'Hyène*, *le Léopard*, *le Gladiateur* et *le Chacal* reçoivent-ils l'ordre d'appareiller pour Gabès. Le lendemain matin, après une lutte très courte, nous occupons Djara et Menzel.

Les rebelles ont été refoulés une fois de plus ; ils le sont chaque jour aux abords de Sfax ; leurs contingents se grossissent quand même chaque jour de nouvelles recrues. L'insurrection s'étend, se propage du sud au centre, du centre au nord : énorme tache d'huile — et de sang, elle atteindra tantôt jusqu'à la banlieue de Tunis. C'est que le bombardement de Sfax, qui eût glacé d'effroi tout autre esprit que celui des musulmans, a enflammé le leur ; ils ont soif de vengeance. Et puis une époque de l'année, particulièrement critique pour nous, s'est ouverte : le mois de *Rhamdan* est venu avec son cortège exceptionnel d'excitations fanatiques et de haines sanguinaires contre tous les mécréants de l'univers.

Pendant tout le *Rhamdan*, les fidèles doivent observer chaque jour le jeûne le plus rigoureux (il n'est pas permis de boire même une goutte d'eau) à partir du *fedjeur*, moment qui précède le point du jour et où l'on peut distinguer un fil blanc d'un fil noir, jusqu'au coucher du soleil.

Ce jeûne est obligatoire pour tous les hommes et toutes les femmes qui ont atteint l'âge de puberté; car il est une des bases de l'Islam[1]. Les trente jours qu'il dure s'écoulent en prières, en dévotions multiples et les cerveaux affaiblis, énervés par la privation de nourriture, par les tortures de la soif, par les prédications et les invocations enfiévrées des marabouts, des imans, des ulémas, de toute la kyrielle hiératique, les cerveaux s'échauffent, s'enflamment, se grisent, les yeux s'injectent de sang, la fureur contracte les visages et comme des fous, — ne le sont-ils pas réellement? — les malheureux fanatisés s'en vont attaquer nos troupes avec une impétuosité qu'on prend pour de l'audace et qui n'est au fond que de l'égarement.

« Achevez mon œuvre, a dit le Prophète, étendez partout la « maison de l'Islam. La maison de la guerre est à Dieu; Dieu « nous la donne. Combattez les Infidèles jusqu'à leur extermi-« nation.

« Faites la guerre à ceux d'entre les hommes des Écritures

---

1. La loi traditionnelle s'exprime ainsi :
« Les bases de l'Islam sont au nombre de cinq :
« La première : le témoignage : *La Ilah illa Allah Mohammed ressoul Allah!* Il n'y a pas d'autre Dieu que Dieu et Mohamet est son prophète;
« La deuxième : les cinq prières (les ablutions en font partie);
« La troisième : le paiement des prélèvements (impôts);
« La quatrième : le jeûne du Ramdhan;
« La cinquième : le pèlerinage à la Tente (La Mecque) pour les riches.
(Sidi-el-Boukhari.)

« (les Chrétiens et les Juifs) qui ne professent pas la croyance
« et la vérité.

« Lorsque vous rencontrerez des Infidèles, tuez-les et faites-
« en un grand carnage ; tuez-les partout où vous les trouverez
« et chassez-les d'où ils vous auront chassés. »

On leur a lu et relu cette recommandation ; on les en a imprégnés et maintenant qu'ils sont partis, il leur faudra défaite sur défaite pour leur dessiller les yeux. La répression devra surtout être prompte ; mais l'époque des grandes chaleurs est venue, le thermomètre marque dans le sud quarante-cinq, cinquante degrés et davantage, à l'ombre ; il n'y a pas à songer à une expédition pour l'instant. Au campement, les hommes souffrent déjà beaucoup. Sur les cuirassés que le métal surchauffé a transformés en fournaise, les marins étouffent.

Aussi, dès le lendemain de la prise de Gabès, l'escadre appareille pour regagner la Goulette, Alger et Toulon après s'être montrée à Mehdia, Monastir et Sousse.

La campagne est suspendue pour quelques semaines.

Pendant que ces faits insurrectionnels se déroulaient à l'ouest et à l'est de nos possessions africaines, en France allait s'ouvrir la période électorale pour le renouvellement de la Chambre des Députés. On imagine aisément avec quelle âpreté, quelle violence et quelles exagérations les partis extrêmes exploitèrent ces événements contre le Cabinet et la majorité gouvernementale. Invoquant matin et soir les intérêts supérieurs de la patrie, qu'hélas ! ils foulaient aux pieds, monarchistes et intransigeants, — qu'on trouve toujours bras dessus, bras dessous dans les grandes circonstances, — déversèrent l'injure et l'outrage à colonne que veux-tu. Les moins violents traitaient l'expédition de « déplorable aventure » provoquée par des « appétits inavouables ». C'était « l'expédition du Mexique de la République ».

Certains allèrent jusqu'à parler de « désastre national ». Mais je n'écris pas un livre de polémique et l'on me saura gré de ne pas m'appesantir sur des excès de plume et des intempérances de langage dont il a suffi de quelques années, que dis-je? de quelques mois pour faire prompte et éclatante justice. Au surplus, leurs auteurs eux-mêmes les ont explicitement désavoués[1] en prenant chaleureusement depuis la défense de la nouvelle colonie, dont ils ont reconnu et les richesses et l'importance politique de premier ordre.

Je ne veux donc pas insister. Qu'il me soit seulement permis de déplorer que l'esprit de parti ait de ces misérables rancœurs, qu'il puisse égarer les citoyens, troubler les consciences à ce point que nos intérêts les plus chers, je dirais volontiers les plus sacrés, en viennent parfois à être compromis. Dans cette affaire de Tunisie, il ne s'agissait de rien moins que de la sécurité de l'Algérie, du libre avenir de la race française en Afrique. C'était la clef, « le boulevard de nos possessions africaines[2] » qui était en jeu. Et bien peu s'en est fallu que les patriotiques efforts de nos diplomates ne s'en allassent à la dérive, peu s'en est fallu que l'expédition n'avortât. Les braillards comme cela n'arrive que trop souvent en imposaient à la masse et, prise de pusillanimité, apeurée, la majorité se faisait chaque jour plus clairsemée autour du Cabinet. L'opinion était irrémédiablement hostile à cette expédition; elle l'était dès le premier jour, les députés l'avaient senti; ils avaient voté quand même les crédits par discipline; mais à présent que les choses se gâtaient, ils n'hésitaient point à abandonner leurs chefs. Que diable! ils

---

1. Pour ne citer qu'un exemple : M. de Lanessan qui avait pris part à des « meetings d'indignation » et signé avec les autres députés de la Seine un manifeste réclamant la mise en accusation du ministère, a publié en 1887 un volume dans lequel il constate « l'admirable fécondité » de la Tunisie « qui peut devenir en peu de temps la plus prospère de nos colonies ».

2. G. Charmes, *op. cit.*, p. 236.

avaient leur siège à sauver... Que M. Jules Ferry et ses collègues se débrouillent comme ils l'entendront! Ce n'est pas, ajoutaient-ils avec une douce philosophie, à la veille d'élections générales qu'on se colle une pareille affaire sur les bras.

Le 30 juin une interpellation avait eu lieu sur la situation de l'Algérie. Les opérations militaires avaient été malheureusement menées dans cette région, cela était hors de doute [1]; le gouvernement fut tout le premier à le reconnaître et à disgracier ceux qui avaient manqué d'habileté ou d'intelligence. Il n'en vit pas moins la majorité réduite à 249 voix sur 480 votants.

Un mois plus tard, le 26 juillet, à propos de la fixation de la date des élections législatives, M. Clémenceau pose une question qu'il transforme en interpellation et fait suivre naturellement d'un ordre du jour de défiance. Le Président du Conseil, réclame l'ordre du jour pur et simple et cette fois la majorité ne compte plus que 214 voix — contre 201. Encore cette majorité de treize voix comprend-elle quatre ministres, sept sous-secrétaires d'État et deux députés de droite. Sans les propres voix de ses membres le Cabinet était renversé et la campagne de Tunisie remise en question.

A l'étranger où l'on surveillait la France avec un soin jaloux, ces dissensions intestines, cet éparpillement de la majorité joint aux attaques virulentes des journaux encouragèrent la résistance, la provoquèrent. La Porte se refusa à reconnaître dans ses États la protection de la France sur les sujets tunisiens. A Marseille, la rentrée d'une partie du corps expéditionnaire (17 juin) fut marquée par des désordres assez graves. Nos troupiers étaient chaleureusement accueillis sur leur passage lorsque tout à coup des sifflets se mêlent aux applaudissements. Ces sifflets partent d'un cercle italien. La foule s'y précipite, des

---

1. La conduite des généraux O*** et C***, des colonels M*** et I*** fut jugée avec une sévérité parfaitement justifiée.

rixes sanglantes ont lieu dans lesquelles trois Français et un Italien trouvent la mort. — En Italie, on présenta cette affaire comme « la représaille des Vêpres siciliennes[1] »; des gallophobes organisèrent des réunions publiques un peu de tous côtés et les journaux allemands se félicitèrent hautement de l'hostilité que la Péninsule témoignait à la France. En Espagne, on profita du massacre des alfatiers de Saïda pour réclamer des indemnités et encourager ouvertement un certain mouvement d'émigration qui se produisit dans la population espagnole de la province d'Oran. Partout le gouvernement supportait les conséquences de l'affaiblissement de son autorité; mais ce n'étaient là que de menus incidents, impuissants à troubler les bonnes relations de la France avec les puissances. On chercha bientôt à exciter un conflit européen[2].

Dans ce dessein, la Porte prêta à la France des vues de conquête sur la Tripolitaine : elle espérait par là réveiller les jalousies internationales, et, pour faire croire que ses craintes n'étaient pas sans quelque fondement, elle organisa quatre camps sur la frontière tunisienne, et expédia à grand bruit plusieurs navires de guerre dans les eaux de Tripoli, ce qui encourageait indirectement la résistance des Arabes à l'établissement du protectorat français. Une manœuvre aussi enfantine était facile à déjouer; au Sénat, à l'occasion de la discussion du budget

---

1. M. Broadley a osé représenter cette scène comme « une chasse aux Italiens faisant suite à la chasse mélancolique des Kroumir » : At the very time when general Farre's proclamation was issued, the streets of Marseilles were witnessing the unedifying spectacle of a *chasse aux Italiens* as a melancholy sequel to the *Chasse aux Kroumir*. On the evening of the 17th June, as a portion of the expeditionary corps were defiling in triumphal procession through the « capital of the South » general Vincendon heard, or thought he heard, furtive hisses issue from the Italian Club. Turning toward the building he exclaimed aloud, « *Merci, Messieurs les Italiens* ». This incautious expression bore disastrous fruit, and for three days not an Italian's life was safe in Marseilles. — *The last punic war,* t. I, page 352.

2. Daniel, page 188.

des Affaires étrangères, M. le duc de Broglie interrogea le gouvernement sur ses intentions. M. Barthélemy Saint-Hilaire déclara qu'à l'égard de la Tunisie, le ministère ne songeait à aucune annexion, et qu'en ce qui concernait la Tripolitaine, il « avait bien de la peine à prendre au sérieux de pareilles rêveries », car « une aventure aussi extravagante que celle-là ne pouvait être souhaitée à la France que par ses ennemis les plus déclarés ».

La netteté de cette réponse satisfit tout le monde. L'Angleterre donna le conseil à la Porte de ne pas s'engager plus inconsidérément dans cette histoire où elle se garderait bien de la suivre. Ce fut fini.

Il n'en était certes pas de même avec les insurgés. Dans le sud-oranais, Bou Amama poursuivi par cinq colonnes, demeure insaisissable. Dans la province de Constantine, les bandits promènent la torche incendiaire de l'Est à l'Ouest : les Beni-Salah, Jemmapes, Djidjelli, Bougie sont en feu : 169,000 hectares de forêts sont détruits en quelques jours; trois soldats ont péri dans les flammes.

En Tunisie, le soulèvement contre notre domination prend chaque jour un développement menaçant. Des escarmouches ont lieu à chaque instant, sans grande importance toutefois. Mais le 26 août, le colonel Corréard parti la veille de Tunis avec deux bataillons d'infanterie, un escadron de chasseurs et une batterie d'artillerie, pour prendre possession d'Hammamet, est assailli par douze à treize cents cavaliers près de Bir-el-Arbaïn où il campait. Il se laisse intimider par la rapidité de l'attaque, manque de vigueur dans la riposte et après avoir repoussé l'ennemi avec peine, au lieu d'aller de l'avant (il n'est qu'à quinze kilomètres d'Hammamet), il révèle ses craintes en se retirant sur un mamelon. Le lendemain matin — c'était immanquable, — les Arabes redoublent de hardiesse et le colonel n'ayant ni le ravitaillement ni les munitions nécessaires, bat en retraite sur Hammam-Lif, où il ramène huit morts et quatorze blessés, parmi lesquels deux officiers.

C'est un échec pitoyable, il faut bien le dire. L'audace des insurgés s'en accroît sur-le-champ. Le lendemain, 28 août, douze voitures expédiées par l'intendance, de La Goulette à Zaghouan, sont enlevées près de Grombalia (entre Hammam-Lif et Bir-el-Arbaïn). Les malheureux conducteurs sont entourés par les Arabes : deux d'entre eux sont massacrés et martyrisés; les deux autres n'ont la vie sauve qu'en prouvant qu'ils ne sont pas Français. Les Arabes se contentent de les dépouiller et de les renvoyer complètement nus.

Le général Taïeb Menzoni se met en route pour châtier les coupables. Hélas! il revient seul : ses troupes l'ont abandonné!

Alors les insurgés désolent la banlieue de Tunis par leurs brigandages; ils pillent les propriétés; ils coupent l'aqueduc de Zaghouan et la population de la capitale, dévorée par la soif, songe à un massacre général des chrétiens.

Maintenant ils s'en prennent au chemin de fer, ils abattent les poteaux télégraphiques, enlèvent les rails, démolissent les ponceaux, arrêtent les trains, rendent en un mot la circulation impossible, lorsque le 30 septembre une horrible nouvelle arrive à Tunis : le personnel de l'oued Zergua est massacré! S'étant emparés du chef de gare, M. Raimbert, ils l'ont brûlé tout vif. Quant aux autres employés et hommes d'équipe, ils les ont martyrisés puis assassinés. Un seul, un nommé Grant, avait pu se réfugier dans la citerne de la gare. Il y resta onze heures surnageant à grand'peine, n'osant bouger, retenant son souffle : à chaque instant les bandits venaient puiser de l'eau, il pensait toujours être découvert. Ce malheureux subissait un martyre atroce; il entendait les effroyables cris de douleur de ses camarades, leurs râles se répercutaient dans son cœur, et une sueur froide lui baignait tout le visage. Quand il remit les pieds sur le sol, il était fou!

Warocquier, le gérant de la propriété[1] de M. Géry, n'avait aussi échappé à la mort que très difficilement. Il s'était caché en hâte dans la broussaille, comme un lièvre que l'on traque, et rampant toute la nuit à travers champs, prenant garde de réveiller les chiens des douars, il arriva dans la matinée à Béjà, distante de 22 kilomètres.

Dès l'avis de cet événement, le lieutenant-colonel Debord part en toute hâte avec six compagnies; la voie étant coupée, on reste en détresse : les insurgés viennent attaquer nos troupes jusque dans le train. Une lutte acharnée s'engage, et le combat ne prend fin qu'à sept heures du soir.

Mais des préparatifs sérieux s'achèvent; depuis trois semaines les transports sillonnent la Méditerranée, de Marseille à La Goulette; on concentre des troupes et des approvisionnements : les grandes chaleurs touchent à leur terme, les opérations vont être reprises et conduites avec une vigueur qui nous assurera promptement la domination de tout le pays.

Retournons donc un instant à Paris voir ce qui s'y passe. Le spectacle n'est guère réjouissant, il est même profondément triste, il faut en convenir; mais la politique n'est pas chose folâtre, assurément : c'est un enfer, un abîme d'iniquités, de mensonges, de trahisons, que l'on ne peut traverser et d'où l'on ne peut sortir pur que protégé, comme Dante, par le divin laurier de Virgile. Passons.

En dépit des efforts, des manœuvres de tout genre de la réac-

---

1. L'an dernier, comme je visitais ce magnifique domaine, on m'a amené le cheikh Hadj Mohamed el Abdelli et Mohamed ben Medi qui, tous deux, ont participé aux crimes. Celui-ci avait emporté le pantalon de M. Raimbert ainsi que la pendule de la gare; et le cheikh s'était emparé du cadran de l'appareil Morse qu'il avait pris pour une pièce d'horlogerie! Mes questions et ma personne les ont beaucoup intrigués; et jusqu'à mon départ, ces bandits ne m'ont plus quitté d'une semelle. N. F.

tion et « des criailleries furibondes des démagogues », comme disait Gambetta, les élections législatives avaient envoyé à la Chambre 457 républicains sur 547 membres; la nouvelle majorité comprenait 39 députés centre gauche, 168 gauche républicaine, 204 Union républicaine et 46 extrême gauche. Cette grande consultation du pays n'avait donc pas été défavorable au Cabinet. Aussi, dans leur rage, leur haine impuissante, les organes de l'opposition redoublèrent-ils leurs accusations, leurs attaques sans mesure, contre M. Jules Ferry et ses collègues; des « meetings d'indignation », organisés par les plus exaltés, votaient la mise en accusation des ministres, en les traitant de prévaricateurs[1]; Louise Michel allait jusqu'à proposer de « casser les reins au bandit (Gambetta) qui est le maître, et aux valets qui le servent ». La presse royaliste applaudissait à ces résolutions « fort logiques », et parlait avec émotion du « brave peuple républicain des faubourgs ». Dans ces orgies d'extravagances, on voyait un ancien diplomate, M. de Billing, se promener de Paris à Lyon et à Saint-Étienne, pour révéler à l'opinion les « tripotages financiers » de MM. Roustan et consorts, « seule cause de l'expédition de Tunis et de ses désastres ». Puis venait, dans un journal médical, un « réquisitoire accablant » sur l'organisation du service sanitaire; ailleurs on disait tout bas que, pour former le corps expéditionnaire tout en respectant le service de quarante mois, le général Farre avait dû dégarnir la plupart des régiments de France; qu'en cas de mobilisation subite, on trouverait dix-sept hommes dans tel bataillon, trois dans telle compagnie.

Dès le mois de septembre, sur l'initiative de M. Delattre, nouvel élu de Saint-Denis, l'extrême gauche avait lancé un manifeste accusant le gouvernement d'entretenir volontairement

---

1. Daniel, page 256.

l'obscurité sur la campagne d'Afrique[1]. Dans leur ardeur à critiquer, elle laissa échapper cette phrase misérable qu'un patriotisme qui n'est pas étouffé par l'esprit de parti ne saurait admettre[2] : « *Aussi bien l'embrasement de l'Afrique n'est pas le seul malheur qui soit sorti de cette fatale expédition de Tunisie. A qui est-il nécessaire d'apprendre qu'elle risque de briser les liens qui nous unissent à l'Italie; qu'elle a inquiété l'Espagne; qu'elle a éveillé les défiances de l'Angleterre; qu'elle nous a présentés à l'Europe comme toujours tourmentés par l'esprit de conquête, et que là est le secret de l'artificieux empressement mis par M. de Bismarck à l'encourager?* » Est-ce ainsi que doivent s'exprimer des hommes politiques, lorsqu'ils parlent à un peuple déjà trop disposé aux puériles lâchetés? Faire peur pour être les maîtres; énerver pour dominer : telle semble être leur règle de conduite.

La Chambre reprit ses travaux le 28 octobre et le même groupe, comme bien on pense, de se précipiter à la tribune. Mais le règlement ne permet point qu'une discussion ait lieu avant l'installation du bureau provisoire. Il fallut attendre. Le 4 novembre, la Chambre était définitivement constituée. Trois demandes d'interpellation sur les affaires tunisiennes furent aussitôt déposées par MM. Amagat, de Roys et Naquet, lequel préparait déjà l'évolution qui devait le conduire à l'inqualifiable aventure boulangiste.

Le lendemain s'ouvrirent des débats mémorables qui durèrent quatre grandes séances. Nous les résumerons succinctement, car ils demandent à être lus tout au long au *Journal Officiel*. On en trouvera un excellent compte-rendu et une remarquable appré-

---

[1]. Parmi les signataires de ce manifeste on remarque MM. Louis Blanc, Clémenceau, Barodet, de Lanessan, Henry Maret, Camille Pelletan, Tony Révillon, Anatole de la Forge, Clovis Hughes, Lockroy, Georges Périn, Talandier, Laisant, etc.
[2]. Daniel, page 236.

ciation dans *la politique française en Tunisie* [1]; mais nous préférons en appeler à la loyauté d'adversaires tels que M. Daniel [2] qui, tout en s'attendrissant sur la dialectique de MM. Clémenceau et consorts, ne peut s'empêcher de reconnaître qu'aux deux grands reproches, tirés soit des spéculations financières, soit des dépassements de crédits votés par les Chambres, M. Jules Ferry répondit d'une façon si satisfaisante qu'il fit oublier tout le reste [3].

Mais procédons par ordre. Après avoir déclaré que le Cabinet se considérait dès à présent comme démissionnaire, M. Jules Ferry réclama l'honneur d'inaugurer lui-même la discussion, car « attaqués très vivement depuis plusieurs mois, disait-il, nous savons clairement quels griefs il importe de dédaigner, quels griefs il faut retenir ici. »

M. Jules Ferry débuta par établir qu'en s'attaquant à l'expédition de Tunisie, les interpellateurs faisaient bien moins le procès du gouvernement, que celui de l'ancienne Chambre qui avait voté l'expédition. Il montra comment la question de Tunisie était « devenue une plate-forme électorale pour les gens qui n'en avaient pas trouvé d'autre. » Puis, après un long historique de la question, où il montra tous les gouvernements qui se sont succédé depuis 1830 soucieux d'assurer notre prédominance en Tunisie, il ramena les critiques de l'opposition à trois griefs principaux.

En premier lieu, dit l'honorable Président du Conseil, on nous reproche d'avoir déclaré une guerre sans autorisation du Parlement et par conséquent en violation flagrante de la Constitution. Jamais il n'y a eu guerre faite au bey, moins

---

1. Pages 259 à 286.
2. V. *L'Année politique,* page 256.
3. V. Tome II aux « Pièces et Documents justificatifs » plusieurs extraits des discours de M. Jules Ferry.

encore depuis le traité du 12 mai qu'avant : ses troupes marchent avec les nôtres.

On a dit ensuite que nous avons dépassé les crédits régulièrement alloués par la Chambre pour l'expédition. La Chambre avait voté 17 millions : c'était une provision non une limite ; c'était un plein pouvoir, un blanc-seing. Sans doute, les dépenses excèdent 17 millions; au mois de juillet, M. Magnin estimait à une quarantaine de millions le coût total de l'expédition, et le disait à la commission du budget[1]. Mais les dépenses nouvelles doivent être imputées provisoirement sur le budget ordinaire; c'est seulement l'excédent de ces dépenses sur celles qu'aurait occasionnées l'entretien en France du corps envoyé en Tunisie qui doit faire l'objet d'un crédit extraordinaire, et l'on ne peut connaître l'excédent qu'en fin d'exercice.

Enfin, l'on a répété que le rappel du corps expéditionnaire à la veille des élections était une manœuvre électorale. Ce rappel avait deux causes : la première est que pour respecter les cadres de la mobilisation, on a dû modifier la composition du corps, lorsqu'on a vu que l'expédition menaçait de se prolonger; la seconde, qu'à la veille de la campagne d'automne on préférait avoir des soldats dans la plénitude de leurs forces physiques plutôt que des hommes déjà anémiés par le climat.

Et maintenant si l'on veut savoir la véritable cause de l'insurrection du sud tunisien, elle n'est pas dans le retrait partiel des troupes; « elle est beaucoup plus profonde que cela; elle tient à un phénomène social, dont nous sommes avisés depuis un grand nombre de mois par nos agents diplomatiques en pays musulmans. Le soulèvement tient à la profonde agitation qui règne dans l'Islam depuis la guerre de la Russie contre la Turquie, c'est-à-dire depuis 1877, du fond du Sahara à la frontière

---

1. Au 31 décembre 1881, les dépenses s'élevaient à 44,449,981 francs.

algérienne, et sur toutes les rives de la Méditerranée. Aussi bien par le massacre de Kralfallah que par le massacre de la mission du colonel Flatters, et par les entreprises du khalife à Constantinople, le réveil du fanatisme musulman depuis 1877 est attesté comme fait patent, certain, croissant en importance ».

Qu'on ne parle pas de désorganisation de l'armée! Les effectifs sont faibles? la classe 1876 vient de partir; la nouvelle classe n'est pas encore arrivée. Ce que le gouvernement a voulu, vous le voulez tous : la *soumission de la Régence,* et dans cette œuvre,

notre véritable ennemi, ce n'est pas l'indigène, — nous en venons à bout par la force ; — ce n'est pas l'étranger qui nous regarde et nous jalouse : c'est l'incertitude, l'incertitude apparente seulement, qui règne sur les résolutions définitives du gouvernement français. (Très bien! très bien!)

Croyez bien que, malheureusement, cette polémique ardente à laquelle on se livre depuis deux mois dans ce pays contre l'expédition de Tunisie, ce fait que des portions importantes de l'opinion publique, que des partis organisés se prononcent ouvertement pour le retrait des troupes et l'abandon de la Tunisie, est loin d'être indifférente. Ces dispositions sont connues, escomptées. Croyez bien que dans ce monde arabe, qui possède des moyens d'informations, de communications, si nombreux, si discrets et si sûrs, on est au courant de tout ce qui se dit; le danger en ce moment, c'est de laisser croire qu'un jour vous vous lasserez et que vous abandonnerez votre œuvre. (Applaudissements à gauche et au centre.)

Eh bien, Messieurs, je vous en supplie, ne faites rien qui puisse donner créance à cette fausse opinion. Deux grands intérêts sont en présence dans ce débat : un grand intérêt politique et un grand intérêt militaire. Ces deux choses, Messieurs, au milieu de nos discussions, doivent nous être sacrées, à quelque parti que nous appartenions. Ne faites rien qui compromette l'intérêt français; ne faites rien qui puisse porter une atteinte, si faible qu'elle soit, à la juste reconnaissance que nous devons à l'armée et à ceux qui la conduisent. (Vive approbation à gauche et au centre. — Interruption à droite.)

Ne touchez pas, si légère que soit la main, à ces deux grands intérêts; ne touchez pas à la France, ne touchez pas à l'armée! (Applaudissements prolongés sur un grand nombre de bancs à gauche et au centre.)

M. Amagat, qui montait pour la première fois à la tribune, développa une harangue ampoulée qui provoqua un fou rire.

En dehors d'une discussion purement technique entre MM. Amédée Le Faure, de Roys, le général Farre et Langlois, deux orateurs dirigèrent l'attaque contre le ministère : MM. Naquet et Clémenceau.

« Ce changement d'attitude de M. Naquet, autrefois si ponctuel à prêter son concours à M. Jules Ferry dans les moments difficiles, était un indice des modifications survenues dans l'état de l'opinion », a dit M. Daniel. Cela est vrai en ce sens que la gibbosité ambitieuse de M. Naquet le portait à abandonner ses amis du moment qu'il les jugeait en minorité et pensait tirer profit de leur chute. Il ne voulait qu'aucun des membres du cabinet ne fît partie de la nouvelle combinaison ministérielle. (Il avait trop peur qu'un de ceux-ci lui prît la place qu'il convoitait dans le grand ministère et comptait obtenir de sa vieille amitié avec Gambetta.)

En effet, disait-il, c'est au début même de l'expédition que M. Jules Ferry aurait dû donner les explications qu'il vient de fournir. Qu'a-t-il fait, au contraire? du 4 avril au 12 mai, il n'a parlé que des Kroumir; il a affirmé que la République ne cherchait pas de conquêtes. Soudain, il nous apporte un traité de protectorat qu'il présente comme le dénouement de la crise : le Parlement était engagé, engagé malgré lui, à son insu; il ratifie cependant les faits accomplis. Mais ce traité, loin d'être un dénouement, n'était qu'un début.

Vous voyez sur quoi porte le fond de mon argumentation. Je ne viens pas ici vous reprocher d'avoir pris la défense des intérêts français en Tunisie; nous savions comme vous, Messieurs, qu'à l'époque où nous sommes, les nations ne peuvent plus, comme au moyen âge, vivre ou, pour mieux dire, mourir enserrées dans un cercle de frontières; nous savions comme vous qu'une nation qui veut être riche, grande, prospère, doit échanger ses produits non seulement contre ceux des nations qui l'avoisinent, mais contre ceux des nations les plus éloignées, de celles où la civilisation a le plus imparfaitement pénétré; nous savions qu'il lui faut des colonies, véritables prolongements de la métropole, capables d'établir une espèce de continuité entre elle et les pays qui s'en distinguent le plus par les productions de leur sol, par leur climat, par les mœurs de leurs habitants.

Nous savions tout cela; nous savions aussi que, pour avoir des colonies, il faut être en état de les défendre comme on défendrait le territoire même de la métropole; aussi, je le répète, nous ne vous reprocherons jamais d'avoir eu une politique coloniale, d'avoir voulu relever le prestige du nom français dans le monde entier, d'avoir voulu, en un mot, que le drapeau de la France protège partout les citoyens français, comme partout les citoyens anglais sont protégés par le drapeau de la Grande-Bretagne. (Très bien!)

Mais, ce que nous vous reprochons, c'est d'avoir manqué de confiance dans cette Chambre, qui avait en vous une si entière et si absolue confiance; ce que nous vous reprochons, c'est de croire que le jour où les intérêts français seraient engagés, le jour où il y aurait eu, comme je le disais tout à l'heure, un rapport d'équivalence, une proportionnalité entre l'effort à accomplir et le résultat à en retirer, cette Chambre ne vous aurait pas accordé toutes les autorisations que vous lui auriez demandées. Nous vous les aurions accordées, et le peuple français, chez lequel, quoi qu'on en dise, le patriotisme est loin d'être éteint, aurait sanctionné par son approbation le vote de la Chambre. J'ajoute que si vous aviez agi ainsi que je l'indique, l'expédition n'aurait pas eu les conséquences désastreuses que nous signalons, parce que vous auriez pu l'entreprendre d'une autre manière. Mais ce qui a dirigé toute votre conduite dans cette affaire de Tunis, ç'a été une misérable préoccupation de politique intérieure. (Très bien! très bien! à l'extrême gauche et à droite.) Ce qui vous a dirigés, ç'a été une préoccupation électorale... (Applaudissements à droite et à l'extrême gauche.)

— Voyez où l'on vous applaudit! observa M. Jules Ferry.

M. Clémenceau se devait d'être plus passionné, plus violent. Il ne voyait dans l'expédition de Tunisie « que des hommes qui sont à Paris, qui veulent faire des affaires et gagner de l'argent à la Bourse! » En un mot, il sassa et ressassa, avec habileté sans doute, toutes les accusations qui traînaient dans l'*Intransigeant*, le *Pays* et autres *ejusdem farinæ*.

M. Jules Ferry répondit par un nouveau discours qui ne dura pas moins de quatre heures et fut d'ailleurs tout à fait concluant. On en lira les principaux passages dans nos « Pièces et Documents justificatifs ». Il détruisit une à une toutes les imputations calomnieuses, revendiqua hautement la responsabilité de ses actes en s'honorant d'avoir préparé et fait adopter le traité du Bardo par la presque unanimité de la Chambre.

Le débat était épuisé : il se termina par une courte réplique de MM. Ballue et Clémenceau, partisans d'une enquête parlementaire, qui déciderait de la mise en accusation des ministres. Après une intervention de M. de Mun qui suscita un vif incident en déclarant que le régime républicain pouvait difficilement soutenir l'honneur national, on procéda au vote.

La Chambre donna alors un spectacle indescriptible, sans exemple dans les annales parlementaires, et profondément attristant. Elle rejeta successivement l'enquête par 328 voix contre 161, l'ordre du jour pur et simple par 312 voix contre 176, puis *vingt-trois* ordres du jour motivés, dont les uns blâmaient le ministère pour la convocation tardive des Chambres, d'autres pour les éclaircissements insuffisants fournis au Parlement, celui-ci prenant acte de la discussion ou des déclarations du Cabinet, celui-là affirmant que la Chambre ne veut entraver en rien les opérations militaires. M. Franck-Chauveau demande la clôture pure et simple : il est battu par 285 voix contre 203. M. Andrieux réclame le renvoi des ordres du jour aux bureaux :

il ne réunit que 96 voix contre 361. Enfin, après deux heures d'impuissance, d'affolement, durant lesquelles cette nouvelle Chambre ne montra que trop son inconsistance, M. Gambetta parut à la tribune :

Messieurs, je pense qu'il est de l'intérêt commun de tous les partis, dans cette enceinte, que la discussion qui a eu lieu devant vous, depuis quatre jours, ne se termine pas par un aveu d'impuissance.

Je n'ai pas jugé devoir intervenir dans ce grand débat. J'avais le ferme propos de ne m'y point mêler si je n'y étais pas provoqué. J'ai attendu patiemment à mon banc qu'une syllabe quelconque autorisât une dérogation à ce ferme propos : elle n'a point été prononcée.

Le fond a été jugé. Quant à moi, je n'ai pas à porter de jugement sur les origines, ni sur la conduite de l'expédition; il serait trop tard pour le faire, et je vous ai donné les raisons de mon abstention tout à l'heure. Mais je me suis associé à ceux de mes collègues qui ont voté l'ordre du jour pur et simple, qui était la solution naturelle de ce débat.

Le spectale douloureux, permettez-moi l'expression, que nous donnons, justifie suffisamment la justesse de ce vote de l'ordre du jour pur et simple.

Mais, Messieurs, après avoir repoussé les diverses propositions qui vous ont été soumises, il me semble qu'en dehors des critiques, des griefs et des répliques qu'on a échangées ici, il y a un intérêt supérieur qui impose à la Chambre et qui réclame d'elle, soit un vote d'approbation et de consécration, soit un vote de rejet.

La France a mis sa signature au pied du traité du Bardo, et, sans entrer dans des querelles qui sont des querelles personnelles, je demande que la Chambre, par un vote clair et de nature à fixer l'opinion, au dedans et au dehors, dise que les obligations qui figurent dans ce traité sous la signature de la France, seront loyalement, prudemment, mais intégralement exécutées.

En conséquence, je propose l'ordre du jour suivant :

« La Chambre, résolue à l'exécution intégrale du traité souscrit par la nation française, le 12 mai 1881, passe à l'ordre du jour ».

Une majorité de 355 voix répond aussitôt à l'appel de Gambetta, qui rencontre 68 opposants, et 124 abstentionnistes[1].

L'interpellation avait avorté, parce qu'en dépit des réticences auxquelles il était tenu, le Président du Conseil avait replacé la question sur son véritable terrain et réduit à néant le reproche d'avoir favorisé des intérêts financiers et excédé les crédits votés par la Chambre. A côté de l'intérêt politique qui primait tous les autres, il s'était rencontré des intérêts financiers très respectables. Le gouvernement devait-il les méconnaître et céder ainsi la place à nos rivaux? Que pourraient être les intérêts français en matière de politique coloniale, ainsi que l'a remarqué M. Daniel, sinon des intérêts financiers? Et si l'on doit avoir une politique coloniale, ce qui ne fut contesté — ouvertement du moins [2] — par personne, le gouvernement ne doit-il pas défendre, encourager ces intérêts, les faire naître au besoin? Notre prépondérance politique avait-elle eu une autre origine en Tunisie? N'était-elle pas entée sur notre prépondérance commerciale? En fut-il autrement en Algérie? Les établissements de la *Compagnie des Concessions d'Afrique* n'ont-ils pas été la cause première de nos conflits avec le Dey d'Alger, le point

---

[1]. Voici comment se répartirent les voix dans les principaux scrutins de cette mémorable journée du 9 novembre :

		Gauche.	Extrême gauche.	Droite.	Total.	Abstentionnistes.
Demande d'enquête de M. Clémenceau.	Pour....	39	38	84	161	49
	Contre...	324	—	4	328	
Ordre du jour pur et simple......	Pour....	176	—	—	176	49
	Contre...	190	38	84	312	
Ordre du jour de Gambetta...	Pour....	338	12	5	355	124
	Contre...	4	27	37	68	

[2]. « On allait jusqu'à insinuer, nous dit M. Léon Journault, qu'il fallait rappeler immédiatement le corps expéditionnaire; c'était en quelque sorte abandonner l'Algérie, et plusieurs, paraît-il, *n'étaient pas éloignés de franchir ce pas*. Ces idées, qui avaient eu M. Raudot pour dernier représentant dans les Assemblées françaises, semblaient trouver un regain de popularité ». *Revue pol. et litt.*, 19 novembre 1881.

de départ de la conquête? Que des hommes politiques, observe encore l'auteur que je citais plus haut [1], exploitent leur qualité de député ou de sénateur pour se livrer aux spéculations, cela sans doute est regrettable ; mais le gouvernement peut-il l'empêcher? et doit-il, parce qu'un homme est député, refuser d'appuyer son entreprise, où d'autres sont mêlés, où la France même a un intérêt? Si M. Jules Ferry eut un tort, ce fut de n'être pas assez hardi : Nous n'avons donné, dit-il, que notre appui moral au projet de Crédit foncier. Pourquoi n'eût-il pas donné son appui officiel?

Sur les crédits, même pauvreté d'arguments chez les interpellateurs : un appel à la bonne foi de la Chambre suffit à les écraser. Y eût-il, en droit strict, quelque irrégularité dans la manière dont les dépenses furent soldées, on pouvait affirmer, comme fit M. Jules Ferry, que les premiers crédits votés étaient un a compte, non une limite. Le régime parlementaire ne saurait exiger qu'un Cabinet en pleine possession de la confiance des Chambres, fasse ratifier à l'avance ses moindres actes : la garantie se trouve également dans une sanction postérieure, surtout lorsque le principe même, dont ces actes ne sont qu'une application, a été solennellement approuvé par le Parlement : c'était le cas.

Est-ce à dire qu'aucune faute n'ait été commise dans la campagne? M. Jules Ferry ne le prétend pas. Mais il s'agissait de fautes de second ordre, de fautes de détail qui n'étaient pas imputables directement au Cabinet et ne pouvaient emporter condamnation. Le corps de l'intendance et le service des hôpitaux avaient donné le spectacle d'un antagonisme que la vie des malades, en péril, ne parvenait pas toujours à étouffer. Rien n'était plus pitoyable assurément. Mais le général Farre était impuis-

---

[1]. *Loc. cit.*, page 275.

sant à extirper ce mal, mal chronique qu'il faut dénoncer et flétrir pour y porter remède.

La Chambre adopta donc la motion de Gambetta, reproduction presque textuelle de la dernière phrase du discours de M. Jules Ferry. Le lendemain, celui-ci remit sa démission et celle de ses collègues au Président de la République. Le Cabinet n'était pas renversé : il se retirait. Il cédait la place à Gambetta que la Chambre voulait au pouvoir. Ce fut l'avènement du « grand ministère ». On sait ce qu'il dura : deux mois et douze jours! Le 30 janvier 1882, M. Jules Ferry revenait aux affaires.

Le moment est venu d'enregistrer les opérations militaires de la seconde campagne, que dirige le général Saussier.

Le 10 octobre, on décida d'occuper militairement Tunis. Le gouverneur de la ville, le général Hussein Hiader, guida huit cents hommes de nos troupes qui traversèrent une grande partie de la ville arabe par la voie principale du quartier Bab-el-Djezira. Le sous-gouverneur attendit aussi à la porte Bab-el-Khadra les troupes qui entrèrent de ce côté.

Pendant notre défilé, les Arabes restèrent calmes, mais tristes. A Bab-el-Khadra les femmes musulmanes poussèrent des cris de désespoir : elles voulurent même opposer une certaine résistance contre nos hommes; quelques zaptiés tunisiens en eurent facilement raison.

Le gérant du consulat d'Italie fut seul à protester.

Puis une marche concentrique, dont Kairouan était le but, fut mise à exécution. Tandis que le colonel Larroque, de concert avec Ali-Bey, surveillait la partie centrale de la Medjerda et rétablissait la circulation sur le chemin de fer de Tunis à la frontière algérienne, trois colonnes se dirigeaient sur la Ville Sainte : l'une partie de Sousse avec les généraux Saussier,

Logerot et Sabattier; la troisième de Tébessa, sous le commandement du général Forgemol. On avait parlé de l'expédition longtemps à l'avance : aussi n'y eut-il pas de résistance sérieuse de la part des Arabes, en dehors de quelques engagements dans les défilés de Foum-el-Kharouba et au nord-est de Tébessa, dans la tribu des Fraichich. Le 26 octobre [1], le général Étienne entra à Kairouan sans coup férir, les rebelles ayant fui à notre approche. Les portes de la ville étaient fermées et nul bruit ne s'entendait du dehors. La ville semblait morte. Un interprète s'avança et comme un simple visiteur frappa à la porte de la Casbah avec le fourreau de son épée. Un drapeau blanc est aussitôt hissé sur le minaret de la grande mosquée de Sidi-Okba et la porte s'ouvre. Le général Si Mohammed-el-M'rabot se fait conduire auprès du général Étienne auquel il remet les clefs de la Ville Sainte au nom de S. A. Mohammed-es-Saddok, fidèle ami et protégé de la France.

La nouvelle de l'occupation de Kairouan arriva à Paris le jour de la rentrée du Parlement. Le président d'âge, M. Guichard, en donna connaissance à la Chambre qui partit d'un éclat de rire, ne se rendant pas compte de la valeur de ce succès inespéré et ne voyant dans cette dépêche qu'une comédie ministérielle.

Le 29, les trois colonnes campaient autour de Kairouan.

« Du haut du minaret de la grande mosquée de Sidi-Okba, le muezzin, appelant par cinq fois les croyants à la prière et voyant partout des *roumis* aussi loin que sa vue pouvait s'étendre, jeta cette fois sur la Ville Sainte un appel sans écho. Ce jour-là, Kairouan prit le deuil : la grande mosquée resta close et les habitants demeurèrent enfermés dans leurs maisons. Le lendemain 30 octobre, la journée se passa bien différemment. Nos sol-

[1]. Le même jour, des troupes furent débarquées dans le petit port de Mehdia sans rencontrer de résistance.

dats, nos goumiers et nos convoyeurs indigènes ayant touché leur prêt, s'abattirent sur Kairouan, cherchant à fêter par un repas moins frugal qu'à l'ordinaire, leur venue dans la Ville Sainte. Mais, par exemple, tous les musulmans de notre armée commencèrent par faire leur pèlerinage à la grande mosquée, puis, alors seulement, se mirent en quête de provisions. Quant à nos troupiers, n'ayant point le souci de ce pèlerinage, ils achetèrent tout d'abord tout ce qu'ils purent trouver. Cependant, comme les musulmans sont extrèmement sobres, chacun trouva à peu près à faire ses achats. Et le bourgeois de Kairouan, d'ordinaire si contemplatif et si peu commerçant, devint, avant la fin de la journée, aussi mercantile que le premier maltais ou juif venu, sous l'influence universelle (il faut bien le croire) de la pièce de cent sous additionnée à plusieurs autres. Jamais les souks ni les fondouks ne furent plus animés [1] ».

Si la Chambre avait accueilli avec un rire malicieux notre entrée à Kairouan, il n'en fut pas de même, on s'en doute, parmi les indigènes. Les Chrétiens occuper Kairouan ? Cela était impossible! Jamais les infidèles n'étaient entrés en armes dans la seconde ville sainte de l'Islam. Mohamet ne le permettrait point. Ils s'attendaient à quelque miracle ; et voilà que nous nous installions simplement, bourgeoisement, comme chez nous. Quelle consternation dans toutes les tribus! Il semble que les rebelles ont perdu le palladium de leur résistance. Les soumissions se multiplient; tout le nord peut être regardé comme désormais pacifié.

Deux colonnes s'avancent alors dans le sud à la poursuite des insurgés qu'elles obligeront bientôt à chercher un refuge en Tripolitaine. Le 20 novembre, le général Forgemol entre à Gafsa ; le 26, le général Logerot arrive à Gabès après avoir

---

[1]. *Figaro* du 12 novembre 1881.

surpris plusieurs fractions des Ouled Khalifa qui n'eurent que le temps de fuir, laissant entre nos mains 1,400 bœufs, 2,000 moutons, 500 chameaux et 150 chevaux.

On pousse des reconnaissances dans toutes les directions; par une marche rapide, le général Sabattier arrête plusieurs douars des Metellit et des Souassi qui émigraient : tout paraît enfin terminé. Une colonne mobile reste à Gafsa et une autre à Gabès pour contenir les rebelles au delà des chott.

Le 4 décembre, la colonne Forgemol reprend la direction du territoire algérien; le 13, elle est à Tébessa.

Le 14 décembre, le général Logerot est sur la frontière tripolitaine où se trouvent en même temps des soldats turcs plus ou moins réguliers dont on devine aisément le rôle. Après avoir infligé un nouveau châtiment aux contingents d'Ali-ben-Khalifa, qui ont une centaine d'hommes hors de combat, il remonte vers Gabès où il arrive le 21. Il en repart le 24, arrive à Sfax le 6 janvier et laissant cette dernière ville le 10, il atteint le 14 le colisée d'el-Djem où il reçoit la soumission des Souassi. Après un repos, la colonne se remet en marche et arrive le 24 janvier à Sousse, où le général Logerot établit le quartier général de la subdivision du Sud. L'ordre est définitivement rétabli; la campagne est terminée.

En entrant aux affaires, le cabinet Gambetta avait à liquider la situation qui lui était léguée par le ministère précédent; l'un de ses premiers actes fut de demander aux Chambres des crédits extraordinaires pour les opérations effectuées en Tunisie depuis le mois de juillet, et, le budget de 1882 ayant été voté sans prévision de dépenses de ce genre, il demanda encore un douzième pour le mois de janvier, comptant que ce délai lui suffirait pour préparer un règlement définitif de la question tunisienne.

La lutte parlementaire recommença. A la Chambre, le 1ᵉʳ décembre, M. Delafosse déclara le traité du Bardo inexécutable. M. Camille Pelletan, qui s'est fait pour la Tunisie la même réputation que M. Desjobert à l'égard de l'Algérie, au lendemain de la conquête, M. Camille Pelletan conclut à une renonciation au protectorat, dès que faire se pourrait, sans danger pour l'honneur national. Gambetta répondit qu'il n'y aurait ni abandon ni annexion, le traité de Kasar-es-Saïd ayant été ratifié par la Chambre précédente et par la nouvelle Chambre, mais que l'on réduirait à leur minimum les charges de l'occupation.

Au Sénat, la question financière fut très habilement traitée par MM. Bocher et Buffet, mais sans plus de succès qu'à la Chambre; enfin le duc de Broglie attaqua la politique du gouvernement au point de vue diplomatique.

Après avoir déclaré que le Parlement n'avait jamais été libre de juger l'expédition tunisienne, parce qu'on l'avait toujours mis en présence de faits accomplis qu'il ne pouvait que ratifier, M. de Broglie réclama pour l'avenir des débats plus sincères, plus loyaux; il demanda au Gouvernement quand et sous quelle forme, il saisirait les Chambres de la liquidation des affaires tunisiennes et de leur règlement définitif. Puis il s'efforça de montrer dans le protectorat les mêmes inconvénients financiers, militaires et diplomatiques, que dans l'annexion pure et simple [1].

M. le Président du Conseil a bien voulu me faire l'honneur de citer, devant la Chambre des députés, l'opinion que j'avais exprimée devant le Sénat lorsque, parlant des difficultés qu'engendrait l'annexion de la Tunisie, je disais que l'annexion nous rendrait les voisins de la Porte et que, la Porte étant sous la protection de l'Europe, nous deviendrions ainsi les voisins de tout le monde.

En formulant cette opinion, j'énonçais l'A, B, C. de la diplomatie,

1. V. Séance du Sénat du 11 décembre 1881, et Daniel, page 315 et suiv.

et, loin d'émettre une théorie nouvelle, je ne faisais que répéter et que suivre la politique que j'avais été chargé d'exposer à l'Angleterre en 1871, par M. Thiers et par M. de Rémusat.

J'ai appris depuis qu'un ministre de l'Empire, M. le marquis de Moustier, avait donné à cette pensée une forme encore plus vive, en disant : Si la Tunisie n'existait pas, il faudrait l'inventer.

Inventer la Tunisie, si elle n'existait pas, ce serait difficile, — mais il y avait une chose qui était facile, c'était de ne pas la supprimer quand elle existait. (Applaudissements et rires à droite.)

Je me permets de rappeler que la politique constante du gouvernement précédent a été de conserver entre la Porte et nous la Tunisie indépendante, et de constater que le gouvernement actuel inaugure une politique contraire, tout en se flattant de la continuer. Et quand je parle de voisinage avec la Porte, je parle, bien entendu, de voisinage diplomatique et non de voisinage de troupes par la Tripolitaine, qui ne sera, je l'espère, que de courte durée.

Il est vrai que M. le Président du Conseil a dit que ce ne serait là qu'un rapprochement éloigné. J'avoue que je ne comprends pas ce que peut être un rapprochement plus ou moins éloigné, pas plus que ce que serait un éloignement plus ou moins rapproché.

Je ne comprends pas cet accouplement de mots qui se contredisent, et je crains que cette contradiction dans les mots ne cache une contradiction dans les pensées.

Je dis donc que par le protectorat on n'échappe à aucune des difficultés de l'annexion. Et c'est ce qui justifie cette question que j'adresse à M. le Président du Conseil :

Dans quelle forme serons-nous saisis d'un plan d'organisation de la Tunisie? Comment le Parlement français peut-il légiférer sur un plan d'organisation financière et administrative de la Tunisie, si nous ne sommes pas en présence de l'annexion?

Cette ingérence n'est-elle pas de l'annexion?

Ces critiques, très naturelles chez un intransigeant, étaient étranges dans la bouche d'un ancien diplomate. M. de Broglie ignorait-il donc que le protectorat est une forme de l'annexion, forme destinée à calmer les susceptibilités exagérées de certaines chancelleries, à leur laisser l'espoir que, rien n'étant encore définitif, tout pourra peut-être se racheter un jour? C'est là, pour employer l'expression même de l'honorable duc, l'A, B, C de la diplomatie. On ne saurait admettre que M. de Broglie y fût totalement étranger : s'il l'ignorait, c'est qu'il le voulait bien.

Malheureusement, cette explication si simple, qui eût mis fin à bien des débats académiques, personne ne pouvait la donner à la tribune, et M. le Président du Conseil moins que tout autre, car c'eût été précisément dévoiler ce qu'il est d'usage de tenir dans l'ombre. Aussi Gambetta dut-il se borner à quelques déclarations vagues qu'il présenta en termes spirituels. La dette? rien ne nous empêche d'en faire l'objet d'une convention internationale; d'ailleurs est-elle bien une dette où les intérêts étrangers sont profondément engagés? les neuf dixièmes en appartiennent à des Français [1]. Quant aux difficultés diplomatiques, on les exagère : l'Angleterre a reconnu le traité du Bardo; avec l'Italie, on pourra s'entendre. Mais on exécutera le traité du Bardo :

Il était nécessaire d'essayer d'apporter ici une réponse aux observations de l'honorable duc de Broglie, en maintenant très résolument la politique qui a été développée devant l'autre Chambre et que j'affirme avec confiance devant vous, à savoir que le traité du Bardo nous engage tous, et que, s'il n'y a pas de traité irrévocable, et si celui-là porte le titre de perpétuel, comme c'est de style dans tous les documents diplomatiques, il vous lie et vous liera jusqu'au jour où vous aurez trouvé un moyen honorable, digne et conforme à vos intérêts, de vous déjuger à l'égard du bey; et par là, Messieurs, j'entends, non pas que le traité dans son esprit pourra subir une altération ou même une transformation telle qu'elle comporterait la négation de cet esprit même, mais que son texte, serré de plus près, et les conséquences que la politique de la France pourra vouloir en faire sortir, seront assurés

---

[1] « On estime que sur les 125 millions de la dette tunisienne, près de 100 millions se trouvent entre des mains françaises. » Edm. Desfossés, *La Question tunisienne et l'Afrique septentrionale*. Paris, Challamel. 1880.

par des dispositions précises, loyales, dont il vous appartiendra souverainement d'arrêter les termes, en les faisant suivre des voies et moyens nécessaires pour l'exécution de ces dispositions nouvelles.

Dans une courte réplique, M. de Broglie déclara que ses questions les plus importantes étaient restées sans réponse. Comment en eût-il été autrement? Gambetta avait dit qu'il espérait saisir les Chambres vers la fin de janvier de ses projets sur la Tunisie; s'il s'était plus avancé, il eût préjugé une question encore à l'étude. Pour le reste, on sait ce qu'il en faut penser. Aussi n'est-il pas étonnant que M. Fresneau ait échoué à faire réduire les crédits de 25,000 francs à titre de blâme : le projet de loi fut voté à l'unanimité de 227 votants.

Tandis que le Parlement sanctionnait ainsi de nouveau la politique suivie en Tunisie, un événement dont les organes de l'opposition exagérèrent la portée, vint jeter le trouble dans l'opinion et sembla un instant devoir annihiler les efforts du gouvernement pour asseoir la puissance française à l'est de nos possessions algériennes.

Entre tous ceux qui se distinguaient pendant la période électorale en multipliant les accusations de tripotages financiers contre les fauteurs de l'expédition tunisienne, est-il besoin de le dire, Henri Rochefort figurait en première ligne. Non content d'écrire que « l'affaire de Tunisie » rapportait « cent millions de bénéfices » à ceux qui l'avaient inventée; et, que c'était pour « ce syndicat, cette bande d'escrocs, que cinquante mille de nos soldats sont allés mourir là bas d'insolation et de misère », le rédacteur en chef de l'*Intransigeant* se livrait chaque jour aux imputations les plus odieuses contre M. Roustan. Sans songer que la nouvelle loi (27 juillet 1881) sur la presse donne au jury la connaissance des diffamations contre un fonctionnaire, et qu'il est toujours dangereux de soumettre à un tribunal composé par le sort, les délicats procédés de la diplomatie, M. Barthélemy Saint-Hilaire invite M. Roustan à poursuivre Rochefort devant la cour d'assises.

« Prétendre exposer en quelques heures les origines de l'expédition tunisienne à des hommes qui, pour la plupart, n'ont qu'une instruction professionnelle assez bornée, les faire juges des moyens d'action dont disposent en Orient les représentants diplomatiques de l'Europe, les initier à mots couverts aux intrigues du Bardo, des consulats rivaux, leur parler de la compagnie Rubattino, de la compagnie Bône-Guelma, de la concession Mancardi, de M. Maccio, du *Mostakhel*, de Taïeb-bey, de Mustapha, d'Ali, de Mohammed, et espérer que leur vue restera lucide en face de la découverte d'un monde qu'ils ne soupçonnent même pas, c'était véritablement trop présumer de leur clairvoyance : ce n'est pas sans peine ni à coup sûr qu'ils distinguent en temps ordinaire le criminel de l'innocent; comment attendre d'eux qu'ils se transportent comme par enchantement et sans s'égarer dans le dédale de la politique étrangère la plus compliquée? Les jurés que le sort réunissait ce jour-là pouvaient-ils savoir si notre chargé d'Affaires en Tunisie avait quelque chose de plus qu'un intérêt professionnel et patriotique à protéger les entreprises de nos nationaux? et, n'en sachant rien, sur quoi devaient-ils se fonder pour condamner M. Rochefort? M. Barthélemy Saint-Hilaire, il est vrai, M. Waddington étaient venus apporter l'autorité de leur témoignage en faveur de M. Roustan, déclarer dans des termes, certes assez dignes, assez convaincants, qu'il avait bien mérité du pays; mais M. de Billing, « ce fonctionnaire congédié du ministère des Affaires étrangères », répondit à cette démonstration en allant, disent les comptes rendus de l'audience, mettre son poing devant le visage de M. Barthélemy Saint-Hilaire et crier qu'il avait menti. Ce mouvement oratoire produisit sans doute plus d'effet que de simples déclarations[1] ». Le jury de la Seine acquitta Rochefort (15 décembre).

On conçoit aisément l'émotion causée par ce verdict, et la façon dont les radicaux prétendirent l'exploiter : « La sentence a été que le gouvernement ne faisait pas son devoir et que nous faisions le nôtre; nous le ferons encore dans l'avenir », s'écria l'*Intransigeant* triomphant. La *Vérité* n'hésitait pas à réclamer la retraite du ministère : pour elle, douze jurés représentaient la France mieux que la Chambre, mieux que le Sénat; par leur voix, le pays avait condamné et M. Roustan, et M. Jules Ferry, et M. Gambetta; ce dernier n'avait plus qu'à se soustraire à la vindicte publique par une prompte démission. Le *Réveil*, l'*Événement* réclamaient une enquête. M. de Lanessan, avec une faculté de généralisation remarquable, était même sur le point de proposer à la Chambre une enquête sur les actes de « tous les agents consulaires depuis dix ans » ; mais la clôture de la session extraordinaire, qui eut lieu le 16, l'empêcha de donner suite à cette vaste conception, destinée sans doute à encourager ceux de ces agents qui seraient tentés de prendre trop à cœur les intérêts de la France.

En Angleterre et en Italie, la joie fut grande : « Le verdict du jury, disait le *Times*, exprime la condamnation de M. Roustan par la voix publique, pour avoir mis la main sur un objet qui ne semble plus aujourd'hui valoir ce qu'il a coûté. C'est la condamnation de M. Jules Ferry, de M. Barthélemy Saint-Hilaire et du général Farre, pour n'avoir pas su calculer la dépense ou assurer le bénéfice. C'est la condamnation de M. Gambetta pour n'avoir pas, en interposant son invincible *veto*, épargné à l'État des embarras que sa perspicacité avait certainement prévus ». La *Liberta*, plus nette encore, s'exprimait ainsi :

---

[1]. *La politique française en Tunisie*, page 305.

« L'absolution des accusés et la condamnation de la partie civile aux dépens signifient que le tribunal a reconnu que les Français sont allés à Tunis pour favoriser les plus honteuses spéculations, et que M. Roustan a réalisé des profits illicites. Cette sentence qui frappe le consul, le ministère qui l'a favorisé, et même le Cabinet actuel qui l'a maintenu à son poste, prouve une fois de plus que les Français ne sont pas allés honnêtement à Tunis... Un peu plus tôt, un peu plus tard, l'entreprise de Tunis finira pour la France comme a fini le procès Roustan, par une condamnation et le payement des frais ». Il n'était pas jusqu'à la *Riforma*, organe de M. Crispi, ami de Gambetta, qui ne manifestât l'espérance de voir la France « faire oublier le passé en adoptant une politique qui en fût la négation ». Seul, dans ce concert de chants de triomphe, le *Daily News* déclara qu'un tel procès, suivi d'un tel acquittement, paraîtrait monstrueux en Angleterre, où le sens politique est assez répandu pour qu'un jury ne laisse pas impunément traîner dans la boue des hommes chargés du soin de la chose publique.

Pour ne pas clore l'année 1881 sur ces turpitudes, mentionnons deux décrets, deux jalons de réorganisation administrative. Le premier qui porte la date du 26 octobre (2 hidjè 1298) décide que les tribus des Kroumir et des Mekna seront recensées et portées sur les rôles de la Medjba pour payer désormais cet impôt comme les autres tribus tunisiennes. Le second, daté du 1ᵉʳ décembre (9 moharrem 1299), rappelle les droits primordiaux de l'État sur les mines et forêts, et déclare nulles et non avenues toutes les aliénations ou acquisitions de cette nature.

1882

Le gouvernement n'eut pas la faiblesse, il faut l'en féliciter, de se laisser émouvoir par le manque de compréhension du jury de la Seine, non plus que par les menaces des intransigeants. Gambetta décida de maintenir M. Roustan à Tunis. Toutefois, sa situation auprès de Mohammed es-Saddok était difficile et le nouveau Cabinet fut d'avis que des hommes étrangers aux événements qui avaient amené le traité du Bardo, auraient chance de trouver une attitude plus favorable de la part du bey, qu'ils résoudraient plus aisément les questions irritantes que soulevait l'institution du protectorat. En conséquence, le 18 février 1882, M. Roustan fut nommé ministre plénipotentiaire de 1re classe à Washington, et M. Paul Cambon, préfet du Nord, passa au ministère des Affaires étrangères avec le grade de ministre plénipotentiaire et le titre de Résident à Tunis. La tâche lui incombait de réorganiser la Tunisie, et l'on sait avec quelle délicatesse de touche il a mis la main sur les rouages vermoulus du gouvernement beylical; avec quelle habileté, ce n'est pas assez dire, avec quel art il a utilisé cet outillage boiteux, l'a réparé, modifié doucement, sans à-coups; et d'une machine usée, percée à jour, fuyant de toutes parts, a refait un instrument administratif, très simple, très économique, répondant on ne peut mieux aux besoins du pays : sa régénération en est le témoignage irréfragable.

Rien n'est plus intéressant et plus instructif à suivre que la conception de ce plan de réformes et son développement. Mais je serais sans excuse de recommencer cette histoire après celle qu'en a écrite si fidèlement, et à si juste titre, un des secrétaires les plus distingués de M. Cambon. Je n'en retracerai que les grandes lignes, les résultats principalement, priant le lecteur qui voudrait pénétrer plus intimement la pensée du jeune et brillant administrateur, de la demander à celui qui en été le confident quotidien et bien souvent l'exécuteur [1].

M. Cambon arriva à Tunis le 2 avril, et tout d'abord conseilla au bey de rendre la liberté à son frère Taïeb, que M. Roustan avait fait incarcérer, le soupçonnant de conspirer le renversement de Mohammed es-Saddok. La réconciliation eut lieu le 21 avril et contribua à l'apaisement des esprits; chaque jour, on voyait diminuer le nombre et la portée des actes d'hostilité contre la domination française, et si l'on constatait encore dans le sud quelques indices d'insoumission, la cause en était surtout aux excitations partant de Tripoli et de Constantinople [2].

Le 22 avril, un décret décida que, pour faciliter les études relatives à l'organisation du protectorat, la correspondance du ministre-résident d'abord centralisée à la Chancellerie des Affaires étrangères, serait ensuite répartie entre les divers ministres compétents pour examiner les projets de réforme, et les signer de concert avec le ministre des Affaires étrangères, conservant la surveillance générale et l'étude des questions internationales.

Dès le premier jour, M. Cambon avait indiqué deux réformes essentielles, fondamentales, sans lesquelles toutes les autres seraient illusoires : la réforme de l'administration financière et l'abolition du régime des capitulations.

---

1. Voyez « Les débuts d'un protectorat », par X... *Revue des Deux Mondes* des 15 février et 15 mars 1887; et du même auteur, *la politique française en Tunisie*, page 317 et suivantes.

2. *Le Djewaïb*, journal officieux de la Porte, répandu à foison dans le nord de l'Afrique, promettait aux Arabes qu'une guerre européenne prochaine faciliterait leur lutte contre la France : « La nuit est *en grossesse*, disait-il, et il serait fort possible que la France fut obligée de faire la guerre en Europe... Il faut résister durant l'hiver, en attendant l'heure du grand combat ». *L'année politique*, 1882, page 26.

La Commission financière dite internationale devait, en effet, paralyser tous nos efforts. C'était elle qui, aux termes de l'arrangement du 23 juillet 1870, préparait le budget tant des revenus concédés aux créanciers que des revenus réservés au bey de Tunis pour les dépenses gouvernementales. Et l'on sait de quelle façon elle avait réduit celles-ci à la portion congrue. Elle ne connaissait qu'une chose : assurer aux porteurs de titres le paiement régulier de leurs coupons. Quant au développement du pays, à la conservation même de ses richesses, elle n'en avait nul souci. D'autre part, son conseil d'administration nommait tous les fonctionnaires tunisiens, et le conseil étant composé d'un Italien, d'un Anglais, d'un Allemand, de deux Tunisiens et d'un seul Français, on se rend compte de notre effacement, et de la situation politique intolérable qui nous était faite.

Cependant le gouvernement hésitait à supprimer cette commission financière, car une pareille mesure comportait la prise en charge de la dette tunisienne par la France. Cette dette s'étant encore accrue de dix-sept millions depuis 1870, il craignait de grever le budget français.

Pour les capitulations, qui établissaient autant de juridictions souveraines [1] que d'États représentés à Tunis, le traité de Kasar-

---

1. La police arrêtait-elle dans la rue, en pleine nuit, un voleur, elle s'assurait avant tout de sa nationalité, et, s'il n'était pas Arabe, devait le conduire immédiatement à son consul pour le prier de faire justice. Un malfaiteur européen était-il signalé au gouvernement par les intéressés? Au risque de le laisser échapper, on ne pouvait l'appréhender qu'en présence des janissaires de son consul, si celui-ci consentait à les fournir, sinon les poursuites étaient suspendues.

En matière immobilière, les tribunaux tunisiens étant seuls compétents, les décisions rendues par eux n'avaient souvent aucune sanction. En matière mobilière, un étranger ne pouvait être traduit en justice que devant le représentant de son pays; ce représentant ne jugeait pas toujours lui-même : les consuls généraux, pour la plupart, avaient à leurs côtés un consul-juge, leur compatriote, avec lequel ils n'étaient pas toujours d'accord, tant s'en fallait, le magistrat cherchant d'ordinaire à se soustraire à l'influence de l'agent. L'étranger poursuivi devant ce magistrat était-il condamné, le consul pouvait atténuer la rigueur de la sentence es-Saïd ayant déclaré que la France garantissait les traités conclus par le bey de Tunis, des négociations avec toutes les puissances semblaient nécessaires au Cabinet, quoique l'Autriche en Bosnie et en Herzégovine, comme l'Angleterre à Chypre, en 1878, eussent de leur propre autorité, aboli les capitulations dans ces provinces, bien qu'elles n'en fussent pas souveraines définitives.

Tout en étudiant la solution qu'il convenait de donner à ces difficultés, le gouvernement saisit la Chambre, dans les derniers jours de mai, d'un projet tendant à créer en Tunisie douze compagnies mixtes, formant un total de 3,588 hommes, dont

en ne se pressant pas de l'exécuter, en accordant des délais, des faveurs même, puisqu'il devait à ses nationaux aide et protection. Avait-il gain de cause? Souvent, par une demande reconventionnelle, il faisait condamner le demandeur; alors ce dernier s'adressait à son tour à son consul, qui reprenait le jugement : toute sentence était ainsi soumise à l'appréciation de chacun des agents qui devaient la faire exécuter. — S'agissait-il de poursuivre une association d'étrangers? autant valait y renoncer, le demandeur devant s'adresser à autant de tribunaux qu'il y avait de défenseurs de nationalités différentes; comment espérer que ces tribunaux rendraient tous des jugements identiques les uns aux autres? L'association avait-elle une nationalité? la poursuite semble plus facile, un seul jugement est nécessaire; mais à combien de mains l'exécution est-elle confiée?

Encore si les Européens seuls avaient pu compter sur les privilèges consulaires, il n'y aurait eu que demi-mal, mais à côté d'eux, bien plus gênants qu'eux, pullulait une race à part, les *protégés*. On ne sait pas assez en France ce qu'on entend en Orient par un protégé; on lit dans les journaux, de temps à autre, qu'un Européen a été maltraité par un fonctionnaire musulman, mais qu'aussitôt le consul a protesté, obtenu le châtiment du coupable et une réparation morale et matérielle en faveur de la victime; ce qu'on ne sait pas, c'est que, très souvent, cet Européen est un nègre, un Arabe ou un juif indigène qui ne parle aucune des langues de notre continent, mais s'est affublé d'une nationalité d'emprunt pour échapper au droit commun. — De Constantinople à Beyrouth, à Alexandrie, à Tripoli, à Tunis, à Tanger, les Maltais, les Levantins, toute cette population de mercanti ou de vagabonds qui n'embellit pas les ports de la Méditerranée, jouissent de privilèges de toute sorte à l'égal des vrais Européens. Il est naturel que les indigènes soient tentés d'avoir leur part de ces privilèges quand ils les voient si généreusement distribués : un certain nombre d'entre eux, généralement les plus intrigants, s'adressent à celui des consuls qu'ils espèrent persuader pour être placés sous sa juridiction; ceux qui réussissent sont déclarés *protégés*, c'est-à-dire que du jour au lendemain ils ne sont plus soumis à leurs juges naturels, qu'ils sont dispensés des impôts les plus lourds, exempts du service militaire, etc. *Revue des Deux Mondes*, 15 février 1887, pages 803 et 804.

2,120 indigènes, un tribunal civil et une justice de paix destinés à juger les litiges actuellement déférés au tribunal consulaire français, et une école d'enseignement primaire supérieur et professionnel, ouverte à toutes les nationalités. Un mouvement marqué de surprise accueillit le dépôt de ce projet, que l'on s'accorda généralement à trouver incomplet et insuffisant[1]. A part la formation d'une force militaire indigène où devaient entrer un certain nombre de soldats français, ce n'était point, à proprement parler, d'une organisation du protectorat qu'il s'agissait : en l'absence du traité du 12 mai 1881, la France aurait également pu créer à Tunis un tribunal et une école.

Le rapporteur de la commission spéciale, M. Antonin Dubost, proposait de soumettre à la Chambre une résolution invitant le gouvernement à préparer une organisation plus complète et plus sérieuse du protectorat. M. Franck-Chauveau demanda que la commission exprimât seulement un vœu dans le sens indiqué par M. Dubost, tout en laissant au gouvernement l'initiative complète des nouvelles mesures à prendre. Ce fut cette dernière opinion qui prévalut très sagement.

Le rapport de M. Dubost, déposé le 3 juillet à la Chambre, constate, en effet, que dans l'état actuel, avec la division des pouvoirs entre le bey et les étrangers, la Tunisie est en pleine anarchie. La transformation de l'organisation financière et du régime des capitulations est le préambule nécessaire de toute réforme administrative ou économique, disait-il, et, sans une réforme de ce genre, le protectorat demeurera inefficace. Tout en proposant l'adoption du projet, le rapport se terminait par ces mots : « En conséquence, votre Commission exprime le vœu que le gouvernement étudie un projet d'ensemble en réglant

---

1. Daniel, page 108.

toutes les questions que comporte l'exécution du traité du Bardo ou que nécessite l'intérêt de la France ».

La discussion manqua d'ampleur parce que le projet même en manquait. Tous les orateurs se trouvèrent d'accord, à des points de vue divers, pour lui reprocher son insuffisance. M. Delafosse déclara que, pour lui, les capitulations constituaient un obstacle invincible à une organisation française de la Tunisie; M. Camille Pelletan dit qu'elles nous mettraient dans la nécessité de demeurer impuissants ou d'annexer la Tunisie. M. Antonin Dubost ne voulait pas admettre de telles extrémités de pensées : les juridictions consulaires, dit-il, avec beaucoup de bon sens et de justesse, n'ont de raison d'être que dans la mauvaise administration de la justice en pays musulman; l'exemple de la France, l'institution de tribunaux réguliers, permettront de poursuivre avec d'autant plus d'autorité la suppression de la juridiction des consuls étrangers. Le Président du Conseil indiqua, en effet, que le moment viendrait où les capitulations devraient disparaître, et qu'il s'efforcerait d'en hâter la venue, sans dire s'il le ferait par voie de négociation diplomatique ou autrement. Le projet fut alors voté par 354 voix contre 110.

Les hésitations que l'on reprochait au gouvernement n'étaient assurément qu'apparentes. En supposant que M. de Freycinet n'ait pas eu le temps de se former un programme politique et administratif à suivre en Tunisie, M. Jules Ferry en avait un sans nul doute. Gambetta s'était vu adresser le même reproche, bien qu'il eut une perception très nette de la situation et des mesures qu'elle impliquait. Dans le courant de juillet, la veille d'une conférence que je fis à la Salle des Capucines sur l'Algérie et les questions tunisienne et égyptienne, j'allai à Ville d'Avray prendre l'avis de Gambetta, en lui exposant les idées annexionnistes qui étaient en faveur en Algérie et que je comptais préconiser. Gambetta m'en dissuada aisément.

— Voyons, me dit-il en riant, de ce que nous avons pris la Tunisie moribonde, l'administrer ne consiste pas à lui donner les derniers sacrements... D'abord, elle n'est pas catholique. Sa foi, ajouta-t-il avec un nouvel éclat de rire, c'est la *punica fides*. Il ne faut pas que l'Europe nous accuse de nous y être convertis. Et, reprenant le ton sérieux, il me développa les raisons de sage politique et de sage économie qui nous commandaient de respecter l'indépendance de la Tunisie.

— Mais la commission financière? objectai-je.

— Ne vous inquiétez pas, nous rachèterons la dette et nous gérerons les finances; ça ne tardera pas. Mais il est inutile de faire de l'agitation autour de cette question. Vous entraveriez plutôt le gouvernement.

Puis, tout en gardant certaines réserves faciles à comprendre, il m'indiqua nombre de réformes que l'avenir a réalisées.

Ainsi Gambetta et ses amis, qui étaient au pouvoir, avaient très nettement entrevu la conduite à suivre; encore certaines dispositions préalables étaient-elles nécessaires pour en assurer le succès.

Entre temps la pacification s'accentuait rapidement : les dissidents réfugiés en Tripolitaine, sous la direction d'Ali-ben-Khalifa, avaient fait leur soumission en grand nombre vers la fin d'août, et le mouvement rétrograde se continuait; les tribus rentraient peu à peu sur le territoire tunisien pour se soumettre aux autorités françaises; de ce côté, il n'y avait plus rien à craindre. On put songer sérieusement à l'outillage économique du pays et un décret en date du 4 septembre (21 chaoual 1299) institua une direction générale des Travaux Publics.

Mais au point de vue international, quant au maintien ou à la suppression des capitulations et à l'organisation financière et administrative, la question tunisienne était encore entière, lorsqu'un incident en apparence insignifiant vint lui donner, dans le courant de septembre, comme un regain d'actualité.

A la suite de divers actes de violence commis par des étrangers sur des soldats français à Tunis, les coupables, conformément aux capitulations, avaient été traduits devant leurs tribunaux consulaires respectifs, qui avaient prononcé des condamnations dérisoires, parfois même des acquittements scandaleux. Ému de cet état de choses, le général Billot, ministre de la guerre, décida que, suivant les principes du droit des gens, la connaissance des délits contre nos soldats, en territoire occupé par l'armée française, serait déférée au conseil de guerre français. Quelque temps après, « un barbier sicilien, Meschino, avec une bande d'amis ou de clients, vint triomphalement porter à son consul un sabre-baïonnette dont ils avaient dépouillé un zouave. Le lendemain matin, les gendarmes entraient dans la boutique du barbier, l'arrêtaient et le livraient à l'autorité militaire. Le consul italien proteste, prétend avoir seul le droit de juger son national, l'état de siège n'étant pas déclaré ; le général en chef répond qu'il ne saurait laisser à un étranger le soin de faire respecter notre armée ; des notes diplomatiques s'échangent entre Rome et Paris. Mais, pendant ce temps, le conseil de guerre s'est réuni, Meschino est condamné à un an de prison. Le quartier européen s'émeut, on télégraphie dans tous les sens, les journaux s'enflamment ; encore un peu et le barbier, qui n'avait voulu faire qu'une mauvaise plaisanterie, devenait un personnage politique, le champion malgré lui du parti de l'opposition à la France : il se hâta de ramener l'affaire à des proportions plus modestes en se reconnaissant coupable et en demandant sa grâce au général par une lettre dont sa famille, puis toute la ville eut connaissance, et qui lui enleva brusquement sa naissante popularité[1] ». Le gouvernement français consentit

---

1. *Revue des Deux Mondes*, idem, page 811.

alors à gracier le coupable, sous la condition qu'il quitterait la Tunisie. Ainsi fut fait, et l'incident n'eut d'autre suite que de saisir à nouveau l'opinion de la question des capitulations.

Deux ou trois semaines plus tard, le *Times* publia l'analyse d'un traité conclu par la France avec le bey, *le 10 juillet*, traité qui portait suppression des capitulations, rachat de la dette tunisienne par la France, et partant liberté pour elle de réorganiser les services financiers de la Tunisie. Ce traité n'était pas ratifié, ni par conséquent définitif, parce que M. de Freycinet n'avait pas voulu ou pas osé en saisir le Parlement durant l'été. La nouvelle prouvant que l'on était décidé à agir fut favorablement accueillie par la presse.

Sur ces entrefaites, Mohammed es-Saddok, qui s'était franchement rapproché de nous, et se montrait notre auxiliaire, depuis qu'il n'avait plus Mustapha ben-Ismaïl pour conseil[1], succomba le 27 octobre à la maladie qui le minait depuis longtemps. Des funérailles solennelles lui furent faites et l'ordre de primogéniture appelant sur le trône son frère Ali, celui-ci fut investi par M. Cambon du pouvoir qu'il exerce encore aujourd'hui à notre entière satisfaction. Ali-bey avait écouté favorablement le parti de l'opposition au moment de l'entrée de nos troupes en Tunisie ; son attitude avait été suspecte, on s'en souvient ; mais mieux éclairé sur notre intervention, il devint notre allié, et depuis il n'a jamais manqué une occasion de nous témoigner de la manière la moins équivoque ses sentiments de respect et de confiance absolue envers la France, dont il peut d'ailleurs apprécier chaque jour la haute probité.

Le 4 novembre (23 hidjè 1299), comme prélude à la réorganisation financière et pour en préparer les éléments, M. Depienne, vice-président de la Commission financière internationale,

---

[1]. En août 1881 le gouvernement français avait obligé le bey à le révoquer.

fut chargé de la direction de toutes les affaires concernant les finances de la Tunisie qui ne rentraient pas dans les attributions de la Commission financière et des Comités.

Quelques jours plus tard, le 8 décembre (20 moharrem 1300) un décret sur l'organisation du collège Sadiki (medraça Sadikia [1]) créa un inspecteur des études européennes, ce qui nous permit de surveiller l'enseignement scolaire, en attendant mieux.

La récolte des céréales et celle des olives avaient été excellentes; les indigènes reprenaient courage, et dès les premières pluies la campagne se couvrit de charrues. Une augmentation très notable du prix de ferme de diverses concessions fiscales s'était produite; à Tunis, on construisait de tous côtés, les terrains donnaient lieu à des spéculations importantes.

L'année 1882 s'achève donc dans des conditions tout autres que la précédente. La situation est déjà souriante et pleine de promesses.

1883

Le premier acte de l'année 1883 fut la création de douze compagnies mixtes, composées d'Européens et d'indigènes, chaque compagnie comprenant :

Officiers.	10
Fantassins français	68
— indigènes	144
Cavaliers français	10
— indigènes	33
Artilleurs français	44

En même temps le bey confie son ministère de la guerre au général Forgemol, commandant en chef du corps d'occupation,

---

1. Forme adjective du nom propre de Saddok.

« afin de le mettre à même de tirer parti des ressources du pays ». C'est dire que la réorganisation de l'armée tunisienne est décidée. Voyons donc quelle était cette armée.

L'armée tunisienne se composait de troupes régulières et de troupes irrégulières; les unes et les autres comprenant de l'infanterie et de la cavalerie.

Il existait, du moins sur le papier :

Sept régiments d'infanterie régulière à deux ou trois bataillons de huit compagnies chacun;

Un régiment de cavalerie à quatre escadrons de quatre pelotons;

Quatre régiments d'artillerie, dont deux de forteresse;

La musique du Bey.

Les 1er, 3e, 6e et 7e régiments d'infanterie formés chacun à deux bataillons tenaient garnison à Tunis, au Bardo, à la Marsa et à la Goulette.

Le 2e régiment composé de trois bataillons tenait garnison à Sousse. Le 4e régiment composé de trois bataillons tenait garnison à Monastir. Le 5e régiment composé de deux bataillons tenait garnison à Kairouan.

Le régiment de cavalerie était à La Manouba.

Dans l'artillerie, les 1er et 2e régiments tenaient garnison à Tunis, au Bardo, à la Goulette, les 3e et 4e occupaient les places fortes : le Kef, Kairouan, Gafsa, Tozeur, Sousse, Hammamet, Kelibia, Porto-Farina, Bizerte et Tabarka. Les troupes irrégulières à pied comprenaient les Zouaoua et les Hanéfia qui, exempts du service militaire proprement dit, étaient chargés en temps ordinaire d'un service de police et montaient la garde dans les forts ainsi qu'aux portes de la ville de Tunis. Ils formaient une espèce de milice à la disposition du bey qui pouvait la convoquer en cas d'expédition dans l'intérieur. Les troupes irrégulières à cheval : Spahis et Hamba composaient le maghzen, la garde au Bardo et à la Marsa. Elles portaient et faisaient exécuter les ordres du bey, des ministres et des gouverneurs.

En colonne, les spahis et les hamba s'occupaient spécialement des prisonniers du convoi, de la garde de la tente du bey du camp.

Les spahis formaient 7 oudjaks, stationnés à Tunis, Béja, le Kef, Kairouan, Gafsa, Gabès et Sousse. — Les hamba étaient réunis en un seul oudjak à Tunis.

Dans l'armée régulière, la hiérarchie comprenait et comprend encore les grades suivants :

GRADES	CORRESPONDANT A
Ambachi.	Caporal brigadier.
Balouk Amin.	Fourrier.
Chaouch.	Sergent, maréchal des logis.
Bachi Chaouch.	Sergent-major, maréchal des logis chef.
Sala Koularassi.	Adjudant.
Ekindj'i m'lazem.	Sous-lieutenant.
M'lazem.	Lieutenant.
Yous Bachi.	Capitaine.
Sara Koulassi.	Adjudant-major.
Bimbachi.	Commanpant.
Alaï Amin.	Major.
Kaïm mokam	Lieutenant-colonel.
Emir Alaï.	Colonel.
Emir Lioua.	Général de brigade.
Farik.	Général de division.

Le Sala Koularassi (adjudant) compte parmi les officiers subalternes. Le Sara Koulassi, adjudant-major (parmi les officiers supérieurs), l'Alaï Amin, major, marche avant les commandants, l'Emir Alaï (colonel) fait partie du cadre des généraux.

Ahmed-bey qui institua le premier cette armée régulière avait adopté un mode de recrutement aussi simple qu'expéditif. Des officiers se rendaient dans les tribus, rassemblaient les jeunes gens, les faisaient défiler devant eux et incorporaient purement et simplement les mieux constitués jusqu'à concurrence du nombre que le bey désirait. Dès lors ceux-ci étaient soldats à perpétuité; ce n'était que lorsque des infirmités les rendaient impropres à tout service, que le gouvernement se décidait à s'en débarrasser et les envoyait mourir de faim chez eux.

Nous avons vu que dès la mort d'Ahmed-bey, Mohammed licencia la majeure partie de ses troupes, et désireux de rendre le service à la fois moins pénible et plus équitable, fit préparer sur le recrutement la loi promulguée par Mohammed es-Saddok le 11 février 1860 (15 redjeb 1276). En principe, cette loi devait s'étendre à la Tunisie tout entière; mais en principe seulement. Il était permis, en effet, d'aligner sur le papier tous les bataillons que le pays était susceptible de fournir; mais les passer en revue, en rang d'oignon, c'était autre chose.

Le pays, on s'en souvient, refusa de s'y soumettre et la loi n'eut d'effet que dans les villes et les villages, parmi les populations sédentaires qui ne pouvaient que difficilement s'y soustraire. Encore par politique Tunis et nombre de zaouïa furent-elles exemptées. Il en fut de même des tribus de l'Arad, des Fraichich, des Drid, des Hammama, de l'oasis de Nefta où Mohammed-es-Saddok était impuissant à imposer la loi. Pour expliquer ce semblant de faveur, il était dit que ces tribus devaient se constituer en maghzen pour participer à la défense du territoire le cas échéant. L'établissement de listes de recensement ne fut pas prescrit non plus aux Mogod et aux Kroumir qui se considéraient, on le sait, comme indépendants.

En résumé, l'enrôlement de 1861 ne donna que 21,461 jeunes gens de 18 à 32 ans au lieu du nombre de 40,000 qu'on aurait dû atteindre au minimum.

Encore sur ces 21,461 inscrits, plus de la moitié s'empressèrent de se retirer sous leur tente, comme Achille, lorsqu'il ne voulut plus combattre. Mais les sujets de Mohammed es-Saddok y mirent moins de fierté que le héros troyen : ils enjambèrent les murs et s'enfuirent par les fenêtres des casernes. Dès 1862, c'est à peine si 10,000 hommes figuraient encore sous les armes. D'ailleurs les ressources du Trésor ne permettaient point l'entretien de cette armée et, l'année suivante, la majeure partie fut rendue à la liberté. Au moment de l'insurrection de 1864, le bey n'avait plus que 1,500 hommes à sa disposition; aussi dut-il faire appel aux troupes irrégulières (zouaoua et hanéfia) pour marcher contre les insurgés. Il agit de même en 1866.

A la suite de cette nouvelle expédition, au cours de laquelle les troupes beylicales subirent de cruels échecs, furent très malmenées au Khangat, el Kef et Tout chez les Nefza, l'armée fut augmentée; mais la commission financière à peine en fonctions réduisit de moitié la solde des officiers, ce qui faisait 500 piastres (300 francs) par mois à un général, 6 francs par mois à un lieutenant et 4 fr. 80 à l'adjudant. C'était maigre!

Quant au soldat, il recevait chaque jour du pain et de l'huile; et puis il tricotait. Le tricot faisait le reste. Dans la chambrée, en flânant par les rues, même en service, en faction, le guerrier tunisien faisait jouer agilement ses aiguilles et confectionnait des *Alarakia* d'ailleurs estimés. Il les vendait facilement et se procurait de la sorte les quelques carroubes que le gouvernement oubliait de lui payer.

Il nous faut mentionner en passant la Debdaba, le grand établissement militaire où se fabriquaient le pain et l'huile pour les troupes. Scindé en deux, il y avait la manutention et l'usine à huile. En 1881, une locomobile de la force de 25 chevaux fonctionnait depuis vingt ans sans avoir jamais subi la moindre réparation. On voit d'ici la machine à vapeur! Les meules, dans le même état d'entretien donnaient une mouture invraisemblable. Deux pétrisseurs et cinq fours permettaient de livrer huit mille pains par jour. Trois paires de meules et huit presses hydrauliques donnaient environ dix-huit cents litres d'huile dans la journée.

Comme bien on suppose, le matériel de guerre, les armes et les munitions étaient à l'avenant. Provenant en majeure partie d'achats faits à l'étranger et de cadeaux reçus de toutes les puissances, l'arsenal était bien plutôt un magasin d'accessoires. Il y avait là de quoi faire le bonheur d'un collectionneur, et mieux d'un marchand de ferraille. En 1784, la Suède avait envoyé à Hamouda-Pacha quelques boulets de deux livres et six cents barils de poudre; en 1786, Mustapha ben Mohammed avait reçu de la France à l'occasion de son avènement au trône dix mille boulets de différents calibres (des échantillons!) expédiés par l'arsenal de Toulon; quelques années plus tard (en 1791), l'Espagne avait envoyé à son tour au même prince des fusils, des pistolets et deux petits vaisseaux armés en guerre. Et depuis le commencement du XIXᵉ siècle, la France, l'Italie, l'Espagne, l'Angleterre et l'Allemagne avaient multiplié leurs présents en armes, matériel et munitions de toutes sortes. Tout cela entassé, accumulé, formait une collection assurément plus intéressante qu'utile, d'autant que les donateurs avaient négligé de joindre aux engins la manière de s'en servir.

Hamouda-Pacha avait installé à Tunis une fonderie de canons, la Hafsia, à laquelle Ahmed-bey donna une certaine importance; mais la crise financière éteignit les fourneaux comme elle ferma la fonderie qui fonctionnait à la Casbah. Néanmoins la Tunisie possédait en 1881 des armes, des munitions, tout un matériel de guerre relativement énorme. Rien qu'à Tunis, dans les forts environnants et à l'arsenal, nous avons trouvé plus de quarante mille fusils, plus de huit cents pièces d'artillerie, des sabres, des yatagans, des lances, des haches d'abordage, des boulets, des obus, des bombes, des boîtes à mitraille, de la poudre, des cartouches, des gargousses, etc., le tout en quantités considérables. En outre, toutes les places fortes de l'intérieur étaient approvisionnées dans les mêmes proportions et non sans intelligence. Chaque fort, chaque batterie avait ses magasins, ses approvisionnements, tout préparés pour résister à une attaque tout à fait imprévue. Seulement — il y a un seulement, — les casernes, les forts, les établissements militaires non entretenus s'en allèrent en ruines et furent en partie abandonnés; les munitions non renouvelées, non manutentionnées furent bien vite avariées et perdues, et l'armée elle-même ayant dû être en grande partie renvoyée dans ses foyers, longtemps avant l'occupation française la Tunisie était hors d'état d'opposer la moindre résistance. Les vingt-neuf places fortes ou bordjs à la défense desquelles l'armée tunisienne devait faire face, y étaient occupées en 1881 par 1,690 hommes, parmi lesquels plus de *750* officiers!

Nous avons vu que les troupes irrégulières comprenaient comme infanterie les Zouaoua, les Hanéfia; comme cavalerie les Hamba, les Spahis. Ces cavaliers, désignés indistinctement sous le nom de Mokhasniâ, constituaient le maghzen.

Les Zouaoua sont presque tous originaires de la grande tribu ou plutôt de la confédération de tribus kabyles qui habitent les gorges les plus reculées du Djurdjura (Algérie), race d'hommes fiers, intrépides, laborieux qui contribuèrent en grande partie à la formation de la milice créée en 1831 et à laquelle, par suite, ils donnèrent leur nom. Zouave est une corruption de *Zouaoua.*

Leur soumission aux Turcs ne fut jamais que nominale; mais ils louaient leurs services militaires aux deys. En 1681, Baba-Hassan emmena plusieurs milliers de ces mercenaires en Tunisie, et l'expédition terminée un assez grand nombre se fixèrent à Tunis. Ceux-ci attirèrent auprès d'eux bon nombre de leurs frères et amis qui firent souche à leur tour : telle est l'origine des Zouaoua en Tunisie.

A la suite de la révolution des janissaires, en 1804, Hamouda-Pacha résolut de se composer une garde avec les Zouaoua dont la réputation de bravoure n'était plus à faire. Il leur donna une solde régulière, leur accorda quelques privilèges, en retour desquels ils devaient assurer la garde des forts, celle des palais beylicaux, et pouvaient être convoqués en masse toutes les fois que cette convocation paraîtrait nécessaire.

Amoindris sous Ahmed-bey par suite de la création d'une armée régulière, Mohammed es-Saddok qui avait eu besoin de leurs services en 1864, 1866 et 1867 leur avait rendu quelque importance.

Au moment de l'occupation, on comptait, à Tunis, environ 3,000 Zouaoua et plus de 15,000 étaient disséminés dans l'intérieur. Un millier d'entre eux furent mobilisés pendant la campagne pour renforcer les colonnes tunisiennes de la Mohammedia, de Bir-Bouïta et de Medjez-el-Bab. Mais leur conduite laissa fort à désirer, et nos généraux ne cessèrent de réclamer leur licenciement.

Les Hanéfia sont les descendants des familles turques installées dans le pays principalement aux XVIe et XVIIe siècles. Organisés en milice, ils furent licenciés en 1857 par Mohammed-bey et rappelés en 1864 par Mohammed es-Saddok qui leur donna une organisation identique à celle des Zouaoua.

Essentiellement citadins, pacifiques et capables de dévouement, les Hanéfia ont toujours été et sont encore portés à solliciter des places qui leur assurent une existence paisible. Ils forment la majeure partie des janissaires des différents consulats et presque tous les serviteurs des beys ont été recrutés parmi eux.

En 1881, on comptait environ 7,000 Hanéfia dont 2,000 à Tunis. Mobilisés en partie avec les Zouaoua, ils ne furent pas brillants; mais, moins turbulents que ces derniers, ils ne donnèrent lieu à aucune plainte.

Le maghzen était divisé en huit oudjaks (un de hambas, sept de spahis) dont les effectifs étaient proportionnés au service que devait fournir chacun d'eux.

Le plus nombreux était l'oudjak des spahis de Tunis qui comptait 600 cavaliers environ : venait ensuite l'oudjak des hambas fort de 500 hommes; celui de l'Arad, le plus faible de tous, n'avait à son effectif que 200 spahis. Ce maghzen entièrement mobilisé constituait une force d'environ 4,000 cavaliers.

Une pareille armée était-elle réorganisable? Devions-nous la conserver? Telles étaient les questions qui se posaient. Plusieurs officiers supérieurs étaient d'avis de licencier purement et simplement toutes les troupes, de vendre le matériel et de supprimer de ce fait le budget de la guerre. On se débarrassait de la sorte d'une réforme qui demandait à être faite de fond en comble et l'on réalisait de ce chef une économie assez notable. Le général Forgemol fut d'avis contraire. Il fit valoir des considérations morales et politiques d'un ordre élevé et demanda le maintien de l'armée tunisienne organisée sur de nouvelles bases.

Dans une lettre en date du 14 décembre 1882, il faisait remarquer que la garde d'honneur du bey ne pouvait être composée que de soldats indigènes si nous ne voulions pas, en chargeant des soldats français de ce service, laisser penser que notre protégé n'était qu'un prisonnier entre nos mains.

Le général aurait pu ajouter qu'il eût été bien difficile aussi de réglementer ce service de façon à concilier l'amour-propre de notre armée avec les exigences par trop orientales qui incombent à la garde d'honneur des palais beylicaux.

Il observait, en outre, qu'il existait dans l'armée tunisienne de nombreux officiers âgés, dignes d'intérêt, « ayant rendu à leur pays des services réels, dont quelques-uns avaient combattu à côté de nos troupes en Crimée et qu'il serait aussi inhumain que souverainement injuste de leur supprimer le morceau de pain qu'ils ne devaient qu'au budget de la guerre et sans lequel ils seraient dans une indigence absolue » Enfin, sans rien préjuger des projets que pouvait avoir le gouvernement français sur l'annexion définitive de la Tunisie et sur l'organisation d'une armée d'Afrique, le général Forgemol était encore d'avis qu'il fallait « maintenir l'armée tunisienne afin de ne pas laisser tomber en désuétude la loi sur le recrutement et de pouvoir utiliser, à un moment donné, les ressources que donne cette loi ».

Soit. Mais n'était-il pas impolitique de faire nous-mêmes l'éducation et l'instruction militaire d'une population qui pourrait, un jour, se tourner contre nous et nous occasionner de la sorte de grosses difficultés?

Le général Forgemol, dont la compétence en pareille matière fait sans doute autorité, tenait l'objection pour spécieuse. La fidélité des tirailleurs algériens, fidélité qui ne s'est jamais démentie, même dans les circonstances les plus difficiles, lui semblait répondre de celle des soldats tunisiens qui seraient instruits dans les mêmes conditions.

Il ne croyait pas non plus au danger que paraissaient présenter les Tunisiens une fois libérés et rentrés dans leurs foyers. En effet, dès qu'il n'est plus dirigé, actionné par les cadres au milieu desquels il a coutume de se mouvoir, aussitôt qu'il est abandonné à sa propre initiative, l'indigène africain n'offre plus aucune valeur militaire, telle que nous l'entendons : il redevient l'égal du premier Arabe venu. C'est là un fait indéniable, que l'expérience a souvent vérifié.

Quant à l'armée tunisienne proprement dite, celle que le général destinait, dans ses projets, à constituer une garde d'honneur, son effectif devait être trop faible pour pouvoir créer un danger, en admettant même que cette petite troupe pût avoir, à un moment donné, des velléités de rébellion contre nous.

Le gouvernement français adopta les conclusions du général Forgemol, qui fut nommé ministre de la guerre de la Tunisie et chargé, en conséquence, de la réorganisation de son armée.

Nous allons indiquer de suite ce qui a été fait, pour en terminer avec cette question.

La loi du 15 redjeb 1276 (7 février 1860) était applicable, comme nous l'avons déjà dit, à la Tunisie entière; tous les jeunes gens recensés devaient être soumis, en principe, au tirage au sort pendant huit années, mais jusqu'à l'âge de 32 ans seulement. Comme le recensement englobait tous les jeunes gens de 18 à 32 ans, celui de 18 ans devait prendre part au tirage jusqu'à l'âge de 26 ans, celui de 19 jusqu'à 27, celui de 30 ans pendant trois années; enfin celui de 32 ans ne tirait au sort qu'une seule fois. Tout individu tombé au sort, devait, d'après la loi, huit années complètes de service.

Le général Forgemol proposa de faire revivre la loi du 15 redjeb 1276 telle qu'elle avait été promulguée, en diminuant toutefois de moitié la durée du service militaire. Il s'agissait donc d'exiger de toutes les populations de la Tunisie quatre années de service militaire effectif.

Les rebelles venaient d'être vaincus, ils étaient encore sous l'impression de leur impuissance, et le corps d'occupation, fort à cette époque de plus de 30,000 hommes, leur en imposait suffisamment pour n'avoir à redouter aucun retour offensif. Le moment était donc opportun pour soumettre toutes les populations à la loi sur le recrutement, mesure qui aurait été du reste absolument juste et équitable.

D'un autre côté, le service de quatre ans, tout en étant une diminution de moitié de la durée prévue par la loi, nous permettait de bénéficier, le cas échéant, de l'instruction militaire donnée aux hommes, instruction qui exige au moins deux ans pour arriver à un résultat satisfaisant.

Enfin, les charges du recrutement devenaient insignifiantes puisque le contingent annuel n'aurait été égal, au maximum, qu'au quart de l'effectif des troupes indiquées, et qu'il aurait été prélevé sur plus de 40,000 inscrits, ce qui permettait d'entrevoir de nombreuses améliorations et entre autres la diminution du nombre d'années pendant lesquelles les jeunes gens seraient astreints à prendre part au tirage au sort.

M. Cambon fit part des projets du général en chef au gouvernement tunisien qui s'empressa de se répandre en éloges sur leur esprit de justice et d'équité et sur les avantages indiscutables qu'ils présentaient. Mais, quelques jours plus tard, le Premier ministre, Mohammed el Aziz bou Atour, présenta diverses objections.

« De nombreuses populations, encore en Tripolitaine et sur le point de rentrer seraient, sans doute, disait-il, arrêtées dans leur mouvement en apprenant que, dès leur retour, elles seraient soumises à la conscription; S. A. Ali-bey venait de succéder à son frère Si Saddok, il fallait prendre garde de lui attirer, au début de son règne, une impopularité irrémédiable. Si, comme en 1861, l'application générale de la loi du recrutement soulevait de dangereuses récriminations de la part de certaines populations, le corps d'occupation réprimerait rapidement, sans doute, toute tentative de rébellion; mais comme le pays venait à peine d'être pacifié, il serait peut-être bon d'éviter les nouveaux troubles qui pourraient se produire. On pourrait, jusqu'à nouvel ordre, s'en tenir aux errements en vigueur : recruter les contingents parmi les populations sédentaires des villes et villages qui, dans l'impossibilité où elles sont de s'insurger, obéiraient certainement. On pourrait leur demander six mois de service, un an au grand maximum ; mais, une période de quatre années serait exagérée et soulèverait des tempêtes. On verrait plus tard. Lorsque la tranquillité règnerait dans tous les esprits, il serait certainement possible de faire comprendre, même aux plus récalcitrants, qu'on voulait agir dans l'intérêt de tous ; mais pour l'instant, il n'y fallait pas songer. »

Bref, M. Cambon proposa, au nom du gouvernement tunisien, d'appliquer la loi de redjeb au seul territoire qui, en 1861, avait répondu à l'appel, et de fixer la durée du service militaire à six mois, un an au plus.

Le général Forgemol, sachant trop bien que toute discussion avec le gouvernement tunisien entraînerait des négociations fort longues et probablement sans résultat, tenant par contre essentiellement à faire revivre la loi sur le recrutement, accepta son application provisoirement restreinte à une faible partie de la Tunisie ; mais il déclara que si la durée du service n'était pas de deux ans au moins, il y avait lieu de renoncer à toute idée de réorganisation et qu'il n'y avait plus qu'à procéder, sans retard, au licenciement général de l'armée tunisienne.

Cette condition *sine qua non* décida le bey et son entourage ; il fut entendu que les contingents resteraient deux ans sous les drapeaux. Faisons remarquer, en passant, combien la situation actuelle donne raison aux projets primitifs du général. Il n'y a, en effet, que quelques années que la loi est appliquée, et nous éprouvons déjà de grosses difficultés pour fournir aux corps de troupes indigènes les hommes qui sont nécessaires à leurs effectifs, par suite du peu d'étendue du territoire soumis à la loi et l'obligation de prélever chaque année un contingent qui doit être à peu près égal à la moitié de ces effectifs.

Par décret du 30 redjeb 1300 (6 juin 1883) le bey ordonna le recensement des hommes de 18 à 32 ans dans les parties de la Régence où la loi sur le recrutement avait été appliquée une première fois en 1862.

Comme par suite de la nouvelle organisation les troupes auxiliaires étaient appelées à disparaître, le décret ci-dessus prescrivait aux gouverneurs de comprendre sur leurs listes de recensement, et dans les mêmes conditions que les autres indigènes, les Zouaoua, les Hanéfia, les Spahis et les Hambas. Une circulaire explicative en date du 5 juillet suivant, fit connaître aux populations qu'en ordonnant l'application de la loi édictée par le bey Ahmed, promulguée par Mohammed es-Saddok, S. A. le bey avait pour but de renvoyer dans leurs foyers les vieux soldats qui, depuis 1862, avaient seuls été appelés et retenus sous les armes : dorénavant chaque homme ne passerait que deux années à la caserne, après quoi il serait définitivement libéré.

Le recensement donna, pour l'année 1883, 20,939 inscrits.

Le 18 août, un nouveau décret beylical détermina le nombre d'hommes à recruter par canton et fixa l'itinéraire que devait suivre chacune des commissions du tirage au sort. Ces commissions, au nombre de neuf, étaient composées :

1° Du gouverneur du territoire sur lequel on opérait, *Président;*

2° D'un officier du service des renseignements ;

3° D'un officier tunisien ;

4° D'un médecin ;

5° D'un interprète militaire ;

6° D'un savant ;

7° Du cadi ;

8° Du muphti.

Le médecin et l'interprète militaire n'avaient pas voix délibérative.

Ces commissions du tirage au sort recrutèrent, sur l'ensemble des jeunes gens inscrits, 2,370 jeunes soldats qui servirent à la formation de la garde beylicale et au renouvellement des effectifs indigènes des 12 compagnies mixtes. Chacune de ces commissions désigna, en outre, et dans chaque canton, un certain nombre de jeunes gens dits supplémentaires qui, laissés chez eux au moment de la réunion du contingent, furent appelés plus tard pour combler les vacances produites dans les effectifs.

En résumé, la première année, la loi sur le recrutement fut appliquée telle qu'elle l'avait été en 1861 par Mohammed es-Saddok, avec cette seule différence que la durée du service fut réduite à deux ans.

Cependant, comme les effectifs indigènes allaient être formés en entier de jeunes soldats incorporés le même jour et devant par conséquent être libérés à la même époque, c'est-à-dire au bout de deux ans, le général en chef, afin de parer au grave inconvénient d'un licenciement général de tous les soldats dressés et à leur remplacement par un même nombre de recrues (fait qui aurait immobilisé les compagnies mixtes pendant la période d'instruction), afin de réglementer aussi dans l'avenir d'une façon à peu près égale pour chaque année les charges du recrutement, le général en chef, disons-nous, prescrivit que, par exception, la moitié du contingent incorporé en 1883 ne ferait qu'un an de service, serait libéré en 1884 et remplacé la même année par un nouveau contingent qui, lui, serait astreint à rester deux ans sous les drapeaux. A partir de 1884, après le licenciement de la moitié du contingent de 1883 et l'incorporation d'un nombre de recrues égal, les corps de troupes n'ont donc eu à libérer chaque année que la moitié de leurs effectifs.

Divers décrets beylicaux promulgués en 1884 et les années suivantes ont apporté à la loi primitive sur le recrutement quelques modifications assez importantes. C'est ainsi que la période pendant laquelle les jeunes gens étaient soumis au tirage au sort (de 18 à 32 ans) a été réduite de quatre ans.

Actuellement tout indigène qui atteint l'âge de 27 ans est définitivement rayé des registres.

Les commissions du tirage au sort n'ont plus à désigner, dans les cantons, les hommes dits supplémentaires; le contingent annuel est fixé une fois pour toutes, et les diminutions qui peuvent se produire durant l'année subsistent à l'effectif jusqu'à la prochaine levée des recrues.

Les jeunes gens qui étaient absents de leur pays d'origine au moment du passage des commissions, et dont la résidence était connue, pouvaient se faire remplacer par un mandataire pour le tirage au sort. En outre des nombreux abus que facilitait cette disposition de la loi, il arrivait que certains de ces jeunes gens, désignés par le sort et dirigés sur un corps de troupe, sans avoir été au préalable examinés par un médecin, devaient être réformés dès leur arrivée à la portion centrale. Cette faculté de se faire représenter a été supprimée, et tout indigène qui n'est pas présent aux opérations du recrutement, est inscrit d'office en supplément du contingent à fournir par le canton dont il fait partie.

Diverses améliorations ont été également apportées soit pour éviter les substitutions, soit pour la vérification des droits à l'exemption et à l'ajournement, soit enfin pour la réunion des contingents et la composition des cadres de conduite.

La loi du 15 redjeb 1276 modifiée et les instructions destinées aux membres des commissions du tirage au sort forment deux petites brochures qui donnent, mieux que nous ne pourrions le faire ici, tous les renseignements et les détails relatifs à cette question du recrutement.

Il nous reste à faire connaître le nombre des hommes inscrits, celui des recrues prélevées chaque année depuis 1883, en fournissant quelques explications sur les différences que nous allons constater dans le tableau ci-dessous, et enfin en entrant dans quelques détails sur l'application de la loi et sur les contingents.

Années.	Nombre des inscrits.	Nombre des recrues prélevées.
1883	20,939	2,770
1884	13,673	1,545
1885	9,992	1,532
1886	9,565	1,678
1887	9,090	1,754
1888	8,593	1,666
1889	9,091	1,818
1890	9,080	1,464
1891	9,331	1,300

En 1883, recensement des jeunes gens de 18 à 32 ans, prélèvement d'un contingent égal aux effectifs totaux en indigènes de la garde beylicale et des douze compagnies mixtes. En 1884, recensement des jeunes gens de 18 à 26 ans seulement, radiation de tous les incorporés de l'année précédente, prélèvement d'un contingent égal à la moitié environ des effectifs.

En 1885, le 4ᵉ régiment de tirailleurs est formé, mais comme tous les Français provenant des compagnies mixtes sont encore présents, son effectif réglementaire en indigènes est diminué d'autant et le contingent à prélever est à peu près le même qu'en 1884.

En 1886, les Français sont libérés et doivent être remplacés par des indigènes; le contingent augmente.

En 1887, formation d'un 4° escadron au 4° régiment de spahis.

En 1888, le 5° escadron est formé, mais comme les ressources du recrutement diminuent, il n'a pas été possible de prélever le nombre d'hommes demandés par le 4° tirailleurs et le 4° spahis.

On le voit, en effet, par le tableau ci-dessus, le nombre des inscrits va continuellement en décroissant et il ne peut pas en être autrement. Le relèvement que l'on constate en 1891 est dû à un décret du 18 rabia-el-aoual 1308 (1ᵉʳ novembre 1890) qui décide que l'oasis de Nefta sera soumise à la loi de recrutement et, en outre, tous les nègres et les jeunes gens des familles, qui bien qu'originaires d'une autre contrée de la Tunisie, sont installés d'une façon définitive dans les villes ou villages où la loi militaire est appliquée.

En résumé, quelque injuste, despotique même que soit cette loi dont les charges n'incombent qu'à une fraction des sujets, ceux-ci l'acceptent d'assez bonne grâce en raison de la haute paie dont ils jouissent — et qui, cela va de soi, leur est payée régulièrement, — du bien-être relatif dans lequel ils sont entretenus, les soins enfin dont ils sont l'objet de la part de leurs chefs. Ils se mettent facilement en route pour rejoindre la caserne; leur famille les y encourage. Rarement ils désertent; il en est cependant qui n'ayant jamais quitté leur village ou leur tribu se sentent pris d'une nostalgie invincible; un beau matin, ils se sauvent à travers champs pour aller retrouver leur famille. Il n'est pas rare dans ce cas que le père lui-même ramène le jeune soldat à son corps. J'ai été témoin d'un fait de ce genre.

L'avachissement dans lequel l'ancien régime tunisien entretenait ses soldats, dont l'instruction militaire et la tenue étaient à la hauteur de la nourriture et de la solde, leur a valu une réputation dont on a peine à revenir. On se figure généralement qu'on ne saurait en faire de bonnes troupes. C'est une erreur. Les Zouaoua de Tunisie ne sont point dégénérés à ce point qu'ils aient perdu les qualités guerrières de leurs ancêtres du Djurdjura, et les Tunisiens en général font des soldats intelligents, parfaitement disciplinés et faciles à conduire. J'ai vu l'hiver dernier à Kairouan de jeunes recrues du 4ᵉ tirailleurs qui n'avaient que quelques semaines d'exercice et qui se tenaient très convenablement. Certains sous-officiers avaient l'air très crâne.

Nos officiers sont persuadés que ces jeunes gens feraient bonne figure au feu; ils ont confiance en eux et l'avis qu'ils donnent est en connaissance de cause.

Au reste, on a pu remarquer dans les chapitres précédents que l'histoire militaire de la Tunisie comporte des faits d'armes très honorables. Ce petit pays a lutté courageusement et souvent avec succès contre les forces supérieures des souverains d'Alger; et nous ne voyons pas pourquoi les soldats tunisiens, fortement encadrés comme le sont les Algériens, ne se comporteraient pas aussi bien que ceux-ci.

Le seul regret que leurs officiers m'aient exprimé, c'est d'être obligés de libérer ces jeunes gens au moment où, réellement dressés, il serait possible, le cas échéant, d'utiliser leur instruction. Très peu rengagent et pour cause; ceux qui ont le goût de la caserne n'y reviennent que comme remplaçants, ce qui leur rapporte un millier de francs environ pour les deux années. Je parlais tout à l'heure de Kairouan; sur les 312 hommes qui, l'an dernier, y formaient le bataillon de tirailleurs, 61, soit le cinquième, s'étaient fait remplacer à ce prix de mille francs.

Qu'on supprime les remplaçants et que l'on recrute les hommes en leur donnant quatre cents francs comme à nos tirailleurs algériens, 250 francs en s'engageant et 150 francs après deux ans de service; et dans un bref délai, les engagements volontaires se substitueront entièrement à la levée des soldats. C'est du reste l'esprit de la loi, ce qu'on s'est proposé à l'origine; la dépense en a seule empêché jusqu'à ce jour la réalisation; et c'est fâcheux. Nous ne pourrions qu'y gagner. On paraît enfin songer sérieusement à une armée coloniale : il ne faut pas oublier qu'il y a là un de ses éléments.

La réorganisation de l'administration civile était plus urgente encore que celle de l'administration militaire. Un décret du 27 janvier 1883 décida d'abord que les lois et décrets, de même que les actes émanant des chefs des services publics, doivent, pour avoir force exécutoire, être promulgués au *Journal officiel tunisien;* et quelques jours plus tard, le 4 février, à côté du Premier ministre et du ministre de la Plume qui dirigent l'administration indigène, un nouveau décret institua le poste de Secrétaire Général du Gouvernement tunisien occupé par un agent français.

Celui-ci « reçoit et répartit, entre les divers services, la correspondance adressée au gouvernement beylical. La correspondance préparée dans les bureaux de l'administration générale lui est remise; c'est lui qui la soumet à la signature du premier ministre, et qui l'expédie ensuite aux destinataires. Ainsi aucune affaire ne peut échapper à sa surveillance et, dans toutes, il peut donner un conseil et faire prévaloir les pensées du Protectorat.

« Le secrétaire général du gouvernement tunisien a, en outre, la direction de l'administration générale, la garde des archives de l'État, la présentation au bey et la publication des lois, décrets et règlements[1] ». Leur promulgation lui étant dévolue, aucun acte officiel ne peut avoir de valeur sans avoir reçu préalablement son visa. Nous sommes donc à l'abri contre tout acte clandestin, de quelque nature que ce soit.

Le même mois (21 février), on apprit avec joie à Tunis le retour de M. Jules Ferry à la présidence du Conseil. On y voyait, à juste titre, un gage sérieux de progrès et de développement de la nouvelle colonie. En effet, dès le lendemain, dans sa déclaration ministérielle, M. Jules Ferry, — qu'on regardait à ce moment, soit dit entre parenthèses, comme l'héritier de Gambetta et dont il demeure toujours le plus digne continuateur, — n'oublia pas le pays qu'il avait donné à la France : « Nous vous apporterons également, disait-il, dans un bref délai, la suite des mesures destinées à compléter l'organisation du protectorat français en Tunisie ». Il tint parole.

D'abord, après entente avec la Commission financière, la préparation du budget fut confiée au Conseil des ministres[2], ce qui permit immédiatement de mettre de l'ordre dans les recettes, dans la comptabilité, et de mieux employer le budget des dépenses. Celui des exercices précédents présentait une série d'articles incohérents, se suivant sans méthode, les uns comprenant, en un seul chiffre, les services les plus variés; les autres ouverts à des dépenses insignifiantes. Le budget fut divisé en quatre chapitres répondant aux quatre grands services des Finances, de l'Administration, de la Guerre et des Travaux publics.

Dans ce dernier service tout était à faire, aucun crédit ne lui était ouvert aux précédents budgets. Un corps complet d'in-

1. Rapport de M. Ribot, p. 9.
2. Il se compose du Résident général, président des ministres du bey; du Premier ministre et du ministre de la Plume; du général commandant le corps d'occupation; des directeurs des Finances, des Travaux Publics, des Postes et Télégraphes, de l'Enseignement, et le Secrétaire général du gouvernement tunisien.

génieurs et d'agents d'exécution fut constitué (décret du 25 juillet 1883) et un crédit de 4.576.876 piastres inscrit afin de permettre sans retard la réfection de toutes les routes des environs de Tunis, la restauration ou l'installation des quais et appontements des ports, etc. Une subvention extraordinaire de 190.000 piastres fut aussi allouée à la ville de Tunis pour ses travaux de voirie les plus urgents.

Le service des forêts fut également créé (décret du 28 juin), avec une première allocation de 349,300 piastres sur lesquelles 175,000 étaient affectées au démasclage des chênes-lièges.

Somme toute, grâce à de sérieuses réformes financières, à de sévères économies, à la centralisation des ressources, à la régularisation des dépenses, il fut possible d'organiser avec ce premier budget une armée beylicale et une police à Tunis; de doter les travaux publics, de mettre en valeur les forêts. Ce résultat fut obtenu avec un budget de dépenses de 10,212,092 piastres 38. Celui des recettes était évalué à 10,218,501 piastres.

Grâce aussi à M. Jules Ferry, la loi portant organisation de la juridiction française en Tunisie sortit enfin des délibérations du Parlement. Elle ne rencontra guère d'opposition qu'au Sénat où M. de Gavardie et le duc de Broglie combattirent le projet. M. Challemel-Lacour, ministre des Affaires étrangères, leur répondit avec beaucoup d'éloquence, et M. le comte de Saint-Vallier appuya le gouvernement, disant qu'il avait conseillé l'expédition de Tunisie, qu'il la conseillerait encore aujourd'hui; mais qu'il fallait prendre garde de renouveler dans l'organisation administrative les hésitations que nous avons montrées si longtemps en Algérie, au début de la conquête.

Le projet de loi créant un tribunal de 1re instance à Tunis, et six justices de paix : à Tunis, à la Goulette, à Bizerte, à Sousse, à Sfax et au Kef, fut voté par 226 voix contre 6. Le 24 avril, l'audience d'installation du tribunal eut lieu très solennellement au palais Kheïr-Ed-Din et les justices de paix furent également installées avec le plus d'éclat possible. Ces diverses cérémonies produisirent très bon effet dans le pays. La compétence de ces tribunaux ne s'étendait encore qu'aux procès entre Français et aux procès mixtes où un Français est défendeur; mais l'article 2 permettait de rendre toutes autres personnes justiciables de la juridiction française, en vertu d'un simple décret beylical : cet article visait l'abrogation éventuelle des capitulations. M. Challemel-Lacour avait déclaré au Sénat (séance du 4 mars) que « toutes les puissances, sauf une, se sont montrées parfaitement disposées à renoncer au bénéfice des capitulations concernant la juridiction consulaire, du moment où des garanties suffisantes leur seraient données par l'organisation judiciaire française en Tunisie ».

Le 5 mai, le bey signa un décret ainsi conçu : « Les nationaux des puissances amies dont les tribunaux consulaires seront supprimés deviendront justiciables des tribunaux français dans les mêmes cas et les mêmes conditions que les Français eux-mêmes. »

Comme on voit, nous allions de l'avant; pas assez vite sans doute au gré de certains; mais on marchait. Le 18 juin on franchit un grand pas. On obtint du bey une convention [1] étendant les clauses du traité du Bardo et nous permettant de procéder aux réformes administratives, judiciaires et financières que nous jugerions utiles. La garantie de la dette tunisienne par la France faisait l'objet du second article de cette convention, que le gouvernement s'empressa de soumettre à la ratification des Chambres avec un projet de loi sur la conversion de la dette tunisienne. Mais de longs mois s'écoulèrent avant qu'il ne vînt en discussion.

---

1. Voir t. II aux « Pièces et Documents justificatifs » convention du 8 juin 1883 entre la France et la Tunisie.

Qu'attendait-on? la situation devenait chaque jour meilleure; la pacification était désormais un fait acquis. Ali ben Khalifa étant mort, les rebelles s'étaient trouvés sans chef, et des rixes sanglantes survinrent avec les Tripolitains, à qui l'hospitalité commençait à peser. Les pâturages étaient devenus rares, l'eau s'épuisait, les vivres aussi : quelques centaines s'obstinèrent; mais les autres vinrent reprendre leurs campements. La soumission était générale; de 30,000 hommes, le corps d'occupation avait été réduit à 25, puis à 20,000; il ne comptait plus en septembre qu'une quinzaine de mille hommes[1]. Le 16 octobre, le général Forgemol fut appelé à la tête du 11e corps d'armée et provisoirement remplacé par le général Logerot.

Après la réorganisation de l'administration militaire et celle de l'administration centrale, il convenait de procéder à la réorganisation ou plutôt à la création de l'administration communale; car la commission financière avait rogné le plus clair des revenus municipaux, et porté le dernier coup au décret du 30 août 1858 érigeant la ville de Tunis en commune. Il faut lire le rapport de la commission spéciale instituée en 1883[2] pour se rendre compte du désordre sans nom qui régnait là. Il n'existait ni livres d'administration, ni documents officiels, ni même de budget.

« A sa très grande surprise, dit le rapporteur, rien de tout cela n'a pu être présenté à la commission et elle a dû se convaincre qu'il n'existait aucun livre régulièrement tenu dans

1. Les villes et ouvrages dont la nomenclature suit furent classées (décret du 19 octobre) comme places de guerre : Tunis, Bizerte, Béja, Le Kef, camp de Souk-el-Djemaa, Sousse, Sfax, bordj de Mehdia, redoute de Gabès, redoute de Ras-el-Oued, camp d'el Aïacha, caravansérail et blokaus de el-Hafay, casbah et camp de Gafsa, camp de Feriana, casbah de Houmt-Souk, les caravansérails de Djilma et de Sidi-Aïch. Ces deux derniers ont été déclassés par décret du 14 janvier 1886 (9 rabia-et-tani 1303).
2. Voir *Journal officiel tunisien*, 25 octobre 1883.

l'administration municipale; aucun Grand-Livre, aucun Journal, aucun registre de recettes, aucun compte général et central dressé au moyen de livres auxiliaires réguliers, aucune liste des contribuables ou livre de rôles ; en somme absolument rien d'officiel sur lequel il fût possible de baser quelque chose de précis.

« On avait autrefois coutume de dresser une espèce de budget municipal qui était présenté chaque année au bey. Ce compte n'existe même plus depuis huit ans. »

Il avait été créé une taxe de balayage qui devait produire annuellement 188,000 piastres; mais on n'avait pour la recouvrer que des cahiers de notes qui n'avaient été ni revisées ni régularisées depuis douze ans! Les reçus arriérés dépassaient le nombre de 60,000 et dans un tel état qu'il aurait fallu plus de deux mois pour en rétablir le classement.

Dans une mairie si bien tenue les employés devaient avoir des loisirs respectables. Ils s'en procuraient, en effet. Oyez ceci, c'est tout bonnement délicieux :

« Des abus très sérieux se sont introduits dans la section des commis indigènes, l'un d'eux touche 3,000 piastres par an *sans s'être jamais présenté au bureau;* d'autres enfin n'y paraissent *que pour toucher leurs appointements;* d'autres enfin y passent deux heures par jour sans s'y livrer à aucun travail utile. »

On conviendra que remettre un peu d'ordre dans ces bureaux et cette comptabilité n'était pas précisément du luxe, sans parler des travaux de voirie et d'assainissement qui s'imposaient, à bref délai, sous peine de chasser tous les immigrants. Ce qu'on nommait improprement des rues n'étaient que des marécages, des fondrières, des cloaques immondes. La ville n'était pas éclairée. Les égouts s'effondraient. A tous les carrefours s'étalaient des immondices; des charognes pourrissaient au soleil; des odeurs « qui n'ont de nom dans aucune langue », comme dit Bossuet, soulevaient le cœur à chaque pas. Un décret du 31 octobre porta remède à cet état de choses en créant un conseil municipal comprenant : un président, deux adjoints, huit membres élus par l'assemblée des notables indigènes, huit membres européens nommés par décret et un membre israélite élu par les notables de la communauté israélite.

Cette création, et plus particulièrement celle des municipalités de Bizerte, Sousse, etc., a soulevé des critiques de la part de diverses personnes.

« Dans un pays occupé de si fraîche date, disent-elles, avec les nombreux groupes d'étrangers, le très petit nombre, dans certaines villes, de résidents français, l'impossibilité de faire un choix parmi eux à cause de la rareté des hommes capables de remplir ces fonctions délicates, la création d'institutions municipales risque d'être une cause de discorde[1] ». De son côté, M. P. H. X[2] est d'avis qu' « au début d'une entreprise coloniale, créer des conseils municipaux, c'est éparpiller l'autorité, par conséquent l'affaiblir ».

A mon humble avis, ce sont là des erreurs. Il n'y a ni discorde ni désordre à redouter. Pendant plus de trente ans, deux cents municipalités ont fonctionné en Algérie avec le triple élément français, étranger et indigène. Jamais il ne s'y est rien produit de regrettable. J'estime tout au contraire que ce frottement peut avoir les plus heureuses conséquences. Il apprend à se toucher les coudes, à vivre en commun. La solidarité des intérêts y fait oublier les rivalités de race et de caste, elle y adoucit les angles trop aigus des relations entre les divers groupes, et prépare très heureusement la fusion. Rapprocher les hommes et surtout confondre leurs intérêts, est encore, quoi qu'on en dise, le plus sûr moyen de les unir.

1. *L'Algérie et la Tunisie*, par P. Leroy-Beaulieu, page 388.
2. *Op. cit.*, p. 344.

On éparpille l'autorité? Je me demande de quelle façon. Pensez-vous bonnement qu'en ne s'étendant plus aux moindres affaires de cours d'eau, de vicinalité, de police urbaine, la centralisation administrative court un danger? Assurément non; or, pour le reste, la gestion municipale a été soumise à des règles fixes et déterminées (décret du 1er avril 1885) qui remédient à l'imprévoyance et empêchent la dilapidation. Les municipalités ne sont-elles pas d'ailleurs en tutelle ; leurs délibérations ne doivent-elles pas recevoir l'approbation gouvernementale pour devenir exécutoires?

Pour moi, si j'avais un regret à exprimer, il porterait sur le trop grand asservissement de la liberté municipale, sur ce qu'on énerve trop l'individualisme. Je voudrais que l'État incitât davantage les citoyens, même les sujets, à faire usage de leur libre arbitre, qu'il leur apprît à ne compter que sur eux-mêmes, à ne demander qu'à leurs associations les forces qui leur manquent, et à demeurer en tout et pour tout les maîtres de leurs destinées, au lieu d'être toujours en quête d'un pouvoir aux mains de qui les abdiquer.

Jules Simon réclamant la liberté de la commune disait avec l'esprit qui le distingue : « Même pour les matières étrangères à l'administration municipale, le gouvernement deviendra plus facile quand les citoyens, habitués à gouverner une commune, connaîtront les conditions et les difficultés réelles d'une administration. Ils se rendront compte du motif de toutes les mesures; ils verront les objections et les conséquences; ils sauront supporter une gêne, ils sauront attendre. Ils ne mettront plus, comme aujourd'hui, la responsabilité du gouvernement partout. A l'heure qu'il est, quand les vignes ont coulé, quand les épis ne rendent pas, on se plaint du gouvernement. C'est insensé, et c'est presque juste. Il succombe également sous le poids des occupations dont il se charge, et sous celui de la responsabilité qu'il assume. C'est mal servir l'ordre, en vérité, que de condamner le pouvoir central à la maladresse ou à l'impopularité [1] ».

Il y a longtemps que je suis acquis à cette doctrine et j'y insisterai longuement au chapitre de la colonisation, car l'antagonisme entre les colons et le gouvernement, entre les citoyens et l'État n'a pas d'autre cause : il tient à l'omnipotence de celui-ci, omnipotence que tous les régimes ont accrue depuis le premier Empire et qui, aujourd'hui, a tellement atrophié, émasculé l'action individuelle, — l'homme, — tellement pénétré le corps social, que nous ne savons plus qu'en appeler pour toutes nos affaires à l'appui, au concours, à l'intervention de l'État, qui n'en peut mais.

Le 3 décembre, le conseil municipal de Tunis fut installé. A sa tête étaient placés : comme président, Si Mohammed El M'Bazza, et comme vice-présidents, MM. Dubos et Raymond Valensi.

Une récolte splendide vint très utilement en aide à ces réformes; l'espoir ranima tous les courages; et durant l'été la Tunisie prit part avec honneur à l'Exposition d'Amsterdam. On y admira ses richesses agricoles, ses produits industriels; elle remporta 8 diplômes d'honneur, 65 médailles d'or, 16 médailles d'argent, 5 médailles de bronze et 5 mentions honorables.

Tel était le bilan de cette année 1883 : rétablissement de la sécurité, rétablissement de l'ordre dans les administrations civiles et militaires, le budget de la Tunisie dressé, le service des Travaux publics et celui des forêts créés, la municipalité de Tunis constituée [2].

A ces résultats financiers et économiques, ajoutons la nomi-

---

1. *La Liberté politique,* page 301.
2. Pour être complet, il convient de mentionner un décret du 10 avril frappant la ville de Sfax d'une contribution de guerre de six millions en faveur des Européens victimes des événements de juin 1881. Une remise des dernières annuités, soit 2,816,185 fr. 78, a été faite le 11 novembre 1883.

nation d'un directeur de l'Enseignement en Tunisie, — promesse de résultats moraux qui sont déjà appréciables. Il est juste de reconnaître que le gouvernement a été on ne peut mieux inspiré dans son choix. M. Machuel occupe cette importante fonction avec un tact, une distinction et un patriotisme qui méritent tous les éloges.

La plus grande activité régnait à Tunis et déjà quelques colons s'installaient dans la banlieue. Un millier d'hectares étaient achetés par les Français et 35 se couvraient de pampres verdoyants.

Le mouvement commercial de l'année se décomposait ainsi :

Marchandises importées.....	45.997.880 fr.
— exportées.....	34.410.200
Ensemble.......	80.408.080 fr.

1884

Le 1ᵉʳ janvier 1884, la réception au Palais de la Résidence fut particulièrement brillante et joyeuse. En remerciant la colonie française de ses vœux, M. Cambon lui donna connaissance de la notification qu'il venait de recevoir du consul d'Angleterre de l'abandon de la juridiction consulaire à dater de ce même jour.

La colonie maltaise fit remettre au Résident une adresse de félicitations couverte de 217 signatures, et un groupe de citoyens anglais vinrent le complimenter et lui exprimer toute leur satisfaction de l'abolition du tribunal consulaire. « C'est, disaient-ils, une des plus importantes réformes que nous attendions, qui vient d'être accomplie et qui contribuera à la régénération de ce pays. »

On apprit en même temps la prochaine adhésion de l'Italie, et en effet un arrangement intervint bientôt entre les cabinets de Rome et de Paris (protocole du 25 janvier 1884). Toutefois tout en consentant à ce que leurs nationaux soient justiciables des tribunaux français, le Foreign Office et le Quirinal exigèrent que le principe des capitulations fût maintenu sous prétexte que le régime actuel de la Régence avait un caractère aléatoire ne permettant pas de renoncer, d'ores et déjà, au bénéfice de ces conventions[1]. Elles entendaient maintenir aussi les avantages commerciaux de toutes sortes que leur conféraient les capitulations. De là pour le Résident de France d'immenses difficultés et dans la réforme du régime douanier et dans celle des impôts : on pourrait ajouter, et dans leur surveillance; car en fait les consuls conservent la protection de leurs nationaux et gênent souvent l'action administrative[2]. Il y a là un non-sens appelé à disparaître; et le plus tôt sera le mieux.

Quant aux autres États disposés depuis longtemps à renoncer à la suppression de leurs tribunaux consulaires, ils adhérèrent sans difficulté : l'Allemagne, le Danemark, la Suède et la Norwège nous transmirent leurs pouvoirs dans le courant de janvier.

---

1. Il est à remarquer que l'Angleterre avait consenti, sans la moindre restriction, à la suppression des juridictions consulaires en Bosnie et en Herzégovine, bien que le traité de Berlin déclarât formellement que l'occupation de ces provinces par l'Autriche était temporaire. *Année polit.*, page 226.

2. Un journal de Sousse, le *Protectorat*, signalait dernièrement (n° du 25 mars 1891), la prétention émise par le vice-consul d'Italie de Sousse qu'aucune perquisition ne soit opérée chez les saleurs de sardines siciliens achetant leur sel au monopole de l'État et soumis naturellement à *l'exercice* dans l'emploi de cette marchandise. L'agent italien invoque l'article 15 du traité du 8 septembre 1868; en l'espèce il l'invoque à tort, croyons-nous : il lui donne une extension qu'il ne peut avoir. Et, enfin, justiciables des tribunaux français, la procédure spéciale des perquisitions réglée par la loi française du 21 mars 1831, édictée en Tunisie le 3 octobre 1884, est applicable aux Italiens comme aux Français.

La juridiction française devient donc la loi générale, unique, et égale pour tous, — pour les Européens s'entend ; car il va de soi qu'en matière pénale, qui est un des attributs de la souveraineté, les indigènes restent justiciables du bey et de même pour les affaires civiles et commerciales dans lesquelles demandeur et défendeur sont musulmans, ils ne relèvent que du tribunal du cadi et de celui de l'*ouzara*[1]. Ce n'est que lorsqu'un Européen est en cause que le tribunal français est appelé à en connaître. En matière immobilière, lors même que des Européens sont intéressés, le tribunal religieux (*chdra*) est seul compétent. Nous dirons le pourquoi au chapitre : « Le régime de la propriété[2] » et nous dirons également au chapitre « Domination et gouvernement des indigènes[3] » les raisons d'ordre supérieur qui s'opposent à la suppression de la justice indigène, en dépit de ses défectuosités. Bornons-nous ici à relater les progrès accomplis en 1884.

Le service judiciaire est donc organisé. Il conviendrait qu'il en fût de même, au plus tôt, du service financier. Mais il faut maintenant que le Parlement approuve la convention conclue l'année dernière avec le bey de Tunis, par laquelle nous nous engageons à garantir la dette tunisienne, et le projet de loi est toujours dans les bureaux... Enfin la commission dépose son rapport et le 1er avril l'ordre du jour appelle la première délibération de la Chambre.

Depuis le procès Roustan, qui avait été pour eux une victoire à la Pyrrhus, les intransigeants et les monarchistes avaient dû, bon gré mal gré, se résigner à laisser le gouvernement accomplir son œuvre patriotique en Tunisie. Certes, ils avaient

---

1. Les israélites ont aussi des tribunaux rabbiniques ; mais ils ne connaissent que des contestations entre leurs coreligionnaires et de toutes difficultés ayant trait à l'état civil. Leur jurisprudence est la loi mosaïque.
2. Voir, tome II.
3. *Idem.*

soin dans leurs feuilles de toujours représenter l'expédition tunisienne comme désastreuse, comme une aventure sans pareille. C'était un cliché. Mais la tribune ne retentissait plus des discussions d'antan; nul ne réclamait la tête de M. Jules Ferry et de ses collègues; les interpellations étaient remisées au magasin aux accessoires; c'est tout au plus si de temps à autre, à propos du budget du Tonkin ou de l'Algérie, quelque irréductible lançait une allusion plus ou moins perfide, — que M. Jules Ferry se gardait bien d'ailleurs de laisser tomber[1]. Mais voilà qu'il s'agissait de nouveau d'une question capitale pour l'avenir de la nouvelle colonie : les partis extrêmes avaient le devoir de reprendre la lutte. La gloire qu'ils se sont acquise en matière de politique coloniale eût été entachée d'une défaillance s'ils avaient agi autrement. Soyez tranquilles, ils n'ont pas à se le reprocher! M. le comte de Colbert-Laplace et M. le baron des Rotours, pour les monarchistes; MM. Clémenceau et Pelletan pour les intransigeants, ont fait leur devoir, tout leur devoir. Si la France a pu rendre à la Tunisie son indépendance financière et commencer de ce jour la véritable conquête du pays, ce n'est pas faute que la droite et l'extrême gauche s'y soient résolument opposées.

Nous ne nous attarderons pas aux arguments de l'opposition : on les imagine aisément. Mêlant et confondant à l'envi l'état de

---

1. Dans la séance du 31 octobre 1883, répondant à l'interpellation sur le Tonkin, il disait crânement :

.... « Messieurs, nous parlerons bientôt de la Tunisie, et nous nous expliquerons. « Nous demanderons à la Chambre de juger de nouveau cette entreprise nationale « et nécessaire (marques d'approbation à gauche et au centre). Je n'ai jamais reculé, « quant à moi, devant ces explications. Je suis resté une semaine ici, à cette tri- « bune, à la disposition de tous les interpellateurs. Je suis tout disposé à y re- « monter. Je disais que je n'ai jamais douté que le temps et un temps prochain, « fît pleine lumière et pleine justice sur cette question si débattue, et que le jour « n'était pas loin où l'on cesserait de nous donner ce spectacle d'un homme poli- « tique violemment et continuellement attaqué pour avoir agrandi la puissance « de son pays sur l'autre rive de la Méditerranée. » (Bravos et applaudissements répétés à gauche et au centre. — Interruptions à droite.)

la dette tunisienne en 1869 et en 1884, elle criait à l'abomination de la désolation. Nous allions engloutir des centaines de millions en Tunisie : nous nous jetions de gaîté de cœur dans l'entreprise la plus folle et la plus ruineuse.

Prenait-on la peine de lui démontrer ses erreurs, la fausseté de ses allégations? Parlait-on d'excédents de recettes...

— C'est un poisson d'avril! s'écriait-elle.

Cependant le lendemain, M. Cambon, qui avait été nommé commissaire du gouvernement, rétablit la situation sous son véritable jour; il fournit les explications les plus claires, les plus précises et prouva de la sorte qu'en garantissant la dette tunisienne, la France prenait un engagement qui n'intéressait en rien les contribuables français. Il fit toucher du doigt le véritable caractère de l'opération, et M. Jules Ferry ayant résumé le débat, réfuté les critiques de MM. Pelletan et consorts, la Chambre approuva la convention du 8 juin 1883, par 322 voix contre 164.

En conséquence, une rente perpétuelle 4 pour 100 de 6,307,520 francs divisée en obligations de 500 francs (loi du 28 mai 1884) fut émise sous la garantie de la France pour assurer la conversion ou le remboursement de la dette consolidée et de la dette flottante de la Tunisie, montant ensemble à 142,550,000 francs.

La majeure partie des porteurs d'obligations optèrent pour la conversion de leurs titres et reçurent, par préférence aux autres souscripteurs, des obligations nouvelles au prix de 462 francs. Le 1ᵉʳ octobre, on remboursa au pair les obligations non converties et l'ancienne situation se trouva ainsi liquidée.

La Tunisie gagnait à l'opération un million et demi d'intérêts annuels à payer en moins à ses créanciers; mais si ce n'avait été que cela! Elle recouvrait la liberté de ses finances, la libre disposition de ses impôts, son développement économique ne connaissait plus d'entraves, — au moins d'ordre absolu. En apprenant la suppression de la commission financière et son remplacement par la Direction des finances [1] à partir de la nouvelle année arabe (13 octobre), il s'éleva d'un bout à l'autre du pays comme un immense soupir de soulagement, la joie fut aussi profonde que légitime, et non pas simplement parmi les Européens, qu'on se garde bien de le croire! plus encore peut-être parmi les indigènes qui se rendaient parfaitement compte des améliorations que nous ne pouvions manquer d'introduire dans leur ruineuse fiscalité. Ils nous le prouvèrent, du reste, de la façon la plus tangible, quelques jours plus tard, en commençant les labours, avec les premières pluies et en donnant à leurs ensemencements la plus grande extension possible.

De son côté, dès le 3 octobre, le gouvernement se hâta de justifier leurs espérances en déchargeant les céréales et les légumes de tous droits d'exportation; en réduisant les taxes de sortie sur les huiles; en supprimant les droits, connus sous le nom de *droits de Kataïa* et de *Giornata;* en abolissant les droits d'accise, ces barrières intérieures, aussi gênantes qu'onéreuses pour le commerce, et qui grevaient au passage les produits naturels ou fabriqués dans le pays au moment de leur entrée par terre dans les villes de la Tunisie.

A la même date, les lois et règlements concernant les douanes et monopoles de l'État furent refondus et codifiés. On ne pouvait faire davantage pour l'instant. A en croire certains brouillons, il n'y avait qu'à faire table rase des douanes et des contributions, de tout détruire et de tout rénover. C'était là une pure sottise. D'abord, pour mauvais qu'il fût, le système financier de la Tunisie ne comportait pas un remaniement aussi radical; bien loin de là. Mais en tout état de cause, on n'aurait

---

[1]. Le même jour (2 octobre) furent créées une direction des douanes et une direction des contributions diverses.

pu transformer impunément du jour au lendemain l'économie financière du pays. Ce serait quasiment impossible en Europe ; à plus forte raison en Afrique. La matière fiscale n'est pas une pâte si facile à manier. On voit avec combien de précautions, combien de tâtonnements on en use chez nous. Quels troubles, quelle perturbation dangereuse on jetterait au milieu de la société arabe, qui ne vit que de coutumes et de traditions, qui ne se soutient que par des artifices séculaires, quelles déconvenues on se préparerait en décrétant du jour au lendemain une taxation renouvelée de fond en comble? M. P. Leroy-Beaulieu a dit à ce propos : « Un bât auquel on est habitué paraît souvent moins pénible qu'un nouveau d'une autre forme et plus léger [1] ». La comparaison n'est pas poétique, mais en revanche elle est fort juste. Améliorons, mais n'innovons pas : voilà quel devait être le mot d'ordre. M. Cambon avait de trop hautes qualités administratives pour ne pas le comprendre. Il s'en prit moins aux impôts qu'à leurs percepteurs, les caïds. Là on pouvait désirer une réforme radicale ; mais elle était également irréalisable pour plusieurs motifs.

On connaît la réputation de ces potentats. Le docteur Peyssonnel traçait ainsi leur portrait en 1724 :

« Les beys ont sous eux des caïds qui sont des intendants et exacteurs des deniers royaux, et ces caïds, qu'on met dans chaque ville et dans chaque tribu, sont de petits tyrans qui ont un diminutif de l'autorité des beys, pillent, volent, font mourir les pauvres Arabes, suivant leur fantaisie et leur autorité [2]. »

Cent vingt-cinq ans plus tard Alfred Nour, visitant la Tunisie, écrivait à son tour :

« C'est là surtout la plaie qui dévore Tunis, cette province autrefois si vantée. Le cancer rongeur de la concussion s'étend

---

1. *L'Algérie et la Tunisie*, page 441.
2. *Relation d'un voyage sur les côtes de Barbarie en* 1724 *et* 1725.

sur tout le pays et le mord jusqu'au cœur. Il faut qu'il meure...

« Là, si l'agent du beylick est chargé de recouvrer cent mille piastres, par exemple, il en extorquera, s'il peut, cent mille de plus à son bénéfice, et il n'épargnera aucune vexation pour forcer la victime à s'exécuter. C'est l'usage...

« Celui qui est investi d'un pouvoir, pouvoir souvent éphémère, sachant que son autorité peut lui échapper le lendemain, ne songe qu'à en profiter pour s'enrichir. Le prince le sait; mais c'est l'usage...

« Et cet homme, que la France a cru un homme de progrès et de lumière [1], ne s'aperçoit pas qu'en ruinant son peuple, il tarit la source de ses revenus et se ruine lui-même. Rarement on ose se plaindre; on aime mieux s'expatrier.

« L'année dernière, pendant mon séjour à Tunis, on me citait l'exemple d'un pauvre diable qui, pour payer l'achour ou la dîme, avait été obligé, outre sa récolte, d'acheter un complément de blé au marché. Ce qui fit dire à Alexandre Dumas, qu'en Afrique, la dîme c'était toute la récolte plus un dixième. Les exactions des agents tunisiens sont notoires. Voilà pourquoi ce beau pays ne produit plus. On conçoit que l'habitant aime mieux vivre de fruits sauvages ou mourir de faim, que d'arroser de ses sueurs une terre qui ne le nourrit pas [2]. »

Cette constatation rigoureusement vraie en 1849, ne l'eût pas moins été au moment de notre occupation; la détresse financière avait encore développé le mal sous Mohammed-es-Saddok : telle était la rapacité de tous les agents du pouvoir en 1881 qu'elle passe toute imagination.

Et cela durait depuis des siècles!

Oh! la vieille Afrique, l'Afrique romaine, l'Afrique des *præ-*

---

[1]. Allusion aux éloges qu'on adressait à cette époque à Ahmed-bey : j'ai dit en son temps ce qu'il convenait d'en penser. N. F.
[2]. *Colonies algériennes,* page 45.

fecti legionis, des préteurs, des exacteurs, l'Afrique des pensionnés de Jugurtha, des grandes concussions civiles et militaires, comme elle a dû tressaillir sous la domination arabe! comme elle a pu croire que l'heure de la renaissance allait sonner pour elle!

Historiquement, cette exploitation de l'impôt n'en était pas si loin sans doute. N'était-ce pas la continuation du régime seigneurial des grands, le gouvernement à forfait des premiers temps de la conquête franque dans les Gaules? Les rois affermaient l'exploitation de l'impôt d'une province à des comtes qui la sous affermaient à des juifs, — lisez les caïds et les cheikh. Le contribuable payait toujours beaucoup, et Dieu sait avec quel accablement de taxations et de sévérités implacables! le fisc mérovingien recevait toujours très peu, et le fisc tunisien également.

A la place de cette autorité féodale, constituer une autorité forte, mais bienveillante, était une des considérations qui devaient dominer notre œuvre rénovatrice.

Établir une juste répartition des impôts, empêcher qu'il ne soit rien pris au delà, c'était en même temps sauvegarder les intérêts de la colonie. La prospérité d'un État, — cela est indéniable dans le nord de l'Afrique, — dépend exclusivement de la manière dont il est administré. Une administration tyrannique et concussionnaire le ruine, une administration probe et intègre lui assure la prospérité.

La suppression des caïds étant impossible, — par qui les eût-on remplacés? — il fallait changer les plus mauvais et moraliser les autres; d'abord en en faisant des fonctionnaires choisis, soit pour leur situation personnelle, soit pour la considération que leur famille s'est acquise, et non plus des favoris achetant leur charge à beaux deniers. Ensuite, des registres à souche devaient être imposés à ces collecteurs pour toutes leurs perceptions. C'est ce qui a été fait. « Désormais, ces agents sont astreints à tenir une comptabilité méthodique et à en notifier périodiquement les résultats, en les accompagnant de pièces justificatives régulières. Les rapports des caïds avec les cheikh et les différentes administrations financières font l'objet de règles précises. Enfin, tout recouvrement et tout payement donnent lieu à la délivrance d'une quittance individuelle sur laquelle sont inscrits l'objet du payement et le montant de la somme due. En outre, des inspecteurs indigènes sont établis et reçoivent pour mission d'aller contrôler sur place les opérations des caïds et des cheikh et de les initier à la pratique des prescriptions du décret [1] ».

Les perceptions illégales sont ainsi rendues presque impossibles.

Mais nombreuses et variées étaient les attributions des caïds, et non moins nombreuses et variées étaient jadis leurs exactions [2]. A tout propos, et sans propos, les amendes pleuvaient

---

1. Rapport de M. Ribot, page 25. — V. décret du 26 mai 1884.
2. Dans son *Étude sur l'insurrection du Dahra*, (1845-46) l'ancien chef du bureau arabe d'Orléanville, le capitaine Richard, nous révèle les principaux moyens employés par les caïds pour dépouiller leurs administrés :

« Les chefs indigènes ont quatre manières principales de se procurer de l'argent : par des vols manifestes, par des perceptions illicites, par des droits qui leur sont accordés, et enfin par les appointements.

« Les vols manifestes consistent à prendre directement et sans ordre, un objet quelconque, cheval, bœuf, etc., etc., sous le prétexte vague que son propriétaire est un mauvais drôle (*hharami*, terme consacré), ou bien encore à forcer le chiffre des impôts. Ce travers général peut être facilement réprimé par des restitutions forcées, accompagnées d'amendes proportionnées à l'importance des valeurs détournées.

« Les perceptions illicites sont extrêmement variées et offrent des difficultés plus sérieuses, parce qu'elles sont consacrées par les mœurs, et qu'aucun plaignant ne vient en signaler les abus.

« Les plus importantes sont la diffa, qui consiste à donner de l'argent au chef, comme un salut quand il passe. D'autres appelées *Kralifas* (indemnités), ont pour but, comme l'indique leur nom, de l'indemniser des pertes et des dépenses qu'il peut faire, mais si largement que chacune de ces dépenses et pertes est la source d'énormes bénéfices. Une simple bonne nouvelle qui lui arrive lui amène aussi une ample moisson de douros. Enfin, on peut encore compter comme d'un bon

dru comme grêle sur la gent taillable et corvéable à merci. Et ceux qui s'exécutaient trop mollement étaient incarcérés sans autre forme de procès, sans fixation de la durée de la peine, jusqu'à ce qu'il plaise au despote d'en décider autrement.

De pareils procédés administratifs, si tant est qu'on puisse leur donner ce nom, étaient en violation trop flagrante de nos sentiments de justice et d'humanité pour ne pas y mettre ordre immédiatement. Nous avons vite limé les dents et rogné les griffes de ces loups-cerviers du pouvoir. Les attributions des caïds ont été déterminées par des textes précis; leur autorité en matière pénale a été très limitée [1] et tout droit d'infliger des amendes ou imposer des corvées formellement interdit [2].

Il nous restait à nous assurer de la stricte exécution de ces règlements qui ne sont pas, on le conçoit, sans provoquer chez certains un retour mélancolique vers le bon vieux temps. Un décret du 4 octobre 1884 y a pourvu par la création d'un corps de *contrôleurs civils* qui remplissent auprès de l'administration locale les mêmes fonctions, les mêmes droits que le secrétaire général du gouvernement tunisien exerce lui-même auprès de l'administration générale.

« Les contrôleurs civils n'administrent point; ils surveillent

rapport l'argent donné par l'Arabe pour la défense de ses intérêts particuliers, argent que le chef empoche avec autant de sérénité et aussi de satisfaction que l'avocat chez nous encaisse les gages que son client lui donne.

« Ce dernier genre de perception a ce grand inconvénient de nous fatiguer d'importunités extrêmement tenaces, ayant pour but de faire élargir tel malfaiteur, qui a pourtant bien mérité la prison, ou de donner l'aman à tel récalcitrant, représenté naguère comme la torche incendiaire de la révolte.

« On peut poser hardiment avec la certitude d'être au-dessous de la vérité, que les vols manifestes, les détournements et les perceptions illicites s'élèvent *aussi haut que l'impôt payé à l'État*. Ainsi, si les Arabes versent au Trésor une somme annuelle de 5 *millions*, c'est en réalité une *valeur de dix millions qu'ils déboursent*, et tandis que nos sentiments d'humanité attendrissent même la rigueur du fisc à leur égard, ces messieurs, nos agents, emplissent leurs coffres en riant de notre timidité. »

1. Décrets des 4 avril et 22 septembre 1884.
2. Circulaire du 11 juin 1884.

et conseillent les caïds et les chefs indigènes. Ils ont droit de prendre connaissance de toute la correspondance de départ et d'annoter cette dernière. Ils surveillent aussi tous les autres services dans le réseau de leur circonscription. Ils ont le droit de haute police, et la gendarmerie indigène (*oudjak*) est placée sous leurs ordres directs. Ils doivent s'appliquer, soit en mandant auprès d'eux les administrateurs indigènes, soit au moyen de tournées personnelles, à se tenir constamment au courant de l'ensemble des faits qui se produisent sur le territoire soumis à leur action[1]. »

Est-il besoin d'ajouter que c'est là un personnel d'élite, choisi avec le plus grand soin, avec toutes les garanties d'intelligence, de droiture, de savoir et de capacité? des agents qui ne doivent cette situation qu'à leur valeur personnelle et non à la faveur, non à la recommandation de tel ou tel personnage? A cet égard on ne saurait trop louer la fermeté dont le gouvernement a fait preuve, et tout particulièrement MM. Cambon et Massicault qui ont su éconduire le troupeau des fils de famille assiégeant leur porte.

Lorsqu'il s'est agi de nommer les premiers administrateurs civils en Algérie, M. Albert Grévy a manqué de cette énergie, indispensable cependant à quiconque détient une portion du pouvoir. Il s'est laissé circonvenir par quantité de fruits secs ou, ce qui est tout comme, quantité de petits jeunes gens bourrés de diplômes, ayant du reste tout appris, — excepté l'art de se conduire eux-mêmes; chez lesquels il y a peut-être l'étoffe d'un homme, mais pas d'homme. Et Dieu sait ce que notre éducation en pétrit de ceux-là! C'était une véritable procession vers le palais de Mustapha; il en débarquait par tous les paquebots. Dès l'instant d'ailleurs qu'ils étaient convenablement apparen-

---

1. Rapport de M. Ribot, page 10.

tés ou « pistonnés », les bandagistes en déconfiture et les ténors blackboulés au théâtre d'Alger étaient immédiatement placés à la tête d'une des nouvelles circonscriptions administratives. Parole d'honneur!... J'ai les noms au bout de ma plume. On me permettra toutefois de les taire ; d'autant plus que M. Tirman a rendu les orthopédistes à leurs appareils et les rossignols à leurs vocalises pour les remplacer par de véritables administrateurs. Je n'ai dessein en rappelant ce souvenir que de montrer l'énorme et louable différence qui, dès l'origine, a présidé au choix des contrôleurs civils.

Ceux-ci ont été pris de préférence parmi les anciens officiers de l'armée d'Afrique, c'est-à-dire parmi les hommes dont le passé est garant des services; des hommes qui, ayant vécu longtemps au milieu des indigènes, connaissent leur caractère, leurs usages, leurs qualités, leurs défauts, *et savent les commander*. Mais on s'est souvenu aussi, semble-t-il, de ce que le maréchal Bugeaud écrivait au ministre des Affaires étrangères, lorsqu'il désirait voir appeler l'interprète Léon Roches au poste de consul général à Tanger : « Il faut savoir prendre les hommes propres à la chose là où ils sont, et faire fléchir les règles hiérarchiques devant l'intérêt national [1] ». Là où les hommes se sont rencontrés avec les qualités requises le gouvernement n'a pas hésité à les appeler à ces postes de confiance. Il a eu pleinement raison; car, « l'administration indigène vaudra ce que vaudra le contrôle [2]. » Et le contrôle, c'est tout l'homme. Il demande un esprit conciliant, éclairé et subtil. Chargé de remplir des fonctions de maire, de vice-consul et de juge, le contrôleur doit, par ses connaissances, être à la hauteur de ce

---

1. Voir *le Livre d'or de l'Algérie*, page 477, lettre du maréchal Bugeaud à M. Guizot.
2. *La politique française en Tunisie*, page 340. — Voyez les dix pages suivantes admirablement écrites sur le choix qu'il convient de faire des contrôleurs civils.

triple rôle. C'est de son administration que dépendra le succès de la colonie confiée à ses soins. Il faut donc qu'il soit pénétré de l'importance de sa mission et la prenne à cœur. Autant que possible il serait bien de choisir un homme à qui la science de l'agriculture ne serait pas étrangère. Mais avant tout, il importe de chercher un bon administrateur.

On s'est borné tout d'abord à la création de six premiers contrôles civils : à La Goulette, Nébeul, Sousse, Sfax, Le Kef et Gafsa. Puis en 1886, quand il a été possible de se rendre compte des résultats et que les ressources budgétaires aussi ont permis cette nouvelle dépense, cinq nouveaux postes ont été installés : à Béjà, Bizerte, Souk-el-Arba, Kairouan et Maktar. En 1887, on a créé les contrôles de Tunis et de Djerba.

Ces circonscriptions sont généralement beaucoup trop étendues; elles gagneraient à être dédoublées; mais c'est là un perfectionnement qu'on ne pourra légitimement réclamer avant un certain temps.

Revenons aux réformes financières et au budget que la digression sur les caïds nous a fait perdre de vue. Après les dégrèvements, c'est-à-dire les sacrifices du Trésor que nous avons énumérés, et l'érection de nouvelles villes en communes : La Goulette [1], Le Kef [2], Sfax, Sousse et Bizerte [3], auxquelles l'État, non content d'abandonner un de ses meilleurs revenus, la caroube sur les loyers, alloua encore une subvention d'un million de piastres afin qu'elles puissent donner satisfaction aux divers besoins publics, le projet de budget de l'exercice 1885 (1302) fut arrêté à 23,742,000 piastres dont 10,543,784, près de la moitié, étaient nécessairement affectées au service de la dette.

1. 10 juin 1884.
2. 8 juillet 1884.
3. 16 juillet 1884.

Il importait de ne faire usage de ressources aussi modestes qu'avec une extrême prudence. Aussi n'entreprit-on que des travaux sérieusement commandés par l'intérêt public, tels que le développement du réseau des voies carrossables, les travaux de ports à Sousse, à La Goulette, à Monastir, à Sfax, à Mehdia et à Houmt-Souk.

Puisque nous en sommes à l'outillage économique, enregistrons l'ouverture des lignes télégraphiques suivantes : de Gafsa à Gabès, le 15 janvier; quelques jours plus tard de Kairouan au Kef, et en juin de Kairouan à Tunis par Zaghouan.

De son côté la capitale s'approprie, *s'hygiénise*; de nouvelles rues sont percées; on trace le plan du quartier européen, et pendant que les géomètres opèrent encore l'arpentage, des fondations s'exécutent et de fort beaux immeubles s'élèvent comme par enchantement. Une convention est signée le 11 avril pour l'éclairage au gaz de la ville, et quelques mois plus tard deux nouveaux traités viennent la doter ainsi que sa banlieue d'une alimentation hydraulique pour les usages publics et domestiques.

C'est que tout le confort des cités européennes est maintenant nécessaire pour accueillir convenablement les touristes et les colons qui affluent de toutes parts; car la cause de la Tunisie est définitivement gagnée en France, les légendes nées au moment de l'occupation s'en vont chaque jour en déroute, la réputation de ses richesses s'établit, et c'est à qui en tirera profit. Les acquisitions de terres s'élèvent à 40,000 hectares dans l'espace de quelques mois, et le vignoble qui n'était que de 30 hectares est porté subitement à 280. Construction de fermes, installation du cheptel, des caves, de la distillerie, tout se fait en même temps avec une activité que l'Algérie n'a jamais connue. Les paquebots arrivent surchargés de machines et d'appareils de toutes sortes, et les trains aussi, car la ligne de Souk-Ahras à

Ghardimaou, livrée à l'exploitation le 29 septembre, a définitivement relié Tunis à l'Algérie.

Le commerce se développe rapidement. Il va s'accroître encore de l'exploitation des mines de fer de Ras-er-Radjel, Bou-Lanague, djebel Bellif et Ganara concédées à la compagnie de Mokta-el-Hadid, et des gîtes de Tamera, Bourchiba et oued bou Zema qui vont également livrer leurs richesses à la Compagnie des mines de Tabarka (concessions du 7 mai 1884).

De tous côtés on constate l'accroissement de la fortune publique.

Il nous reste pour clore l'année à mentionner l'organisation judiciaire (18 juin), la prohibition des jeux de hasard (23 juillet), la promulgation (14 octobre) des chapitres I, II et IV de la loi du 29 juillet 1881 sur la liberté de la presse, et la délégation donnée au Résident à l'effet d'approuver au nom du gouvernement français la promulgation et la mise à exécution de tous les décrets rendus par le bey.

Pour ne rien omettre, il convient d'enregistrer la nomination du général Logerot au commandement du 8ᵉ corps et son remplacement par le général Boulanger qui vint à Tunis, c'est-à-dire à la face des étrangers, donner l'exemple de l'indiscipline, encourager le scandale et s'exercer au puff éhonté qui lui a valu la triste célébrité que l'on connaît. Les journaux dont il s'est déjà assuré le concours vont découper en bulletins de victoires les campagnes que ce Tartarin dirige simplement contre le pouvoir légal. On va le représenter pacifiant la Tunisie et faisant rentrer dans l'ombre jusqu'au dernier des dissidents. Est-il besoin d'ajouter qu'il ne commanda point la plus petite expédition, — pour la bonne raison, du reste, qu'elle était parfaitement inutile [1]. Les dissidents rentraient peu à peu, et les

---

1. Le 1ᵉʳ octobre 1884 le corps d'occupation fut réduit à une division.

djich dont les Ouerghamma pouvaient avoir à souffrir se faisaient de plus en plus rares.

Ce n'était plus guère que la crainte de la répression qui retenait les derniers contingents de rebelles en Tripolitaine, où la misère les décimait. Des paroles de clémence devaient produire un meilleur résultat que des coups de fusil, et la lettre suivante du bey vint en fournir la preuve.

LOUANGES A DIEU!

« De la part du serviteur de Dieu, celui qui met en lui sa confiance et lui remet le soin de régler toutes ses affaires, Ali Pacha Bey de Tunis (que le Seigneur dirige ses actions et le fasse arriver à l'objet de ses désirs!)

« Cette adresse est envoyée à ceux de nos sujets qui ont fui leur pays et se sont réfugiés sur la terre étrangère (que Dieu hâte leur retour dans leurs foyers!)

« En vous révoltant contre les ordres de notre gouvernement, vous avez commis une action que la justice et la raison réprouvent. Vous vous êtes laissé entraîner par les conseils funestes de quelques-uns de vos chefs. Vous avez persisté dans votre égarement et cependant nous vous avons toujours traités avec clémence et indulgence.

« Notre Auguste Frère, votre maître Si Mohammed-es-Saddok-Pacha Bey, — que Dieu le couvre de sa miséricorde! — vous a accordé le pardon et l'aman, nous en avons fait autant, et la majeure partie d'entre vous est rentrée dans le pays.

« L'auguste et glorieux Gouvernement Français, dont nous avons accepté le protectorat efficace, a confirmé ces mesures de clémence qui ont enlevé de vos yeux le voile de l'égarement.

« Toutefois, quelques-uns ne sont pas encore revenus à la raison. Cependant le Gouvernement Français, était en droit d'user de la force pour vous obliger à rentrer dans la Régence, conformément aux pouvoirs que lui donnait le traité que nous avons signé avec lui, puisqu'il est le protecteur de notre territoire et de ses habitants. Mais nous avons tous préféré recourir de nouveau à la clémence et au pardon en tenant compte de votre égarement. Aujourd'hui que la mort a frappé un chef[1] dont vous écoutiez les avis, vous n'avez plus aucune raison qui explique votre séjour à l'étranger; revenez donc dans votre pays en toute sécurité. *Aucun reproche ne vous sera plus adressé aujourd'hui.* Vous jouirez du pardon et de l'aman, n'ayant rien à redouter ni pour vos personnes ni pour vos familles et vos biens. Nous vous fixons un délai de trois mois à partir de la date de cette adresse.

« Ceux d'entre vous qui comprendront cette mesure et qui écouteront nos conseils auront été bien inspirés. Quant à ceux qui persisteront dans leur égarement, ils commettront un crime contre eux-mêmes et n'auront plus aucune excuse à faire valoir; ils seront considérés comme des rebelles et l'aman leur sera retiré pour leurs personnes et pour leurs biens. »

Ce 13 rabiâ-el-aoual 1302 (29 décembre 1884).

La récapitulation du mouvement commercial accuse pour l'année 1884 :

Marchandises importées....	42.872.417	fr.
— exportées....	32.197.685	
Ensemble.........	75,070.102	fr.

Ces chiffres sembleraient infirmer ce que nous avons dit du développement des affaires; mais la moins-value que l'on cons-

---

[1]. Ali ben Khalifa.

tate au regard de l'exercice précédent n'est qu'apparente : elle tient à la réduction des troupes.

1885

Avec le calendrier nouveau, la jeune colonie salua comme une ère nouvelle. En effet, les deux obstacles qui s'opposaient à la prospérité du pays : les capitulations et la Commission financière internationale ont disparu et l'horizon s'éclaire de couleurs riantes. La colonisation peut maintenant se développer sans entrave. Cependant une loi manque encore pour satisfaire aux besoins d'une émancipation chaque jour renouvelée et permettre à tout nouveau colon d'obtenir sa part du domaine colonial; il faut que les transactions immobilières soient faciles et sûres; à l'abri du stellionat que les indigènes ont pratiqué sur une si large échelle au lendemain de la conquête d'Alger et qu'ils continuent aujourd'hui dans les trois provinces au point d'empêcher toute acquisition partout où le bénéfice de la purge spéciale instituée par la loi du 26 juillet 1873 n'a pu être encore étendu.

Pellissier de Reynaud rapporte dans ses *Annales Algériennes* qu'en 1831 on voyait à l'enregistrement « des contrats de ventes consenties par des individus désignés sous le nom d'*Oulid* ou de *Ben*, relatives à des propriétés appelées *haouch* ou *trab*, situées dans des lieux appelés *outhans* ». C'est exactement comme si en France on présentait un acte de vente ainsi rédigé : « Le *fils* a vendu à M. un tel la propriété appelée *terre*, située à *département* ». Il serait certainement fort difficile d'être mis en possession d'une telle propriété.

Peu de gens sans doute se laisseraient prendre aujourd'hui à ce piège grossier; mais tout le monde peut être dupe ou plutôt pouvait être dupe des titres de propriété incomplets ou inexacts, des mille et un moyens frauduleux auxquels les vendeurs indigènes de mauvaise foi ont recours.

Les Arabes ne connaissent en effet ni l'enregistrement ni la transcription hypothécaire. Donc la date d'un acte peut toujours être simulée : rien n'empêche que le lendemain d'une vente l'acquéreur ne soit dépossédé par un tiers muni d'un titre dont l'époque est supposée antérieure au sien.

Puis, un vendeur ne peut jamais prouver sa propriété par des actes réguliers. Les actes ou jugements émanés des cadis mêmes n'y sauraient suffire. Ces fonctionnaires, magistrats et notaires tout ensemble, sont toujours trop brefs quant aux choses qui exigent des développements précis ; ils n'établissent jamais l'origine de la propriété, la contenance, les tenants et les aboutissants.

Ils les supposent connus, c'est-à-dire qu'il faut s'en rapporter au témoignage des gens de la tribu.

Si tous les éléments d'un contrat sérieux vous paraissaient fixés d'une manière irrécusable, vous auriez encore à craindre les réclamations de certains héritiers ou de certains voisins, à vous inconnus, se cachant peut-être le jour de la vente, mais qui ne manquent jamais de se présenter, après paiement dûment effectué, pour exercer le droit de retrait, de préemption, la *cheffad*, dont la vente du domaine de l'Enfida nous a offert un exemple.

Et enfin, seriez-vous à l'abri de toutes ces craintes, il vous faudrait encore compter avec la fraude des coureurs de propriété. Elle est facile, grâce à la preuve testimoniale qui est admise chez les musulmans, même contre les écrits. Un homme habile pourra toujours amener des témoins qui prouveront contre tous les moyens de preuves de votre vendeur, et un cadi ou le chára rendront avec bonhomie un jugement qui le dépouillera. Et votre vendeur étant insolvable, vous devrez renoncer à toute répétition.

La propriété est ainsi placée, chez les Arabes, sous un système qui en rend la possession tout à fait précaire.

Elle est en butte à une multitude d'attaques, suivies de succès, que lui suscite la convoitise des fripons. Suivant la juste expression de M. de Senhaux [1], le droit du propriétaire y fait l'effet d'un fantôme susceptible de s'évanouir à tout moment.

Ajoutons encore que le sol, en Afrique, est divisé en deux classes : la première comprend les terres *arch*, la seconde celles dites *melk*. Le mot *arch* voulant dire trône, et le mot *melk*, bien privé, la terre arch est une terre de l'État, — la *latifundia* romaine; — elle correspond aux terres de l'ancienne France, soumises à la tenure en fief; les tenanciers ne possèdent pas le fond : ils ne peuvent par suite l'aliéner; mais ils en ont l'usufruit avec la faculté de le céder. La tribu, la collectivité, installée sur l'arch, y vit dans l'indivision. Au contraire, la terre qui porte le nom de melk est la propriété particulière d'un individu.

En Algérie, nous avons trouvé et même aidé par le sénatus-consulte de 1863 la constitution de la propriété arch. Il n'y a pas vingt ans, la moitié du territoire était encore possédée à ce titre.

L'imprévoyance et la maladresse politique dont nous avons fait preuve à ce sujet dépassent, à mon avis, toutes les autres fautes commises en Algérie, — et Dieu sait s'il y en a eu de toutes sortes! On ne pouvait avoir oublié sous le gouvernement de Juillet que c'est la division de la propriété, sa transmission libre de toute entrave qui ont fait la fortune de la France? Avant 1793, lorsque le sol français était divisé en domaines ina-

---

[1]. *La France et l'Algérie*, page 24.

liénables, répartis entre la noblesse et le clergé, la France ne comptait que seize millions d'habitants; en 1815, malgré les guerres de l'empire, sa population était de vingt et un millions, et sous Louis-Philippe, elle atteignit trente-cinq millions : ces chiffres parlent d'eux-mêmes.

Rendre la terre mobilisable devait être une de nos premières, — notre première préoccupation au lendemain de la prise d'Alger. On ne paraît pas y avoir songé !

En Tunisie, nous avons trouvé la terre morcelée, la possession en propre [1], ce qui nous a été d'un grand avantage. C'est, en effet, cette organisation préexistante qui a permis les acquisitions de terres et les créations d'établissements agricoles auxquelles nous avons assisté au lendemain de notre occupation. Mais on sait combien défectueuse était la législation musulmane; à quelles revendications imprévues elle exposait les propriétaires. M. Cambon s'était préoccupé, dès le premier jour, de cette situation. Il avait à cœur de donner à la propriété tunisienne

---

1. M. Louis Vignon constatant en Tunisie l'absence d'indivision si fréquente en Algérie (*La France dans l'Afrique du nord*, page 133), ajoute cette réflexion : « Nous n'avons pas à rechercher ici les raisons d'une différence aussi profonde en- « tre deux pays voisins habités par la même race. Peut-être en trouverait-on ce- « pendant l'explication dans ce fait que les populations de la Régence, plus sé- « dentaires, sont pour cette raison même plus civilisées et dans un état économi- « que plus avancé que celui de l'Algérie ». Il est évident que la mobilité même des tribus arabes les empêchait de s'attacher au sol, de connaître l'amour de la propriété. Expulsées d'un point, elles se réfugiaient sur un autre. Suivant la nécessité, on les voyait décamper, emmenant avec elles toute leur richesse consistant en bestiaux. Que leur importait de n'être pas propriétaires du sol où elles plantaient leurs tentes? Mais il y a une autre raison, plus puissante. Chez les musulmans l'idée de Dieu est partout; il domine tout, et tout relève de lui; son représentant sur la terre étant le souverain, celui-ci dispose du sol à ce titre. Donc, en pays arabe, la terre appartient au souverain qui en concède l'usage à des tribus : la propriété est *arch*. En pays berbère où la société, au contraire, est très démocratique (voyez pages 56 à 62), la propriété est très morcelée et appartient en propre à chaque individu : elle est *melk*. Et à la différence de l'Algérie, la race berbère étant heureusement presque unique en Tunisie, — dans la proportion des 19, 20es, — de là l'heureuse différence dans le régime de la propriété. — N. F.

l'assiette et la sécurité qui lui faisaient défaut; le succès de la colonisation en dépendait.

Aussi, dès la réorganisation financière achevée, le Résident institua une commission spéciale chargée d'élaborer un projet de loi sur le régime de la propriété foncière. De ses travaux est née la loi du 1er juillet 1885 qui reproduit, sous la réserve de certaines modifications jugées nécessaires, les traits essentiels de la législation immobilière en vigueur dans certaines colonies anglaises et connue sous le nom d'*Act Torrens*.

Nous reviendrons longuement sur cette loi; et, dans l'intérêt des futurs colons tunisiens, nous en publierons le texte rectifié, c'est-à-dire mis à jour d'après les décrets qui le modifient et le complètent. Une œuvre de cette importance ne saurait, en effet, recevoir sur le champ des dispositions aussi rigoureusement précises, et justes même, qu'on peut le désirer. Cette loi n'a d'ailleurs été mise en vigueur qu'après la publication du décret du 16 mai 1886 qui la parachève sur plusieurs points.

Quoi qu'il en soit, elle reste le grand acte de l'année 1885, la dernière grande réforme à l'actif de M. Cambon, et celle dont il peut à bon droit s'énorgueillir le plus; car il s'est montré en cette circonstance novateur, et novateur des plus heureux.

La loi du 1er juillet 1885 a eu pour conséquence les décrets des 18 août et 21 octobre [1] de la même année, réglementant le contrat d'*enzel* (cession d'une propriété contre payement d'une rente perpétuelle) des immeubles *habbous*.

Vous vous demandez qu'est-ce qui constitue les habbous? En pays arabe, la terre, avons-nous dit, appartient en droit au souverain [2]. Il en concède l'usage au cultivateur, à charge de redevance : voilà le principe que les coutumes, les circonstances ont

---

[1]. Voir le texte, tome II, ch. viii, à la suite de la loi du 1er juillet 1885.
[2]. Mahomet a dit : « La terre est à Dieu et à son prophète; ensuite elle vous appartient par la concession que je vous en ai faite ».

quelquefois modifié; mais ces exceptions mêmes confirment la règle.

Or, pour se soustraire au caprice du despotisme, on imagina de mettre la propriété sous la protection des corporations religieuses. Par là on les rendait inviolables. C'est ce qu'on appelait *habbous*. C'était un subterfuge prenant naissance dans les idées religieuses des croyants. Le maître du pays ne disposant de la terre que comme représentant de Dieu, n'eût pas osé *peut-être* dépouiller le souverain-maître; et, de cette façon, le propriétaire en perdant le fond s'assurait du moins la jouissance à peu près paisible de l'usufruit et l'assurait également à ses héritiers jusqu'à extinction complète de sa descendance. Il constituait de la sorte un habbous privé. S'il abandonnait la nue-propriété et la jouissance, son immeuble devenait un habbous public, une terre de l'église dont les revenus servaient à l'entretien des mosquées et des zaouïa.

Une djemaïa spéciale était chargée de l'administration de ces biens. Inaliénables, incessibles et indivisibles, la djemaïa ne pouvait en trafiquer, semble-t-il. Mais les musulmans ont des moyens à eux d'éluder la loi. La djemaïa pouvait échanger les domaines; elle pouvait aussi les louer à perpétuité, à enzel. De là des abus sans nom. « Quand nous occupâmes la Régence, l'administration des habbous publics obéissant, le plus souvent, à l'influence ou aux ordres du Bardo, avait cédé ou échangé les plus riches de ses immeubles, pour rien, ou presque rien, contre des compensations dérisoires, fictives...

« Telle étant la situation des biens habbous, le plus simple semblait être de les supprimer, d'en donner la garde à l'État. M. Cambon ne l'entendit pas ainsi. Étrangers, chrétiens, allions-nous prendre, à nos débuts en Tunisie, l'initiative sacrilège d'annuler d'un trait de plume les dispositions testamentaires de combien de générations? Il n'y aurait pas eu assez de malédictions dans la société arabe tout entière pour flétrir une pareille exécution[1] ». Cela est très vrai ; et c'est cependant encore là une faute que nous avons commise en Algérie. Car dans le passage que je viens de citer, M. P. H. X. semble représenter l'institution des habbous comme spéciale à la Tunisie. Non pas. Elle est de droit musulman, et au moment de la conquête d'Alger une énorme superficie était constituée en habbous. Nous avons confisqué ces terres à notre profit en supprimant les usufruits viagers ou perpétuels.

L'ordonnance du 1er octobre 1844 déclara entre autres choses que tous les baux à rentes, même ceux dont la durée n'était pas déterminée, devaient être considérés comme de véritables aliénations, et donna aux acquéreurs le droit de pouvoir toujours se libérer en rachetant les rentes. Toute rente perpétuelle, constituée ou à constituer pour cession d'un droit immobilier au profit des particuliers ou du domaine, fut déclarée essentiellement rachetable, nonobstant toute clause et toute stipulation contraires. Cependant, comme l'art. 530 du code civil accorde aux parties intéressées de régler les conditions du rachat des rentes et de fixer un terme de trente ans, on voulut bien accorder pour l'Algérie un terme de dix ans. Il fut aussi décidé qu'aucun acte translatif de propriété, consenti par un indigène au profit d'un Européen, ne pourrait être attaqué par le motif que l'immeuble était inaliénable aux termes de la loi musulmane.

Notre besoin immodéré d'importer la loi française nous a fait ainsi abolir la législation des habbous en Algérie. Ce fut une très grosse faute politique : en violant les intentions des donateurs, en privant les confréries religieuses d'une partie de leurs revenus, nous excitions au plus haut point leur haine contre

---

1. *La politique française en Tunisie*, page 399.

nous. Ce fut une faute non moins grosse contre la colonisation, car cette législation était très avantageuse aux colons.

Que manquait-il à la plupart d'entre eux? L'argent. Or, le maintien de la législation musulmane leur eût permis d'acheter, presque sans bourse délier, la plupart des propriétés des indigènes, puisque par l'effet des constitutions des habbous, ces derniers n'avaient jamais, en cas de vente, à réclamer le capital, et qu'ils n'en pouvaient toucher que les intérêts, ou les arrérages de la rente représentative.

Ce n'est point, sans doute, qu'il faille encourager l'immigration de colons dénués de ressources. Mais des capitaux considérables qui seraient immobilisés par un achat pur et simple deviennent disponibles au profit de l'exploitation avec le contrat d'enzel; et de bien plus grandes superficies peuvent être livrées de la sorte à la charrue européenne.

En Tunisie les biens habbous représentent environ le quart du territoire; on voit de quelle importance est la question. Aussi M. Cambon s'est-il bien gardé de suivre les conseils de ceux qui réclamaient la suppression radicale de cette masse considérable de biens immeubles. Il s'est seulement préoccupé de mettre un terme aux abus de la djemaïa et de faire entrer ces terres normalement dans le domaine de la colonisation. La cession à enzel s'effectuait à l'amiable sous le manteau de la cheminée : M. Cambon décida (décret du 18 août 1885) que la constitution en enzel des immeubles habbous ne pourrait avoir lieu que par la voie des enchères publiques; rien de plus. Cette simple mesure a supprimé les fraudes. Les indigènes jouissent en paix de revenus bien supérieurs à ceux qui leur étaient servis par le passé, et les colons peu fortunés goûtent fort ce système qui leur procure des terres en les exonérant du capital qu'ils auraient eu à fournir avec les acquisitions ordinaires [1].

[1.] « Dans la statistique officielle dressée en mars 1887, il résulte que, sur 6,068

Avant de clore le chapitre de la propriété, enregistrons le décret du 24 septembre 1885 qui définit et constitue le domaine public, le rend inaliénable et imprescriptible.

Il nous faut encore mentionner dans l'ordre législatif :

Le décret du 14 février portant règlement intérieur du tribunal de l'ouzara ;

Celui du 7 mars qui soumet au code de justice militaire français les Tunisiens incorporés dans les troupes d'Afrique ;

Et celui du 2 septembre qui décide que les tribunaux français connaîtront désormais :

1° De tous crimes commis en Tunisie par des sujets tunisiens au préjudice des Français ou protégés français, et des Européens ou protégés des diverses puissances étrangères ; 2° de tous crimes ou délits commis en Tunisie par des sujets tunisiens, lorsque des Français ou protégés français, et des Européens ou protégés des diverses puissances européennes seront auteurs principaux, coauteurs ou complices.

Peu à peu, comme on voit, notre suprématie judiciaire s'est établie : elle est à présent à hauteur de notre autorité administrative. Avec elles l'importance du représentant de la France à Tunis a grandi ; un décret du Président de la République en date du 23 juin 1885 lui donne le titre de Résident général et détermine ses hautes attributions.

Il est dépositaire des pouvoirs du gouvernement de la République en Tunisie. Il a sous ses ordres les commandants des

---

hectares mis aux enchères, 3,430 hectares ont été acquis à enzel par nos nationaux, soit 56 p. 100, et 800 hectares par des Français associés à des indigènes, soit 13 p. 100. Le surplus a été pris par des musulmans (1,553 hectares, soit 20 p. 100), et enfin 10,3 p. 100 par des propriétaires étrangers de diverses nationalités.

« Afin de favoriser la colonisation et de faire connaître les terres habbous pouvant être demandées à enzel, la Djemaïa, sur l'invitation du Gouvernement du Protectorat, fait procéder, en ce moment, au relevé exact des propriétés qui lui appartiennent, avec croquis dressés par le service topographique et appuyés d'indications sur les sources, la nature du sol, etc. Cette opération est en cours d'exécution et permettra d'allotir de grandes propriétés ». Rapport de M. Ribot, page 42 troupes de terre et de mer et tous les services administratifs concernant les Européens et les indigènes. Il est l'intermédiaire direct et exclusif du gouvernement protégé avec le gouvernement français protecteur. Le bey nous ayant abandonné la direction de nos relations extérieures, le Résident général est son Ministre des Affaires étrangères. Il préside le conseil des Ministres tunisiens. Il promulgue et assure l'exécution des lois tunisiennes.

De son côté, M. Cambon précisa les pouvoirs des fonctionnaires indigènes chargés de l'administration générale sous la direction et la surveillance, on ne l'a pas oublié, du secrétaire général du gouvernement tunisien. Un décret du 14 février 1885 réorganise leur administration et la répartit entre cinq services : le ministère d'État, la section des affaires civiles, la section des affaires pénales, le bureau central des communes et le bureau de la comptabilité. Les attributions de ces cinq services comprennent : l'administration et la police administrative indigènes; la surveillance de la djemaïa des habbous, le service administratif de la gendarmerie française et de la gendarmerie indigène, l'administration pénitentiaire, les rapports du gouvernement tunisien avec les représentants des intérêts agricoles ou industriels, le service de santé, l'hygiène publique, la direction centrale des municipalités de la Tunisie, la justice civile et criminelle des indigènes, les affaires israélites.

Un décret en date du 1ᵉʳ avril régla également l'organisation générale des communes, dans lesquelles des commissaires de police furent institués.

En outre, Nébeul, Gafsa, Kairouan, Sousse, Sfax et le Kef reçurent un poste d'*oudjak* : cavaliers indigènes équipés par l'État et qui touchent une solde journalière pour remplir le rôle de gendarmes et de courriers.

Quoique à peine sortie de la période embryonnaire, cette

administration intègre, ordonnée et soucieuse des intérêts du pays donne déjà les plus beaux résultats. Les ressources de l'État s'accroissent en suivant une progression surprenante : en trois ans elles ont plus que doublé : de 11 millions de francs, elles se sont élevées à 24. Toutes les dépenses, autres que celles d'occupation militaire, antérieurement supportées par le budget français, sont mises à la charge de la Tunisie : Contrôle civil, Justice, Prisons, etc.

L'enseignement public est augmenté de 164,000 piastres, ce qui permet d'ouvrir dix écoles arabes-françaises.

Le budget des forêts est doublé. Sept cent mille chênes-liège ont été démasclés en 1884 et 1885, et les travaux de mise en valeur porteront en 1886 sur un million d'arbres.

Dix millions de piastres — le tiers du budget — sont affectés aux travaux publics. Nulle part une pareille proportion ne se rencontre entre les frais d'administration d'un État et ses dépenses productives.

Néanmoins de nouveaux dégrèvements, dont l'ensemble ne saurait être évalué à moins d'un million de piastres, ont été consentis en faveur des produits agricoles.

Les produits de la minoterie et les ouvrages en alfa ont été affranchis de tout droit d'exportation (25 juin 1885). A la même date, le droit de 3 % *ad valorem*, perçu sur les marchandises indigènes à leur importation par mer dans un port tunisien, a été supprimé ainsi que diverses taxes accessoires perçues en douanes (droit de colis, droit de pesage, etc.)

La nomenclature des machines et instruments agricoles admis en franchise à leur entrée en Tunisie est étendue (12 août) aux charrues, herses, semoirs, faucheuses, moissonneuses, faneuses, batteuses, etc., etc.

Et dans le but de seconder les efforts du gouvernement en le renseignant sur les moyens d'accroître la prospérité de l'industrie et du commerce, dans l'espoir aussi qu'elle y travaillera directement, M. Cambon institue une chambre de commerce.

Une question d'importance capitale pour l'avenir de Tunis est résolue : celle de la construction du port. Après de laborieuses négociations la concession originaire accordée le 14 août 1880 à la compagnie Bône-Guelma, qui peu après avait cédé ses droits à la Société des Batignolles, est annulée et transformée en un contrat d'entreprise qui fixe l'achèvement des travaux en six années.

Enhardis par ces multiples efforts du gouvernement, les capitaux français affluent toujours en Tunisie. Malgré l'avilissement du prix des céréales, 30,000 hectares ont encore été acquis en 1885, dans la plaine du Mornak et sur les rives de la Medjerda. Mais c'est particulièrement les bénéfices de la viticulture qui tentent les nouveaux colons et le vignoble s'accroît subitement de 550 nouveaux hectares.

Le mouvement commercial de l'année 1302 (du 13 octobre 1884 au 12 octobre 1885) se décompose ainsi :

```
Marchandises importées....   44.552.546 p.
       —     exportées....   31.305.076
              Ensemble........  75,857.622 p.
```

1886

La loi sur la propriété foncière n'est entrée en vigueur, avons-nous dit, qu'en 1886. Instrument principal de la richesse publique, elle avait été longuement et savamment étudiée; le législateur en avait arrêté les dispositions avec une grande hauteur de vues; néanmoins une œuvre législative de cette importance, dans laquelle venaient se combiner l'esprit antithétique du système australien, de notre code civil et de la loi musulmane, devait forcément exiger des retouches, des additions complémentaires.

Les principes étaient posés; mais au moment de les appliquer on s'aperçut qu'il convenait d'élucider quelques points douteux; de stipuler d'une manière précise que la nouvelle législation ne porte aucune atteinte au statut personnel et à l'ordre de succession des titulaires de droits réels immobiliers; de réglementer la procédure en matière de demande d'indemnité, etc. Une nouvelle loi, qui porte la date du 16 mai 1886, est donc venue remplacer et compléter un certain nombre de dispositions initiales.

En outre, après avoir codifié, dans la loi du 1er juillet 1885, les principes qui doivent à l'avenir régir les immeubles qui auront été immatriculés, il restait à déterminer les règles qui présideraient en Tunisie, à l'application de ces principes. L'exécution de la loi immobilière a été confiée à deux services qui, tout en restant distincts, ont cependants de nombreux points de contact : la Conservation de la Propriété Foncière, et le Service Topographique. Il leur a été adjoint comme auxiliaires un corps spécial d'Interprètes-traducteurs.

Ces services ont été organisés par les décrets des 6 et 21 avril et du 14 juin 1886. A cette dernière date a été également institué le tribunal mixte que la loi immobilière innovait, et celle-ci, promulguée quelques jours plus tard, a été rendue exécutoire dans toute la Régence à partir du 15 juillet 1886.

On imagine malaisément des transactions immobilières dépourvues de l'état civil exact et précis des détenteurs du sol. Le mécanisme hypothécaire établi par la loi française repose en effet tout entier sur le nom et la personne du propriétaire. C'est au nom du propriétaire que sont faites toutes les inscriptions ou transcriptions dont chaque immeuble est l'objet, et c'est ce nom qui sert de guide aux recherches qui ont lieu dans les registres hypothécaires. Or, en pays musulman, rien de semblable n'existe, pour la bonne raison que les indigènes n'ont ni état civil, ni nom patronymique; dans la pratique ils se reconnaissent par un prénom auquel vient s'ajouter le prénom du père : *Mohammed-ben-Mustapha; Kaddour-ben-Mohammed;* ce qui signifie Mohammed, fils de Mustapha et Kaddour, fils de Mohammed. Comme le nombre de ces prénoms est assez limité, il en résulte que beaucoup d'indigènes portent des appellations identiques. Pour simplifier le travail du Conservateur et mettre la propriété à l'abri d'une source de difficultés et de complications, il eût donc fallu, préalablement à la loi du 1er juillet 1885, constituer l'état-civil des indigènes. C'est là, malheureusement, une entreprise laborieuse et d'une exécution difficile. On sait en effet que de tout temps les peuples d'Orient se sont montrés rebelles aux opérations de ce genre, et que nous ne sommes point encore parvenus à constituer l'état civil des indigènes dans notre grande colonie algérienne [1].

Toutefois, la stabilité plus grande de la population tunisienne, son esprit plus pacifique et plus ouvert aux idées de progrès permettent de considérer les opérations de l'état-civil comme plus faciles à effectuer en Tunisie, et il y a lieu de penser que le gouvernement étendra avant peu aux indigènes les prescriptions du décret du 29 juin 1886 qui institue dans la Régence un état-civil pour les Français. Autrement l'immatriculation des immeubles indigènes demeurerait sujette à des difficultés qui apporteraient une nouvelle gêne au mouvement des

---

1. En 1890, sur une population de plus de trois millions d'indigènes les travaux de constitution de l'état civil étaient terminés et homologués dans les trois provinces seulement pour 311,677 individus.

transactions et à la sécurité du crédit que la loi a pour objet d'assurer.

Quoique les dernières récoltes n'aient pas été des meilleures, l'état des finances continue à être de plus en plus florissant. L'État, toutes ses obligations anciennes ou récentes remplies, a dans ses caisses une somme disponible de 29,503,398 piastres 57 centièmes, et l'exercice en cours permet de prévoir un excédent de recettes de six à sept millions.

Ainsi, la Tunisie que nous avions trouvée en déficit a maintenant des économies. Elle est riche. Songez! Trente millions de piastres qui ne doivent rien à personne, quelle fortune pour un pays qui, hier encore, la proie des usuriers, semblait voué à une misère irrémédiable. Cinq ans ont cependant suffi pour opérer cette métamorphose. Et cela malgré l'hostilité sourde des uns, malgré l'opposition déclarée des autres, tant à l'étranger que dans le pays même, et jusqu'au sein du parlement français! En dépit d'entraves de toute nature, l'ordre est substitué au désordre, le fardeau des impôts est allégé, la confiance est revenue, le pays renaît à vue d'œil. En cinq ans!

Une préoccupation toute nouvelle est née : l'emploi des reliquats. Les colons demandent qu'ils soient entièrement consacrés à des dégrèvements. Mais un tel système administratif serait la négation de la sagesse et de la prudence qui ont reconstitué le Trésor beylical. M. Cambon ne peut oublier que les ressources de la Tunisie ne sont pas encore développées, que les plus importantes proviennent directement ou indirectement de l'agriculture, et que les recettes du budget sont conséquemment à la merci d'une bonne ou d'une mauvaise récolte. L'expérience commande de prévoir le retour des périodes de disette; de même que les anciens Egyptiens conservaient dans de vastes réservoirs pour les années de sécheresse le trop plein des débordements du Nil, il importe de mettre en réserve les excédents du budget tunisien afin de combler des déficits éventuels.

On sait que le gouvernement français n'entend donner aucune subvention à la Régence. Le premier principe du nouveau système de colonisation, inauguré par lui à Tunis, est que les colonies doivent se suffire à elles-mêmes, se développer avec leurs propres fonds et en proportion de leurs ressources. S'il a donné sa garantie, pour des raisons particulières, à l'emprunt émis par la Régence en 1884, il a eu bien soin de stipuler par l'article 3 de la convention du 8 juin 1883 que les sommes nécessaires pour assurer le service de l'emprunt garanti par la France seraient prélevées avant tout sur les revenus de la Régence, le surplus seulement pouvant être affecté aux dépenses d'administration du pays.

Si des précautions n'étaient prises et si les finances tunisiennes cessaient d'être gérées avec l'économie et la rigueur dont s'inspire l'administration actuelle, les services publics pourraient un jour cesser de fonctionner et la vie de l'État s'arrêter tout à coup.

Afin de parer à un semblable accident, M. Cambon décide de faire deux parts des économies : l'une, sera consacrée à doter le port de Tunis, de sorte que ce grand travail puisse continuer sans interruption; l'autre, servira à former un fonds de réserve dont le montant sera de trente millions de piastres destinées à assurer la marche des services publics en cas d'insuffisance de recettes et après autorisation du gouvernement français.

Un décret du 21 juillet 1886 a constitué ce fonds de réserve avec une première dotation de dix-huit millions de piastres qui ont été placées en valeurs d'État tunisiennes ou françaises dont les intérêts s'ajoutent au capital[1].

1. Il était de 22 millions et demi, le 1ᵉʳ juillet 1891.

Cette bonne situation des finances et les nouvelles prévisions des ressources ordinaires qui passent de 24,346,000 piastres à 26,857,000 pour l'exercice 1304 (du 13 octobre 1886 au 12 octobre 1887) permettent de poursuivre sans aucun arrêt le programme que le gouvernement s'est tracé.

Les administrations financières reçoivent les améliorations que nécessitent le développement incessant de la richesse publique ; les services des Ports et des Mines sont mis en état d'accomplir leur mission et celui des Ponts et Chaussées d'activer l'achèvement des travaux entrepris ainsi que de préparer rapidement les projets de ceux dont le besoin est le plus argent ; les crédits nécessaires sont ouverts à cet effet.

L'ardeur des indigènes comme des Européens pour une instruction qui leur faisait autrefois défaut est telle qu'il a fallu augmenter cette année le budget de l'Enseignement public de plus du tiers de son montant de l'année dernière (473,500 p. au lieu de 325.000 p.)

D'autre part la diffusion de la colonisation appelle la création de nouvelles circonscriptions de contrôle civil ; cette institution a donné les meilleurs résultats et, en présence de ce succès, un décret présidentiel du 24 décembre 1886 crée six contrôles civils à Béjà, Bizerte, Souk-el-Arba, Maktar, Kairouan et Djerba. Le chef-lieu de celui de Gafsa est porté à Tozeur.

Enfin de nouveaux crédits ont été inscrits au budget pour l'exécution de la loi du 19 juillet 1886 qui a porté de trois à cinq le nombre des juges du tribunal de Tunis et celui des juges suppléants de deux à trois, afin de supprimer les retards dont souffraient les justiciables.

Malgré ces dépenses nouvelles une somme de 977.252 p. 55 reste disponible ; elle est attribuée aux travaux de construction du port de Tunis en sus de celle de 11.232,747 p. 45 qui leur a déjà été affectée le 12 juillet 1886 sur les excédents de recettes.

En outre, la viticulture[1] a été affranchie de toutes charges fiscales par la suppression du droit de 10 p. % sur les vins de fabrication indigène et sur les raisins servant au vinage (décret du 5 janvier 1886).

Les taxes intérieures sur la circulation des vins importés de l'étranger ont été également supprimées. Le droit exigible sur le poisson introduit dans les circonscriptions de Bizerte, Tunis et La Goulette a été réduit.

Enfin dans l'intérêt général, pour donner plus de sécurité aux transactions, les instruments de pesage public en usage jusqu'à ce jour dans la Régence ont été remplacés, à la diligence et aux frais de l'État, par des poids du système métrique.

La pacification, est-il besoin de le dire, est à présent absolue; le corps d'occupation réduit à une division le 1er octobre 1884, est de nouveau réduit et transformé en brigade le 15 juin 1886. De 45,000 hommes dont l'effectif se composait en 1881, il est tombé à 12,000. Étant donné la superficie du territoire et le chiffre des populations, nous occupons vraiment ce pays avec une poignée d'hommes.

Cette complète sécurité vient puissamment en aide à la faveur dont la Tunisie continue à bénéficier auprès des capitalistes français. Les colons arrivent chaque jour et fondent des établissements agricoles sérieux. La superficie territoriale acquise par eux pendant l'année 1886 dépasse 45,000 hectares, et le vignoble qui n'était encore que de 830 voit son étendue portée en quelques mois à 2,130 hectares.

Le mouvement commercial est également en progression

---

1. Un décret du 17 février 1886 a édicté des mesures préventives contre le phylloxéra.

à l'entrée comme à la sortie. L'exercice 1303 (du 13 octobre 1885 au 12 octobre 1886) se récapitule ainsi :

Marchandises importées.... 47.496.736 p.
— exportées ... 33.430.858
Ensemble......... 80.927.594 p.

De ce jour, M. Cambon a rempli le programme qu'il s'était tracé pour l'organisation du protectorat. Ainsi qu'il l'a dit lui-même, nous avions trouvé dans la Régence un marécage administratif. Il l'a desséché, assaini et préparé un terrain solide sur lequel désormais le représentant de la France en Tunisie pourra bâtir en toute sécurité.

En récompense de ses brillants services, l'éminent administrateur et diplomate est nommé ambassadeur à Madrid (28 octobre 1886)[1]. Le gouvernement lui donne pour successeur le très distingué préfet du Rhône, M. J. Massicault.

S'il est toujours difficile de parler d'un administrateur en fonctions, la tâche est surtout délicate lorsqu'on n'a que des éloges à formuler. De plus, je n'ai personnellement aucun goût pour le dithyrambe, quelque légitime qu'il soit. Ma fierté me fait toujours craindre d'être mis au rang des thuriféraires, que je méprise autant que les insulteurs de profession. Et je me sentirais mal à l'aise pour écrire l'histoire administrative des quatre dernières années, si les faits ne parlaient d'eux-mêmes et ne me dispensaient de tout commentaire. Heureusement, il me suffira de les enregistrer pour permettre à chacun d'apprécier l'œuvre de M. Massicault; son tact, sa finesse diplomatique, et sous des dehors d'une bonhomie séductrice, — qui font de lui comme une main de fer gantée de velours, — la volonté inébranlable

---

1. Par décret en date du 5 août 1891, M. Cambon vient d'être nommé ambassadeur à Constantinople. M. Roustan a été appelé à lui succéder à Madrid.

et triomphante avec laquelle il accomplit la mission si difficile qui lui a été confiée.

1887

Le principal événement de l'année 1887 en Tunisie, est la visite simultanée de deux membres du gouvernement : MM. Millaud, ministre des Travaux Publics, et Granet, ministre des Postes et Télégraphes, d'un groupe très important de sénateurs et députés, et enfin de M. Jules Ferry.

La « caravane parlementaire », de même que l'ancien président du Conseil qui l'avait précédée de quelques jours[1], était débarquée à Alger le 11 avril. Après diverses cérémonies d'inauguration, elle se scinda en plusieurs fractions qui se répandirent à travers nos trois provinces pour se réunir ensuite à Tunis.

Les ministres, venus de Bône par mer, arrivèrent à La Goulette le 29 avril, à 7 heures du matin.

A leur débarquement, que saluait les canons du fort, ils furent reçus par M. le Ministre Résident général, entouré du premier Secrétaire d'ambassade, du Consul de France, du personnel de la Résidence. Ali-Bey s'était fait représenter par le général Valensi et le général de la garde beylicale[2].

Les honneurs étaient rendus par la garnison de La Goulette qui formait la haie, du débarcadère à la gare Rubattino.

---

1. M. Jules Ferry arriva le 25 mars. J'étais au débarcadère plus ému certainement que le vaillant homme d'État dont on connaît le fier mépris pour certains adversaires. Les intransigeants avaient annoncé une manifestation hostile et je la redoutais; mais elle avorta piteusement. M. Jules Ferry mit pied à terre au milieu d'une foule qui se découvrit et s'écarta respectueusement sur son passage. Pas un coup de sifflet, pas un cri malsonnant ne s'entendit. Le lendemain j'eus la satisfaction de constater dans la *Dépêche Algérienne* l'attitude absolument correcte de la population d'Alger envers son hôte. — N. F.
2. Voir *Journal officiel tunisien*, n° du 5 mai 1887.

Un train spécial conduisit aussitôt les Ministres, le Résident général et leurs suites à la Marsa.

A 8 heures, le bey, entouré des membres de sa famille, de ses ministres et de hauts dignitaires, recevait MM. Millaud et Granet présentés par M. le Résident général.

M. Millaud, ministre des Travaux publics, adressa les compliments d'usage au souverain qui répondit :

Messieurs les Ministres de la République française, soyez les bienvenus à Tunis.

Je vous remets pour M. le Président du Conseil, pour M. le Ministre des Affaires étrangères, pour M. le ministre de l'Instruction publique et pour vous, le grand cordon de mon Ordre du Nichan Iftikar.

Qu'il vous soit le gage de mes sentiments de profonde affection envers la République française et ceux qui la gouvernent.

A 9 heures moins un quart les ministres arrivaient à Tunis, salués par des salves d'artillerie. Toutes les troupes de la garnisson étaient sous les armes.

Les réceptions commencées peu après ne prirent fin que vers midi.

La colonie française saisit avec empressement l'occasion qui lui était offerte d'appuyer verbalement les vœux et les projets dont le gouvernement était saisi à l'effet d'obtenir l'entrée en France des produits tunisiens au même titre que ceux de nos colonies.

On sait, en effet, que les importations de la Régence demeuraient assujetties à l'entrée dans les ports français aux droits rigoureux de notre tarif général. Il existait avant l'établissement du protectorat; il avait survécu à l'indépendance du bey. Depuis six ans, il réglait les relations commerciales des deux pays comme si rien de nouveau n'était survenu à Tunis.

De là cette étrange anomalie d'un pays occupé par nos armes, gouverné par nos administrateurs, peuplé par nos colons, fécondé par nos capitaux, qui se voit infiniment moins bien traité au point de vue économique que les nations liées avec nous par des traités de commerce. Tandis que les produits de l'Italie et de l'Espagne bénéficient d'un tarif conventionnel, les produits tunisiens rencontrent les barrières les plus élevées qui aient été dressées pour abriter le travail national contre la concurrence de nos rivaux étrangers.

La Régence est un pays exclusivement agricole; elle n'exporte guère que des blés, des huiles, du bétail et du vin. Eh bien! ses huiles payent 4 fr. 50 les 100 kilos à la douane française, et les huiles de provenance espagnole n'acquittent que 3 francs de droit. Il en est de même pour les vins : ceux de Tunisie subissent un tarif de 4 fr. 50 l'hectolitre, tandis que ceux d'Espagne ne sont frappés que d'un droit de 2 francs.

D'un autre côté, presque partout ailleurs qu'en France, les produits tunisiens sont admis moyennant le paiement de droits modérés fixés par des conventions. Ainsi, les blés qui payent 5 francs par cent kilogrammes chez nous n'acquittent qu'un droit de 1 fr. 50 dans les ports italiens.

L'orge frappée d'une taxe de 1 fr. 50 en France ne paye rien en Italie. Au lieu de 38 francs pour entrer en France, un bœuf ne doit que 18 francs dans la péninsule; un mouton au lieu de 5 francs, seulement 20 centimes et un cheval seulement 20 francs au lieu de 30.

Repoussées de France, les marchandises de la Régence se voient contraintes de se tourner vers d'autres pays que la métropole pour trouver des débouchés.

Rien de plus significatif à cet égard que le ralentissement qui se constate en ces dernières années dans le mouvement des exportations tunisiennes à destination de la France, en dépit du développement de la prospérité du pays, et, en sens inverse, de nos importations dont l'importance augmente chaque année dans la Régence. En 1884, au moment où s'achevait la réorganisation financière et politique de la Tunisie, la part proportionnelle de la France dans l'ensemble des exportations de la Régence était de 71 %. On se plaignait sans doute à cette époque des droits excessifs que réclamaient nos douanes; mais on se flattait de les voir supprimés d'un jour à l'autre; le sacrifice à supporter était momentané. Dans son discours du 1ᵉʳ janvier 1885, M. Cambon avait cru pouvoir formellement promettre, à bref délai, la franchise des droits de douane à l'entrée en France. Cela paraissait si simple, d'ailleurs, si naturel! Mais le gouvernement s'était trouvé en présence de difficultés de diverses natures.

Son intention avait été tout d'abord de proposer au Parlement l'admission pure et simple en franchise des provenances tunisiennes au même titre que celles de l'Algérie. Il lui semblait juste d'établir ce régime de faveur au bénéfice du pays protégé, qu'il est de notre intérêt de seconder dans son développement et de préparer ainsi à vivre le ses propres ressources. Seulement cette mesure parut devoir soulever de la part des intéressés des objections insurmontables.

Ces intéressés firent observer, notamment, que si l'Algérie était admise à introduire dans nos ports ses produits en franchise, elle assurait dans les siens les mêmes traitements aux produits français et les protégeait même en imposant des droits très rigoureux à des marchandises étrangères; la Tunisie ne serait pas encore en état de s'imposer les sacrifices considérables qu'entraînerait l'application absolue de ce principe de réciprocité.

On chercha à concilier les objections et les légitimes réclamations des producteurs tunisiens. Le temps passait; la patience s'énerva, la confiance dans une réforme immédiate s'affaiblit;

aussi les produits prennent-ils une autre route et la part de la France dans le mouvement des exportations diminue de moitié dès l'année 1885 : elle tombe à 33 %. En 1886, elle tombe encore de moitié et se réduit à 17 %.

L'Italie, principalement, grâce à la modification du tarif qu'elle applique aux provenances tunisiennes, a détourné à son profit le courant de ces exportations, et cela, non seulement au préjudice de notre Trésor, mais au détriment des industriels français et des producteurs tunisiens, car elle s'est réservé de la sorte le marché des produits que la France pourrait faire venir directement et dans d'excellentes conditions de la Régence.

Ainsi, la Tunisie a exporté en 1885-1886 pour 5,600,000 francs de blé. Il en a été expédié pour environ 5 millions, soit la presque totalité, en Italie; pour 114,000 francs seulement en France.

Si l'on passe à l'article des huiles, on constate que la Tunisie en a exporté, pendant la même période, pour 4,800,000 francs. Sur cette somme, deux millions figurent au compte de l'Italie; 654,000 francs seulement à celui de la France. Sur ce point, comme en ce qui concerne le blé, les producteurs tunisiens ne sont pas seuls lésés au profit de l'Italie; les industriels français eux-mêmes, dans la région qui semblerait devoir craindre de plus la concurrence des huiles étrangères, dans le département des Bouches-du-Rhône, ont adressé au gouvernement des pétitions pour obtenir l'admission en franchise des huiles tunisiennes.

En ce qui touche les vins, la situation n'est pas moins défavorable. Nos compatriotes voient la France frapper leurs productions d'une taxe presque prohibitive, pour aller s'approvisionner en Espagne et, jusqu'en ces derniers temps, en Italie d'où nous importions, en 1885, pour 46 millions de vins.

Il ne leur reste naturellement d'autre ressource, comme aux

producteurs de céréales, que d'abandonner leur exploitation, perdre le fruit de leur travail, ou expédier leurs vins en Italie où ils sont frappés d'un droit encore très fort, mais inférieur pourtant à celui qu'ils paient en France et auquel ne vient s'ajouter qu'un fret peu important.

L'inconséquence était si flagrante que c'était à se demander si les événements de 1881 ne serviraient à la France qu'à couver un œuf italien à Tunis.

M. Terras, président du Syndicat des viticulteurs de la Tunisie, et M. Ventre, président de la Chambre de commerce française de Tunis, exposèrent aux ministres les doléances des colons tunisiens, leur découragement, la nécessité de les doter d'un régime douanier plus propice, sous peine d'enrayer à jamais l'essor de la colonisation et même de faire perdre aux agriculteurs tout le fruit de leurs travaux.

M. Millaud répondit qu'il prenait ces vœux en très grande considération et qu'il se ferait un devoir de les transmettre au gouvernement. Mais quinze jours plus tard la Chambre renversait le ministère : tout était à recommencer.

Dans la soirée, les ministres prirent le paquebot pour la France et quelques heures plus tard la caravane parlementaire entra en gare de Tunis, *via* Constantine.

Le lendemain, 30 avril, M. Le Royer, président du Sénat, accompagné des sénateurs et députés, se rendit à la Marsa où M. Massicault présenta les visiteurs au souverain.

Ali-Bey accueillit les membres du Parlement par les paroles suivantes :

Monsieur le Président,

« Après avoir reçu hier la visite des Ministres de la République française, auxquels j'ai dit mes sentiments pour la France et ceux qui la gouvernent, rien ne pouvait m'être plus agréable que de recevoir la vôtre et celle des Membres du Parlement que vous me présentez.

Je salue en vous, Messieurs, les représentants de la grande nation française qui a étendu sur ma famille et mes sujets la protection de son génie et de ses armes; je suis sûr que votre venue dans la Régence sera profitable à votre pays et au mien dont les destinées sont désormais indissolublement liées par les traités bienfaisants du protectorat. Vous pourrez constater et dire que la Tunisie, vivant dans la paix et la justice, apprécie chaque jour davantage le résultat d'une civilisation à la fois progressive et respectueuse de nos traditions nationales.

Messieurs, que Dieu vous garde et vous guide tous selon les vœux ardents de son Serviteur. »

M. Le Royer remercia le prince de son accueil bienveillant et fit des vœux, au nom du Parlement, pour la prospérité de la Tunisie, de son souverain et de la famille beylicale.

Les visiteurs furent ensuite priés de prendre part à un lunch des mieux organisés et présidé par Ali-Bey qui avait à sa droite le président du Sénat, à sa gauche le Résident général.

Des réjouissances publiques eurent lieu pendant les deux journées du samedi et du dimanche.

Trois jours plus tard, l'arrivée de M. Jules Ferry mit encore la colonie française en liesse. On l'accueillit avec enthousiasme; ce fut véritablement une nouvelle fête. A de rares exceptions près, réactionnaires et intransigeants mirent une sourdine aux suggestions de la politique pour n'écouter que la voix du patriotisme, — voire de la gratitude, — en acclamant l'homme d'État à qui la France est redevable d'un des plus beaux fleurons de sa couronne coloniale.

Spontanément, un punch d'honneur fut improvisé pour le lendemain soir. L'élite tout entière de la colonie tint à honneur d'y assister, et, durant quelques heures, entouré de visages heureux, il fut donné à M. Jules Ferry de savourer les plus rares et délicates émotions qui soient réservées à un homme politique calomnié : il put mesurer l'étendue de son succès ; il eut la vision de l'avenir grandiose réservé à la colonie, — et ses dernières rancœurs durent se fondre en un sentiment de dédaigneuse commisération.

Il prononça un long discours dont nous regrettons vivement de ne posséder qu'une simple analyse.

Après avoir marqué avec soin les caractères spéciaux de l'Algérie et de la Tunisie, en ce qui concerne l'esprit des populations et l'organisation antérieure du pays, l'ancien Président du Conseil fit ressortir par quels moyens la France a introduit son action civilisatrice dans ces deux contrées, et alors que l'Algérie n'a cédé qu'à une longue conquête militaire, la conquête de la Tunisie a été surtout et demeure une conquête morale.

Cette conquête morale, dit-il, est le *protectorat;* nous sommes venus en Tunisie en civilisateurs, et telle est la véritable raison du Protectorat. Écartons, au moins pour le présent, les idées d'annexion; notre œuvre doit consister surtout d'abord, et pour longtemps, dans l'affirmation de notre prédominance morale, dans le rétablissement de l'ordre administratif, dans la reconstitution des finances de ce pays : travail considérable auquel restera attaché le nom d'un homme dont je m'honore d'être l'ami et d'avoir été un peu le maître : M. Cambon (applaudissements); mais le protectorat n'est pas nécessairement stationnaire; les améliorations à introduire en Tunisie, en matière administrative et économique, éclatent à tous les yeux. Il faut qu'elles s'accomplissent avec le temps; le protectorat que je conçois n'est pas un protectorat borné, mais un protectorat *réformateur* (vifs applaudissements) et rien n'est plus aisé que d'obtenir tous les résultats désirables si l'on continue de se servir sagement de l'administration beylicale dont le despotisme paternel nous aide si heureusement à élever les indigènes à une civilisation supérieure. Restons donc attachés au Protectorat. (Applaudissements et bravos.)

En terminant, M. Jules Ferry dit que la question tunisienne n'est pas une question de parti (applaudissements); il engage la colonie à ne pas se diviser, comme en Algérie, en factions politiques, à ne pas oublier que c'est en Tunisie que, dix ans après nos revers, la gloire et la fortune de la France ont eu leur premier réveil. Restez unis, ne vous divisez pas, restez Français. (Bravos et applaudissements répétés.)

Le lendemain, les sénateurs et députés qui étaient allés en excursion à Sousse et Kairouan revinrent prendre le paquebot à la Goulette. M. Jules Ferry s'embarqua avec eux pour rentrer en France.

L'intérêt économique par excellence en Tunisie, c'est l'agriculture; c'est là l'élément essentiel de sa vitalité, de sa prospérité et de sa richesse. Malheureusement, et à cause peut-être de l'extrême fertilité de son sol qui produit beaucoup, presque sans travail, l'agriculture qui y est pratiquée est restée en quelque sorte à l'état primitif, ne profitant qu'exceptionnellement des enseignements de la science moderne.

La presque totalité des agriculteurs, je ne parle pas seulement des indigènes, mais aussi des colons, cultivent suivant des procédés traditionnels n'ayant aucun caractère scientifique et ne méritant d'autre qualification que celle de routine.

Si le sol privilégié de l'ancienne proconsulaire était traité suivant les modes de culture, d'outillage, d'engrais, de procédés qui sont aujourd'hui en usage dans une grande partie du territoire de la France, de l'Angleterre, de la Suisse, on ne peut guère se faire l'idée de l'accroissement de la fortune de l'État et des particuliers qui résulterait de cette transformation : la richesse immobilière, qui s'élève dès aujourd'hui à des millions, vaudrait des milliards; l'hectare de terre qui s'achète actuellement 100 francs en vaudrait 1,000 et bien davantage; les familles qui se trouvent pauvres avec des étendues de 40 hectares, deviendraient aisées et même riches avec des propriétés beaucoup plus petites; l'intensité de la production serait quintuplée.

A peine arrivé à Tunis, il a suffi à M. Massicault d'un coup d'œil pour se rendre compte de cet état de choses.

Il se préoccupe immédiatement de hâter les progrès agricoles de la colonie, et il s'efforce de mettre à son service tous les moyens d'action dont la science dispose. A défaut d'une École d'agriculture que les ressources budgétaires ne lui permettent point d'instituer, il dote le pays d'un Service de l'Agriculture, de la Viticulture et de l'Élevage [1].

Le chef de ce service visite les centres de production de la Régence; il met son enseignement et ses conseils à la disposition des populations indigènes et des colons pour la culture des céréales, de la vigne, de l'olivier, de l'oranger, les cultures industrielles : lin, coton, sériciculture, pour le perfectionnement de la race ovine au double point de vue de la production de la laine et de la viande.

Cet enseignement technique et les observations qui en découlent demeureraient pourtant à peu près stériles si les recherches fécondes d'un laboratoire de chimie agricole et industrielle ne venaient à leur aide en renseignant tout d'abord l'agriculteur sur la proportion des éléments qui composent la couche arable de son sol et, conséquemment, des restitutions en azote, en acide phosphorique, en chaux ou en potasse qu'il peut être utile de leur faire pour obtenir un rendement supérieur; ensuite sur la valeur des engrais, sur la nature des eaux, etc.

Un tel organe est indispensable. M. Massicault l'a si bien compris qu'il le crée tout d'abord [2] en ajoutant aux attributions déjà énoncées les expertises chimiques, l'étude des procédés pour améliorer la vinification, la fabrication des huiles; le contrôle des vins, des semences, des denrées alimentaires pour

---

1. Décrets des 13 et 14 août 1887.
2. Décret du 25 juin 1887.

l'armée et les écoles, etc. ; la vulgarisation des procédés chimiques utiles à l'agriculture et à l'industrie [1].

M. Massicault ne se contente pas de donner cet encouragement et cette assistance aux intérêts agricoles; il réduit en même temps de 60 % les droits d'exportation sur le bétail [2]. L'accroissement normal du produit des impôts ayant permis de clôturer l'exercice 1303 avec un excédent de 7,699,124 piastres 24, il s'empresse d'unifier et de réduire les droits de Mahsoulats sur les céréales, les fruits et les légumes [3]; et de supprimer diverses autres taxes de marchés connues sous les noms de *Sakgia*, *Sekkine*, etc [4], tout en portant le fonds de prévoyance à 20,500,000 piastres. Il diminue aussi les charges imposées aux propriétaires pour l'immatriculation de leurs immeubles [5].

Le budget des recettes du nouvel exercice est arrêté à 34,545,000 piastres, soit avec une augmentation de 2,688,000 piastres qui servent à accroître de 107,000 piastres, environ d'un cinquième, la dotation de l'Enseignement public, pour la création de nouvelles écoles; celle des Travaux publics de 1,200,000 piastres qui profiteront aux routes et aux études d'un premier réseau de chemins de fer économiques d'environ 400 kilomètres.

---

1. Le service du laboratoire a amplement justifié les espérances qu'il avait fait concevoir. Sa direction a du reste été confiée à un chimiste dont la valeur n'a d'égale que le dévouement. En trois ans plus de quinze mille dosages ont été exécutés sous ses ordres.

Le jeune savant a entrepris une carte agronomique de la Régence qui est impatiemment attendue, comme bien on pense. La première feuille vient de paraître.

Il n'est pas sans intérêt d'ajouter que M. Bertainchand ne se borne pas à des études de chimie technologique; il y joint l'expérimentation chez son beau-père, M. H. Savignon, à Bir-Kassaâ, dont il a fait un domaine modèle, tant au point de vue cultural qu'à celui de l'organisation intérieure.

2. Décret du 15 rabiâ-et-tani 1304 (11 janvier 1887).
3. Décrets des 20 et 24 kâda 1304 (9 et 13 août 1887).
4. Décret du 5 rabiâ-el-aoual 1305 (20 novembre 1887).
5. Décret du 5 rabiâ-el-aoual 1305 (20 novembre 1887).

Dans l'intérêt des justiciables, un tribunal de première instance est institué à Sousse [1] et des justices de paix sont établies, à titre provisoire, à Ain-Draham, Béjà, Nebeul, Gabès, Djerba, Gafsa, Souk-el-Arba, Mateur, Kairouan et Tozeur [2].

Deux nouvelles circonscriptions de contrôle sont créées : la première à Tunis [3], la seconde à Zaghouan [4]. Le territoire des autres circonscriptions est délimité, et des instructions générales [5] dictées par l'expérience régularisent le travail des contrôleurs.

De son côté, la vie municipale est encouragée par l'institution de commissions municipales à Monastir, à Mehdia, à Gabès (24 janvier), à Kairouan (2 juin), à Béjà (13 juillet), à Djerba (13 septembre) et à Souk-el-Arba (25 septembre).

A Tunis, toujours même activité. On édifie, aménage et embellit de tous côtés. La municipalité, qui a pris sa tâche à cœur, a préparé un ensemble de travaux d'amélioration à exécuter pour transformer l'aspect de la ville et la mettre à la hauteur du rang qu'elle occupe [6]. Égouts, adduction d'eau pour les services publics, amélioration de la voirie, cimetières, promenade publique, hôtel de ville, théâtre : tel est le programme. L'utile s'y mêle sagement à l'agréable; malheureusement ces travaux sont évalués à 12,000,000 de francs, et le budget municipal ne permet pas pour le moment de gager un pareil capital. On imagine cependant des combinaisons; mais pour ingénieuses qu'elles soient, elles n'en grèvent pas moins assez lourdement l'avenir, contrairement au principe d'administration de M. Massicault, qui n'autorise les dépenses que

1. Décret présidentiel du 1er décembre 1887.
2. Décret présidentiel du 29 octobre 1887.
3. Décret présidentiel du 28 janvier 1887.
4. Décret présidentiel du 9 février 1887.
5. Circulaire du 22 juillet 1887.
6. Rapport présenté par l'administration municipale le 24 septembre 1887.

concurremment aux recettes. Autrement dit les dettes sont rigoureusement proscrites.

Tout en approuvant en principe l'ère de grands travaux envisagés par la municipalité de Tunis, l'administration centrale en subordonna donc l'ouverture à une situation budgétaire moins exiguë.

En attendant, quatre lignes de tramways ne tardèrent pas à être livrées à la circulation, et la Société de construction des Batignolles ayant accepté les conditions pour l'exécution du port de Tunis, fixées par le Conseil général des Ponts et Chaussées, de nouveaux chantiers s'ouvrirent et ce gros travail fut bientôt poussé avec activité.

En Afrique, aussi bien qu'en France, la question des étrangers est une des plus sérieuses. Le recensement de 1886 constate que la population française d'origine européenne s'élève dans notre grande colonie à 225.662 âmes et la population étrangère à 238.786.

L'élément national est donc en minorité parmi les colons algériens[1]. Il en va de même en Tunisie; le recensement du 11 avril dernier accuse 10.030[2] Français et les étrangers sont environ 40,000.

Il y a là un sujet de préoccupations diverses; les hommes politiques se demandent s'il n'est pas un danger; les économistes s'il n'est pas une source de richesses; les ouvriers, s'ils n'en souffrent pas un préjudice. Les politiques et les économistes s'accordent, pour conjurer le danger et en même temps ne pas tarir la source des richesses, à conseiller dans nos lois sur la naturalisation des réformes qui auraient pour but d'absorber graduel-

---

1. Il n'en est plus ainsi. Le recensement du 11 avril 1891 donne : Population civile française 272.662. âmes; Étrangers 219.920.
2. V. tome II, aux « Pièces et documents justificatifs », le détail par localités.

lement dans la population française un grand nombre d'étrangers ayant perdu l'esprit de retour dans leur patrie originaire, et dont l'honorabilité non moins que la sympathie pour nos institutions seraient démontrées.

Dans ce but M. Massicault appela à diverses reprises l'attention du gouvernement sur les avantages qu'offrirait la naturalisation des étrangers établis en Tunisie, et le 29 juillet 1887 le Président de la République signa le décret suivant :

Art. 1er. — Peuvent, après l'âge de vingt et un ans accomplis, être admis à jouir des droits de citoyen français :

1° L'étranger qui justifie de trois années de résidence, soit en Tunisie, soit en France ou en Algérie et, en dernier lieu, en Tunisie;

2° Le sujet tunisien qui, pendant le même temps, aura servi dans les armées françaises de terre ou de mer ou qui aura rempli des fonctions ou emplois civils rétribués par le Trésor français.

Art. 2. — Le délai de trois ans est réduit à une seule année en faveur des individus mentionnés en l'article précédent qui auraient rendu à la France des services exceptionnels.

Art. 3. — Pourront également être admis à jouir des droits de citoyen français les sujets tunisiens qui, sans avoir servi dans les armées françaises de terre ou de mer ou rempli des fonctions ou emplois civils rétribués par le Trésor français, auront rendu à la France des services exceptionnels.

Art. 4. — La demande en naturalisation est présentée au contrôleur civil dans l'arrondissement duquel l'impétrant a fixé sa résidence.

Le contrôleur civil procède d'office à une enquête sur les antécédents et la moralité du demandeur.

Si le demandeur est sous les drapeaux, la demande est adressée au chef de corps, qui la transmet au général commandant supérieur, chargé de diriger l'enquête et d'émettre son avis.

Dans chaque affaire, le résultat de l'enquête, avec la demande et les pièces à l'appui, sont envoyés au Résident général, qui transmet le dossier, avec son avis motivé, au Ministre des Affaires étrangères.

Art. 5. — Il est statué par un décret du Président de la République française, le conseil d'État entendu, sur la proposition collective du Ministre des Affaires étrangères et du garde des sceaux, Ministre de la Justice.

Art. 6. — Aucun droit de sceau ne sera perçu pour la naturalisation des individus attachés au service de la France.

Pour les autres, le droit est fixé à 50 francs.

La perception de ce droit sera faite au profit du protectorat.

Je trouverais ce décret insuffisant pour la France et l'Algérie où j'estime que nous devons, non pas attendre que les étrangers sollicitent leur naturalisation, mais la leur rendre obligatoire, imitant en cela les peuples de l'Amérique qui n'admettent point qu'un individu né sur leur sol et y habitant n'appartienne pas à leur nation. En Tunisie, pays de protectorat, nous ne pouvons avoir pareille prétention. Le décret du 25 juillet 1887 répond aux besoins du moment. Tout ce qu'on peut demander c'est que la grande chancellerie active son travail et ne détienne pas les dossiers pendant plusieurs années. Étant donné l'enquête du contrôleur civil et les pièces à l'appui, j'avoue ne pas comprendre les lenteurs dont plusieurs impétrants se sont plaints à moi, et qui en découragent un certain nombre [1].

Il nous reste à mentionner la circulaire du 29 mars 1887 [2] aux caïds et gouverneurs sur l'état d'esclavage dans lequel des nègres et négresses, à en croire certains journaux, auraient été maintenus dans la Régence. Et après la liberté rendue aux esclaves, la liberté donnée à la presse par la suppression du cautionnement [3].

Certes, M. Massicault n'ignorait pas les attaques inqualifia-

---

1. Depuis la promulgation du décret, 142 naturalisations ont été accordées, se répartissant comme suit, d'après la nationalité d'origine des postulants :

Anglo-Maltais	33	Report	97
Italiens	49	Grecs	6
Alsaciens-Lorrains	4	Allemands	10
Suisses	6	Nationalités diverses	20
Espagnols	5	Tunisiens	9
A reporter	97	Total	142

27 demandes ont été écartées ; 51 sont à l'instruction.

2. Voir t. II aux « Pièces et documents justificatifs ».

3. Décret du 17 août 1887.

bles dont son prédécesseur avait été l'objet ; il savait aussi bi[en] n'avoir aucune chance d'y échapper lui-même. Cependant s[on] esprit libéral, démocratique, lui commandait de soustraire [les] journaux à cette obligation. Il le fit !

Sa foi robuste dans le bon sens des masses et la saine appr[é]ciation des gens de bonne foi devait d'ailleurs lui rendre lég[è]res les critiques passionnées, les injures de mauvais aloi mai[n]tenant attachées à chaque fonction publique... Que voulez-vou[s] En France, nous savons cautériser une plaie, mais nous n[e] connaissons pas encore de remède au mal que produit u[ne] phrase. L'esprit y tue l'âme, comme le raisonnement y tue [la] raison. Il faut bien que les hauts fonctionnaires en prenne[nt] leur parti.

Dans les derniers jours de l'année 1887, M. Massicault étend[it] et fortifia notre action militaire dans le sud de la Régence.

Jusqu'à cette époque nous avions simplement à Gabès u[ne] réserve propre à la défense locale et aux mouvements éventue[ls] d'une colonne mobile. Un avant-poste, établi à Metameur, ch[ez] les Ouerghamma, était destiné à faciliter la surveillance [du] pays et à en compléter le système de défense.

Peu à peu, le gouvernement de l'Arad obtint la soumissi[on] de la majeure partie des tribus composant la puissante conféd[é]ration des Ouerghamma, et l'on réussit à isoler les fractio[ns] rebelles.

Mais nous étions encore trop éloignés de la frontière po[ur] empêcher ces fractions insoumises, ainsi que les tribus tr[i]politaines voisines, d'organiser des coups de main sans ces[se] renouvelés contre nos partisans. Ceux-ci ne tardèrent pas à us[er] de représailles, et, dès lors, il ne se passa guère de semaine [où] l'on n'eût, de part et d'autre, à enregistrer quelque fait de pi[l]lage, d'agression ou de violation de frontière.

L'audace des pillards devint telle qu'ils s'avancèrent parfois jusqu'au nord de nos postes de Metameur et de Gabès.

Dans cet état de troubles, l'impôt des tribus même quasi-soumises ne rentrait plus qu'avec difficulté.

L'occupation du pays des Ouerghamma fut décidée, et au mois de décembre 1887, des postes militaires étaient installés à Zarzis, chez les Accara, et à Foum-Tatahouin, en plein pays Ouderna. Un petit détachement et un officier de renseignements étaient envoyés à Douiret. Enfin la garnison de Metameur était renforcée, en même temps qu'on créait une installation pour les troupes avec tous les aménagements qu'elle comporte.

Le génie militaire construisait une route reliant Metameur à Tatahouin et Zarzis, établissait le télégraphe électrique de Metameur à Tatahouin, et un fil téléphonique de ce dernier poste à Douiret. Un abri pour les convois était élevé à Bir-el-Ameur, entre Metameur et Foum Tatahouin[1].

L'attente toujours vaine d'un ordre économique moins vicieux a ralenti et détourné le courant d'émigration que nous avons vu se dessiner au lendemain de l'organisation du protectorat. Les acquisitions territoriales n'ont eu cette année que peu d'importance. La plantation de la vigne a cependant été poursuivie par un certain nombre de propriétaires qui se refusent à admettre que la métropole puisse les abandonner sur une terre où elle les a poussés et qu'ils travaillent à faire française. Le vignoble est porté à 2790 hectares.

La récolte des céréales a été exceptionnellement belle et les exportations ont atteint un chiffre encore inconnu :

Marchandises importées....	44.824.126 p.
— exportées....	34.262.937
Ensemble.........	79.087.063 p.

[1]. Discours de M. Massicault le 1er janvier 1890.

1888

Dotée des auxiliaires puissants que nous connaissons, la colonisation en recevrait une impulsion définitive si la Douane n'intimidait de plus en plus le capital et ne paralysait de la sorte tous les efforts de la Résidence. Aussi M. Massicault ne cesse-t-il de se préoccuper de ce déplorable régime économique. Il multiplie les rapports et les démarches. Mais, de leur côté, les adversaires du projet accentuent la résistance, et bientôt leur groupe se renforce du concours des Algériens aux yeux desquels certains intéressés font miroiter le danger de la fraude. Les produits étrangers, disent-ils, les vins italiens, par exemple, repoussés de nos ports, à cause des droits élevés que nous leur appliquons, ne passeront-ils pas par la Tunisie, et après y avoir reçu des lettres de naturalisation ne viendront-ils pas inonder nos marchés?

La Résidence avait prévu l'objection et, pour parer au danger, elle a imaginé un système de précautions qui donneront toute garantie aux producteurs algériens aussi bien que métropolitains.

M. Massicault l'emporte donc sur les partisans du *statu quo ;* il convainc le cabinet Floquet de la nécessité d'une modification du tarif général des douanes pour faciliter aux colons tunisiens l'écoulement de leurs produits agricoles dans des conditions rémunératrices, et renforcer en même temps les liens qui les unissent à la France. Assurance lui est donnée que le projet de loi sera incessamment déposé sur le bureau de la Chambre.

C'est là un premier succès. Toutefois le vote définitif est encore loin : le Résident général ne reste pas inactif. Loin de là, il profite habilement de la lassitude que les concours régionaux annuels déterminent en Algérie[1].

Il sait se faire attribuer les subventions destinées à ces nouvelles assises agricoles, qu'il organise à Tunis avec un entrain si communicatif qu'elles provoquent un véritable étonnement. M. Massicault avait en vue de stimuler l'émulation des agriculteurs tunisiens, d'appeler l'attention sur les merveilleuses ressources agricoles du pays et d'en faire constater la force productrice : il y a admirablement réussi.

« Le Concours agricole comprend près de 200 chevaux, plus de 800 animaux de l'espèce bovine, 200 de l'espèce ovine et caméline, 600 numéros de produits agricoles, 600 numéros de machines. Ces chiffres sont supérieurs à ceux que représentent, en moyenne, nos concours agricoles français. Dans le midi de la France, en effet, qui se rapproche le plus de la Tunisie comme climat et système de culture, le nombre des animaux de l'espèce bovine présentés dans les concours est, en moyenne, de 150, le nombre des chevaux de 100, les sections d'instruments et de produits agricoles ne sont pas mieux représentées qu'ici. Le premier concours agricole de Tunisie est donc un succès, un très grand succès[2] ».

[1]. Dans les grandes fermes, acquises à prix d'argent, et dans lesquelles une intelligente direction a été secondée par des capitaux abondants, de rapides progrès ont été réalisés. Mais la grande masse de la population agricole algérienne est formée de concessionnaires arrivés sans ressources premières et qui n'ont vécu qu'à grand'peine sur le lopin de terre qu'ils ont reçu en partage. Quelque intelligents qu'ils fussent, les progrès ont été lents et le sont encore parmi ces colons. De façon que le nombre restreint d'exposants est toujours à peu près le même et dans des conditions presque identiques. Il s'ensuit que ceux qui tiennent la corde sont surchargés de médailles. Quant aux autres, se sachant d'avance battus, ils restent chez eux. Aussi l'intérêt de ces concours est-il allé chaque année s'affaiblissant. Le concours d'Oran en 1886 était triste; celui de Boufarick en 1887 était lamentable.

Depuis plusieurs années je demandais avec la plupart de mes confrères d'Algérie qu'on se bornât à un concours tous les deux et même tous les trois ans seulement, en comprenant la Tunisie dans le roulement des trois provinces : l'intervention de M. Massicault semble avoir fait adopter cette mesure.

[2]. Discours du Commissaire général de l'Exposition à la distribution des récompenses.

Les colons français et européens, agriculteurs ou industriels, ont dignement répondu à l'appel qui leur était adressé. Ils ont, avec une crâne assurance offert à l'examen des Jurys leurs exploitations agricoles, leurs usines nées d'hier; ils ont étalé leurs productions encore dans l'enfance, et ce que certains esprits chagrins ou pessimistes n'avaient pas craint de taxer de témérité est pour les agriculteurs, les viticulteurs et les industriels tunisiens une éclatante consécration de leurs efforts et de leurs résultats.

En même temps que le concours agricole et hippique, une exposition scolaire et une exposition des Beaux-Arts sont ouvertes du 25 avril au 6 mai. La première résume les efforts de toutes nos écoles françaises dans la Régence. L'exposition des Beaux-Arts renferme environ 200 tableaux, aquarelles, dessins ou sculptures d'un ensemble remarquable.

Ces résultats, — qu'on ne l'oublie point, — ont été obtenus en trois mois, les programmes n'ayant pu être arrêtés et publiés que le 22 janvier. Ils font le plus grand honneur aux colons, et à l'administration de la Régence qui se sont témoigné une confiance réciproque et prêté un mutuel appui.

La distribution des récompenses aux lauréats[1] fut suivie le lendemain (7 mai) d'une nouvelle manifestation de l'activité civilisatrice de la France en Tunisie : l'inauguration du musée des Antiquités et des Beaux-arts, au Bardo, en présence d'Ali-Bey et de M. le Ministre, Résident général.

M. le général Saint-Marc, le personnel de la Résidence générale, toutes les autorités civiles et le corps consulaire y assis-

---

[1]. 25,305 francs en primes.
Cinq objets d'art.
Trente médailles d'or.
Quatre-vingt-deux médailles d'argent.
Deux cent deux médailles de bronze.
Et un bon nombre de mentions et de diplômes.

taient. Le ministère de l'Instruction publique avait délégué M. Perrot pour le représenter à cette cérémonie; l'Académie des Inscriptions et Belles-Lettres était représentée par son secrétaire perpétuel, M. Wallon.

C'était la fête de la Science et de l'Art après celle de l'Agriculture, et après les éloges décernés aux travailleurs, comme une laborieuse et pacifique application du précepte de Galgacus : *Ituri in aciem, majores vestros et posteros cogitate.* Ce n'est pas, en effet, seulement en marchant au combat qu'il nous faut songer à nos ancêtres, et songer à nos descendants. La pensée humaine est fille de la pensée humaine et c'est avec le passé qu'on pétrit l'avenir. Il nous faut reconstituer l'histoire de ce pays à ses époques florissantes, et disputer à l'oubli les ouvrages du grand peuple qui avait donné à cette terre fertile la prospérité que nous voulons lui rendre. En les étudiant attentivement nous y trouverons un guide précieux, et en les évoquant aux heures de lutte nous y puiserons un patriotique encouragement.

Le présent serait-il plus difficile à comprendre que le passé? On pourrait le croire ici en présence de l'interprétation étrange, fantasque, bouffonne, qu'on voit donner aux actes les plus naturels, aux réformes les plus sensées.

Je n'en veux pour preuve que la création d'un office postal autonome en Tunisie. Cette importante amélioration a été l'objet de critiques passionnées dans la presse et jusqu'à la tribune de la Chambre où elle a donné lieu à une interpellation. Est-il cependant mesure plus rationnelle, plus légitime? La pratique en a-t-elle assez démontré les avantages? Ils sautent aux yeux de l'observateur le plus superficiel. Je n'en suis pas moins sûr que bien longtemps encore il se rencontrera de braves gens qui se lamenteront sur le gaspillage de nos finances et de bonnes petites feuilles qui crieront au lèse-patriotisme. Ainsi va le monde.

Je crois donc utile de conter la chose en détail.

C'est en 1859, on s'en souvient, que la première ligne télégraphique a été construite dans la Régence. Elle reliait Tunis à l'Algérie par le Kef et Ain-Si-Youssef. Une convention passée entre le gouvernement français et le gouvernement tunisien en avait fixé les conditions. Cet arrangement a été remplacé en 1861 par une seconde convention nous assurant le monopole du service.

Déjà, au moment de la création des lignes électriques, une sorte de service postal existait à Tunis sous la gestion du chancelier du consulat général. Ce fonctionnaire correspondait avec le bureau français le plus voisin : Bône à cette époque, Tunis n'étant alors desservi que par le paquebot côtier d'Algérie. Une situation toute semblable existe encore aujourd'hui à Tripoli.

En 1869, le service se développant fut remis au receveur des télégraphes à Tunis et à la Goulette; en 1876, lors de la création de la ligne des paquebots de la côte tunisienne, il fut établi dans chacune des escales et confié pareillement au receveur des télégraphes.

De sorte qu'au moment de l'occupation, en 1881, douze bureaux existaient sur la côte tunisienne, sauf Tunis, la Marsa, le Kef et Béja.

Les besoins de l'armée exigèrent la création de nombreux courriers et de grandes lignes télégraphique tant sous-marines qu'aériennes. Tous ces établissements furent effectués aux frais du Département de la Guerre par les soins de celui des Postes et Télégraphes qui resta chargé de leur entretien et de leur gestion. Dix-sept nouvelles recettes vinrent ainsi s'ajouter aux précédentes.

Ce service grevait annulement de 54,000 francs le budget de l'administration française des Postes et Télégraphes et celle-ci n'entendait pas aller plus avant. Réduite considérablement dans ses crédits, limitée au nombre de vingt-cinq recettes à ouvrir par an, au lieu du chiffre accoutumé de cent vingt-cinq, l'administration était contrainte de réserver uniquement à la France ses ressources déjà si amoindries et se voyait obligée de refuser toute création à la Régence. De plus, elle se trouvait dans l'impossibilité de recruter son personnel. La décision de la commission du budget qui avait réduit, pour toutes les nouvelles nominations, l'indemnité coloniale de la demi-solde au quart de solde, avait du même coup fait disparaître toutes les demandes d'emploi en Tunisie; l'administration n'y envoyait plus que par mesure disciplinaire, ou des agents de début hors d'état d'y servir convenablement à cause de leur jeune âge et de l'insuffisance de leur traitement.

Il n'y avait qu'un remède à cette situation : la création d'un office postal tunisien. L'intérêt le commandait; et, ainsi que M. Ribot l'a constaté dans son rapport, il était conforme au principe de l'autonomie laissée à la Tunisie que le déficit de ce service soit supporté par le budget tunisien et non par le budget général de la France.

Entamée au cours de l'année 1886, la question resta en suspens; il parut préférable d'en laisser poursuivre la solution au nouveau Résident général qui allait succéder à M. Cambon. Mais cette question n'était pas abandonnée; elle fut au contraire recommandée à l'attention de M. Massicault au moment de son envoi à Tunis.

Le ministre des Postes et des Télégraphes insistait vivement auprès de lui pour en voir au plus tôt le règlement.

L'année 1887 tout entière fut employée à déterminer de concert avec le Département des Affaires étrangères et l'administration des Postes et Télégraphes les conditions de création de l'office tunisien. Une convention en date de 20 mars 1888 en fixa au 1ᵉʳ juillet suivant la mise à exécution. Dans ses clauses principales elle spécifie que le service fonctionnera sous les règlements généraux de la métropole et en pratiquera les tarifs; elle stipule que le personnel en dehors des facteurs indigènes ne comprendra que des agents français soit des cadres métropolitains, soit des cadres locaux.

Quelques semaines avant la date fixée pour l'ouverture de l'office une notification du Résident général aux divers représentants des puissances étrangères à Tunis avait porté à leur connaissance la création du nouveau service tunisien. Ceux-ci accusèrent purement et simplement réception, à l'exception du consul général d'Italie.

De même que les agents consulaires français avant la création d'un service postal régulier avaient charge de faire l'acheminement et la distribution des correspondances traitées par l'administration métropolitaine, de même les agents consulaires italiens remplissaient un semblable office pour leurs nationaux. En 1875, en créant la ligne côtière des paquebots Rubattino, le gouvernement italien avait installé des agences postales dans chacun de ses ports de relâche. Toutefois, au bout de peu de temps, reconnaissant la très minime utilité de ces agences, il les supprima, sauf celle de Sousse qu'il constitua comme la Goulette et Tunis en service régulier au consulat d'Italie.

Du jour où la Régence, usant du droit qu'elle s'était réservé dans la convention du 19 avril 1861, reprenait la gestion du service postal et télégraphique, et le monopolisait à son profit, les bureaux de poste italiens devaient disparaître de même que les bureaux français. Tout au plus pouvait-on admettre, en raison des immunités diplomatiques, la franchise postale pour le consulat d'Italie. Rien autre.

Mais le gouvernement italien attache à ce service postal une importance politique, assurément excessive. Quoi qu'il en soit, le consul d'Italie, M. Berio, répondit à la notification de mars 1888 qu'il rendrait compte à Rome et attendrait des ordres. Il avança cette singulière raison que « l'invitation qui venait de lui être adressée était la reconnaissance même du droit de son gouvernement à entretenir des bureaux de poste dans la Régence ».

Cette assertion ne pouvait être acceptée, encore que l'évidence à elle seule suffît à y contredire. Une nouvelle communication de Résident général en fournit la réfutation.

La question en est restée là.

Aucune déclaration officielle n'a été produite par le gouvernement italien au sujet de ses trois bureaux de postes. Il semble pourtant qu'il ait été tout près de les fermer. Le consul général d'Italie, M. Berio[1], est venu, en effet, en avril 1888, entretenir le chargé d'Affaires de France des conditions qui lui paraissaient permettre la suppression de la poste italienne.

Mais, entre temps, les incidents de Massouah sont survenus; on sait à quel point extrême ils ont tendu les relations de la France et de l'Italie; la question de la poste italienne s'est trouvé noyée au milieu des graves préoccupations qui agitèrent assez longtemps les cabinets de Rome et de Paris.

Sous couleur de patriotisme, quelques journaux ont grossi cette affaire à plaisir. Ils y ont vu une coupable tolérance, je ne sais quels dangers imaginaires. Qu'ils me permettent de leur dire que trois boîtes à lettres ne méritaient

Ni cet excès d'humeur, ni cette indignité.

Comme l'a fort bien dit l'auteur de la *Politique française en Tunisie* : « Qu'on laisse donc la poste italienne mourir de sa belle mort; elle fait de mauvaises affaires, n'inspire qu'une confiance limitée; elle ne vaut ni une négociation, ni un souci ».

1. Remplacé le 23 juillet 1889 par M. B. Machiavelli.

J'ajoute à l'appui de cette opinion que la première année de fonctionnement de l'office tunisien a eu pour effet de réduire de plus d'un tiers les opérations des bureaux italiens : *la Prima Relazione statistica dello ministero delle Poste et dei Telegrafi* en fait l'aveu formel[1]. Prenons patience, la difficulté se dénouera d'elle-même. L'Italie n'est pas assez riche pour payer longtemps une si vaine gloriole.

Puisque j'en suis aux critiques, il me faut relever encore celle qui a trait à la suppression du timbre français. Cette conséquence d'un office autonome n'avait cependant rien d'exceptionnel, et on l'a acceptée dans toutes les possessions françaises d'outre-mer, sauf l'Algérie. Dans toutes, non seulement le timbre métropolitain n'a pas cours, mais encore les taxes sont celles de l'Union universelle et non celles du tarif métropolitain. Ainsi, au point de vue des taxes, la Tunisie offre des conditions meilleures que celles des autres colonies françaises, l'Algérie exceptée. Elle en offrira peut-être sous peu de meilleures que la France elle-même ; car il est possible que l'affranchissement des lettres y soit réduit à dix centimes. C'est là un exemple que l'office est fort capable de donner ; il ne serait qu'un témoignage de plus de l'heureux esprit qui l'anime, et qui a déjà produit des résultats surprenants.

Au 1ᵉʳ juillet 1888, la Tunisie possédait 25 recettes de poste et aujourd'hui, à peine plus de trois ans après, elle en possède 54, plus du double, non compris Ras el Oued, l'une des 25 recettes du service métropolitain fermé en 1890 à la suite de la réduction de la garnison.

Au 1ᵉʳ juillet 1888, neuf distributions des postes et télégra-

---

[1]. (page 146). Resulta inoltre che sono in diminuzione negli Ufizi di Tunisi, di Tripoli, di Susa e di Assab. Il che non fu mai nei precedenti esercizi, e la ragione deversi ricercare per Tunisi, nella riorganizzazione ed accrescimento degli Ufizi postali di quella Reggenza, per gli altri, nelle oscillazioni dei traffici.

phes fonctionnaient, toutes situées dans les gares de la compagnie Bône-Guelma. Aujourd'hui l'office en entretient 110, douze fois plus! Ces distributions sont dispersées sur tout le territoire, grâce au concours gratuit des autorités locales indigènes. Les cheikh et khalifa en ont la gestion, dont ils s'acquittent avec une ponctualité irréprochable. Aucune réclamation n'a jamais été présentée au sujet des correspondances qui ont été confiées à leurs soins. L'office n'a à sa charge que le traitement des cavaliers employés au transport.

Au 1er juillet 1888, la longueur des voies de fer ou de terre parcourues par les courriers ne s'élevait qu'au total de 1,677 kilomètres; aujourd'hui elle atteint 3,060 : augmentation de près du double. Quant au parcours quotidien des courriers, il est passé de 2,153 kilomètres, à 3,520, soit un accroissement de 64 %.

Enfin des tournées de distribution ont été créées dans la circonscription de Tunis avec le concours du contrôle civil; la presque totalité des exploitations rurales, dans un rayon de plus de 30 kilomètres, autour de la capitale et de la commune de Zaghouan, sont visitées tous les deux jours par des cavaliers qui y vont porter et prendre les correspondances. Une quarantaine de fermes françaises se trouvent ainsi desservies.

Au total, au moment de l'ouverture du nouveau service les correspondances étaient remises à destination dans 34 villes ou villages; aujourd'hui elles sont distribuées dans 164. C'est une situation au moins égale à celle où se trouvent les départements algériens.

A sa création l'office tunisien par son adhésion à l'Union postale universelle s'était assuré la circulation de ses correspondances dans le monde entier. Mais sa notification de participation à l'arrangement de Lisbonne relatif aux articles d'argent ne lui procurait l'échange des mandats qu'avec les pays signataires. L'Angleterre et ses possessions, les États-Unis d'Amérique, la Perse, les Indes néerlandaises, le Japon n'en faisaient pas partie. Le Département des Affaires étrangères a poursuivi et obtenu la conclusion de conventions particulières avec chacun de ces États, à l'exception du Japon qui a décliné l'arrangement offert à raison de son inutilité probable.

Le développement du service télégraphique n'a pas été moindre que celui de la poste. Le nombre des bureaux a passé de 26 à 58; en outre des 54 recettes en activité, il comprend les postes militaires d'el Guettar, el Hafay, Metameur et Ras el Oued.

L'établissement de ces bureaux a nécessité la pose de 290 kilomètres de ligne et celle de 540 kilomètres de fil qui constituent un accroissement d'environ 15 % sur le réseau antérieur.

Cet accroissement considérable a été obtenu pour sa majeure partie au moyen du concours des instituteurs. Le directeur de l'enseignement public a consenti volontiers à l'installation de la recette dans la maison d'école, à l'exemple de ce qui s'est fait en France pour les bureaux télégraphiques municipaux et de ce qui est pratiqué aux États-Unis ainsi que dans les possessions anglaises. L'instituteur y a gagné une augmentation de traitement très sensible, en même temps qu'il procure à la population aussi bien qu'à lui-même l'usage des avantages et des commodités de la poste et du télégraphe. Sur les 30 bureaux ouverts par l'office 21 sont confiés à des instituteurs, 2 à des pères blancs (Carthage et Porto-Farina), 2 à des chefs de gare (Hammam-Lif et Souk-el-Khémis), 2 à des agents militaires (Hadjeb-el-Aïoun et Kebili) 1 à un receveur des douanes tunisiennes : la Skhirra et enfin 2 seulement à des receveurs titulaires (Moudenine et Foum-Tatahouin).

Parmi ces augmentations figure la ligne de Gabès à Moudenine et Foum-Tatahouin pour une longueur de 95 kilomètres de ligne et 125 de fil. Les frais de premier établissement ont été remboursés à l'office sur les fonds de la subvention allouée par le gouvernement tunisien au ministère de la guerre pour la création des postes militaires du Sud.

Cinq gares de chemin de fer ont été ouvertes à la télégraphie privée; mais deux anciennes gares ayant été transformées en bureaux de l'office, l'augmentation apparente n'est que de trois.

En résumé, au moment où l'office entrait en activité 32 localités seulement étaient dotées du service télégraphique; aujourd'hui 66 en sont pourvues.

Comme conséquence naturelle de cette extension du réseau un développement considérable s'est produit dans l'exploitation.

Le total annuel des correspondances postales est passé de 3,800,000 à 7,500,000, en augmentation du double. Le total annuel des mandats postaux de 125,000 évalués à 9,000,000 de francs est passé à 175,000 et à 10,500,000 francs présentant des accroissements de 40 et de 16 %.

Le service des recouvrements a suivi une progression encore plus forte : de 20,000 effets d'une valeur d'environ 1,000,000 de francs, il est monté à 32,000 et au total de près de 2,000,000 de francs, accusant ainsi des augmentations réelles de 56 et 79 %.

Le télégraphe a présenté un développement moins accusé, mais encore très important, le nombre des dépêches étant passé de 520,000 à 630,000. C'est un accroissement de 21 %.

La caisse d'épargne a donné les résultas les plus favorables. Le nombre des livrets ouverts a doublé (1,700 contre 885); le montant des opérations également (1,670,000 fr. contre 736,000) et enfin l'avoir des déposants a triplé 1,082,000 fr. contre 349,000 francs.

Les produits des postes et télégraphes ont monté de 536,000 francs, — recettes des douze derniers mois du service français, — à 710,000, c'est-à-dire qu'ils présentent une plus-value de 174,000 francs, soit 32 %.

Les dépenses ont, il est vrai, nécessairement augmenté dans une forte proportion; elles sont passées de 590,000 fr. à 674,000; mais leur accroissement n'est que de 12 %.

En fait, le déficit qui, du temps du service français, atteignait 54,000 fr. se trouve remplacé pour l'année 1308 par un produit net d'au moins 50,000 fr. Cette somme dépasse les insuffisances des deux premières années, de telle sorte que la gestion de l'office pour ses trois années d'exercice se solde par un bénéfice. La Tunisie y aura gagné de plus l'économie de sa subvention annuelle de 15,000 francs qu'elle fournissait à l'administration métropolitaine pour les loyers et ses baux, et, en outre, la valeur des installations des lignes et des 30 recettes nouvelles (Moudenine et Foum-Tatahouin non compris), dont le montant dépasse 60,000 francs.

Ainsi donc le trésor français a gagné à la création de l'office tunisien 60,000 francs par an et la Tunisie, en sus du doublement de son réseau postal et télégraphique, y a déjà gagné près de 50,000 francs.

A toutes ces améliorations déjà réalisées doivent être encore ajoutées celles qui sont en cours d'exécution et parmi les plus notables : d'abord la construction de l'hôtel de Tunis, qui sera un édifice considérable et digne de la capitale de la Régence; puis la réfection de l'immeuble et la réinstallation de la recette de Sousse, la construction d'un hôtel à Sfax, l'établissement du réseau téléphonique de Tunis avec ses annexes de la Marsa et de la Goulette et l'ouverture de communications interurbaines entre ces trois villes; la préparation de petits réseaux téléphoniques à Sousse et à Gabès, la reprise du service des colis postaux et son exploitation directe et exclusive par l'office pour en étendre les avantages à toutes les localités pourvues d'une recette, et, je crois savoir, d'une distribution.

C'est au rattachement du service des Postes et des Télégraphes au gouvernement du protectorat et à l'autonomie que lui a procurée sa nouvelle organisation que sont dus en entier tous ces progrès. Plus libre d'agir, dégagé de règlements qui n'ont pas prévu des cas aussi particuliers que ceux qui se présentent dans ce pays encore si différent de la métropole, il a pu s'adapter aux conditions locales et obtenir de ses moyens et de ses efforts les résultats les plus fructueux pour le public et pour l'État. Il a reçu des autres administrations tunisiennes le concours le plus précieux, alors que comme service relevant de la métropole il s'en trouvait complètement isolé.

Enfin le gouvernement du protectorat ressentant lui-même les besoins du pays, appréciant immédiatement les résultats acquis et se rendant compte que les nouveaux crédits de l'office n'étaient que des avances bien vite recouvrées, ne lui a ménagé ni les ressources ni les encouragements.

Avec un tel appui le succès était assuré; il devait être complet, comme il s'est produit pour tous les intérêts en jeu; mais seule la création de l'office autonome en aura procuré la possibilité; seule elle aura permis à M. Cheylus de mettre en jeu les hautes qualités directoriales qui le distinguent et auxquelles il serait injuste de ne pas attribuer une large part du succès.

Cette sage et heureuse réforme d'administration générale n'est pas la seule accomplie en 1888. Le ministère d'État a successivement publié des décrets ou pris des mesures concernant principalement : — l'invasion et la propagation du phylloxéra en Tunisie[1]; — l'exercice de la profession de médecin, de pharmacien et de sage femme[2]; — la répression de la falsification ou de l'altération des substances, denrées ou médica-

---

1. Loi du 1ᵉʳ mai 1888 et décret du 7 kâda 1305 (15 juillet 1888).
2. Décret du 6 chaoual 1305 (15 juin 1888). Jusqu'à cette date l'exercice de la médecine et de la pharmacie était libre en Tunisie. C'était la terre promise des

ments destinés à être vendus[1] ; — la répression des incendies de forêts, bois, plantations, récoltes et produits divers[2] ; — les associations[3] ; — les brevets d'invention[4] ; — le service intérieur des prisons[5] ; — le rattachement des indigènes isolés, ou fractions de tribus, aux circonscriptions administratives sur le territoire desquelles ils sont campés.

Elle a opéré, avec le concours des contrôleurs civils et de l'autorité militaire, la délimitation de la frontière entre les tribus algériennes et les tribus tunisiennes et supprimé par là une cause de conflits incessants.

Elle a réformé profondément, selon les vœux de la Chambre de commerce, la législation en matière d'adjudication des biens habbous, en vue tout à la fois d'éviter aux acheteurs sérieux la concurrence des spéculateurs, et de pousser à l'immatriculation des biens adjugés[6].

Malheureusement la campagne agricole a été mauvaise. La sécheresse a tout brûlé : les céréales ont fait défaut presque partout[7]. Le manque de fourrages a occasionné une grande mortalité du bétail, qui a été vendu à vil prix, et l'ensemble des transactions commerciales s'en est fâcheusement ressenti.

---

charlatans et des empiriques. Depuis nul ne peut exercer la profession de médecin ou de pharmacien, s'il n'est pourvu d'un titre sérieux. Cependant pour ménager — peut-on dire des droits acquis? — les diplômés de la faculté de Tombouctou ou du Monomotapa ont été rangés dans une catégorie spéciale de médecins et pharmaciens « TOLÉRÉS ». Il ne faut voir là, je pense, qu'une mesure de transition; car la santé publique ne pourrait que gagner à des dispositions plus radicales.

1. Décret du 11 rhamdan 1305 (21 mai 1888).
2. Décret du 13 rhamdan 1305 (23 mai 1888).
3. Décret du 9 moharrem 1306 (15 septembre 1888).
4. Décret du 22 rabiâ-et-tani (26 décembre 1888).
5. Décret du 19 rabiâ-et-tani 1305 (3 janvier 1889).
6. Décrets du 22 juin, 6 et 22 novembre 1888.
7. Les conséquences ont été d'autant plus fâcheuses et regrettables que les indigènes avaient donné à leurs cultures une extension inconnue jusque-là. Au temps des beys les ensemencements ne dépassaient guère 30,000 méchias. Seul le Protectorat a pu les porter à 55,000, puis à 62,000 en 1885, à 64,000 en 1886, et elles s'étaient élevées à 75,000 dans les derniers mois de 1887.

D'ordinaire, la Régence n'importe pas de blés. En trois ans, de 1885 à 1888, elle n'en a pas acheté à l'étranger pour 300,000 piastres. En 1888, elle en importera pour près de 6,000,000 de piastres.

Malgré cette situation exceptionnellement désavantageuse, M. Massicault n'en a pas moins poursuivi la série des dégrèvements d'impôts et des améliorations qu'il a assumé la tâche de réaliser.

Un décret du 17 mai 1888 a autorisé l'entrée en franchise dans la Régence des bestiaux et bêtes de somme, de l'huile d'olives pure, du gibier, des volailles.

Les droits d'exportation sur l'alfa et le diss ont été unifiés et réduits (29 janvier 1888).

En même temps, le premier pas est fait dans la voie de la suppression des fermages. Le monopole de la tannerie (*Dar-el-Geld*) venait à expiration le 12 mars; il n'a pas été renouvelé. La présomption de vente en cas d'exportation des peaux est abolie. Les droits perçus à Tunis et à la Goulette, au profit de Dar-el-Geld, sur les laines exportées ont cessé d'exister; diverses autres taxes ont été supprimées ou unifiées : le sacrifice consenti par le trésor est, de ce chef, d'environ 60,000 piastres.

Le droit de 6 1/4 p. %, dit *Mouageb*, auquel les ventes d'olives sur pied étaient assujetties dans certaines circonscriptions soumises à la dîme sur l'huile, a été supprimé à partir du 13 octobre.

Ont été également supprimés, à compter de la même date, les droits perçus au profit de Dar-el-Geld sur la laine embarquée dans les ports de la Régence.

Un décret du 23 moharrem (29 septembre) a réduit à un droit unique les droits de vente, de mesurage et de stationnement perçus à Tunis sur les huiles. Le fermage de ces droits a cessé pour faire place à une régie directe.

Un autre décret du même jour a mis les communes de Bizerte, la Goulette, Sousse et Sfax en possession, comme la ville de Tunis, des droits perçus tant aux portes qu'aux marchés sur les céréales, légumes secs, etc.

Enfin le crédit de la Régence s'est affirmé d'une manière assez solide pour que le gouvernement tunisien ait pris vis-à-vis du gouvernement français l'initiative d'une proposition de conversion de la dette perpétuelle 4 % en obligations 3 1/2, amortissables en quatre-vingt-dix-neuf ans [1].

En attendant, la situation défavorable créée par l'insuffisance de la récolte en 1888 a obligé l'administration à ramener à 31,876,000 piastres les prévisions de recettes pour l'exercice 1306 qui s'étaient élevées à 34,545,000 piastres au budget de l'exercice précédent. Tous les services ont été convenablement dotés; quelques-uns, ceux d'Administration Générale et de la Guerre, ont même reçu des augmentations de crédits; mais on a dû ralentir la marche générale des dépenses afin de prévenir tout mécompte.

Néanmoins un tribunal de 1re instance a pu être créé à Sousse (4 juin). Quatorze écoles nouvelles ont été ouvertes à Tunis, Sousse, Sfax, Tebourba, Mateur, Kairouan, Ras-el-djebel, Mokenine, Msaken, les îles Kerkennah, Gabès, Tozeur, ce qui porte à 59 le nombre des établissements publics de la Tunisie : la population scolaire y approche de 8,000 élèves. Un décret beylical du 15 septembre a réglementé l'enseignement et institué un conseil supérieur.

Une subvention annuelle de 20,000 francs a été allouée, à partir de l'exercice 1,306 jusqu'à 1,320 inclusivement, au ministère de la guerre de la République française pour l'exécution d'une carte régulière de la Régence.

---

1. Décret du 13 rabià-et-tani 1306 (17 décembre 1888).

Une municipalité est instituée à Mehdia et des commissions municipales à Ghardimaou et Tozeur [1].

Cet essai de vie municipale dans le Sud est particulièrement suggestif. Il permet d'y apprécier l'état d'esprit des populations. Sans doute de longues années s'écouleront encore avant que chaque oasis devienne une commune dans toute l'acception du mot. L'embryon n'en est pas moins d'excellent augure.

Au reste, notre autorité grandit chaque jour dans cette région depuis l'occupation du pays des Ouerghamma et des Ouderna.

A la surprise inquiète que ces populations ont d'abord manifestée en nous voyant prendre pied au milieu d'elles, a bientôt fait place une heureuse confiance en notre protection tutélaire. Elles se sont peu à peu rapprochées de nous et pliées aux justes exigences du gouvernement.

Déjà les razzias de çof à çof et les coups de mains autrefois si fréquents des deux côtés de la frontière entre Tunisiens et Tripolitains sont devenus de rares exceptions.

Une véritable ère de paix a commencé pour cette région jadis si agitée.

Assurées de ne pas être l'objet de représailles, les fractions dissidentes ont successivement réintégré le sol tunisien; en août 1888 1,500 tentes, soit environ 8,000 individus, sont rentrés dans leur pays d'origine.

En même temps que le pays a recouvré la tranquillité, l'ordre s'est établi au point de vue administratif. C'est ainsi que l'on a pu poursuivre régulièrement l'établissement et le recouvrement de l'impôt chez les Ouerghamma qui, jusqu'en 1888, avaient très mal payé les redevances auxquelles ils sont assujettis.

---

1. Décret du 14 kâda 1305 (22 juillet 1888).

D'autre part, se sentant protégés et soutenus, les chefs indigènes, au lieu d'être, comme par le passé, les simples exécuteurs des décisions prises par les assemblées de tribu sont arrivés à faire exécuter les décisions de l'autorité, trop souvent méconnue jusque-là.

Certains de ne pas être dépouillés du jour au lendemain, par une razzia ou un coup de main, les indigènes de la région ont donné à leurs cultures une extension qu'elles n'avaient jamais eue, et, favorisés par les pluies, ils ont obtenu d'abondantes récoltes dont les profits ont éloquemment plaidé en notre faveur.

Les dernières acquisitions de terres ont porté à 300,000 hectares le domaine appartenant à des Français; un vignoble de 3,300 hectares est à présent constitué, et le vin obtenu vient de s'affirmer avec faveur. Car la Tunisie produit maintenant du vin. Pour ses premières vendanges, elle a mis en foudre cette année 15,000 hectolitres qui se sont vendus de 20 à 30 francs pris à Tunis. Des livraisons importantes ont été faites de 30 à 35 francs. Des colons ont trouvé acheteur de 35 à 60 francs l'hectolitre.

Les transactions, avons-nous dit, se sont gravement ressenties en 1888 du manque de production. Les exportations ont fléchi et les importations, au contraire, se sont beaucoup élevées. En totalité, le mouvement commercial est, d'ailleurs, toujours en progression.

Marchandises importées...	52.224.005 p.
— exportés.....	32.758.297
Ensemble.........	84.982.302 p.

1889

Les faits qui me restent à relater sont de trop fraîche date, partant trop connus, pour que je veuille m'y appesantir. Ils sont très intéressants, fort instructifs même ; mais il me suffira de les rappeler brièvement pour que chacun se les remémore et les apprécie comme il convient.

Aussi bien en est-il dans le nombre que je crois bon de passer sous silence, pour ne pas raviver des polémiques mal éteintes et surtout pour ne point me départir de la modération que je me suis efforcé de garder jusqu'ici.

Peut-on songer aux intérêts supérieurs en jeu et ne pas s'indigner des agissements, des violences à froid de certains personnages à l'égard de tous ceux qui ont charge de faire respecter notre drapeau en Tunisie?

Des esprits indulgents ont invoqué, comme circonstance atténuante, en faveur de ces tapageurs, le retard apporté à la modification libérale des tarifs douaniers. Déçus, a-t-on dit, dans leurs légitimes espérances, sentant leur fortune très gravement compromise, l'irritation leur a fait perdre toute mesure ; ils se sont abandonnés à des excès qu'ils sont aujourd'hui les premiers à regretter.

Quelle erreur est celle de ces braves gens! Sans doute, la longue et toujours vaine attente d'un régime économique équitable et la crainte qu'on pouvait avoir finalement de son rejet par le Parlement étaient de nature à exaspérer les plus placides. A la fin de 1888, le ministre des affaires étrangères, M. Goblet, avait bien proposé à la Chambre la réforme demandée; mais la commission des douanes s'était montrée hostile au projet, si bien qu'il avait dû être renvoyé après les élections législatives.

C'était encore une année de perdue... Le marché français demeurait fermé aux récoltes de 1889 comme à celles des années précédentes, et le découragement avait fait place à l'engouement incomparable des premières années de l'occupation; la gêne était venue; d'ici peu la ruine serait consommée! On conçoit que les doléances des colons aient revêtu un caractère particulièrement aigre. Cependant qu'on ne l'oublie point, ce ne sont pas les travailleurs de la terre, ceux qui voyaient poindre à l'horizon le noir cortège des usuriers et des huissiers qui avaient pris l'attitude que l'on sait. Ceux-ci se plaignaient en termes convenables; ils déploraient le manque de clairvoyance des députés, les erreurs des Algériens, le cœur leur saignait; mais ils avaient garde d'oublier leurs devoirs de Français. Quelque faute, quelque injustice même que la mère-patrie commît à leur endroit, ils étaient trop patriotes pour décrier le gouvernement de la France à la face des étrangers.

Mais quand la voix du patriotisme se laisse dominer, le langage politique n'a plus que deux rythmes : l'intérêt et la vanité. Alors le scandale devient un procédé. En s'affublant du nez de Croquemitaine, certains pensent se rendre redoutables et amener les gens à composition. D'autres, — les médiocrités ambitieuses, — savent qu'en flattant les passions du moment on peut devenir un héros — même à Foum-Tatahouin — et ils espèrent que le rond de cuir auquel ils sont vissés se transfigurera en couronne civique!

J'ai dit ne pas vouloir insister. Je ne montrerai donc pas le parti-pris de dénigrement et de mensonge éhonté, les moyens méprisables auxquels, dans leur impuissance, ces ambitieux n'ont pas craint de recourir. Ils ont mérité et obtenu les félicitations des adversaires déclarés de la France : que ce châtiment serve de leçon à ceux qui seraient tentés de les imiter!

Est-il besoin d'ajouter que le Résident général et ses collaborateurs poursuivaient leur tâche, sans se laisser émouvoir par ces giries et ces diatribes malsaines. Elles étaient jugées depuis longtemps [1]; et c'est justement le dédain dont elles étaient l'objet en haut lieu qui poussait leurs auteurs aux derniers excès. Il n'y avait qu'à laisser dire. Si l'on peut contester l'évidence, on ne peut la vaincre. Devant celui qui niait le mouvement, un philosophe, pour toute réponse, se contenta de marcher; à ceux qui osaient nier son action bienfaisante et progressiste, l'administration répondit par la simple exhibition de ses travaux et de ses produits à l'Exposition universelle. Le succès fut considérable; — bien supérieur même à celui de l'Algérie, qui ne put s'empêcher de révéler les rivalités qui la divisent de province à province et l'amoindrissent si fâcheusement. La Tunisie apparut une et indivisible, pleine de vitalité, rayonnante de fraîche jeunesse, et saluant gaiement l'avenir qui s'ouvre pour elle plein de promesses radieuses. Ses blés, ses vins, ses huiles, ses dattes, ses bois, ses tapis, etc., firent l'admiration du monde entier. Sur 362 exposants qu'elle comptait, elle obtint 234 récompenses : 7 grands prix, 30 médailles d'or, 72 médailles d'argent, 74 médailles de bronze et 51 mentions honorables.

Il était difficile de montrer plus brutalement l'inanité, — il serait mieux de dire l'insanité, — des critiques auxquelles j'ai fait allusion. Mais le public ne s'était pas laissé prendre à ces manœuvres politiques. Le 7 mars eut lieu la conversion de la dette perpétuelle 4 p. 100 en obligations 3 1/2 p. 100 amortissables dans un délai maximum de 99 ans et cette opération affirma une fois de plus le crédit du gouvernement tunisien.

La même annuité, employée jusqu'à ce jour au service des

---

1. En 1887, MM. de Lanessan, Leroy-Beaulieu et d'autres publicistes très distingués avaient sévèrement apprécié les agissements dont il s'agit. « Devant les misérables chicanes que l'on adresse à l'administration française en Tunisie, disait M. Leroy-Beaulieu, on est saisi de pitié pour la légèreté de ceux qui s'y livrent ». *L'Algérie et la Tunisie*, p. 368.

intérêts, servira désormais et au payement des intérêts et à celui de l'amortissement, de sorte qu'à l'expiration du délai fixé, toute la dette qui représente 174 millions de francs se trouvera remboursée sans que le gouvernement ait accru les charges des contribuables.

Même, l'opération a laissé disponible un fonds de six millions qui permettra d'entreprendre des travaux publics extraordinaires.

Malheureusement, le pays se ressent encore des conséquences de la sécheresse de l'année dernière, qui a entraîné le manque presque complet des récoltes et, sur beaucoup de points, la perte des troupeaux.

Un moment, il a été permis de croire que les dommages seraient en très grande partie réparés par la récolte de 1889. Le gouvernement avait fait distribuer, à titre d'avances, 2,684 caffis de blé, 1,566 caffis d'orge et une véritable émulation s'était emparée des cultivateurs indigènes; les surfaces emblavées dépassaient de beaucoup, dans certaines régions, celles des campagnes précédentes : 700,000 hectares environ étaient ensemencés.

D'excellentes conditions atmosphériques avaient du reste favorisé les labours; mais il n'en fut pas de même de la germination. Ravagées par des pluies torrentielles ou brûlées par un sirocco hâtif, certaines contrées du Sud et du Centre n'ont donné que des récoltes presque nulles; dans le Nord seulement elles sont d'une bonne moyenne. L'ensemble n'atteint qu'environ 2,800,000 hectolitres.

Cette situation pèse sur le commerce. Obligé de payer de grosses différences à l'Europe, la difficulté où il se trouve de se procurer assez de métal accentue la crise monétaire qui a sévi l'an dernier.

En même temps qu'elle s'efforce d'atténuer les conséquences

de cette crise, la Résidence réalise de nouvelles améliorations douanières et fiscales. Elle supprime les droits d'exportation sur les amandes, citrons, figues sèches, henné, pistaches et raisins secs (décret du 21 janvier). Elle modifie le tarif des droits de sortie applicable aux poils de chèvres et de chameaux.

Par un décret du 31 mars, la commune de Mehdia est mise en possession des droits sur les céréales, les légumes secs et le pesage public, perçus jusqu'à ce jour pour le compte de l'État.

Un second décret, en date du 2 juin, fait abandon à la même commune de l'impôt de la carroube sur les loyers, aussi perçu auparavant au profit de l'État.

A propos de perception, il faut louer hautement la direction des Finances des perfectionnements qu'elle est parvenue à introduire dans la rentrée de l'impôt. Les contribuables inscrits sur les rôles de la medjba étaient 148,000 en 1881; ils sont en 1889, au nombre de 218,000, grâce à la surveillance des listes et à la suppression d'exonérations abusives.

D'année en année, les perceptions ont gagné en régularité, en honnêteté, et conséquemment en produits.

Le gouvernement leur a dû une notable augmentation de ressources et la possibilité de remplir toutes ses obligations malgré deux mauvaises campagnes agricoles. La plus sévère économie était de règle aussi durant cette crise; les crédits ont été réduits à leur strict nécessaire, et l'on a pu de la sorte éviter de recourir au fonds de réserve.

Chaque service n'en a pas moins été convenablement doté et l'agriculture, dont les progrès préoccupent toujours à juste titre M. Massicault, a reçu de nouveaux auxiliaires. Sept champs d'essais et d'expériences ont été créés dans le nord de la Régence; les propriétaires puiseront là de précieuses indications sur la culture des céréales, des plantes fourragères et industrielles. Le *Journal officiel tunisien* publie fréquemment des rapports de l'Inspection sur l'agriculture, l'élevage et les épizooties. Il publie un *Bulletin mensuel météorologique, agricole et commercial*. Des instruments aratoires perfectionnés sont mis à la disposition des indigènes.

Un décret du 9 kàda 1306 (9 juillet 1889) constitue les propriétaires de vignes en Syndicat général obligatoire chargé, sous le contrôle de l'administration, des mesures à prendre contre l'invasion et la propagation du phylloxéra en Tunisie.

En matière d'administration générale il convient encore de mentionner :

L'institution d'un conseil d'hygiène publique et de commissions régionales composées de médecins, chimistes, ingénieurs et propriétaires;

La réorganisation du tribunal pénal de l'Ouzara. Jusqu'à ce jour, l'instruction des affaires était confiée aux magistrats chargés de proposer la sentence au bey. Désormais l'instruction et l'application de la peine sont complètement séparées, le soin en est remis à des magistrats différents. Cette réforme constitue un progrès important dans le fonctionnement de la justice indigène;

Le remaniement des circonscriptions administratives ou judiciaires de la Kroumirie et de l'Arad pour leur donner plus de force et de cohésion;

La suppression du contrôle civil de Zaghouan et son rattachement mi-partie à celui de Tunis et mi-partie à celui de Béjà.

L'effet de l'Exposition universelle n'a pas tardé à se faire sentir. Chaque courrier débarque à la Goulette un nouveau flux de colons et de capitalistes; on visite les henchir et des transactions s'ébauchent; n'était l'obstacle que la Douane oppose, elles se termineraient sur-le-champ, car tous les agriculteurs sont émerveillés du pays, de la richesse des terres, et ils ont hâte d'en devenir propriétaires d'une portion.

Les surfaces complantées en vignes, ont progressé de 763 hectares en 1889; elles atteignent 5,143 hectares qui se subdivisent ainsi par contrôle :

		Européens.	Indigènes.
Contrôle de Tunis		2.454 hect.	152 hect.
»	Nabeul	331 »	258 »
»	Bizerte	133 »	564 »
»	Kef	20 »	22 »
»	Sfax	217 »	4 »
»	Kairouan	23 »	» »
»	Sousse	389 »	» »
»	Souk-el-Arba	273 »	» »
»	Djerba	3 »	80 »
»	Béjà	220 «	» »

Tous les vignobles sont très beaux; aucune trace de maladie parasitaire, animale ou végétale, n'a été observée. Partout les sarments fléchissent sous le poids des grappes gonflées de sang vermeil. Pour la seconde année de production partielle les vendanges ont donné 32,635 hectolitres ainsi répartis par territoire de contrôle :

Contrôle de Tunis		21.743 hectolitres
»	Nabeul	1.559 »
»	Souk-el-Arba	3.084 »
»	Béjà	1.934 »
»	Bizerte	650 »
»	Sousse	3.433 »
»	Sfax	98 »
»	Kairouan	34 »
»	Djerba	100 »

Les vins se sont très convenablement vendus; mais les transactions de toute nature se ressentent de la situation générale. Seules les importations sont demeurées très actives pendant tout l'exercice 1306 (du 13 octobre 1888 au 12 octobre 1889).

Marchandises importées.... 51.923.233 p.
— exportées.... 30.174.845
Ensemble......... 82.098.078 p.

Est-il utile d'ajouter que la tranquillité la plus absolue continue à régner d'un bout à l'autre de la Régence? La situation est encore à cet égard bien meilleure qu'en Algérie, où aucuns troubles graves n'ont eu lieu mais où, en raison du malaise général, il faudrait peu de chose pour amener un soulèvement dans certains régions. La Tunisie est toute au travail; les indigènes apprécient les bienfaits de notre intervention et ne songent qu'à en profiter.

Les derniers dissidents (300 tentes environ) qui restaient en Tripolitaine ont été amenés eux-mêmes à réintégrer leurs anciens territoires après avoir sollicité l'aman. Les quelques fractions qui s'obstinent à l'étranger ne forment pas un contingent de trois cents individus, dont le plus grand nombre demeurent en exil moins par convenance politique que parce que les crimes dont ils se sont rendus coupables ne leur permettent guère de se soumettre.

1890

La dixième année de notre occupation sera longtemps une des plus mémorables en Tunisie. Elle est remplie de faits d'une importance telle qu'ils ouvrent comme une nouvelle ère de la colonisation. Cette année 1890 aura été, on peut dire hardiment, une année *heureuse;* car la question douanière y avait pris un caractère d'une brutalité shakespearienne : Être ou ne pas être; elle se posait pour tous les colons en une question de vie ou de mort; et le danger a été si grand, si vives les angoisses qu'il a fait naître, que le dénouement favorable semble du bonheur, encore qu'il n'ait été que logique et naturel.

C'est que les adversaires du projet l'ont combattu avec une passion acharnée; les uns par erreur, les autres pour sauvegarder des intérêts de clocher, ont déployé des artifices assez spécieux pour surprendre la religion de la Chambre. Et longtemps on a redouté qu'ils y parvinssent. Aussi serait-ce faire injure aux colons tunisiens que de les supposer capables d'oublier la gratitude qu'ils doivent à ceux qui les ont tirés de ce mauvais pas et leur ont enfin permis d'expédier leurs produits en France à des prix rémunérateurs.

Trois hommes ont attaché leur nom à cette réforme capitale : M. Massicault, M. Paul Bourde et M. Ribot [1]; c'est à eux qu'elle est due : à la persévérance aussi ingénieuse qu'active du premier, au savoir et au talent d'écrivain du second [2], enfin à l'éloquence irrésistible du ministre des Affaires étrangères qui a emporté le vote de haute lutte.

Le 13 mars, son honorable prédécesseur, M. Spuller, avait déposé le projet de loi sur le bureau de la Chambre; mais presque au même instant avait lieu au Sénat une interpellation de M. Griffe sur le traité franco-turc, et l'ordre du jour pur et simple accepté par M. Tirard ayant été repoussé par 129 voix contre 117 le Cabinet donna sa démission.

Voilà encore une fois la malheureuse réforme douanière remise en question! Heureusement, M. Massicault ne se décourage

---

1. Il est un homme aussi que ses fonctions mettent moins en évidence et qui, par suite, est moins connu, mais dont la haute valeur et le dévouement ont été, en cette circonstance comme en beaucoup d'autres, des plus profitables à la Tunisie ; il n'est que juste de le signaler : c'est M. Hanotaux, sous-directeur du service des Protectorats au ministère des Affaires étrangères.

2. Dans son rapport au Sénat sur la réforme douanière adoptée par la Chambre, M. Charles Ferry cite les études sur la Tunisie publiées par M. Paul Bourde dans *le Temps*, « études, dit-il, qui ont eu un retentissement légitime et une influence décisive sur l'opinion publique ».

point. A peine le nouveau ministère est-il constitué qu'il poursuit activement sa campagne. Du reste M. Ribot est immédiatement acquis au projet; il le reprend pour son compte, il le fait sien et il appuie chaleureusement les efforts du résident général auprès de la Commission des douanes, où gît la difficulté [1].

Enfin, à la suite de tiraillements multiples que nous nous dispensons de rappeler, le projet de loi vint en discussion devant la Chambre le 4 juillet. La veille, une interpellation de M. Delafosse sur la situation de la Tunisie avait préludé à ce grand débat.

Après des critiques injustes à l'adresse de la magistrature tunisienne et du service des Ponts et Chaussées, le député de la droite réclamait en faveur des colons un régime douanier et un instrument de crédit qui leur soient favorables.

M. Ribot répondit à cette interpellation par des chiffres et des faits. Il montra à très grands traits les résultats obtenus pendant les neuf années de l'occupation, « résultats, disait-il, que nous pouvons avec confiance mettre sous les yeux de la Chambre et du pays ». Il termina en déclarant que lorsque le projet douanier viendrait en discussion le Gouvernement insisterait avec la plus grande énergie pour qu'il fût voté, parce qu'il le considérait comme un acte de justice envers la Tunisie et d'une nécessité absolue au point de vue politique.

Il ne peut, il ne doit pas y avoir de question de parti en pareille matière : c'est avant tout une question française. Qu'ailleurs on regarde avec curiosité, avec un scepticisme intéressé l'expérience que nous poursuivons, je le conçois: mais il ne faut pas que nous laissions jamais dire que si la France sait entreprendre, elle ne sait ni continuer ni finir. Je le dis en toute sincérité, du vote que vous allez émettre et de celui que vous émettrez demain dépendra l'avenir de la colonisation française en Tunisie, l'avenir du protectorat et peut-être le jugement que l'histoire portera sur une des

---

1. Ce ne fut que par 17 voix contre 14 que la Commission des douanes décida, le 20 mai, de passer à la discussion des articles.

œuvres les plus originales et les plus fécondes que la France a eu l'honneur d'entreprendre dans ces derniers temps.

Cette éloquente péroraison fut couverte d'applaudissements et la Chambre adopta à l'unanimité l'ordre du jour suivant présenté par MM. Sarrien, Albin Rozet, Félix Faure, Prevet et François Deloncle.

« La Chambre, approuvant les déclarations du Gouvernement et résolue à favoriser la colonisation française en Tunisie, passe à l'ordre du jour. »

Le témoignage éclatant de sympathie que la Chambre donnait ainsi à l'œuvre de la colonisation tunisienne était du meilleur présage pour la bataille du lendemain ; il permettait de la considérer d'ores et déjà comme gagnée, encore qu'il fallût s'attendre à une vive résistance.

Et, en effet, les adversaires du projet luttèrent pied à pied. Mais le rapporteur M. Jonnart réfuta victorieusement toutes les objections; il réduisit à néant toutes les hypothèses et il fit bonne justice de la réciprocité de traitement, de cet acte bilatéral dont l'opposition avait fait son grand cheval de bataille.

M. Lockroy appuya le projet, en déclarant que s'il a été l'adversaire de la politique coloniale, il ne saurait admettre que nous laissions périr les colonies que nous avons conquises.

La discussion générale semblait épuisée quand M. Camille Dreyfus eut la malencontreuse idée de la placer sur le terrain diplomatique, en incriminant la conduite de M. Barthélemy Saint-Hilaire en 1881.

Cette sortie intempestive amena M. Ribot à la tribune. En quelques mots, aux applaudissements de la Chambre, le ministre des Affaires étrangères vengea son ancien prédécesseur des accusations portées contre lui. Puis ramenant le débat sur son véritable terrain, il parla de l'union chaque jour plus intime de la France et de la Tunisie, et, donnant libre cours aux sentiments qui l'agitaient, marchant sous le fouet de l'inspiration, sa péroraison vibrante de patriotisme remua tous les cœurs et enleva le vote.

Répondant aux partisans d'une union douanière, irréalisable pour le moment en raison des traités qui lient encore le gouvernement tunisien avec certaines puissances, il dit :

Un jour viendra, — je l'espère aussi prochain que possible, — où nous pourrons réaliser ce que vous souhaitez. Le Gouvernement est d'accord avec vous, mais il vous dit, comme il vous disait il y a deux ans par l'organe de M. Goblet, comme il vous l'a dit par l'organe de tous les ministres des Affaires étrangères qui se sont succédé à cette tribune, il vous dit : Négligeons ces petits côtés de la question, allons au plus pressé : vous êtes la grande nation française (*très bien! très bien!*), vous pouvez, sans préjudice appréciable pour vos intérêts, donner à la Tunisie un encouragement et une force.

Qu'il lui soit permis d'attendre avec patience la solution des difficultés auxquelles je fais allusion, sans vouloir d'ailleurs y insister davantage. Vous lui donnez le temps, le temps travaille pour nous. Soyons unanimes en ce moment pour accorder à la Tunisie ce qu'elle réclame, pour permettre à ses produits d'entrer en France. Ne discutons pas davantage sur les détails et sur toutes les mesures de réciprocité qui n'importent pas au fond de la question; votons le projet de loi, votons-le, et demain le retentissement sera grand dans toute notre colonie tunisienne. Et s'il y avait quelque part en Europe un pays intéressé à voir notre influence décliner en Tunisie, ce pays-là considérera le vote de la loi actuelle comme un pas évident fait vers cet état définitif que vous souhaitez, tandis que l'ajournement, même motivé, croyez-le, par toutes les théories, fussent-elles les plus éloquentes, fussent-elles les plus précises, fussent-elles les plus irréprochables, serait considéré et commenté comme une retraite et comme une défaillance de la France.

(*Applaudissements vifs et répétés. Mouvement prolongé*), constate le *Journal Officiel;* et, en effet, quand l'éminent orateur descendit de la tribune, la droite, la gauche, toute la Chambre était debout l'acclamant longuement.

On passa immédiatement à la discussion des articles, et par 468 voix contre 22, la Chambre adopta l'ensemble du projet de loi portant modification du tarif général des douanes, et admettant en franchise, à l'entrée en France, les céréales en grains, les huiles d'olive et de grignon et les grignons d'olive, les animaux des espèces chevaline, asine, mulassière, bovine, caprine et porcine, les volailles et le gibier, d'origine et de provenances tunisiennes.

Quant aux vins naturels, ils payeront un droit de 60 centimes par hectolitre, avec taxe de 70 centimes par degré quand leur titre alcoolique dépassera 11° 9. Tous les autres produits, à l'exception de ceux qui sont frappés de prohibition en France et des denrées coloniales spécialement désignées dans le tableau E[1] de la loi du 7 mai 1881, seront admis, moyennant le payement des droits les plus favorables perçus sur les produits similaires étrangers.

L'application du régime de faveur ainsi concédé aux produits tunisiens devait nécessairement rester subordonnée à des mesures de garantie, pour calmer toutes les inquiétudes au sujet de la fraude. L'article 5 établit ces mesures. Elles se résument comme suit : importation *directe* sans escale, et par *navires français*, de l'un des dix ports de Tunis, la Goulette, Bizerte, Sousse, Souissa, Monastir, Mehdia, Sfax, Gabès et Djerba ; — production d'un *certificat d'origine* délivré par le contrôleur civil de la circonscription et visé au départ par un receveur des douanes de nationalité française.

L'admission des produits au privilège tunisien est strictement réservée à l'accomplissement de ces conditions. Toutes les fois qu'elles ne seraient pas remplies, le service métropolitain devrait appliquer le régime du tarif général.

---

1. Café, sucre, cacao, poivre, piment, etc.

En outre, chaque année, des décrets du Président de la République, rendus sur les propositions des ministres des Affaires étrangères, des Finances, du Commerce et de l'Agriculture détermineront, d'après les statistiques officielles fournies par le résident général, les quantités appelées à bénéficier du privilège [1].

Comme à l'ouverture de la discussion le ministre des Affaires étrangères avait prié la Chambre de vouloir bien déclarer l'urgence, la loi fut portée immédiatement au Sénat. Celui-ci la ratifia quelques jours plus tard, par 239 voix contre 1, et le 19 juillet le Président de la République y apposa définitivement sa signature.

[1]. Voici les diverses quantités de produits admissibles en franchise et les quantités exportées en 1890-91 :

	Crédits ouverts pour 1890-91	Dates d'expiration des crédits	Exportation	Nouveaux crédits pour 1891-92 (a).
Blé................	950,000 quint.		696,397 qtx	950,000 quint.
Orge...............	700,000 —	30 juin 1891.	224,212 —	500,000 —
Avoine.............	25,000 —		2,405 —	25,000 —
Maïs...............	25,000 —		3,847 —	25,000 —
Vin de raisins frais...	20,000 hect.	n'a pas été fixée.	16,577 (b)	50,000 —
Huile d'olive et de grignons d'olives......	16.500.000 l.	30 nov. 1891	9.674.706	15,000,000 —
Chevaux...........	4,700 têtes.		8	1,000 têtes.
Anes et mulets......	8,000 —		7	2,000 —
Bœufs..............	16,400 —		1,509	19,000 —
Moutons...........	149,500 —		757	150,000 —
Chèvres............	320,000 —		»	500 —
Porcs..............	800 —	30 sept. 1891.	»	1,150 —
Gibiers, volailles et tortues...... vivants.	4,000 kilog.		1,949 kil.	4,000 kil.
morts..	4,000 —		2,169 —	4,000 kil.
Autres produits......	pour une val. de 6,000,000 de francs.		717,604 fr.	pour 6.000,000 de fr.

(a) Hormis pour l'huile (30 nov.), les nouveaux crédits prennent fin au 30 juin 1892.
(b) Au 30 novembre 1891.

Le même jour, la colonie française de Tunis donna un beau spectacle : empoignée par la reconnaissance, elle oublia ses discordes, ses luttes intestines, ses haines, lisez ses rivalités ; spontanément, elle offrit un punch d'honneur à M. Massicault et pendant trois heures on vit là un millier de Français se touchant les coudes, la main dans la main, unis en une même pensée de concorde, confondus en un même sentiment de fraternel patriotisme.

Ce fut plus qu'une belle fête, — une manifestation grandiose !

Gambetta disait à Cahors, dans un de ces mouvements d'éloquence qui lui étaient familiers :

« Ah ! que ne nous est-il donné de voir poursuivre sur le champ de bataille pacifique de la discussion, dans la recherche des progrès à accomplir, dans l'éducation, dans la question de la forme politique du gouvernement, de voir se poursuivre le même effort, le même concours, la même communauté d'efforts et d'énergie ? Ah ! que la France serait grande ! ».

Et je songe, en quelque sorte malgré moi, combien à bref délai la Tunisie serait grande, si nous pouvions arrondir les angles des partis, mettre une sourdine aux questions de personnes pour n'écouter que la grande voix de l'intérêt public !

Si l'on y réfléchissait bien, il n'y aurait bientôt plus de place dans les cœurs que pour des sentiments de fraternité et d'union. Nous cesserions de nous méconnaître, nous remplacerions la violence par la raison et nous assisterions à un mouvement qui, rapprochant tous les Français les uns des autres, ne laisserait plus d'espérance ni à la division, ni à l'outrage, ni à ces discussions byzantines qui font la joie de ceux qui nous jalousent. Nous ne serions plus, suivant la belle expression de Claretie, qu'une grande famille groupée autour d'un drapeau dont on a recousu de belles couleurs à la hampe brisée. Nous marcherions vers le moment béni, trois fois béni, où il n'y aura plus qu'une opinion, qu'un parti, qu'une Afrique Française !

Peut-être n'est-ce qu'un rêve que j'exprime là ? Soit. Il n'en est pas moins l'espérance, et je veux le caresser.

Revenons aux progrès accomplis dans les diverses branches de l'administration.

Les fermages des monopoles avaient de graves inconvénients : ils paralysaient l'État, ils étaient la source de vexations et de tracasseries continuelles pour les colons et les indigènes ; ils devaient disparaître. Déjà, en 1888, le monopole de la tannerie et le marché des huiles avaient été remplacés par la gestion directe. Au 1er janvier 1890, il en fut de même pour le marché au charbon, le 5 avril pour le marché du plâtre et pour les droits sur la fabrication de la chaux et des briques. Enfin les monopoles du *Fondouk-el-Ghalla* (marché aux légumes), du sel et du tabac expirant le 31 décembre 1890, il est décidé que l'État les reprendra à partir de cette date. Les fermages ont vécu.

Un décret en date du 20 février a transformé en justices de paix régulières les trois sièges provisoires installés en octobre 1887 à Souk-el-Arba, Nébeul, Gabès ; et dans l'intérêt de tous les justiciables, M. Massicault a institué une commission pour la réduction des frais de justice en Tunisie[1].

Dans l'intérêt des colons, trois cents nouveaux kilomètres de chemin de fer vont être construits : d'Hammam-el-Lif à Sousse avec embranchement sur Kairouan ; de Djédéida à Bizerte par Mateur. Les négociations entamées à ce sujet avec la Compagnie Bône-Guelma sont terminées ; les conventions signées de part et d'autre sont soumises à l'approbation du Gouvernement de la République.

---

1. La loi du 18 avril 1883, art. 17, dispose que « le tarif des frais de justice civile et criminelle sera fixé par un règlement d'administration publique et que, jusqu'à promulgation de ce règlement, les tarifs d'Algérie seront appliqués dans la Régence ».

Il y a lieu de remarquer que ces nouvelles lignes seront établies aux frais de la Tunisie et sans aucune subvention du Gouvernement français.

La récolte des céréales a été de toute beauté et si abondante que les bras ont manqué pour la moisson. Aussi les faveurs parlementaires s'étant jointes aux faveurs célestes, l'obstacle douanier ayant disparu, un redoublement d'activité économique se manifeste-t-il dans toute la Régence; le courant d'immigration reprend avec une nouvelle intensité [1], et pour l'encourager, lui venir en aide, le gouvernement a institué en Tunisie un directeur des « Renseignements et du Contrôle, » c'est-à-dire des contrôleurs civils [2].

Ceux-ci, avons-nous dit, ont été recrutés avec grand soin; mais d'origine et d'éducation diverses, ils manquent d'unité, aussi bien dans les vues que dans les aptitudes. Tel quel, c'est un corps un peu disparate. Il faut dire, à la décharge des contrôleurs civils, que leur tâche est ardue et exige des qualités multiples qu'un homme réunit bien rarement au même degré. Placés à la tête d'une vieille société qu'il leur faut rénover, ayant tout à créer ou à greffer sur ce tronc réfractaire : lois, institutions, crédit, propriété, l'homme lui-même, ils ont, en matière de colonisation comme de sociabilité, le difficile pouvoir de tout réglementer, tout protéger, tout entreprendre, tout conduire, tout faire, et cela sans secousses, sans provoquer la méfiance toujours en éveil des indigènes, tout en

---

1. Des domaines de grande valeur ont été acquis par nos compatriotes dans les derniers mois de l'année 1890, notamment le magnifique domaine d'Utique, d'une superficie de près de 6000 hectares, lequel était très convoité par les Italiens. Un richissime sicilien, le général Scalia, n'aurait, paraît-il, manqué l'affaire que de quelques heures. L'enchir d'el Melah, de 2500 hectares, est passé aux mains d'un des principaux propriétaires de la Beauce. D'autres fermes importantes se sont créées dans la plaine de Zaghouan, dans la vallée de l'oued Miliane, dans la région de Béja et dans la presqu'île du cap Bon.
2. Décret présidentiel du 17 octobre 1890.

activant la saisine et le travail de la colonisation européenne, et partant de la civilisation, qui est notre but définitif, comme la raison d'être de notre occupation.

Si bonne que soit la volonté, si intelligente que soit l'initiative du résident général, forcé qu'il est de concourir au fonctionnement de l'ensemble social, il ne pourra jamais donner à chacun des éléments dont cet ensemble se compose la part spéciale et afférente de volonté, d'initiative, d'exécution, de sollicitude, presque d'amour qui lui est nécessaire et qui lui est apportée, au contraire, et à un degré bien supérieur, par le fonctionnaire dont l'action se concentre sur cet élément seul.

Aussi, le rôle des contrôleurs civils est-il très délicat. Il exige beaucoup de souplesse, de diplomatie et de clairvoyance. Leur action individuelle peut être énorme. On peut même dire que le respect, le prestige et la popularité du nom français parmi les tribus tunisiennes, reposent en entier sur chacun d'eux.

Il était donc nécessaire de donner à ce corps la cohésion, l'homogénéité, pour exiger de lui la plénitude des services qu'il est appelé à rendre; en un mot, il fallait une âme, un directeur capable de tenir dans sa main ces forces vives et de les décupler par l'unité de leur action.

Or, je le disais dans l'*Estafette* au lendemain de sa nomination, et j'ai plaisir à le répéter : on ne pouvait faire pour cette concentration administrative un meilleur choix que celui de notre excellent confrère M. Paul Bourde. Sa valeur indiscutée en matière coloniale, sa droiture et sa modération répondent de son succès. Il fera de son bureau comme une véritable machine Siemens, à laquelle chaque contrôle sera rattaché par un fil électrique et recevra ainsi cette part spéciale et afférente de volonté, d'initiative et de sollicitude dont je parlais plus haut.

Il utilisera les intelligences et les capacités qui sont à sa disposition et, par son propre élan, infusera comme une vie nouvelle au corps de fonctionnaires le plus important de la Tunisie.

Le gouvernement ne se borna pas à renforcer ainsi puissamment l'action administrative et à favoriser de la sorte la colonisation. Pour mieux servir les intérêts agricoles dans la Régence, il concentra également entre les mains de M. Bourde les divers services qui s'y rapportent en instituant une Direction de l'Agriculture, dont les attributions comprennent : l'inspection de l'Agriculture, de la Viticulture, du Service vétérinaire et de l'Élevage, le syndicat général obligatoire des Viticulteurs, le Laboratoire de Chimie agricole et industrielle, les Renseignements agricoles.

Ce même décret[1] créa une Caisse de l'Agriculture « alimentée au moyen de ressources spéciales, telles que les subventions, donations ou legs, produits et prix de vente d'immeubles qui lui seront attribués ».

Et pour s'enquérir d'une façon plus précise, plus intime si l'on veut, des besoins des populations, pour établir des rapports réguliers entre le gouvernement du protecterat et la colonie française, M. Ribot a décidé que des Conférences consultatives se tiendront deux fois par an à Tunis sous la présidence du Résident général.

Le nouveau régime douanier et ces diverses mesures administratives ont provoqué, sous la tente comme dans la ferme, un élan superbe. Dès les premières pluies toutes les charrues sont au travail. Indigènes et colons rivalisent d'ardeur, et aux premiers rayons du soleil on n'aperçoit sur l'horizon que tra-

---

1. 5 novembre 1890.

vailleurs poussant leur attelage dans le sillon. Défricheurs, laboureurs, semeurs, tous sont à l'œuvre, tous préparent la bonne terre aux germinations merveilleuses. En quelques semaines 1.118.494 hectares sont ensemencés.

Quant à la vigne son domaine s'augmente de plus d'un tiers; il atteint à présent 7.000 hectares. La surface en rapport n'est encore toutefois que de deux mille hectares environ, qui ont donné 52.977 hectolitres dans l'automne 1890.

Après les marques de sollicitude que le gouvernement leur multipliait, les colons avaient le devoir de s'en montrer dignes en répudiant toute solidarité avec ceux qui ne prennent conseil que de leur impatience — ou de leur ambition. Ils l'ont fait. Des élections ayant eu lieu en décembre pour le renouvellement partiel de la Chambre de commerce, les brouillons qui s'étaient glissés dans cette compagnie, comme les partisans de l'agitation et du bruit qui prétendaient s'y introduire, ont dû céder la place à des hommes sages, prévoyants, pondérés, amis de l'union et des réformes pacifiques.

On ne pouvait mieux clôturer l'année.

Le mouvement commercial de 1307 (du 13 octobre 1889 au 12 octobre 1890) reflète déjà nécessairement les bienfaits du nouveau régime douanier. Pour la première fois la valeur des exportations excède celle des importations; et cependant l'exercice 1307 a été clos quelques semaines après la mise en vigueur de la loi de 19 juillet 1890. Les exportations pour la France qui avaient été de 6.469.473 piastres en 1306 s'élèvent d'ores et déjà à 18.717.289.

Marchandises importées..... 48.557.534 p.
— exportées..... 50.998.704
Ensemble.......... 99.556.233 p.

1891

L'année 1891 a dignement continué en Tunisie la série des années à marquer d'une pierre blanche. Comme les précédentes, elle aura vu s'accomplir nombre de réformes de la plus haute portée ; elle a été favorisée d'une moisson abondante, de vendanges superbes [1] qui, les unes et les autres, contribueront beaucoup à l'heureuse évolution du pays.

La réduction des frais de justice et d'immatriculation atteindra de 30 à 40 %.

Le commerce se plaignait depuis longtemps de la lenteur des communications télégraphiques entre la colonie et la métropole. La durée de transmission d'un télégramme de France à Tunis est en effet toujours de trois à cinq heures, tandis que l'expédition d'un télégramme de Londres à Alexandrie ne demande que dix-sept minutes, trente-deux minutes de Londres à Bombay. Le 4 juin la Chambre a voté la pose d'un cable entre Marseille et Tunis ; on le revêt actuellement de son armature à l'usine de la Seyne, et dans quelques mois les relations télégraphiques ne laisseront plus rien à désirer entre la France et Tunis.

Jusqu'à ce jour, l'exercice budgétaire s'ouvrait à la date du 13 octobre qui procédait du calendrier musulman, mais n'était plus en concordance avec lui depuis longtemps. A partir du 1er janvier 1892 le budget de la Régence se réglera d'après le calendrier grégorien : il commencera le 1er janvier de chaque année pour prendre fin le 31 décembre.

La première Conférence consultative s'est tenue à Tunis du 23 au 28 janvier, sous la présidence de M. Massicault, assisté de

---

1. 98.063 h. de vins rouges et 7.078 h. de vins blancs, soit un total de 105.142 hectol.

tous les chefs de service du gouvernement tunisien. Elle était composée de vingt-quatre Français représentant les municipalités et les associations formées dans la Régence : chambre de commerce, société d'agriculture, comice agricole, syndicat général obligatoire des viticulteurs, syndicat franco-tunisien.

Les membres de la conférence étaient répartis en trois commissions : finances, travaux publics, administration générale et leurs travaux ont présenté un réel intérêt. Réforme des impôts, réforme monétaire, routes, chemins de fer, ports, cour d'appel, banque d'émission : toutes les questions intéressant la Tunisie ont été longuement discutées. A l'avenir la conférence tiendra deux sessions par an : en avril et en novembre[1], et l'on est en droit de bien augurer de ses séances.

Plusieurs des vœux qu'elle a formulés ont déjà reçu satisfaction : un décret du 15 avril a autorisé l'exportation des femelles de tous les animaux, qui était prohibée depuis fort longtemps en Tunisie ; les savons fabriqués dans la Régence ont été exemptés du droit dit de Kantria et du droit d'exportation[2] ; la chaux, les briques ont été dégrevées du droit de fabrication[3] ; la franchise des droits d'importation a été accordée aux engrais chimiques[4] et à une nouvelle série d'instruments agricoles[5].

Le franc est désormais l'unité monétaire de la Tunisie comme de la France.

Les anciennes pièces d'or de 100, 50, 25, 10, 25 piastres, toutes les monnaies d'argent, toutes les monnaies de cuivre, les carroubes et les aspres ayant cours légal, s'échangent depuis le

---

1. La session de novembre vient de s'ouvrir au moment où je corrige l'épreuve de ces pages ; je mentionnerai ses travaux dans le cours du second volume.
2. Décret du 2 hidjè 1308 (8 juillet 1891).
3. Décret de même date.
4. Décret du 17 kada 1308 (23 juin 1891).
5. Décret du 22 kada 1308 (28 juin 1891).

15 septembre contre des pièces d'or de 20 et 10 francs; des pièces d'argent de 2 francs, 1 franc et 0.50 centimes; des pièces de bronze de 10, 5, 2 et 1 centimes.

Ces nouvelles pièces portent, d'un côté, en caractères arabes, le monogramme du bey de Tunis, l'indication de la valeur en francs et le millésime de l'année arabe de la fabrication ; sur l'autre face, en caractères français, le mot « Tunisie », l'indication de la valeur en francs et le millésime de l'année grégorienne de la fabrication.

Un décret en date du 23 moharrem 1309 (27 août 1891) décide que les pièces d'or et d'argent démonétisées cesseront d'avoir cours le 15 mars 1892, les pièces de cuivre le 15 septembre de la même année.

Le recensement quinquennal opéré en France le 11 avril 1891 a été également effectué à la même date en Tunisie. Il a permis de constater la présence effective de 10,030 Français dans la Régence [1]. Si l'on se souvient que nos compatriotes n'étaient qu'une poignée à Tunis au moment de l'occupation et encore seulement 4,000 lors du dernier recensement, en 1886, on reconnaîtra que le peuplement français s'opère dans d'excellentes

---

1. Voir tome II aux « Pièces et documents justificatifs » le détail par localités.
Sur ces 10.030 individus, on compte 5.536 personnes du sexe masculin, et 4.437 du sexe féminin; 6.557 sont âgées de 21 ans et au-dessus, 3.416 de moins de 21 ans; 1838 Français sont nés en Tunisie.
Les trois départements Algériens ont fourni un recrutement de 1487 personnes, qui se subdivisent comme suit : Constantine 908, Alger 417, Oran 162, chiffres décroissant avec l'éloignement; la Corse vient ensuite, puis les départements du bassin du Rhône, et celui de la Seine. Il est à remarquer que tous les départements français sans exception ont des représentants en Tunisie.
Si à la population civile on ajoute l'armée et les protégés français, on obtient la colonie suivante :

Population civile	10.030
Effectif français de la brigade d'occupation	9.617
Protégés français	22.530
Total	42.177

conditions. Il est bien loin sans doute de la densité que nous rêvons; mais il autorise la plus grande confiance dans l'avenir : à la fin du siècle les Français dépasseront cinquante mille dans la Régence.

Un journal, dont la passion égare forcément la bonne foi, observait dernièrement, en termes amers, qu' « en 1841, c'est-à-dire dix ans après la conquête, il y avait en Algérie 15,947 Français, hommes, femmes et enfants, c'est-à-dire 5,917 de plus qu'il n'y en a dans la Régence après dix ans d'occupation ».

Le critique en question semble ignorer qu'il n'y a aucune comparaison à établir entre le peuplement de la colonie algérienne et celui de la Tunisie.

Les premiers immigrants en Algérie, je l'ai déjà fait remarquer en une autre circonstance, vécurent de l'armée et de ses services administratifs. Ils suivirent nos colonnes qu'ils ravitaillèrent de leur mieux, s'établirent dans nos camps, nos postes fortifiés; ils se chargèrent des fournitures que l'administration militaire ne géra pas directement : transports, subsistances, habillement, etc. Beaucoup de ces immigrants, une fois retirés des affaires commerciales, demandèrent des concessions de terres qu'ils obtinrent facilement. A cette époque, le domaine était riche des terres de l'ancien beylick turc, de celles des tribus soulevées ou détruites, des déshérences. Non seulement le gouvernement donnait la terre, mais souvent encore il donnait le cheptel, il donnait la semence, il donnait jusqu'à la nourriture pour permettre d'attendre le produit de la récolte. Beaucoup d'Arabes fuyaient le joug de l'infidèle, s'attendant à le trouver beaucoup plus dur que le joug turc et ils vendaient leurs biens à vil prix. Il y eut donc de grosses facilités d'établissement pour les premiers immigrants algériens.

En Tunisie, rien de semblable. Il n'y a d'autre conquête à

faire que celle du jujubier et du palmier-nain ; la brigade d'occupation est réduite à une dizaine de mille hommes ; elle n'est d'aucun secours aux colons, en dehors de la sécurité qu'elle leur assure. L'État n'a pas de terres à donner. Le colon a par conséquent acheté à beaux deniers les terrains mis en valeur.

Dans ces conditions l'immigration de dix mille Français en Tunisie a un caractère bien autrement favorable que celle de quinze mille que l'on relève en Algérie durant la même période décennale.

Et grâce à la transformation économique résultant du nouveau régime douanier, de la construction de routes, de chemins de fer, de ports, des modifications apportées à la loi foncière, du lotissement de biens domaniaux pour leur mise en adjudication et de biens habbous pour leur amodiation par contrat d'enzel; grâce enfin aux diverses mesures qui vont être prises pour favoriser la colonisation française, mesures sur lesquelles je reviendrai en des chapitres spéciaux, l'immigration française va très rapidement s'accroître.

Je me borne à constater ici que la Tunisie est aujourd'hui dans une situation florissante[1] ; elle marche, elle grandit, elle s'élève, comme emportée par sa propre force ascensionnelle en une gravitation étoilée dans l'orbite de la Civilisation...

Je ne sais quel est l'homme de l'antiquité païenne qui, tra-

---

[1]. Les encaissements au 12 décembre 1891 accusent une plus-value de 3 millions 963.301 piastres ..... sur les prévisions de recettes de l'exercice 1308 prolongé.
Voici les chiffres du mouvement commercial du 1er janvier au 31 décembre 1891 :

Marchandises importées......	80.313.154 p.
— exportées......	85.482.359
Ensemble	165.795.513 p.

De nouvelles propriétés ont été récemment achetées par les Français dans les contrôles de Tunis, Bizerte, Béja, Nébeul, Sousse, etc., ce qui porte à 38.276 hectares la superficie territoriale acquise par nos compatriotes en 1890-1891.
Un tel développement économique est sans comparaison.

versant la Méditerranée, entendit un jour cette phrase fatidique que lui apportaient les vents de la mer : Le grand Pan est mort! L'historien qui relate ce fait surprenant ne cherche pas à en expliquer le sens profond, vaste, au-dessus de ses forces. C'était au début de l'empire romain. Les dieux du paganisme avaient encore des millions et des millions de croyants. La société antique paraissait solidement établie. Les maîtres ne cessaient de regarder leurs greniers regorgeant du produit des provinces conquises. Les esclaves semblaient devoir appartenir à d'impitoyables possesseurs. La misère de tous était grande; mais la prospérité de quelques-uns ne l'était pas moins.

L'ancien monde pour les aveuglés de ce temps ne pouvait mourir. Au contraire. Chaque carnage de peuples par d'insatiables conquérants; chaque vol de cités par d'effrénés proconsuls, lui donnait des forces vives, une longévité considérable; et cependant trois siècles ne s'étaient pas écoulés que le vieux monde mourait.

Le grand Pan est mort! cela voulait dire que les fausses idoles, que la société païenne virtuellement frappée au cœur était morte déjà; car elle portait dans son sein des germes de destruction terrible qui se levèrent plus tard et l'étouffèrent à jamais.

Et, au moment de clore ces pages, je crois entendre la voix prophétique répétant du cap Bon aux confins du Sahara : Le grand Pan est mort! Car à son tour la société musulmane est frappée au cœur, les derniers vestiges de la barbarie s'éteignent à Tunis enveloppés dans le Koran comme dans un suaire. La race arabe est définitivement vaincue par la civilisation européenne.

Des impatients voudraient nous la voir clouer violemment dans son cercueil; mais ainsi que l'a fort judicieusement observé le général Noëllat, l'intérêt même de la civilisation et des peuples conquérants commande tous les ménagements possibles envers les vaincus. Le vainqueur doit leur tendre la main, élever à lui les éléments, races ou individualités qu'il peut s'assimiler, s'imposer plus encore par le travail et le progrès des conditions économiques que par la force. Il doit appliquer aux peuples conquis ses principes de libre activité pour tous, de concurrence pour la vie, mais de concurrence fraternelle, qui ne viole aucune des lois morales. Il doit imposer, même par la force, le droit à cette libre lutte, regarder le sol comme le patrimoine de l'humanité, non de telle ou telle race, exiger que partout les portes soient ouvertes à sa libre expansion, de même qu'il ouvre celles de son pays aux vaincus. La science et l'intelligence désigneront ensuite qui doit vivre, qui doit mourir.

Qu'il me suffise de le proclamer très haut à l'honneur de la France et des administrateurs de la Tunisie, c'en est fait à jamais du passé : Carthage sort de ses ruines et un nouvel ordre de choses renaît maintenant en Afrique :

...et nunc in Africa novus renascitur ordo.

TABLE DES MATIÈRES

DU PREMIER VOLUME

Pages.

PRÉFACE.. . . . . *a*
AVANT-PROPOS. v

LIVRE PREMIER

LE PAYS ET SES HABITANTS

Chapitre Ier. — Un point de doctrine. 3
Chapitre II. — Situation géographique — Orographie. 7
Chapitre III. — Le régime des eaux. 15
Chapitre IV. — Le climat.. 20
Chapitre V. — Le Tell. 29
Chapitre VI. — Les Hauts-Plateaux. 36
Chapitre VII. — Le Sud. 40
Chapitre VIII. — Les Berbères et les Arabes.. 51

LIVRE II

LA TUNISIE DANS LE PASSÉ

Chapitre Ier. — Époque phénicienne ou carthaginoise. 63
Chapitre II. — Période romaine (146 av. J.-C. 428 de notre ère). . . 87
Chapitre III. — Période vandale (429-534) 95
Chapitre IV. — Période byzantine ou gréco-latine (534-642). 97
Chapitre V. — Ire Période arabe ou berbère-arabe (642-1055). . . . 99
Chapitre VI. — 2e Période arabe ou mauritanienne-arabe (1055-1535). 111

		Pages
Chapitre VII. — Période turque (1535-1705)		123
Chapitre VIII. — Les Beys (1705-1881)	Hussein ben Ali	156
	Ali-Pacha	161
	Mohammed-Bey	165
	Ali-Bey	166
	Hamouda-Pacha	168
	Othman-Bey	174
	Mahmoud-Bey	175
	Hussein-Bey	181
	Mustapha-Bey	186
	Ahmed-Bey	186
	Mohammed-Bey	193
	Mohammed-es-Saddok-Bey	206

LIVRE III

LA TUNISIE DEPUIS L'OCCUPATION FRANÇAISE

Chapitre Iᵉʳ. — Année 1881	271
Chapitre II. — Année 1882	339
Chapitre III. — Année 1883	348
Chapitre IV. — Année 1884	376
Chapitre V. — Année 1885	394
Chapitre VI. — Année 1886	405
Chapitre VII. — Année 1887	413
Chapitre VIII. — Année 1888	430
Chapitre IX. — Année 1889	449
Chapitre X. — Année 1890	456
Chapitre XI. — Année 1891	469

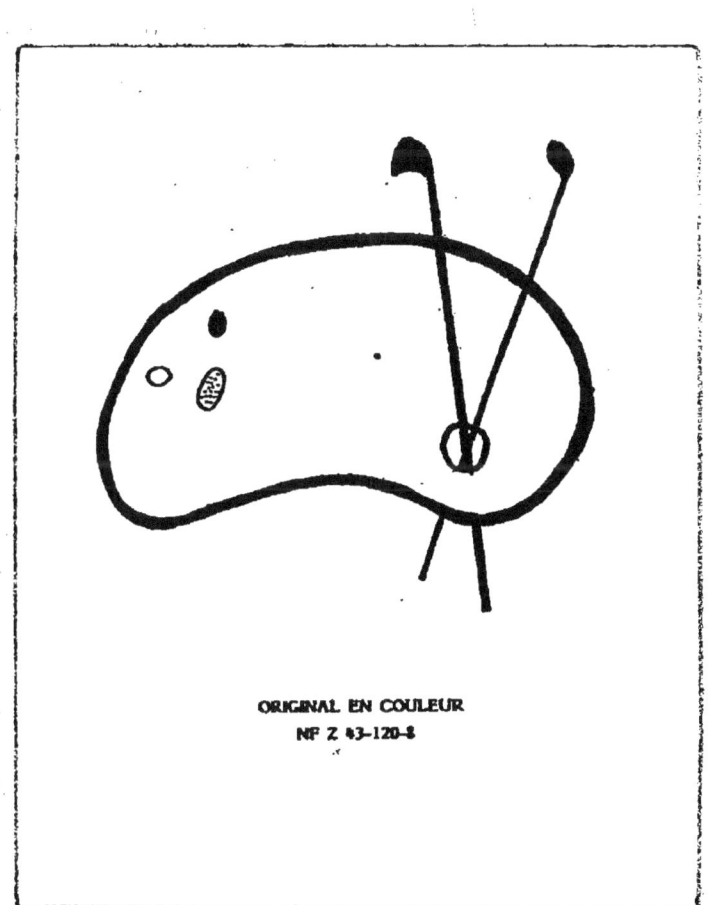

ORIGINAL EN COULEUR
NF Z 43-120-8